中国海洋大学教材建设基金资助

文化产业政策与法规

陈　杰　闵锐武　编著

中国海洋大学出版社
·青岛·

图书在版编目(CIP)数据

文化产业政策与法规/陈杰,闵锐武编著. —青岛:中国海洋大学出版社,
2006.4(2025.8重印)

ISBN 978-7-81067-837-7

Ⅰ.文… Ⅱ.①陈…②闵… Ⅲ.文化事业－行政管理－法规－中国
Ⅳ.D922.16

中国版本图书馆 CIP 数据核字(2006)第 018914 号

WENHUA CHANYE ZHENGCE YU FAGUI
文 化 产 业 政 策 与 法 规

出版发行	中国海洋大学出版社		
社　　址	青岛市香港东路 23 号	**邮政编码**	266071
出 版 人	刘文菁		
网　　址	http://pub.ouc.edu.cn		
电子信箱	cbsebs@ouc.edu.cn		
订购电话	0532-82032573(传真)		
责任编辑	邹伟真	**电　　话**	0532-85902533
印　　制	日照报业印刷有限公司		
版　　次	2006 年 4 月第 1 版		
印　　次	2025 年 8 月第 10 次印刷		
成品尺寸	140 mm×203 mm		
印　　张	14.75		
字　　数	420 千		
印　　数	10001～10700		
定　　价	42.00 元		

发现印装质量问题,请致电 0633-8221365,由印刷厂负责调换。

目录

导言

政策与法律是现代社会调控和治国互为补充的两种手段,在加快推进依法治国的进程中,各自发挥着其独特的作用。政策是指为了实现某种利益,达到某种政治、经济或社会目的,根据社会发展情况而制定的政治对策,具有普遍性、指导性、灵活性等特征。而法律则是由一定的物质生活条件所决定的,由国家制定或认可并由国家强制力保证实施的具有普遍效力的行为规范体系,具有普适性、规范性、稳定性等特征。它可以分为广义和狭义两种情况:广义的法律是抽象意义的,是指国家制定的宪法、法律、行政法规、行政规章等规范性法律文件和国家认可的判例、习惯等;狭义的法律是具体意义上的,指拥有立法权的国家机关依照立法程序制定的规范性法律文件。在我国,狭义的法律仅指全国人大制定的基本法律和全国人大常委会制定的其他法律。

政策与法律作为两种不同的社会政治现象,在制定主体和程序、表现形式、调整和适用范围以及稳定性等方面,有着各自的特点。具体而言,它们的区别表现在以下几个方面。

(1)意志属性不同。法律是由国家机关依照法定职权和法定程序加以制定的,是国家意志和公共意志,是全体公民之间的契约性文件。而政策有所不同,党的政策是党的领导机关依党章规定

1

的程序制定的,是全党意志的集中,不具有国家意志的属性。

(2)规范形式不同。法律必须具有高度的明确性,每一部法典或单行法律和法规,都必须以规则为主,而不能仅限于原则性的规定,否则就难以对权利义务关系加以有效的调整。而有些政策文件主要或完全由原则性规定组成,只规定行为方向而不规定具体的行为规则。

(3)实施方式不同。法律具有鲜明的强制性和惩罚性,它依靠其强制力使人们普遍遵从。政策不一定都以强制力为后盾,政党的政策主要靠宣传教育、劝导,靠人民对政策的信任、支持而贯彻执行,虽然国家的政策具有一定的强制力,但这种强制力相对较弱,政府对违反政策的人只能通过行政手段予以处分。

(4)稳定程度不同。法律一般是对试行和检验为正确的政策定型化,具有较强的稳定性。政策则要适应社会发展的需要,及时解决新出现的社会现象和社会问题,相对于法律而言,政策灵活多变,稳定性相对较弱。

由于政策与法律在本质上是一致的,它们都是以统治阶级的政治权力为基础,服务于政治权力的要求,实现维护、巩固阶级统治的目的,都是国家进行社会管理的工具,共同调整、控制和规范社会关系,它们共同构成了社会管理的手段。因此政策与法律有着十分密切的联系,它们彼此之间互相影响、互相作用。执政党在国家生活中的领导地位,决定了其政策必然对法律起着指导作用。从法律的制定来看,政策是制定法律的依据,作为国家基本政策的大政方针,它往往体现在宪法和法律之中,具有明显的法律效力,是宪法和法律的核心内容,国家政策往往成为法律的指导原则或法律本身;从法律的实施来看,党的政策对法律的贯彻执行有指导作用。法律对政策也有制约作用,从政策的制定来看,政策的出台必须符合宪法和法律的规定;从政策的实施来看,贯彻执行政策的活动必须符合宪法和法律的规定。政策与法律还有适用的互补性,政策与法律虽然在功能的性质上相同,但是两者的适用范围并不完全相同,只在自己所调整的社会关系的领域内发生作用。政策比法律调整的社会关系更加广泛,社会生活的各个方面都受政策的调整和规范,而法律并不可能深入社会生活的各个方面,比如宗教、道德、民族等领域的许多问题就只能适用政策调整,而不能用法律进行硬性约束。

而文化政策与法规是指文化方面的有关政策和相关法律法规,本书则主要是关于我国文化产业方面的政策与法规,它包括两方面的内涵:首先,这个政策与法规是文化层面上的,是有关于文化的,其他类的法律法规,诸如经济类、商业类、刑事类,并不在本书讨论的范围内,但既然是"产业",它就不可避免地与经济、商业产生联系,在讨论这些文化法律法规的时候,也将必然涉及相关法律,如广告、商标、不正当竞争等;其次,这个政策与法规也是产业方面的,是文化中有关产业的部分,并不是所有的文化法律都是研究对象,如《中华人民共和国国家通用语言文字法》,它与产业不甚相关,所以并不在本书讨论之列。

本书的主要内容分为两大部分,即文化产业政策与文化产业法规。文化产业政策的制定和实施是以国家的文化政策为基准,它不是独立存在的,国家文化政策的变化必然会对文化产业政策法规产生影响。所以对文化产业政策的论述部分不可避免地涉及一些国家文化政策的内容。因为中国的文化产业其实是世界上又一轮经济全球化浪潮的结果,所以在介绍中国的文化产业政策之前,将其他国家对文化产业的认识和实施的政策作一个简要的介绍,可使我们更加全面地认识我国的文化产业政策。

文化法律法规,严格地说,是法学的一个组成部分,是法学中关于文化艺术的部分,它用一系列法律法规和条例来规范文化活动。因为文化政策是在某一个特定的历史时期为达到某一特定的目标而制定的行为准则,那么在超出了这一个历史时期之后或达到了特定目标后,或在新的认识基础上需要达到更高的目标,文化政策都有可能发生变化,而法规则相对稳定。

从学科分类的层面上分析,构成法律体系的九大法学分别为国内法学、国际法学、法律史学、比较法学、立法学、法律解释学、法律社会学、理论法学和法学的边缘学科。不过文化产业的法律法规不是作为一个学科出现的,所以相关方法论的内容,如立法、法律形式的规范、法律史等内容涉及较少,但对于文化法规的应用部分相对侧重。所以在以上九大法律体系中,它主要涉及的是法律解释学、法律社会学的文化部分,即文化法律解释学和文化法律社会学部分。所谓文化法律解释,就是以注释文化法律法规为主要内容,它是规范文化活动、有效调整文化行为、准确适用相关法律的前提;文化法律社会学,是以研究文化法律法规制定后如何实施、对文化活动的作用、效率以及和其他社会因素的关系为主要内容。从这个角度上说,文化法律法规,不仅是对一般相关法律条文的理解,也是对文化这一社会现象与法律的关系进行讨论,并进一步探索这一法律的产生、发展、本质、功能、形式、实施及实施效果,并在具体实施过程中,针对出现的问题,不断以法规等形式进行修正和补充,以使之更加完善。

文化政策与法规是动态的概念,一个国家的政策和法律体系总是在本国的政治体制、经济体制及上层建筑各领域的基础上建立起来的,是随着社会和文化发展的需要、本国法律的发展及法学的发展而逐步形成、发展和变化的,作为其中的一部分,文化政策与法规也是在不断地发展变化的。

上编

文化产业政策概述

第一章 文化、文化政策和文化产业政策

一、文化

由于对文化概念层出不穷的新理解,到 20 世纪末,关于文化的概念已经有 200 余种解释了。各国在制定文化政策和文化发展战略时,则体现了对文化和文化产业的不同认识以及文化产业发展的不同格局。

被称为人类学之父的英国人类学家 E·B·泰勒,是第一个在文化定义上具有重大影响的人。泰勒对文化所下的定义是经典性的,他在《原始文化》"关于文化的科学"一章中说:"文化或文明,就其广泛的民族学意义来讲,是一复合整体,包括知识、信仰、艺术、道德、法律、习俗以及作为一个社会成员的人所习得的其他一切能力和习惯。"显然,这个定义将文化解释为社会发展过程中人类创造物的总称,包括物质技术、社会规范和观念精神。

欧盟委员会认为,"文化是指绘画、戏剧艺术、书法、音乐、电影制作、建筑及城市规划、媒体、连环画、科学技术及其表现形式、语言文字、艺术和传统,等等。"

加拿大联邦通讯部 1987 年对"文化"作了这样的界定:"文化是一个复杂的整体,它包括知识、信仰、艺术、道德、法律以及某一

特定的社会团体中的成员所具有的风俗习惯等。"

文化管理机构定义的文化主要是器用层面意义上的,而学者们的认识则进了一步:"如果抛开某些具体的文化活动,文化是指公民能够共享的所有劳动成果。尤其是在自由经济或开放经济中,文化不仅指人们对人生、生活方式等等的认识,它还涵盖了经济学的方方面面。文化并不是像人们一般想象的那样,是其他力量的产物,而是由人类共同创造,并推动社会发展的原始因素。"

一般认为,文化在广义上讲是指人类在社会历史发展过程中所创造的物质财富和精神财富的总和,狭义上特指精神财富,如文学、艺术、科学、教育等。

二、产业

简单地说,产业是具有某类共同特性的企业集合,它既不是某一个企业的某些经济活动或所有活动,也不是指部分企业的某些或所有经济活动,而是具有同一属性的企业经济活动的总和。从需求角度来说,是指具有同类或相互密切竞争关系和替代关系的产品或服务;从供应角度来说,是指具有类似生产技术、生产过程,生产工艺等特征的物质生产活动或类似经济性质的服务活动。例如,把直接从自然界获取产品,直接依赖自然的农作物栽培和牲畜饲养等生产活动称为农业;把采取自然资源,制造生产资料、生活资料,或对农产品、半成品等初级产品进行加工的生产活动,称为工业,这些产业的生产活动各自都有共同的属性或特征。

三、文化产业

1. 文化产业的概念

关于文化产业的概念,国内外理论界尚无统一的定论。

美国有学者认为,文化产业包括与文化艺术相关的所有商业公司、社会、私人组织机构、部分政府职能部门的集合,是文化艺术在一定社会环境下的经济体现。

欧美经济学家认为,文化产业是指以工业化的方式生产具有系列化、标准化、生产过程精细化、消费大众化特点的文化产品和提供相关服务的产业,不包括舞台演出和造型艺术的生产与服务。

韩国政府制定的《文化艺术振兴法》规定,文化产业是指用产业手段制作、公演、展示和销售文化艺术作品及文化艺术用品,并以此为经营手段的事业。简言之,文化产业即指同文化商品生产、分配、消费相关的产业。

文化产业的定义存在多义性。从文化产业的组织形态来说,它是个特殊生产行业;从其产业内容来说,它生产文化产品;从其技术方式来说,它运用产业技术;从其运转机制来说,它实行经营机制。英国把文化产业定义为那些出自个人的创造性、技能及智慧,和通过对知识产权的开发生产,可创造潜在的财富和就业机会的活动。据此把文化产业称为创造性产业,由出版、音乐、表演艺术、电影广播、游戏软件、广告建筑设计艺术和古董交易市场(拍卖行)、古董店、画廊、手工艺和时装设计等行业构成;法国认为文化基础设施、文化设施的运用和管理、图书出版业、电影工业都属于文化产业,还提到大型表演艺术团体,比如说国家歌剧院、巴黎歌剧院也可以作为文化产业来看待;美国认为在美国没有文化产业的说法,但它的文化辐射能力却很强。

我国就文化产业的概念也有争论,就所提供产品的性质而言,文化产业可以被理解为向消费者提供精神产品或服务的行业;就其经济过程的性质而言,文化产业可以被定义为"按照工业标准生产、再生产、储存以及分配文化产品和服务的一系列活动";在我们这样一个特定的制度环境中,文化产业除了具有一般产业属性之外,还具有某些特殊的社会和意识形态属性。这是我们理解文化产业的最基本的出发点。

由此我们可以认为,所谓文化产业,是指文化部门所管理和指导的从事文化产品生产与提供文化服务的经营性行业。它与一般产业的区别是,文化产业是以人类知识、智力、精神、艺术和信息活动及其成果为资源进行生产并物化为可供进行流通和交换的产品,其产品主要是为了满足人们的文化、娱乐等精神需要。因此文化产业被称为无烟工业或低能耗、高附加值产业。它主要包括文艺演出业、影视业、音像业、文化娱乐业、文化旅游业、艺术培训业和艺术品业等。

狭义的文化产业的含义在 20 世纪上半叶就已经广泛使用了,主要是指报纸、电视、流行音乐、无线广播、电影、书籍、漫画、杂志、刊物等大众传媒。"二战"以后,文化产业成为各个国家经济发展的重要产业部门,文化产业的内涵也被不断地延伸,现在已将与"文化"和"产业"结合有关的产业部门都列入文化产业,即除了传媒,文化产业还包括文化产品的生产、销售以及与之相关的服务行业,包括音乐节、戏剧节、表演艺术、高雅文化、体育比赛、文化景观的旅游开发以及一些新兴的传媒形式如电话、电信、电脑以及音像产品等在内的所有文化产品的生产、销售及服务。

2. 文化与文化产业的关系

从逻辑上讲,文化与文化产业是种属关系,文化是属概念,其内涵和外延比文化产业更广;文化产业是种概念,它包含在文化之中,是文化中可以用产业方式运作的那一部分。这一部分文化可以称为经营性文化。文化中不可以用产业方式运作的那一部分,可以称为非经营性文化,主要包括义务教育、学术研究(包括人文科学研究和自然科学中的基础研究)、文学艺术以及图书馆、博物馆、文化馆等公益性文化。当然,这两部分文化并不是截然分开的,常常交织融合在一起。

在马克思的经典理论中,文化与经济发展的不一致、不平衡曾得到明确的阐述。高增长的经济速度未必能促进文化建设的必然腾飞,如果让文化建设完全受控于市场规律,使追求商业利润成为文化建设的主导目标,让经济因素支配了文化从创造到传播、从政策的制定到生态和区域的规划全过程,就必然会带来负面影响。现在的文化市场现状是,大众文化过度膨胀,而高雅文化、民间文化日趋萎缩,文化的多样性无法得到有效保证,公益文化无法繁荣。消遣娱乐性文化活动压倒、代替了修养提高性文化活动的各个方面,把文化的兴趣活动都以投资行为来认同,文化教育仅仅以有用为依据,这样,对具有实用性的如计算机级考、外语级考相当重视,而对文化积累性的修养、知识缺乏兴趣。

最大限度地追求功利必然要挤缩时间成本,"时间就是生命"的口号一变而为"时间就是金钱",就是把速度作为唯一的价值观认同。高速度直接导致都市人心态的普遍浮躁,精神过于紧张,文化生活变得表面化,文化建设变得肤浅化,失去了文化发展的持续后进和深度挖掘的可能,也失去了文化享受的闲暇情趣。

因此,在发展文化产业的同时,并不能因此而丢掉文化。文化的繁荣是文化产业发展的前提条件。没有高水平的文学艺术,包括小说、诗歌、戏剧、电影、音乐等原创性的文化的繁荣,演出、音像等文化产业便成了无源之水、无本之木。

3. 文化领域中产业活动的出现

文化是人类经济社会活动的反映和表现。反过来说,一切反映和表现人类经济社会活动的活动,都是文化活动。文化作为人类社会的一种独立的活动,自人类社会产生之日,文化就同经济、政治一起存在、一起发展。不过,人类最初的文化活动,无论知识积累、感情交流或信息传播,都属于自我服务的性质。随着经济社会的发展,社会分工日益扩大,他们逐渐脱离农业生产和手工业生产,专门为社会或为他人从事文化服务活动,这便形成一种新的社会分工——文化部门。在文化部门进行文化活动的人,是文化劳动者或文化服务劳动者。文化服务劳动者的劳动,是生产文化服务产品或文化产品。因此,文化活动与文化产业活动是两种活动,前者是人们的自我表现,后者是为社会或大众提供文化服务的劳动活动或产业活动。

人类进入现代社会以后,文化传播的速度明显地加快了。原因之一就在于商品市场经济条件下,一切都成了商品,而商品只有在大量的和快速的流通中才能最大限度地实现价值的增值,商品的所有者才有利可图。而现代科学技术,为文化产品的批量生产复制和广泛传播提供了必要的条件。在这种情况下,文化的传统定义被改写了,文化不再只是少数人所享有的专利,在现代化的传媒作用下,文化空前地大众化了。文化大众化与文化生产的工业化、信息化互为因果,催生了 21 世纪最具发展前景的产业——文化产业。文化产业的出现和巨大发展,改变了世界经济结构和经济增长方式,加速了文化的资本化和资本的文化化。

4. 文化事业和文化产业

文化事业和文化产业是我国整个文化领域的两大部门,它们既相互独立,又相互交叉渗透。一般来说,文化事业是指以继承和弘扬优秀传统文化,吸收和同化优秀域外文化,丰富和提高人们的审美水平、思想觉悟、道德素质,提高人们的才智能力,纯化和优化社会风气、生活秩序、行为规范与价值取向,并能给人的全面发展和社会的全面进步提供精神动力与智力支持为目的的文化建设,这就决定了文化事业的公益性质、非营利性质和精神特征。正是由于文化事业的这种公益性特征,使它在向人民群众提供精神产品,在塑造灵魂、陶冶情操、提高全民族科学文化水平方面,以及最终在建设、弘扬和传播先进文化方面,发挥着无可替代的重要作用。

而文化产业则是按照经济法则和价值规律,以文化为资源进行生产,采取规模化生产和市场化运作的方式,以赚取利润和发展经济为目的的文化生产与文化消费活动。文化产业具有经济性质与物质特征。文化产业所生产和提供的文化服务产品,由于直接影响人们的思想和行为，对社会的稳定和发展具有强大的原动力和冲击力，国家和社会必须并必然把其中一部分纳入公共产品的生产范围，由国家财政和社会基金支付和补偿其劳动耗费。

在商品经济条件下，作为公共产品的文化服务产品不进入市场，保持产品状态；非公共产品部分，为满足居民个人文化消费的需要而生产，作为商品进入市场。这样一来，文化产业部门同时进行着商品与非商品两种生产。目前，我国把公共产品部分称为文化事业，把商品部分称为文化产业。

三、文化政策

因为"文化"概念的复杂性，同时随着国家介入文化事务论述的转变，导致文化政策的复杂与难解。传统文化政策中有三个主流论述，即国家论述、市场论述与公民论述。国家论述表现出了文化政策与国家机制的密切关系，市场论述则侧重于国家是否应介入文化艺术作品与市场经济的关系以及精英和大众文化商品等议题，而公民论述特别强调文化政策在公民权利中所需扮演的角色，尤其在于政治权或是文化权的落实等。虽然这三种主要论述的立场有很大差异，但它们之间也相互渗透与互动，国家论述中也糅合了市场论述与公民论述中的合理因素。具体来看，一个国家文化政策的发展，一般是以国家论述为主。

所谓政策，就是国家为实现一定历史时期的路线和目标而制定的行动准则，而一个国家的文化政策则是国家的文化部门为达到一定的目标对文化领域的问题所颁布的相关规定和对策原则，是国家在文化艺术、新闻出版、广播影视、文物博物等领域实行意识形态和行政管理所采取的一整套制度性规定、规范、原则和要求体系的总称，是政府基本政策在文化事业方面的具体政策。

文化政策是文化产业发展的基本生态要素，而文化政策又建立在深厚的文化理论研究的基础之上。理论创新是管理创新和制度创新的基础,没有新的理论学说和公理体系,不可能有管理创新和制度创新。在现代社会,支持政策创新的理论研究日益成为一种公共产品,因此,建立一种文化政策创新研究的制度机制,建立高校、学术界、政府、产业界多重资源优势的整合与联动就显得十分必要,通过制度化操作,形成国家文化产业研究思想库与人才战略资源库,指导我国的文化产业顺利转型,健康发展,迎来一个中国文化产业蓬勃发展的新时代。

四、产业政策

"产业政策"一词最早出现于 1970 年日本通产省代表在 OECD(经济合作与发展组织)大会上所作的题为"日本产业政策"的演讲。关于什么是产业政策,目前国际上尚无统一定义。由于研究角度和学术背景的不同,人们对产业政策所作的解释也是多种多样的。日本原通产省经济研究所所长小宫隆太郎认为:产业政策是"对以制造业为中心的产业部门通过对私人企业的活动水平施加影响的政策的总和。"他强调,产业政策核心内容是针对资源的配置方面出现的"市场失败"而进行的政策干预。

在日本一桥大学、东京大学和庆应大学教授共同主编的《经济辞典》中认为:"所谓产业政策,是指与产业之间结构有关的产业结构政策和与产业内部竞争组织有关的产业组织政策。"

概括地讲,产业政策是一个国家的中央或地区政府为了其全局和长远利益而主动干预产业活动的各种政策总和。产业政策的构成要素包括:政策对象,政策目标,政策手段和措施,政策实施机构,以及产业政策的决策程序和决策方式。

五、文化产业政策

文化产业的发展取决于文化产业政策。所谓文化产业政策,就是为了促进本国的经济繁荣和文化的可持续发展,综合运用经济手段、法律手段和必要的行政手段,调整文化产业关系,规范文化产业活动而制定的政策。

文化产业政策的渊源,可以上溯到 200 多年前欧洲王室对文化活动的庇护政策。但在 20 世纪 80 年代之前,文化政策仍然集中在社会政治领域,而忽视了文化资源的经济功能。20 世纪 80 年代中期以后,"新公共管理"运动作为一种风潮席卷了全球,使文化管理打破了传统组织僵化的体制与法令的束缚,引进了企业精神,文化活动具有了经济功能,文化政策的调整和转向不可避免,各国文化政策的重心开始从单纯强调政治教化和文化教育转向教化与经济发展并重,甚至完全转向以创造财富为重心。

文化产业政策作为国家政策体系的一部分,同其他的国家政策相比有其共同之处,但它又具有自身的主客范畴和明显的特征。文化产业政策的主体就是文化产业政策制定、执行、评估和监控的行为承担者,而文化产业政策的客体则是文化产业政策服务的对象,包括产业关系、产业运行和产业发展。作为指导文化产业发展的一种经济政策,它既具有产业政策的一般特征,如时代性、民族性、政治性、供给指向性和市场功能弥补性,又具有文化的教化功能和娱乐功能。

思考题

名词术语解释:

文化政策　文化产业政策

简答题:

1. 如何理解文化与文化产业的关系?

2. 文化事业和文化产业有什么区别?

国外文化产业政策概述

第一节　国际公约和国际法中的文化产业政策

　　1982 年联合国教科文组织(UNESCO)在墨西哥城召开"世界文化政策大会"。会议明确把人文——文化发展纳入全球经济、政治和社会的一体化进程,并把推动文化发展当作各国政府面临新世纪所应做出的承诺。15 年后的 1997 年,教科文组织又出台《联合国世界文化发展 10 年(1988～1997)》,明确提出要提高对全球人类共同体的人文——文化关怀,进一步促进经济——政治——文化的融合。1998 年 3 月,联合国文化与发展委员会在斯德哥尔摩举行题为"促进发展的文化政策"(Cultural Police for Development)的政府间会议,并同时出版两年一度的《世界文化发展报告》。斯德哥尔摩会议的行动方案敦促世界各国"设计和出台文化政策或更新已有的文化政策,将它们当作可持续发展中的一项重要内容"。

　　始于 1998 年 6 月的国际文化政策论坛则是探讨文化政策和事务的政府间部长级非正式国际论坛。20 世纪 90 年代以来,随着科学技术的发展和经济全球化的日益加深,许多国家认识到民族文化的多样性和丰富性正受到严重威胁,由各国文化部长参加的国际会议相继召开,以讨论和呼吁加强对各民族传统文化的保护。1998 年 3 月,联合国教科文组织在瑞典斯德哥尔摩召开了主题为"文化政策促进发展"的政府间国际会议。会议起草了《文化政策促进发展行动计划》,呼吁建立一个文化间相互交流和相互理解的世界,强调文化商品和服务有别于其他商品和服务的理念,以迎接全球化和技术变革对传统文化带来的挑战。作为斯德哥尔摩会议的后续,1998 年 6 月在加拿大渥太华召开了国际文化政策部长会议,20 个国家负责文化事务的部长出席。会议讨论了在经济全球化过程中保护地方和民族文化的重要性,认为政府应致力于将文化政策视为可持续发展政策的重要组成部分,并与社会其他领域的政策相协调。会议决定成立国际文化政策论坛并每年举行一次部长级会议,目的在于建立一个非正式国际场所,使各国负责文化事务的部长们可以探讨新出现的文化政策问题,并在全球化日益加深的形势下考虑维护和发展文化多样性的整体思路。中国自 2002 年起参加部长年会,2004 年中国上海成功主办了"国际文化政策论坛"第七届部长年会,会议积极推动了《保护文化内容和艺术表现形式多样性公约》的制定工作。

　　而文化立法工作则开始得更早一些,在国外文化立法中,最早进行保护的是文学艺术方面。《安妮法》(The Statute of Anne),亦称《安妮女王法令》,是世界上第一部现代意义上的版权法。英国资产阶级革命后,原先由王室发放专印许可证的封建版权制度解体,图书盗印活动泛滥,印刷出版商向国会寻求保护。1709 年国会下院以保护作者和鼓励学术为由,提出并通过一项版权保护法案,1710 年以英国女王安妮的名义颁布生效。法案规定:对已出版的图书,作者享有印制权 21 年;对未出版的书稿,作者享有印制权 14 年,期满作者未亡,则续展 14 年。还规定了登记注册、缴纳样本和侵权惩罚的内容。该法在世界上首次确认作者为版权的受益人,使版权不再是统治者赐予的特权,而成为受法律保护的公民权利,为现代版权法奠定了基础。它不仅结束了少数出版商垄断印刷出版业的历史,而且使新的封建垄断不可能再产生。在版权理论和版权立法实践方面,对其他国家产生了深远的影响。但也有其局限性,如没有规定作者的精神权利;经济权利也仅限于图书的印制权;规定凡买下书稿的书商或其他人也可作为权利主体等。

承认和保护外国作者的权利始于 19 世纪下半叶。这一时期,产生了进步的、有效的复制文学和艺术作品的方法,大学、图书馆的建立、图书贸易的发展、对外国语的学习,为出版业创造了有利的发展条件,智力劳动的产品开始符合商品的特征。随着国际经济、文化联系的发展,翻译书籍的数量不断增加,越来越多的作品在国外出版或出口到国外,而国外非法的廉价图书又回运回国,这给国内的出版业带来了很大的打击,而一国法律已不足以有效地保障利益相关各方的权利,建立版权国际公约日益提上日程。可以说,最早要求建立国际统一的著作权规则的人正是各国的出版商和书商。加之各国法律中关于著作权的规定差异甚大,这为版权跨国纠纷的解决又增添了许许多多新的麻烦。正是在这种背景下,各国达成共识,希望建立一项国际公约,来解决这一问题。于是《伯尔尼公约》便应运而生。

一、《伯尔尼公约》(Berne Convention for the Protection of Literary and Artistic Works)

(一)《伯尔尼公约》的签订

《伯尔尼公约》全称《保护文学艺术作品的伯尔尼公约》,是世界上第一个保护文学、艺术和科学作品的国际公约,所有缔约国组成伯尔尼联盟。

1858 年在布鲁塞尔举行了文学与艺术作品作家的代表会议,

会上就建立保护著作权进行了讨论。之后又召开了安特卫普会议（1861年和1877年）和巴黎会议（1878年）。从1883年起，此项工作持续在伯尔尼进行，举行了三次外交代表会议后，于1886年签订了一项关于保护文学艺术作品的国际公约，公约于1887年12月5日正式生效。这是《伯尔尼公约》的最初文本，在这个最初文本中确定了两项基本原则：国民待遇原则和版权独立保护原则。在保护范围上，该文本遵循了地域原则和国籍原则。

最初文本对这些内容的规定和所确立的保护制度已经构成了版权国际保护的基本框架。随着社会的发展，《伯尔尼公约》也在不断地修订和完善，先后经过1896年巴黎会议、1908年柏林会议、1914年伯尔尼补充议定书、1928年罗马会议、1948年布鲁塞尔会议、1967年斯德哥尔摩会议数次修改，现行的文本是1971年的巴黎文本。

《伯尔尼公约》是生产进步和经济发展的产物。这个公约的签订对于促进各国之间的文化交流，统一各国不同的版权制度，从而避免因各国在处理国际文化交流中产生纠纷的不同做法而带来的诸多困难，都具有十分现实的意义。不仅如此，它还确立了版权保护的各种原则和一些重要的规则，这些原则和规则正在被越来越多的国家所认可，并在国内法中给予体现。

《伯尔尼公约》是世界上最大的保护版权的国际公约，也是参加国家最多的国际公约。截至2002年7月15日，共有149个国家批准或承认这个公约的不同文本。我国于1992年10月加入了《伯尔尼公约》。我国的著作权法体系就是在其影响下建立起来的，其对我国著作权法体系和一些基本观念的建立都产生了深远的影响。

(二)《伯尔尼公约》的基本原则

1. 国民待遇原则

该原则要求各国在著作权保护方面给予公约其他成员国国民

的待遇不低于本国国民的待遇,国民待遇原则还应适用于作品首先在成员国发表的非成员国国民,以及在成员国有惯常居所的人。这一原则在一定程度上排除了国际版权法中的法律冲突问题。但必须说明的是,国民待遇并不是说本国作品在外国得到的保护与其在本国得到的保护是相同的,而是说本国作品在外国得到的保护与该国给予其本国作品的保护是相同的。

2. 自动保护原则

公约成员国的国民和在成员国有居所的人在作品完成时就自动享有著作权,无须履行任何手续;在成员国无居所的非成员国国民的作品首先在成员国出版的,也自动享有著作权。

3. 独立保护原则

享有国民待遇的作者在任何成员国受到的保护不因其作品来源而不同,对作者权利的保护、行政或司法救济方式等,均按提供保护的国家的法律。版权独立保护原则要求对外国作者的著作权保护不能低于规定的限度,但在规定的限度之上,各国有权依本国的具体情况制订相应的国内法的版权制度。

4. 最低保护限度原则

此项原则系指各成员国为享有国民待遇的外国国民提供的著作权保护不能低于公约所规定的专门保护。这些内容可在成员国直接生效适用,不允许附加任何条件。公约规定保护的权利有经济权利和精神权利。经济权利亦称"版权财产权利",是指版权权利中具有财产性质或可以带来经济收益的权利,一般包括禁止或授予他人以复制权、出版权、公演权、广播权、朗诵权、展览权、发行权、翻译权、改编权、汇编权、制片权等方式使用自己作品的权利,以及因许可他人以上述方式使用作品而获得经济报酬的权利。精神权利亦称"版权人身权利",即版权权利中与人身不可分割的或非财产性质的权利,一般包括作者身份权、发表权、署名权、作品完整性权、作品修改权和收回作品权等。精神权利永远依附于作者,不能继承和转让;作者去世后,由继承人或有关机构保护其不受侵犯。一般作品的保护期不得少于作者生前加死后50年,电影作品不少于公开放映后50年,匿名作品不少于作品发表后50年,摄影和实用美术作品不少于完成后25年。

此外还有一些原则,如地域性原则和国籍原则等等。地域性原则指只要作品在参加国的领土范围内首次出版,就受该公约保护。版权具有地域性特征,实际意义上的国际版权并不存在。所谓国籍原则即承认凡是公约成员国的公民,不论其作品在哪国首次发表,都受公约保护。

(三)《伯尔尼公约》的主要内容

《伯尔尼公约》保护的作品范围是缔约国国民的或在缔约国内首次发表的文学、科学和艺术领域内的一切成果,不论其表现形式或方式如何,如文学艺术作品、演绎作品、实用艺术作品以及工业品外观设计,均应受到公约的保护。"文学艺术作品"包括文学、科学和艺术领域内的一切作品,如图书、讲课、演讲、讲道、戏剧、舞蹈、乐曲、电影作品、图画、建筑、雕塑、摄影作品等。其次还包括"演绎作品",即改编、翻译、注释、整理的作品,是作者在已有作品的基础上经过创造性的劳动而产生的作品,只要不损害原作的著作权,这种改造就得到与原作同等的保护。

《伯尔尼公约》(以下简称《公约》)列出了出版的概念,并确定其含义是"必须以制作大量复制本并使公众可以获得的方式进行传播",指出仅有"间接传播方式"(复制)属于出版,展览、演出等"直接传播方式"不属于出版。《公约》将作者列为第一保护主体,保护包括精神权利和财产权利在内的专有权利。规定了作者享有以下几种财产权利:翻译权、复制权、公开表演权、广播权、公开朗诵权、改编权、延续权等。

《公约》承认作者的精神权利,规定这些精神权利即使在作品的财产权转让时依然归作者所有;并且强调了精神权利也应适用于版权保护的独立性原则；保护作者不依赖其财产权利而独立存在的精神权利，就是即使作者把自己某部作品的版权（即财产权利部分）全部转让给了出版者或广播组织，后者也无权将作者的名字从作品上删去，或篡改他的作品。

《公约》确定了著作权保护期为 50 年。但是该条不带强制性质，允许各国法律规定不同的著作权保护期，但该期限不应超过作品来源国所规定的期限。

《公约》规定了关于在计算合著作品的著作权保护期时，承认作品的完整性和不可分割性的原则，并赋予公约条款以回溯力。

《伯尔尼公约》还允许缔约国对不是本国公民，也不在其领土上居住的作家权利加以限制，前提是这些作家的所属国不是该公约的缔约国，而且对公约缔约国的作家也未提供足够保护。发展中国家争取到了很多优惠的权利，主要体现在保护期、翻译权、传播权等方面。

二、《世界版权公约》(Universal Copyright Convention)

因为《伯尔尼公约》并没有规定版权标记等内容，所以美国和其他西方国家感到有必要制定一个替代《伯尔尼公约》的多边国际公约。《世界版权公约》是在联合国教科文组织建议下于 1952 年在日内瓦签订的，1955 年生效。

公约所定的保护水平，反映在它对成员国国内法的最低要求上。它的实体条文不像《伯尔尼公约》规定得那么具体，而是比较笼统。但是，公约不允许参加它的国家作任何保留。该公约保护的作品版权主要包括文学、艺术和学术三个方面。并且根据修正文本第一条设立的政府间委员会，研究有关版权的国际保护与合作。

中国于 1992 年 7 月 30 日递交了加入《世界版权公约》的官方文件，同年 10 月 30 日对中国生效。

（一）主要内容

《世界版权公约》的主要内容可以归结为6点：

（1）双国籍国民待遇原则，即兼顾作者国籍与作品国籍，成员国国民的已出版作品，不论在何地出版，均在各成员国内享有该国国民已出版作品的同等保护；凡在成员国中首次出版第一版的作品，不论作者是否系成员国国民，均享有各成员国给予本国国民已出版的作品同样的保护；成员国国民的未出版的作品，在每个成员国中均享有该国给予本国国民未出版的作品同样的保护。这里指的"国民"，也可以包括居住在成员国的外籍居民。公约对国民待遇的规定比《伯尔尼公约》要简单得多。

（2）非自动保护原则，即有条件的自动保护原则，是指必须在出版的作品上加注"版权保留"的版权标记方予保护。

（3）受保护作品范围。公约提出对文学、科学和艺术作品给予充分有效的保护，各缔约国自行决定保护范围。

（4）经济权利。

（5）保护期，对作品的保护期限定为作者生前加死后25年，或作品首次发表之后25年。

（6）无追溯力规定。未明示保护作者的身份权，不具有追溯力，且不允许缔约国对某些条款予以保留。

《世界版权公约》同样适用独立保护原则和最低保护限度原则，但公约并不对作者的精神权利（或称"人身权"）提供一般保护，只是在其中"对发展中国家的优惠条款"内，含有禁止篡改他人作品，以及作者有权收回已进入市场的作品等相当于保护精神权利的规定。

（二）与《伯尔尼公约》的不同

因为《伯尔尼公约》与美国的版权制度存在着明显的差异，如版权标记以及版权保护年限等问题；也因为当时美国和其他美洲国家的出版业还无法与欧洲国家相比，美国版权法还无法对外国作品提供在《伯尔尼公约》下所必需的保护，所以美国没有加入《伯尔尼公约》。19世纪末，美国和其他一些拉丁美洲国家缔结了一个《美洲国家间版权公约》，提出了与《伯尔尼公约》不同的一些原则。第二次世界大战结束后，美国的经济实力加强，出版业也得到发展，1952年，由联合国教科文组织主持通过了《世界版权公约》，美国是倡议国之一。《世界版权公约》规定对作品非自动保护，保护期是依照作品来源国的保护程度，那些不愿接受《伯尔尼公约》较高保护程度的国家加入了《世界版权公约》，而那些希望保持较高保护程度的国家仍然留在《伯尔尼公约》内，于是就形成了两个公约并存的局面。

1. 关于自动保护原则

《伯尔尼公约》实行的是版权自动保护原则，公约成员国国民及在成员国有惯常居所的人，在作品创作完成时即自动享有著作权。非成员国国民而且在成员国无惯常居所者，其作品首先在成员国出版或在一个成员国和非成员国同时出版时即享有著作权，获得版权保护，不要求履行一定法律手续。《世界版权公约》实行非自动保护原则，在给予版权保护的形式要求上，《世界版权公约》协调《伯尔尼公约》的自动保护原则和美洲国家采用的注册保护制度的结果，通常履行法定手续是获得版权保护的条件。它不要求登记，但要求作品在首次出版时标上"版权标记"，遗漏版权标记的作品将丧失版权保护。

2. 关于最低保护限度原则和保护期限

《世界版权公约》规定的最低保护中不包含精神权利，对经济权利也只笼统地规定应提供"充分、有效的保护"，经济权利的保护期短于《伯尔尼公约》"作者生前加死后50年"的规定，规定在一般情况下不应少于作者有生之年加死后25年，在特殊情况下，可以自出版日起保护25年。《世界版权公约》对于翻译权的保护期限浮动在3年到20年之间，而《伯尔尼公约》则承认翻译权是作者的一项基本权利,在著作权受保护的时期内均有效。

3. 关于翻译权的限制

《伯尔尼公约》对翻译权作出规定的同时,并未对它作出明确的限制,而《世界版权公约》则给予了明确的限制,如果符合以下两个条件,任何作品在没有翻译权所有人的许可下甚至在其反对下也可以进行翻译:

(1)如果作品首次出版后的 7 年过程中,尚未将其译成一种或几种民族文字出版;

(2)作品虽然已经在 7 年内翻译出版,但其版本全部售完并且在该国已经无法买到。

《世界版权公约》对翻译权的限制其实也体现了对于作者的权利保护程度的降低。

4. 关于发展中国家的一些规定

在《伯尔尼公约》1971 年巴黎文本的附件和《世界版权公约》1971 年巴黎文本中,都规定了对发展中国家在翻译权和复制权方面的优惠:翻译强制许可和复制许可制度。对成员国中外国的印刷出版物及供系统教学用的视听制品,如出版一年后版权人未授权他人译成某一发展中国家的文字,该发展中国家的国民可以向本国的版权管理机关申请翻译强制许可证,版权管理机关为教学、学习研究的目的可以颁发强制许可。对成员国中外国的印刷出版物,如出版后 3 年(数学、自然科学或技术领域的作品)、5 年(一般作品)或 7 年(小说、诗歌、戏剧、音乐或以印刷形式出版的美术作品)仍未在某发展中国家成员国市场发行,使用单位可以向版权管理机关申请复制出版该作品的强制许可证。

事实上,在乌拉圭回合《与贸易有关的知识产权协议》的谈判过程中,许多国家的知识产权法都作了相应修改,各国在版权保护方面的要求已经非常接近。现在,许多国家既是《伯尔尼公约》的成员国,又是《世界版权公约》的成员国,随着越来越多的国家批准

《与贸易有关的知识产权协议》，两个公约在保护程度上的差异已经没有实际意义了。

三、《罗马公约》(Rome Convention for the Protection of Performers, Producers of Phonograms and Broadcasting Organizations)

《罗马公约》全称《保护表演者、音像制品制作者和广播组织罗马公约》。1961 年 10 月 26 日，由国际劳工组织与世界知识产权组织及联合国教育、科学及文化组织共同发起，在罗马缔结了本公约，于 1964 年 5 月 18 日生效。

《罗马公约》的基本内容可以归纳为下列 7 点。

1. 国民待遇原则

任何一个成员国均应依照本国法律，给予其他成员国的表演者、录音制品录制者及广播组织，以相当于本国同类自然人及法人的待遇。但对于上述三种不同的专有权所有者，在国民待遇上作了三种不同规定。表演者依照公约享有国民待遇的条件是：表演行为发生在其他任何一个成员国内；表演活动已被录制在受公约保护的录音制品上；表演活动虽未被录制，但在受公约保护的广播节目中广播了。录音制品录制者依照公约享有国民待遇的条件是：录音制品录制者系其他任何一个成员国的国民，这就是所谓"国籍标准"；录音制品首次录制系在任何一个成员国进行，这是所谓"录制标准"；录音制品系在任何成员国内首先发行，这是所谓"发行标准"。广播组织依照公约享有国民待遇的条件是：广播组织的总部设于任何一个成员国内；广播节目从任何一个成员国的发射台播放。对于录制者的条件，任何成员国均可保留不采用录制标准或不采用发行标准的权利。对于广播组织的条件，任何成员国均可声明只对总部设在某成员国并且从该国播放节目的广播组织提供国民待遇。如果某录音制品是在非成员国与成员国同时首次发行,那么也符合上述发行标准。"同时发行"即在 30 天内先后在两个以上国家发行。

2. 在录音制品录制者或表演者就录音制品享有专有权方面,实行非自动保护原则

如果把表演者的演出录制下来,不仅录音制品录制者对录制品享有专有权,表演者也对它享有专有权。但录音制品录制者与表演者的这种专有权不能自动产生,而必须在录音制品上附加三种标记:录音制品录制者或表演者的英文(Producer of Performer)字首略语;录音制品首次发行之年;录音制品录制者与表演者的姓名。

3. 专有权内容

表演者权是指未经表演者许可,不得广播或向公众传播其表演实况(专为广播目的演出除外),不得录制其从未被录制过的表演实况,不得复制以其表演为内容的录音制品(《公约》另有规定者除外);

录音制品录制者权是指未经录制者许可,不得直接或间接复制其录音制品;

广播组织权是指未经广播组织许可,不得转播其广播节目,不得录制其广播节目,不得复制未经其许可而制作的对其广播的录音、录像(《公约》另有规定者除外)。

4. 保护期

三种不同邻接权的保护期是以 20 年为最低限,按三者的情况分别规定的。表演者权保护期是指如果演出实况没有被录音或录像,则保护期从表演活动发生之年的年底算起 20 年;录音制品录制者权保护期是从录音制品录制之年的年底算起 20 年;广播者权保护期是从有关的广播节目开始播出之年的年底算起 20 年。

在保护期内,表演者、录音制品录制者及广播组织者可以行使自己的权利,即向经其许可而利用其专有权的人收取合理报酬。

但公约并不阻止其成员国提供比20年更长的保护期。

5. 对邻接权的权利限制

公约中规定了使用邻接权所保护的演出、录音制品及广播节目时,可以不经权利所有人同意、也无需付酬的四种特殊情况:私人使用;在时事报道中有限的使用;广播组织为编排本组织的节目,利用本组织的设备暂时录制;仅仅为教学或科学研究目的的使用。此外,公约还允许成员国自行以国内立法规定颁发强制许可证条件,以防止邻接权所有人滥用自己的专有权。但颁发强制许可证不得与公约的基本原则相冲突。

6. 管理机构

公约由联合国的教科文组织、国际劳工组织及世界知识产权组织共同管理,日常事务由该公约的政府间委员会及其秘书处办理。

7. "闭合式"公约

版权领域的"闭合式"公约以参加《伯尔尼公约》或《世界版权公约》为前提条件,只有参加了两个版权基本公约中的一个,才允许参加《罗马公约》。

四、《关税与贸易总协定》(General Agreement on Tariffs and Trade——GATT)

(一)《关税与贸易总协定》(GATT)与世界贸易组织(WTO)

第二次世界大战以后,西方社会总结二战经验,认为贸易上的不平等是世界不和平、不安宁的根源。1944年成立了国际货币基金组织和世界银行,致力于国际货币币值的稳定和国际金融的稳定与投资。为了抑制各国当时实行的高关税政策、制定国际贸易的新规则,从1946年开始谈判,1947年10月29日,美、英、法等23个国家在日内瓦签署了《关税及贸易总协定》,于1948年1月1日起正式生效,并根据该文件成立了相应机构,总部设在日内瓦。

其成员国分为三个层次，即缔约方国家、事实上适用关贸总协定国家和观察员国家。

关贸总协定从 1947 年至 1994 年共举行了 8 轮多边贸易谈判。据不完全统计，前 7 轮谈判中达成关税减让的商品就近 10 万种。1993 年 12 月 15 日，第 8 轮谈判（即乌拉圭回合）批准了一份“最后文件”。文件规定将建立世界贸易组织，以取代目前的关贸总协定的临时机构，同时对几千种产品的关税进行了削减，并把全球贸易规则扩大到农产品和服务业。1995 年 12 月 12 日，关贸总协定 128 个缔约方在日内瓦举行最后一次会议，宣告关贸总协定的历史使命完结，从 1996 年 1 月 1 日起，由世界贸易组织取代关贸总协定。

世界贸易组织（World Trade Organization，简称 WTO）是在关税及贸易总协定的基础上，在国际分工进一步深化的情况下，为寻求国际社会新的平衡而建立起来的全球经贸组织。在多边贸易体制 50 多年的发展中，已经形成了一整套世贸组织成员共同接受的经贸协定、协议，主要有《建立世界贸易组织的马拉什协议》《关税及贸易总协定》《乌拉圭回合协议》《与贸易有关的知识产权协定》《服务贸易协定》等。这些协定、协议共同构成了全球国际经贸合作与竞争的“游戏规则”。WTO 所形成的诸多协定、协议广泛涉及文化产业的各个领域。因此，WTO 的基本原则规定也就自然地成为各成员政府制定和执行国内文化贸易政策和国际贸易政策的文本基础，这就必然地对这个国家的文化管理制度和文化产业政策制定带来制度、法律和政策性的影响。

（二）WTO 的几个基本的内容

1. 非歧视原则

非歧视原则包含两方面的内容：最惠国待遇和国民待遇。WTO 实行永久多边无条件最惠国待遇原则，即各成员方之间在进出口贸易及其有关的关税、规费、征收方法、规章手续、销售和运输以及对进出口货物征收国内税和费用或使用的全部法令、条例方面，每一成员方给予任何一个成员的优惠、特权和豁免，均应立即无条件地适用于所有其他成员方，该原则是 WTO 的基石。所谓国民待遇即给外国产品的待遇，与给本国同一产品的待遇一样。

2. 市场准入原则

市场准入原则包括两个方面：①逐步降低关税；②取消非贸易壁垒。任何成员方除征收关税外，不得设立或维持配额、进出口许可证、各种审批、外汇管制、技术标准或其他措施，以限制或禁止其他成员方领土的产品输出或向其他成员方领土输出或销售出口产品。下述情况除外：为保护农业、渔业产品市场而实施的限制；为保护本国的国际收支而实施的限制；为促进不发达国家成员经济发展而实施的限制；为实施保障措施协定规定的数量限制。

3. 互惠对等原则

是指两成员方在国际贸易中相互给对方以贸易上同等的优惠待遇。它明确了成员方在关税与贸易谈判中必须采取的基本立场和相互之间必须建立一种什么样的贸易关系。

4. 透明度原则

成员方所实施的与国家经济、贸易有关的法令、条例、司法判决、行政决定，都必须公布，使各成员国及贸易商熟悉。一成员方政府与另一成员方政府所缔结的影响国家贸易的协定，也必须公布，以防止成员方之间不公平的贸易，从而造成对其他成员方的歧视。

5. 公平竞争原则

6. 关税减让原则

通过关税减让，降低关税，以促进国际贸易发展。经过多边谈判在互惠基础上达成的关税减让对各成员方具有约束力；任何成员方都无权单方面改变，某成员方在特别情况下要提高本国关税，必须与有关成员方谈判，并给予赔偿。

7. 争端解决多边化原则

WTO不允许单边或双边处理贸易纠纷,不允许搞互相报复。有贸易争端,则在WTO内部多方协调解决。

8. 定期审议贸易政策原则

这是WTO新建立的一个机制。美、加、欧、日两年一审,按贸易额排名前16位的国家四年一审,其他国家六年一审。

WTO不讲国家,只讲规则,在规则面前所有国家一律平等,这是WTO的一个重要内容。WTO建立了一个完整的包括货物、服务与贸易有关的投资及知识产权等更具活力、更持久的多边贸易体系,为国际商业活动提供了基本的法律规则。

五、《保护世界自然和文化遗产公约》(Convention for the Protection of the World Cultural and Natural Heritage)

随着现代化进程的加快,文化遗产和自然遗产越来越受到破坏的威胁,鉴于威胁这类遗产的新危险的规模和严重性,考虑到保护不论属于哪国人民的罕见且无法替代的财产,对全世界人民都很重要,因此整个国际社会有责任通过提供集体性援助来参与保护具有突出价值的文化和自然遗产,这种援助尽管不能代替有关国家采取的行动,但将成为它的有效补充。为此,有必要通过采用公约形式的新规定,以便为集体保护具有突出价值的文化和自然遗产,建立一个根据现代科学方法制定的永久性的有效制度,联合国教科文组织大会于1972年10月17日至11月21日在巴黎举行的第十七届会议通过该公约。我国于1985年加入该公约。

在公约中,首先界定了"文化遗产"的内涵:即包括文物、建筑群和遗址。文物是指从历史、艺术或科学角度看,具有突出的普遍价值的建筑物、碑雕和碑画、具有考古性质成分或结构、铭文、窟洞以及联合体;建筑群是指从历史、艺术或科学角度看,在建筑式样、分布均匀或与环境景色结合方面具有突出的普遍价值的单立或连接的建筑群；遗址是指从历史、审美、人种学或人类学角度看，具有突出价值的人类工程或自然与人联合工程以及考古地址等地方。

"自然遗产"是指从审美或科学角度看具有突出价值的由物质和生物结构或这类结构群组成的自然面貌；从科学或保护角度看具有突出价值的地质和自然地理结构以及明确划为受威胁的动物和植物生境区；从科学、保护或自然美角度看具有突出价值的天然名胜或明确划分的自然区域。

《保护世界自然和文化遗产公约》对保护世界范围内的文化遗产起了不可替代的作用。

六、《保护非物质文化遗产公约》(Convention on the Safeguarding of Intangible Cultural Heritage)

由于受现代化进程的冲击，再加上人们观念中对非物质文化遗产的保护意识比起对有形遗产有着比较大的差距，非物质文化遗产的保护和继承处于脆弱的境地。2003 年 11 月 3 日在第 32 届联合国教科文组织大会上通过《保护非物质文化遗产公约》。我国于 2004 年 12 月 2 日向联合国教科文组织递交了由中国国家主席胡锦涛签署的《保护非物质文化遗产公约》批准书。

"非物质文化遗产"，即人类口头和非物质遗产，包括被各群体、团体或个人视为其文化遗产的各种实践、表演、表现形式、知识和技能及其相关的工具、实物、工艺品和文化场所。主要有以下五类：

（1）口头传说和表述，包括作为非物质文化遗产媒介的语言；

（2）表演艺术，民间音乐、舞蹈、戏曲、曲艺、皮影等；

（3）社会风俗、礼仪、节庆；

（4）有关自然界和宇宙的知识和实践；

（5）传统的手工艺技能，如剪纸、雕刻、刺绣、印染等。

虽然国际公约同样具有法律效力，但是为了尊重各国不同情况,该条约并未明确非物质文化遗产的具体认定标准和保护工作的衡量标准,所以,如何执行条约内容就显得格外重要。

七、《威尼斯宪章》(Venice Charter)

该宪章是 1964 年 5 月 31 日,从事历史文物建筑工作的建筑师和技术员国际会议第二次会议在威尼斯通过的决议,全称《保护文物建筑及历史地段的国际宪章》,是保护文物建筑及历史地段的国际原则。宪章肯定了历史文物建筑的重要价值和作用,将其视为人类的共同遗产和历史的见证。宪章分定义、保护、修复、历史地段、发掘和出版 6 部分,明确了历史文物建筑的概念,同时要求,必须利用一切科学技术保护与修复文物建筑,强调修复是一种高度专门化的技术,必须尊重原始资料和确凿的文献,决不能有丝毫臆测。其目的是完全保护和再现历史文物建筑的审美和价值,还强调对历史文物建筑的一切保护、修复和发掘工作都要有准确的记录、插图和照片。

《佛罗伦萨宪章》是《威尼斯宪章》的附件,于 1981 年 5 月 21 日在佛罗伦萨签订,是一部保护历史园林的国际公约。

其他与文化产业有关的、重要的国际公约还有:《商标国际注册马德里协定》(1967 年修订并于 1979 年修改的斯德哥尔摩文本)、《商标注册条约》(维也纳,1973 年 6 月 12 日)、《建立商标图形要素国际分类的维也纳协定》(1973 年 6 月 12 日)、《关于播送由人造卫星传播载有节目的信号的公约》(布鲁塞尔,1974 年 5 月 21 日)、《关于供商标注册用的商品和服务的国际分类的尼斯协定》(日内瓦,1977 年 5 月 31 日)、《国际电信公约》(内罗毕,1982 年 11 月 6 日)、《关于集成电路知识产权公约》(华盛顿,1989 年 5 月 26 日)、《世界知识产权组织表演和录音制品条约》(日内瓦,1996 年 12 月 20 日),等等。

第二节　西方文化产业政策概述

一、西方各国的文化政策发展概况

1. 美国是第一个进行文化立法的国家

美国在文化生产方面与众不同,它至今没有一个正式的官方政策文件,但实际上,人们公认美国是第一个进行文化立法的国家。1791年的美国宪法第一修正案指出:"国会不得制定法律剥夺人民的言论和出版自由。"这是一个最大限度限制政府权力和开拓文化生活空间的原则,它使行政和立法机构在文化政策干预方面变得十分谨慎。美国学者认为联邦机构"一向因循"的文化政策就是"无为而治"(non-activity, non-regulation)。这个传统与欧洲国家扶持文化发展的传统形成鲜明对照。

2. 英国率先提出了自己的文化产业政策

在20世纪80年代之前,世界各国文化政策的出发点皆大同小异:认为艺术具有教化的功能,可以提升国民的素养,促进社会的和谐。80年代,世界各国政府掀起了一股"新公共管理"的风潮:打破传统组织僵化的体制与法令的束缚,引进企业精神,拟定明确的目标,以改进公共行政管理的效能。英国的文化政策率先出现了转向:以创造财富为目的。在这个目标与思维的主导下,文化活动变成了"产品",观众变成了"消费者",而政府的艺术补助变成了一种"投资"。

1990年,英国文化委员会接受政府委托,会同英国电影协会和手工艺委员等从事英国文化发展战略的起草工作。经过两年的调研、研讨和论证,在1992年形成"国家文化艺术发展战略"讨论稿。1993年以《创造性的未来》为题正式公布,"这是英国有史以来首次以官方文件的方式颁布的国家文化政策"。

这里的"创造性"(creativity)是"文化生产"的代名词,成为英联邦国家中确定自己文化政策的基本母题。1994 年,澳大利亚也"在历史上第一次推出"自己的文化政策,其标题是《创造性的国家:澳大利亚联邦文化政策》。同年,加拿大政府也以"创造性"为题推出了自己的文化政策文件。1998 年,欧盟理事会文化指导委员会确定,将建设"创造性的欧洲"当作自己的战略目标,推出了欧盟文化政策的框架模式。依照这一框架,欧洲各国在 1998 年后相继推出了自己的官方、半官方的文化政策。

二、西方国家文化产业政策概述

不同传统的国家往往对文化与市场的关系持有不同的态度。《芬兰文化政策》第五部分对此概括说:"美国偏重于经济的可开发方面,而欧洲国家则较偏重保护艺术及表演的创造力。"文化产业发达国家都根据本国的发展状况有针对性地提出了自己的文化产业政策。

1. 英国的文化产业政策

英国是一个尊重传统的君主制国家,但在文化发展上却采取了一种全新的态度。它不仅在 1993 年将"创造性"概念引入文化政策文件,而且在 1998 年出台的《英国创意产业路径文件》中更明确地提出了"创意产业"的概念:"所谓'创意产业'是指那些从个体的创造性、个体技艺和才能中获取发展动力的企业,以及那些通过对知识产权的开发可创造潜在财富和就业机会的活动。它通常包括广告、建筑、艺术和古玩市场、工艺品、时尚设计、电影和音像、互动性休闲软件、音乐、表演艺术、出版业、软件和计算机服务、电视和电台,等等。此外,还包括旅游、博物馆和美术馆、遗产和体育等。"①

---

① 本节主要参考了李河著《发达国家当代文化政策一瞥》一文,收录在张晓明、胡惠林、章建刚主编的《2004 年:中国文化产业发展报告——文化蓝皮书》,社会科学文献出版社 2004 年版。

归结起来,英国文化产业政策主要有以下六个方面:

(1)维护英国文化的民族性,保护和发展国粹文化,增强全民的文化素质;

(2)提倡创新,注重个人的创造性和创新精神;

(3)在教育体系中所有领域加强艺术教育,培养潜在消费市场;

(4)拓宽文化经费筹措渠道,加强文化基础设施建设;

(5)通过对外文化交流贸易,扩大文化在海外的影响,加大知识产权保护力度,重点支持海外市场的开发和文化产品的出口;

(6)增强与旅游、画廊、博物馆、文化遗产等部门的协调与配合。

此外,文化产业是特殊产业,有自己的特殊属性,即文化产品中的文化含量,它体现本民族的文化特色、传统、文化价值取向和意识形态。所以保护自己的文化产品市场和保护本民族的文化有密切关系,这也是文化安全问题。欧盟已制定出第二期"梅地亚计划",宗旨是扶持欧盟电视和电影,法国已颁布政府令,规定电视节目中法国和欧盟的不能少于60%,播出的歌曲中,法语歌曲不得少于40%。法国一方面投入巨资保护受美国文化入侵威胁的产业,一方面还制定法律、法规抵制外来文化入侵,保护自己的民族文化。

2. 美国的文化产业政策

美国坚持一种"无为而治"的文化政策。在行政体制上,它也不像其他国家的政府那样,通常设有"文化部"(法国)、"文化、新闻和体育部"(英国)、"遗产部"(加拿大)或"艺术与通信部"(澳大利亚)。美国没有文化部,但美国人最先领悟到使一个文化资源小国变成文化产业大国的真谛。

在美国,文化从一开始就作为产业,美国公众用于观看演出、电影、体育比赛、展览等方面的消费,每年高达250多亿美元。影视音像娱乐产品已成为美国第二大出口产品,其中商业影片已出口到世界 80 多个国家和地区,在全球电影市场占有率达 50％。

美国文化产业最早都是以国内需求为基础建立起来的,但是伴随着国内竞争的加剧和市场平均利润的下降,其文化产业逐渐延伸到海外文化市场,这一点在美国电影产业的变化过程中反映得很明显,1980 年,美国电影业收入的 70％来自美国国内,而现在,美国票房收入的大部分却来自海外,美国电影已经成为其出口获利的重要工具。伴随着这一过程,美国文化产业的其他部门也纷纷把触角伸到了海外文化市场,海外文化市场刺激了美国文化产业的发展,带动了美国经济的迅猛发展,1996 年,美国的软件业和文化娱乐产品在国际上的销售额高达 602 亿美元,超过美国其他任何行业。有兴起就有衰落,与在世界经济史中欧洲大陆新兴国家德国的崛起和传统强国英国的衰落一样,美国文化产业的发展,使传统意义上的文化产业强国进入了衰落的阶段,法国曾是"世界电影之父",但是由于法国文化产业中电影制造业发展缓慢,因而受到了美国电影的强烈冲击,不仅在国际市场上出现严重的萎缩,甚至连国内的市场也几乎拱手让给了美国电影。1991 年,在法国上映的影片中,国产片仅占 32％,而美国片则占据了 60％;美国片占据了法国电影票房收入的 60％,而法国片仅占据了美国票房收入的 5％,这种现象不是法国所独有的,在经济水平已经相当发达的欧盟和日本也产生了同样的问题。

3. 法国和德国的文化政策

法国在文化发展方面不太注重市场的作用,主要依靠国家扶持。一方面出于法国对其历史传统的骄傲,另一方面也出于其对自己在文化竞争中处于守势这一现实的无奈。这种无奈感在 1994 年法国的《杜邦法》中得到明确体现,该法要求在新闻传媒和互联网上捍卫法语的地位,而它所针对的显然就是以美国为代表的英语文化侵蚀。正因为这样,《法国文化政策》几乎没有谈到"文化产业"。相反,它更多的是提到法国政府从王室时代就十分关注文化发展,强调文化与法国"国家形象"密切相关,并确定在国内加强政府对文化发展的扶持力度,在国外则由法国外交部和其他涉外机构推进文化交流,加强法国文化的对外影响。

与法国相比,《德国文化政策》不太避讳"文化产业"这一用语,但它提到,对于这个概念,即对于是否应以产业的或市场的方式来发展文化,德国国内至今还有争论。

20 世纪 30～40 年代的德国法兰克福学派对"文化产业"的批判,使人们看到自己负有看护文化趣味的义务。但随着时代发展,人们也意识到那种批判还包含着对大众文化消费权利的漠视、一种前市场时代流传下来的贵族精英主义。因此,《德国文化政策》在强调国家对外扶持作用时,也强调应充分发挥私人部门和企业对文化发展的推动作用。

4. 其他国家的文化产业政策

与英国类似,芬兰、荷兰、澳大利亚和加拿大等国的文化政策对文化与产业的链接均采取相当积极的态度。如《创造性的国家:澳大利亚联邦文化政策》指出:"这个文化政策还是一个经济政策。文化创造财富。……此外,文化增加价值。它对我们的创新、市场营销和广告作出了巨大贡献。文化是我国工业的品牌。它本身就是一个重要的出口产品,是其他出口产品的重要附加物。它对我们的经济腾飞是不可或缺的。"

澳大利亚联邦政府在 1994 年制定了一部名为《创造性的国家》的文化政策,强调文化产业对经济发展的重要性。1996 年,新政府上台后又出台了《艺术面前人人平等》的文化政策。1999 年10 月,联盟党政府承诺,联邦政府不仅不会削减目前对文化事业的拨款,还要增加对艺术家和澳大利亚艺术团体的支持。这一支持将为所有澳大利亚人参与文化活动提供更多的机会。

在政策指导下,政府通过直接拨款、文化组织登记制度、税收减免等扶持措施来鼓励大家对文化产业的投入。为了发展文化产业，澳大利亚政府拟定了一套文化产业方案，主要内容包括：多让从业者了解联邦、州和地方政府对文化产业的服务与支持、发展方案；通过州和准州的艺术与产业部门合作发展的实验性计划，让文化产业从业者善用各种补助；增加和文化产业有关资料的搜集，分析文化产业的经济潜力；研讨文化外销策略。

其他具体措施尚包括：通过税制奖励，鼓励民间企业赞助文化，并且促进电影电视制作的投资；以免税的方式，鼓励并建立文化单位的自力更生与生存能力；大力发展"文化观光"，改进文化产业接触旅游市场机会的措施，为文化产品寻找新的观光市场。

总括来说，澳大利亚文化政策既重视传统，又鼓励创新。澳大利亚建国仅两百多年，文化遗产并不丰富，但却十分注意保护文化遗产，有保护文化遗产的专门机构（澳大利亚遗产委员会）和专项法律。政府拨款大部分用来支持传统艺术和博物馆、图书馆、美术馆等文化设施和机构。

澳大利亚文化传统属于西方，西方艺术流派和品种，仍是澳大利亚文化的主流，但澳大利亚是个移民国家，40％的居民来自世界各地 100 余个国家和地区，文化多元化的趋势越来越明显。

芬兰政府自 1997 年始，集合了学界、艺术界、产业界以及政府之教育、文化、经贸官员，共同组织"文化产业委员会"，研究文化产业政策。他们从教育着手，透过基础教育，提高国民的创造力，加强职业教育，培养文化产业的创造及行销人才，并且加强建教合作，使训练出来的人才有顺畅的就业通道；提供在职者进修的机会，以适应文化产业日新月异的变化；政府将艺术补助视为投资，而且是要求报酬的。在文化产业政策当中，尤其重视数字科技，这是因为芬兰是信息产业最发达的国家之一。2001 年，芬兰被瑞士世界经济论坛和洛桑国际管理学院分别评为世界第一和第三最具国际竞争力国家。竞争力主要来自信息产业，其互联网和移动电话普及率均居欧洲第一和世界前列;信息技术及产品出口占工业出口总额近30%。芬兰信息发展协会在《2000~2004年内容创造启动方案》中强调要大力发展以市场运作为依托、以现代传媒技术为平台的文化生产。

南非的艺术、文化、科学与科技部在1997年发表了一篇报告,说明文化产业的重要性。他们指出,今日全球经济已经开始转型。传统的制造业、矿业与农业已经逐渐没落,取而代之的是以信息为基础的新经济,其中创意与知识扮演举足轻重的角色,因此,南非政府拟定了"文化产业成长策略",根据市场潜力、国际竞争力、提供就业机会等指针,选定了手工艺、电影、电视、音乐与出版业作为振兴的对象。

韩国在遭遇亚洲金融危机袭击后,重新认识文化产业,并将其作为21世纪发展国家经济的战略性支柱产业,积极进行培育。1998年正式提出"文化立国"方针,1999年至2001年先后制定《文化产业发展五年计划》、《文化产业前景21世纪》和《文化产业发展推进计划》,明确文化产业发展战略和中长期发展计划,推出一系列重大举措,有力地推动了文化产业的发展。

1999年2月韩国发布的《文化产业振兴基本法》将文化产业界定为与文化商品的生产、流通、消费有关的产业。第一个《文化产业发展五年计划》自1999年至2003年分三步实施:第一阶段主要是在法律、资金、人才、组织等方面为文化产业发展打基础;第二阶段重点发展外向型产品,开拓海外市场,提高国际竞争力;第三阶段抓紧建设一批文化产业园区,形成集约化、规模化产业经营。通过5年计划的实施,构筑振兴文化产业的框架,为下一步发展奠定坚实的基础。基本战略是:集中力量开发具有国际竞争力的高质量文化产品;重点培育战略性文化产业。由于资源和资金有限,不搞平均主义,实行"选择与集中"的基本政策,集中力量支持重点产业和重要项目;力争使国家扶持政策产生最大的整体实效。

5. 国外文化产业的分类

英国把文化产业分成13个类别：出版、音乐、表演艺术、电影广播软件、游戏软件、广告建筑设计艺术和古董交易市场（拍卖行）、古董店、画廊、手工艺和时装设计等；美国则分成营利性和非营利性文化产业。

日本文化产业则分成五大类：立体文化产业，即传统意义上的文化产业，像图书出版业、电视、唱片、电影等；大众文化娱乐产业，如体育类、兴趣类（烹饪、剪裁、娱乐、旅游等）；艺术服务类产业，专业化程度高、比较发达，主要是艺术演出和展览策划，艺术器材租借、灯光公司、音响公司等为艺术生产、演出活动直接服务的；文化信息传播产业，除了有传统媒体公司外，它还有独特的地方，如专业的售票公司、图书流通公司、影视副产品公司（专门把大众喜欢的形象制作成卡通及连环画）等；大文化范畴内的文化产业，包括拳道、花道、陶艺、和服、建筑、手工制作、美食等。

韩国文化产业的具体行业门类有：影视、广播、音像、游戏、动画、卡通形象、演出、文物、美术、广告、出版印刷、创意性设计、传统工艺品、传统服装、传统食品、多媒体影像软件、网络以及与其相关的产业。此外，还有根据国家总统令指定的产业。韩国统计厅的文化产业统计指标包括：出版产业、唱片产业、游戏产业、电影产业、广播产业、演出产业、其他文化产业（建筑、摄影、创意性设计、广告、新闻、图书馆、博物馆、工艺品及民族服装、艺术文化教育等）。

三、西方文化产业政策的主要原则和管理模式

（一）"分权化"（Decentralization）与"一臂间隔"（Arm's length）原则

在文化政策的通行术语中，"分权化"的文化管理观念通常被形象地表述为"一臂间隔"原则。所谓"一臂间隔"原指人在队列中

与其前后左右的伙伴保持相同距离。该原则最先用在经济领域，针对的是一些具有隶属关系的经济组织，如母公司与子公司、厂商和经销商等。根据这个原则，这些组织在策划和实施各自的营销规划、处理利益纠纷乃至纳税义务上都具有平等的法律地位，一方不能取代或支配另一方。

"一臂间隔"原则被挪用到文化政策上具有两种主要含义，它多是指国家对文化拨款的间接管理模式，但这种管理模式同时要求国家对文化采取一种分权式的行政管理体制。从对文化的集中管理到分权管理，这是"一臂间隔"原则的基本要义。

《芬兰文化政策》指出，"一臂间隔"原则具有"垂直"和"水平"的两种分权向度。所谓"垂直分权"涉及中央政府与其所属行政部门和各级地方政府的纵向分权关系：一方面，中央政府将文化政策制定和实施的主要权力以及部分文化拨款的责任交给其所属的文化相关部门（如芬兰的文化和教育部，英国的文化、新闻和体育部，澳大利亚的艺术和通讯部等等）；另一方面，它还要求各级地方政府行使相应的权力或承担相关的责任。譬如，英国20世纪90年代中央政府对文化领域的年平均预算为10亿英镑，而同期英格兰、苏格兰、威尔士和北爱尔兰这四个大行政区对文化的年资助额超过了10亿英镑。在芬兰2000年的公共预算中，中央政府对广义文化产业的财政支持占支出总额的58.6%，地方政府文化财政支出占41.4%。而从对狭义艺术生产的资助来说，中央政府和地方政府各占一半。澳大利亚、日本的情况也大体如此。

"水平分权"是指各级政府与文化方面的非政府公共组织的横向分权关系。这类组织是介于政府与具体文化单位之间的一级中介机构。它有两个基本特性：其一，这类组织通常接受政府委托，为政府提供文化政策咨询，甚至向政府提供文化政策设计，并策划具体的文化政策实施方案；同时，它还负责把政府的部分文化拨款落实到具体文化单位。就此而言，它是代理政府具体管理文化的准政府组织。其二,这类组织往往由艺术方面和文化产业方面的中立专家组成,它虽然接受政府委托,但却独立履行其职能,从而尽可能使文化发展保持自身连续性,避免过多受到政府行政干预,受到各种党派纷争的影响。因此,它具有非政府、超党派的含义。与不同级别的政府相对应的非政府组织之间通常不具有隶属关系。

成立于1945年的大不列颠艺术理事会是全球第一个体现"一臂间隔"原则的中介组织,它是实现政府文化政策的重要机构。艺术理事会的任务包括:

(1)向政府提供文化政策建议咨询。

(2)对艺术成果进行"同行评议",对艺术创作和文化发展状况进行专业性的常规评估。

(3)依据专业评估,部分代理政府对文化优先项目进行财政拨款。同时,对拨款效果进行监督和评估。如果被扶持文化单位的状况不能得到改善,艺术理事会将给出18个月的警告期,以决定是否取消扶持。

体现着"分权化"内涵的"一臂间隔"原则得到了发达国家的广泛接受。在发达国家的文化政策中,加拿大、澳大利亚、英国、奥地利、比利时、芬兰、瑞典、瑞士等国明确声称采用这一文化管理原则。

然而德国和法国对"一臂间隔"原则持消极态度。《德国文化政策》表明,该国对文化的管理权主要集中在各级政府及其所属行政部门,艺术理事会则是表达、协调各具体文化单位或行业协会利益的论坛性机构。1998年,联邦政府扩大了对文化事务的管理权限,建立了文化事务和媒体专门委员会,联邦文化基金会也由政府直接管理。同时联邦议会也建立了自己的文化事务委员会。艺术理事会的中介性作用并不明显,仅限于对职业艺术家组织的保护和扶持提供一些专业咨询意见。2002年《德国文化政策》指出:

"一般来说,在联邦政府和非政府活动者组成的多样化组织之间尚没有形成有组织的文化活动合作和协调机制。"在这个文化政策中,对艺术理事会的功能没有任何专门讨论。

除德国外,法国文化体制中根本没有给"一臂间隔"性质的艺术理事会留下一席之地。《法国文化政策》开宗明义地指出:"法国文化政策的历史可上溯到16世纪的皇室庇护传统,从那时直到今天,法国文化政策一直具有这种皇室扶持特征:即提高文化知识和文化艺术,逐步完善国家文化行政管理结构和文化预算。"在这个文化政策的"组织机构"部分,对艺术理事会没有任何描述,这在当代发达国家的文化政策文件中是十分独特的。

(二)西方国家对文化艺术事业的管理模式

西方国家对文化艺术事业的管理大体有三种模式:一是美国模式,主要采取间接管理;二是法国模式,主要采取直接管理;三是英国模式,采取直接管理和间接管理相结合的办法。其他西方国家管理文化的方式大同小异,分别不同程度地采用类似美、英、法三国的某些做法。

1. 美国:完备的法律

美国政府没有管理文化事务的专门机构,但他们有"联邦艺术暨人文委员会"、"国家艺术基金会"、"国家人文基金会"等社会中介组织(或准官方机构),它们代表政府行使一部分管理职能。

美国对文化艺术事业的管理和资助主要依靠法律。例如,1965年颁布的《国家艺术和人文基金法》规定:政府对文化艺术给予有限支持的方式是对非营利性质的文化艺术团体和公共电台、公共电视台免征所得税,并减免为其赞助的个人和公司的税额。

《联邦税收法》具体规定下列组织可以享受免税待遇:

A. 交响乐和类似的团体;

B. 促进爵士乐发展的音乐节或音乐会组织者;

C. 合唱艺术团体;

D. 组织青少年艺术家演出的团体；

E. 组织艺术展览的团体；

F. 促进戏剧表演的团体、舞蹈艺术团体和学校；

G. 促进对历史文物欣赏和保护的团体；

H. 促进手工艺发展的团体。

由此可见，美国政府对高雅艺术、民族艺术和有形无形文化遗产采取鼓励、支持和保护的政策。

美国把文化产业分成营利性和非营利性文化产业。对于营利与非营利的区分，不在于其是否盈利，而是看其经营目的，即：营利性机构在于为老板、个人或股东谋利；而非营利性机构却除了支付雇员的工资和场租费用外，其收入、财产和盈利不得为个人所有。因此，美国的文化艺术团体均可自愿以本身的宗旨选择登记为营利或非营利机构。若登记为营利机构，则需照章纳税，盈利可以自由支配。若登记为非营利机构，可以免税，并能得到政府和社会的资助，但盈利不得为私人所有。当然，除了百老汇等少数艺术团体为营利机构，其他一般性艺术团体，特别是从事高雅艺术的团体，大都属于非营利机构。

2. 英国："一臂间隔"原则

英国政府有管理文化艺术事务的专门机构，1992 年设立文化遗产部，1997 年工党布莱尔上台后更名为文化、新闻和体育部。

英国尽管有文化部，但文化部作为政府机构，不直接与文化艺术团体发生关系，而是通过社会中介机构（或称准官方机构），如英格兰艺术委员会、工艺美术委员会、博物馆和美术馆委员会等由专家组成的机构，向艺术团体进行评估和拨款。这样的好处有二：一是减少了政府机构的行政事务；二是政府机构不直接与文艺团体发生关系，有利于检查监督，避免产生腐败。这就是有名的"一臂间隔"原则。

另外，英国通过发行彩票以弥补文化经费的不足，产生了积极作用。英国近年来经济不景气,文化经费短缺。1994年开始发行"六合彩",每年彩票收入达20多亿英镑,其中用于文化事业的超过6亿英镑,几乎与国家的文化经费相等,文化部门受益很大。由于文化在彩票中所占份额最多,因此人们干脆称之为"文化彩票"。

瑞典、丹麦、澳大利亚等国多采取英国模式。

3.法国:中央集权式

法国是欧洲的文化中心,文化艺术备受重视,文化部长是政府中重要的内阁成员。文化部负责管理全国的文学艺术、新闻出版、广播电视、遗产保护、图书馆、博物馆、建筑和美食等。法国文化部从20世纪70年代开始向各省、市派遣文化局局长。政府法令规定,地方文化局局长属文化部官员,是中央政府派遣到地方的文化代表,受文化部和地方政府的双重领导,负责落实政府文化政策,协调政府与地方的文化关系,制定地方文化事业发展规划,为发展地方文化事业提供建议,督促文化设施的运转并充分发挥作用,组织开展重大文化活动等。他们通过文化部与地方政府签订文化发展协定,确保国家和地方文化发展目标的实现。

法国政府对文化的投入采取直接拨款方式,公益性文化单位完全由政府负担,人员享受公务员待遇。政府对艺术表演团体的资助数额巨大,地方政府对文化的投入也相当可观。

德国也没有文化部,但各州有文化部,对文化投入也很多,据巴伐利亚州文化部介绍,该州仅艺术教育的经费就占到全部教育经费的5%。

思考题

名词术语解释:

"一臂间隔"原则　水平分权

简答题：

1.《伯尔尼公约》的基本原则是什么？

2.《世界版权公约》与《伯尔尼公约》有哪些不同方面？

3. WTO 的主要内容是什么？

论述题：

1. 西方国家对文化艺术事业的管理模式有哪些？请具体阐释。

中国文化产业政策概述

第一节 我国文化产业的产生和发展

一、我国文化产业的产生和发展

新中国成立前30年,文化一直是意识形态的主要部分。在行政体制上,文化作为党和人民的事业受到党政双重管理。在组织体制上,它属于党的宣传部门,主要执行宣传党的方针政策的任务。在经费上,主要由政府财政拨款,是由国家全资投资的事业单位,文化从业人员几乎全部都是在编的国家干部。在文化消费上,文化产品虽然一般是以商品的形式通过流通渠道到达受众方,但是文化经营单位不是以营利为目的,基本上是维持成本而没有利润的。

当代中国文化产业的起步可以追溯到改革开放之初的1979年。当时,广州东方宾馆开设了国内第一家音乐茶座。随即,营业性舞厅等经营性文化活动场所在各大城市争相开业,我国第一次出现了文化市场。

改革开放以后,随着社会主义市场经济体制的确立,文化也开始了由事业向产业的十分艰难地由自发向自觉的转变。20世纪80年代,自发性的文化产业是随着流通领域突破国营独营的经营管理体制开始兴起的。从1981年开始,基层文化单位就开展了"以文补文"的文化生产经营活动。从1983年开始,在全国文化事业单位中,开始试行以经营承包责任制为主要形式的体制改革。改革开放以后,由于市场经济的恢复,文化行业的书刊发行销售环节,以及文化娱乐业率先进行了产业化经营。

　　1985年,国务院转发国家统计局《关于建立第三产业统计的报告》,把文化艺术作为第三产业的一个组成部分列入国民生产统计的项目中,这事实上确认了文化艺术可能具有的"产业"性质。1987年初,文化部、财政部和国家工商局联合颁发了《文化事业单位开展有偿服务和经营活动的暂行办法》,这是文化事业向文化产业转换的起点。全国各地方文化事业单位如文联、文化系统,纷纷创办通俗性的、综艺性的报纸、期刊,党报、党刊也纷纷开办通俗性的副刊,开设通俗性、纪实性连载的栏目。同时与新华书店发行主渠道并驾齐驱的第二发行渠道迅速发展起来,并占据了文化市场的半壁江山。这些单位虽然已经自发进入了市场经济的海洋,但是仍然是国家事业单位的管理,因此,事业化的管理和市场化的经营之间的矛盾就不可避免地产生了,1987年2月,文化部、公安部、国家工商局联合发出了《关于改进营业性舞会管理的通知》,第一次明确了举办营业性舞会的合法性质,文化经营活动正式成为我国社会主义文化事业的合法组成部分。1988年,文化部、国家工商局又联合发布了《关于加强文化市场管理工作的通知》,不仅在政府文件中首次出现了"文化市场"的字眼,而且对众说纷纭的文化市场的范围、管理原则和任务等做了界定。

　　1991年,国务院批转《文化部关于文化事业若干经济政策意见的报告》,正式提出了"文化经济"的概念。1992年,党的"十四大"报告中明确提到要"完善文化经济政策"。同年6月16日,《中共中央国务院关于加快发展第三产业的决定》把"文化卫生事业"当作了加快第三产业发展的重点。《决定》指出,我国国民经济的发展已经进入第三产业迅速发展的时期,发展第三产业对于优化国民经济结构,深化体制改革,增加就业,满足人民群众日益增长的物质和文化生活需要具有重大的战略性意义。此后,以加快发展第三产业为主要标志,深化改革和促进产业结构提升一直是中国经济发展战略的基本特点,文化产业就是在这个大的背景下进入了顺利发展的轨道。同年出版的国务院办公厅综合司编著的《重大战略决策——加快发展第三产业》一书,明确起用了"文化产业"的说法。1993年12月8日,《中国文化报》以一个整版的篇幅发表了当时文化部领导的讲话,提出"在改革开放中发展文化产业",这是我国政府文化行政部门领导人首次全面阐述对于文化产业的政策性意见。

在中国,"文化"被作为产业纳入经济发展轨道、"文化产业"这一概念被普遍接受,都是90年代后期的事情。

随着国民经济"九五"计划的顺利完成,我国经济告别了"短缺时代",进入了全新的发展时期,对文化产业的政策进一步明朗化。1999年,九届人大二次会议的《政府工作报告》和《关于1998年国民经济和社会发展计划执行情况与1999年国民经济和社会发展计划草案报告》中,明确提出要"积极引导居民增加文化、娱乐、体育健身和旅游等消费,拓宽服务性消费领域"、"推动文化、体育、非义务教育和非基本医疗保健的产业化",文化产业第一次被正式纳入国家发展计划的政策视野。1999年1月,"全国文化产业发展研讨会"在大连召开;5月,文化部与亚欧基金会共同举办的"亚欧文化产业和文化发展国际会议"在京召开,这是我国召开的第一个关于文化产业问题的政府间国际会议。2000年10月13日,在中共中央十五届五中全会结束之后的第三天,中共中央政治局委员李铁映同志在中国社会科学院文化研究中心举行的文化产业理论研讨会上做了长篇讲话,对于发展我国文化产业提出了一系列指导性意见。随后,文化部文化产业司与北京市社会科学院首都文化研究中心于 10 月 22 日在北京召开了"首届大城市文化产业研讨会"。国家文化产业创新与发展研究基地在上海交通大学召开了"21 世纪中国文化产业论坛首届年会"。中共中央十五届五中全会前后召开的这几次重要会议,积极配合党中央关于发展我国文化产业的重大战略决策,起到了舆论准备和学习宣传的重要作用。

2000 年 10 月,中共中央十五届五中全会通过的《中共中央关于制定国民经济和社会发展的第十个五年计划的建议》提出,要"深化文化体制改革,建立科学合理、灵活高效的管理体制和文化产品生产经营机制……完善文化产业政策,加强文化市场建设和管理,推动有关文化产业发展";要"推动信息产业与文化产业的结合",文化产业发展和建设问题被首次列入了我国国民经济和社会发展之中。2001 年 3 月,这一建议为九届人大四次会议所采纳,并正式被纳入全国"十五"规划纲要,"文化产业"第一次正式进入了党和国家政策性、法规性文件,发展文化产业成为我国下一个阶段国民经济和社会发展战略的重要组成部分。

2002 年 11 月,党的十六大报告中明确提出要积极发展文化产业,要坚持"一手抓繁荣、一手抓管理的方针,健全文化市场体系,完善文化市场管理机制,为繁荣社会主义文化创造良好的社会环境","发展各类文化事业和文化产业都要贯彻发展先进文化的要求,始终把社会效益放在首位。国家支持和保障文化公益事业,并鼓励它们增强自身发展活力。坚持和完善支持文化公益事业发展的政策措施,扶持党和国家重要的新闻媒体和社会科学研究机构,扶持体现民族特色和国家水准的重大文化项目和艺术院团,扶持对重要文化遗产和优秀民间艺术的保护工作,扶持老少边穷地区和中西部地区的文化发展。加强文化基础设施建设,发展各类群众文化。积极推进卫生体育事业的改革和发展,开展全民健身运动,提高全民健康水平,努力办好 2008 年奥运会。发展文化产业是市场经济条件下繁荣社会主义文化、满足人民群众精神文化需求的重要途径。完善文化产业政策,支持文化产业发展,增强我国文化产业的整体实力和竞争力。"

自 1978 年党的十一届三中全会召开起,中国的改革开放已经不间断地进行了 20 多年。这 20 多年间,中国的经济获得了空前的增长,国内生产总值年均增长在 9% 以上;人民生活不仅满足了温饱,而且整体上达到了小康。到 2000 年,我国的国内生产总值已经突破了 1 万亿美元,人均 GDP 也在向 1000 美元的高度接近。文化产业在我国的迅速崛起,是我国改革开放 20 多年来,国民经济和社会发展获得伟大成果的重要标志;是国民经济战略结构顺利调整,社会主义市场经济体制基本建立,全方位对外开放格局基本形成的重要标志;是以信息技术为主体的高新技术产业在我国迅速发展的重要标志。文化产业将继续成为我国下一轮经济发展的重要增长点。

文化由宣传事业转向产业,并在 20 年的时间里初步形成了文化产业体系,是中国改革开放的重要成果之一。但是与世界文化产业巨头相比,中国的文化产业仍然是幼稚产业。

二、我国文化产业的发展状况

我国的文化产业伴随着改革开放的不断深入逐步发展,并随着社会主义市场经济体制目标的确立和国家大力推进第三产业发展而迅速壮大起来。改革初期,一些文化单位率先进入市场开展经营活动,部分文化单位试行企业化经营,使文化产品和服务的社会生产属性逐步显现。进入 90 年代,党和政府明确提出建立社会主义市场经济体制,大力发展包括文化产业在内的第三产业,文化领域面向市场的改革步伐明显加快,文化产业开始进入快速发展时期。1990 年至 1998 年,全国文化系统文化产业的增加值由 12.1 亿元增加到 83.7 亿元,文化产业机构由 6.8 万个增加到 9.2 万个,从业人员由 49.5 万人增加到 72.1 万人。与此同时,社会所办的文化产业发展更加迅猛。1990 年社会所办的文化产业在总量上还远远小于文化系统,但到 1998 年,社会所办的文化产业的机构总数已经是文化系统的 2.7 倍,从业人员为 1.5 倍,所创增加值为 1.5 倍,包括文艺演出市场、电影电视市场、音像市场、文化娱乐市场、文化旅游市场、艺术培训市场、艺术品市场等在内的文化市场体系初步建立。

但是,我国文化产业的发展还很不充分,1998 年,全国文化产业增加值仅占国内生产总值的 0.75%,占第三产业增加值的 2.33%,而许多发达国家的文化产业已经成为国民经济的支柱产业。同年我国城镇居民人均文化娱乐消费支出仅占其消费性支出的 2.27%,这不仅远远低于发达国家水平,也低于一般的发展中国家水平。阻碍文化产业发展的一系列矛盾和问题突出表现在:

(1)宏观管理上政出多门,没有形成全面系统的指导文化产业发展的产业政策体系。政府文化管理部门还没有完全从办文化的管理模式中脱离出来,行业指导和管理比较薄弱,部门、行业垄断和地区封锁现象严重,文化市场零散分割,流通渠道不畅,难以形成统一的市场网络。

(2)文化资源没有得到充分有效的利用。投资主体单一,行业限制过多,市场对人才、资金、技术、信息、项目等文化资源配置没有起到基础性作用,造成文化资源大量闲置和浪费。

(3)产业结构不合理,传统文化产业的比重较大,现代新兴文化产业发展不够。文化产品的科技含量低,竞争能力差。特别是现代信息技术的应用比较落后,不能适应人们对文化产品高科技化的要求。

(4)产业组织形式还处于小规模分散化状态,文化产业单位普遍缺乏活力,没有成为自主经营、自负盈亏、自担风险、自主创新的市场主体,创新能力不足,创新激励机制没有形成,现代化的文化产品生产和组织方式没能得到充分应用。

文化产业的发展已经成为世界潮流,作为新兴的朝阳产业在各国经济发展中具有越来越重要的地位,许多发达国家的文化产业不仅在发展速度上超过传统产业,而且在产业发展规模上已经成为国家的支柱产业。随着我国人均收入水平的提高和人民群众休闲时间的增加,人们在精神文化方面的消费需求会有更大幅度的提高,文化消费市场潜力巨大。大力发展我国的文化产业,对于推动经济增长、有效拉动内需、解决就业问题具有极大的促进作用,发展前景十分广阔。

三、我国文化产业的分类

目前我国文化产业体系已初步形成了演出业、影视业、音像业、文化娱乐业、文化旅游业、网络文化业、图书报刊业、文物和艺术品业以及艺术培训业等比较完整的行业门类。国家统计局2004年下发的《文化及相关产业分类》,把文化产业分为两大部分:文化服务和相关文化服务。其中文化服务是主要部分,它包括:新闻服务、出版发行和版权服务、广播电视电影服务、文化艺术服务(包括文艺创作、表演及演出场所、文化保护和文化设施服务、群众文化服务、文化研究与文化社团服务及其他文化艺术服务)、网络文化服务、文化休闲娱乐服务(包括旅游文化服务和娱乐文化服务)、其他文化服务(包括文化艺术商务代理服务、文化产品出租与拍卖服务、广告和会展文化服务)等等;相关文化服务主要是文化用品、设备及相关文化产品的生产和销售。

这种分类是出于对中国国情和文化产业在中国的发展还很不充分的现状,考虑到文化产业传统的行业管理归属,将以上产业门类与文化部、新闻出版总署、国家广电总局、信息产业部、国家旅游局等主管部门的业务大致对应,随着文化产业的发展,它的范围必定还会发生变化。

目前我国文化产业的主体或核心行业仍是文化娱乐业、新闻出版、广播影视、音像、网络及计算机服务、旅游、教育等,而传统的文学、戏剧、音乐、美术、摄影、舞蹈、电影电视创作甚至工业与建筑设计,以及艺术博览场馆、图书馆等则是文化产业正在争夺的前沿;广告业和咨询业等是它成功开拓的边疆。

我国台湾称文化产业为"创意产业",根源于欧洲的"创造性"产业的概念,其创意文化产业的范畴主要包括:

(1)文化艺术核心产业:如音乐、舞蹈、戏剧等表演艺术;绘画、雕塑、装置等视觉艺术;传统民俗艺术等。

(2)应用艺术:如流行音乐、服装、家具、广告、平面设计、出版、手工艺品、影像与广播制作、游戏软件设计、文化资产的活用等等。

(3)创意支持与周边创意产业:支持上述产业的相关部门,如展演经纪、展演设施经营、舞台设计、出版行销、广告企划、影音媒体、流行文化包装等。

第二节　中国文化产业的基本方针和政策

一、我国发展文化产业的基本目的和方针

发展文化产业的根本目的,就是要解放和发展社会主义文化艺术生产力,建设有中国特色的社会主义文化,提高人民文化生活水平,增强我国的综合国力。在发展导向上,要坚持以下指导方针:

(1)坚持为人民服务、为社会主义服务的方向和"百花齐放、百家争鸣"的方针,以服从和服务于经济建设为中心,不断调整和优化文化产业结构,促进文化产业内部各行业、文化产业与其他产业

以及各地区文化产业之间协调发展,走建设有中国特色的文化产业之路。

(2)坚持把社会效益放在首位、社会效益和经济效益相统一的原则。在社会主义市场经济条件下,要坚持用辩证统一的观点来理解和处理社会效益与经济效益的关系。文化产业单位必须最大限度地提高其生产效率和经济效益,不断提高经营管理水平,为市场提供适销对路、内容健康、丰富多彩的文化艺术产品和服务,获取最大的社会效益和最佳的经济回报。

(3)把改革开放作为加速发展文化产业的动力。通过不断深化管理体制改革和加快对内和对外开放步伐,为发展文化产业创造良好的体制和市场环境。明确文化产业单位的市场主体地位,增强其自负盈亏、自我发展的意识,健全法人治理结构,使文化产业单位真正成为市场竞争的主体。

(4)以市场为导向,以不断满足人民群众的精神文化需求为目标,充分发挥市场机制的积极作用。在社会主义市场经济条件下,市场集中反映广大人民群众多样化的精神文化需要,文化产业单位要围绕市场从事生产经营活动,政府积极鼓励和引导群众的文化消费。发展文化产业要立足民族文化资源和国内文化市场,积极利用国外优秀文化资源,积极参与国际文化市场竞争。

(5)依法经营,公平竞争。建立公平竞争的市场秩序,是文化产业健康发展的基本条件。要依法保护知识产权,制定公平竞争的文化市场规则,把文化生产经营活动纳入规范化、法制化轨道。积极鼓励和引导各种经济成分投入文化产业,形成以公有制为主体,多种经济成分并存,平等竞争的文化产业发展格局。

(6)以实现行业管理为方向,积极转变政府职能。政府文化主管部门要从"办文化"的传统计划经济管理模式向"管文化"的现代社会主义市场经济管理模式转变。要以行业管理为主,通过各种经济的、法律的和必要的行政手段调控市场,引导企业的生产经营活动。

(7)依靠科技进步,促进文化产业跨越式发展。贯彻"科学技术是第一生产力"和"科教兴国"战略,积极鼓励知识创新、技术创新、管理创新和制度创新,努力提高文化产品的科技含量,用现代技术升级传统文化产品和服务,提升企业的市场竞争能力,实现文化产业的跨越式发展。

二、文化产业政策

(一)文化经济政策

文化经济政策是党和国家文化方针政策的一个重要组成部分,是党和国家为指导和调节文化、艺术事业活动和经济利益所制定的规则和措施,是国家宏观经济政策在文化领域的具体体现,是政府间接管理文化事业,促使其健康发展的重要手段,也是文化事业繁荣发展的内在要求。

1. 加大财政扶持力度,推动文化产业的研究与开发

我国的文化产品,有 3/4 属于公共产品,由文化事业单位组织生产;余下的 1/4 属于商品,由文化产业机构组织生产。一般说来,文化事业是靠政府来投入,文化产业部分应该向市场要效益,但目前我国的文化产业还很弱小,需要国家在财政和税收政策上予以支持;另一方面,我国的文化产业机构大多是由事业管理转变为产业经营的单位,转变过程中也离不开财政的支持。

对提供公共文化产品和服务的公益性文化机构和特殊需要保护的文化事业单位,如图书馆、博物馆、文化馆等,国家继续给予经费保证;对准公益性文化事业单位,国家区别情况通过相应的财政补助予以扶持;文化产业单位,国家给予政策扶持和引导。

(1)重点财政扶持。具有示范性、体现民族特色和国家艺术水准的民族艺术或高雅艺术,由于市场竞争能力弱,又是高品位文化,在文化产业政策上对其创作和生产应予重点扶持;对于通俗性

文化,由于市场竞争能力强,则应实行高税率的文化产业政策等。建立优秀剧节目创作演出专项资金,确保每年有固定的资金来源,加强对艺术精品创作和生产的扶持。

依靠中央和地方政府,调动社会各方面积极因素,加大对"两馆(图书馆、文化馆)一站(文化站)"设施建设的资金投入,填补"两馆一站"设施空白点。对西部地区公益文化设施给予政策倾斜。

由于文化产业在民族地区属于弱势产业,需国家制定一系列财税优惠政策予以扶持。所以应该支持边远地区、民族地区发展文化产业。有关地方政府也要逐步增加对边远地区、民族地区文化产业的投入。历史文化名城和文物遗存相对丰富的地区,政府要在财政支出中安排一定数量的资金用于文物保护。

(2)调整投入结构,改革投入方式。根据公共财政的基本政策和财政供给范围的基本要求,改革政府对文化事业的投入方式,在总体上保持国家对文化事业投入不断增长的基础上,逐步减少固定投入比例,增加动态投入比例,财政补助逐步从对文化事业单位及从业人员的一般投入为主转变为以项目投入为主,提高资金使用效率。

要调整财政投入结构和投入方式,在逐步增加财政对文化投入的基础上,安排一定数量的财政预算资金、文化事业建设费作为加快发展文化产业的引导资金,逐步建立起符合社会主义市场经济规律的文化产业投资机制。文化产业发展资金面向各类文化企业,采取资本金投入(参股)、无偿资助、贷款贴息等方式引导文化产业的投资方向,支持文化企业的发展。

(3)建立和完善政府采购制度。逐步建立和完善政府采购制度,对国家有特殊要求和重点支持的文化活动、文化设施建设、科研课题实行招投标制度和中介评估制度。

(4)设立国家艺术发展基金。借鉴国内外成功经验,在清理、整顿现有各类基金的基础上,设立国家艺术发展基金。国家艺术发展基金的来源包括:政府的专项拨款、对文化产品和文化服务征收的文化事业建设费、社会各界对文化事业的捐赠以及其他收入。国家艺术发展基金主要用于国家倡导、扶持和重点资助的艺术品种和艺术项目。

(5)奖励优秀文化产品和设立专项奖。对于创作、演出优秀剧(节)目和创作摄制优秀影视片的集体和个人,给予一定物质奖励。可设立文化事业发展基金和优秀剧(节)目、影视片创作专项资金,用于奖励"双为"方向和"双百"方针,创作出反映现代现实生活和重大题材,具有爱国主义和社会主义教育功能的优秀剧(节)目和影视片的集体和个人。

为表彰和奖励作出突出贡献的文化工作者和集体,可设立专项奖和特别嘉奖等奖项。如中宣部的"五个一工程"奖,文化部的华表奖,广电部的电影学会奖、电影百花奖,此外还有优秀图书奖、优秀期刊奖、优秀新闻奖等。对获得上述国家级奖和国际上各种奖项的个人和集体,由中央或地方再给予专项奖励或特别嘉奖,作为精神和物质的鼓励。

2. 落实并完善文化产业有关税费优惠政策

(1)土地和税收的优惠政策。根据文化经营的性质和作用,实行减征或免征税金的政策。对于新兴的文化产业项目和民族的、大众的文化产品和服务逐步实行税收优惠政策,对于高档豪华的文化消费加征高额消费税。金融机构在独立审贷的基础上,适当向文化产业倾斜,安排一定的低息或贴息政策性贷款用于发展基础性和与科技、信息产业相结合的新兴文化产业。

鼓励社会捐赠文化建设,实行减免税收的优惠政策。

公益文化机构等非营利单位应列入海关进口免税单位,在进口必要的设备和书刊音像制品时,免征外文书刊和非营利音像制品的增值税。

对公益文化设施建设用地,按照法律、法规规定可以采用划拨方式供地的,地方政府要划拨供地;按照法律、法规规定应采用有偿方式供地的,地方政府在地价上适当给予优惠。地方政府可以在土地收益中确定适当比例用于公共文化设施建设。在城市改造、文化设施迁建、商业合作中,要保证文化设施建设的规模、国拨资金及设施使用功能不受影响。

此外对于广播影视和新闻出版部门以及重点扶持的文化服务行业也可适当减免税收。

(2)税利返还。文化艺术、广播影视、音像、新闻出版、文物等文化部门上缴的税收和利润,已由同级财政部门返还给同级文化主管部门,集中用于应扶持的文化事业。财税部门返还给文化主管部门的税利,可分别设立各种文化基金或专项资金,如文化发展基金、优秀剧目创作演出专项资金、电影专项资金、出版基金、印刷基金、音像发展资金、文物保护资金等。在财税、审计部门监督下,用以扶持优秀的、民族的、传统的和高层次的文化艺术创作,补充重大的节日文化活动和大型文化活动经费的不足,奖励作出突出贡献的文化工作者和集体,以及抢救和保护遭到破坏、濒临消失的传统文化等。

(3)差别税率。差别税率,即对不同种类的文化事业和不同社会效益文化产品以及文化服务,实行不同的税率。差别税率以政府的文化导向为依据,如在文化产业结构上,对政府总是提倡和鼓励的高雅文化实行低税率,对低俗文化实行高税率;在文化产业布局和文化消费对象上,对政府倡导的扶持老少边穷地区、为少年儿童及农民服务的文化,则应给予税率上的优惠。对于营业性歌舞厅、卡拉 OK 厅、音乐茶座、夜总会、保龄球馆等高消费、高利润行业,为调控文化产业结构,引导资金流向,可按差别税率开征高消费娱乐税,按其营业收入的 3%～5% 征收,用于支持民族文化和高雅文化的发展。

3. 鼓励规模经营和专业化协作,促进文化产业各行业形成适合自身特点的组织结构

按照现代企业制度的要求,规范文化生产单位的组织形式,形成科学合理的法人治理结构和经营管理制度,建立开放性的创新发展机制。

对规模经济效益显著的行业,形成以若干大型企业(集团)为主体的市场结构。鼓励打破地区、部门分割,通过兼并、联合、重组等形式,形成一批跨地区、跨部门、跨所有制乃至跨国经营的大型文化企业集团。国家集中培育几个具有导向性、规模化、拥有自主知识产权、主业突出、核心能力强的文化企业集团,如演出集团、音像集团、影视集团、文化旅游集团、艺术品经营集团等。

对专业化或个性化强的行业或产品,应形成中、小企业乃至个体私营企业合理分工协作、规模适当且企业数目较多的竞争性市场结构。充分调动各方面积极性,大力发展各类"专、精、特、新"的中小型文化服务企业。

4. 鼓励合理竞争

强化文化企业自身的经济责任和经济利益,促进文化企业间的合理竞争,清除阻碍建立和形成统一的文化市场的各种壁垒,营造公平竞争的市场环境。

进一步完善文化产业价格形成机制,对确需国家垄断经营的文化行业或产品,要逐步引入市场机制,改革部分不合理的作价计价办法,促进文化消费。

引导、支持建立全国性文化行业协会,逐步将一些不适合由政府行使的职能交给行业协会,如行业标准的制定、行业准入的资格认定等,形成行业自律机制,推动各行业健康发展。

5. 拓宽投融资渠道

调整文化产业的税收政策和投融资政策,广开发展文化产业的筹资渠道,建立多渠道筹资、多种投入主体、多种所有制形式的

发展机制。在对预期回报进行周密论证的基础上，国家对部分文化项目提供贴息、垫付利息等信贷优惠措施。要努力通过提升无形资产价值、进行剧目(或其他文化经营项目)股份合作、提供优惠服务或其他适当回报方式等途径，广泛吸纳社会资金。积极拓宽企业赞助文化事业的领域和渠道，制定鼓励社会赞助公益文化事业的优惠政策。探索合作、合资、合营和利用外资办文化的有效途径。

加快形成统一的市场准入政策，鼓励和放宽各种社会资金投入国家鼓励发展的文化行业或产品。取消一些对非国有经济成分投入文化产业的限制。

鼓励组建区域文化发展协调基金和各级各类文化产业基金组织、文化投资公司，允许社会和个人兴办文化艺术基金。逐步扩大文化产业直接融资比重，有条件的文化企业可以利用企业债券、股票等融资手段加速发展。推进引进外资工作，利用国外先进的管理、技术和资金，提高我国文化产业的水平和质量。

文化产业单位占有和使用的国有资产，在经过认真清理和评估后，允许作为国有资本金投入产业经营。

积极引进外资，扩大文化产业对外开放领域，逐步放宽外商直接投资经营的文化产业领域。鼓励发展外向型文化产业，提高对外文化交流的规模和水平。鼓励文化产业单位面向国际市场，充分利用国际国内两个市场、两种资源发展外向型文化产业，以利于引进世界一流的文化艺术产品，出口优秀的、具有民族特色的文化艺术产品。同时，进一步简化出口审批手续、缩短审批时间，对于有条件的单位逐步给予文化艺术产品和服务的进出口权。鼓励国内的演出经纪单位在国外设立演出经纪机构，开拓国际演出市场。

(二)文化法制政策

1. 加快立法进程，提高立法质量

积极探索并建立适应社会主义市场经济的文化管理体制和发展机制，逐步调整和完善现行法律法规，提高立法层次和立法质

量,改变文化立法滞后的状况。通过立法,切实维护以下各方面的利益:

(1)保障公民平等参与和享有文化的权利,保障公民的创作自由,加大知识产权的保护力度,保护艺术生产单位以及创作者、表演者的合法权益;

(2)保障和促进文化管理体制改革,巩固改革成果;

(3)培育和规范文化市场;

(4)保护文物和民族民间文化遗产。

2. 加大执法力度,规范市场秩序,加强对文化市场的管理

入世后,随着文化市场的准入程度提高,对市场的规范性要求更高了。在行政执法中,重点打击走私影片发行放映、音像制品走私、盗版、娱乐场所色情陪侍、非法文化产品经营等违法活动,加大对盗窃、走私文物的犯罪活动的打击力度,以形成良好的市场机制。

明确执法人员资格条件,加强文化执法人员培训,规范行政执法程序,建立健全执法责任追究制度和评议考核制度,加强行政执法监督,提高依法行政水平。

3. 加强普法工作

提高全社会特别是文化行政管理人员、文化经营人员的法律意识,提高依法行政、守法经营的自觉性。注重普法的广泛性、计划性和针对性,加大对公民基本文化权益的宣传,改变片面强调行政管理相对人承担责任、履行义务的状况。

要继续进行文化法制宣传教育工作,提高广大文化消费者的法律意识;国家要有计划、有步骤地开展文化产业人才培训工程,提高文化经营管理人员的整体素质,尤其是依法经营意识。

4. 加强文化法制队伍建设

要建立健全文化法制机构,提高文化法制工作人员素质,加强思想建设和业务建设,培育高素质的文化法制干部队伍。文化市

场管理不同于一般的市场管理,执法人员的思想意识、法治观念、政策水平、业务能力要求较高,执法者的整体素质如何,直接关系到执法水平和市场管理状况,加大对文化市场执法人员的选拔、培育、教育和管理工作,是依法管理文化市场的客观需求。

（三）宏观调控与行政管理政策

文化产业作为国民经济的一个部门,必须纳入国家宏观调控的范围,以保持整个国民经济的协调发展。国家"十五"时期第一次把文化产业纳入经济社会发展规划,作为国民经济中一个产业部门对待。但有的地方对文化产业与文化事业的划分不甚明白,许多文化产业单位还未从事业管理的体制和观念中完全转变过来,还未能完全适应文化产业发展的管理体制和运行机制,为此要加强宏观调控与行政管理政策,逐步转变思想观念,建立适应社会主义市场经济体制的文化产业运行机制。

1. 深化文化体制改革,转变政府职能,提高行政效能

政府的支持和宏观管理是文化产业发展的根本保证。而且事实上,任何一种产业的发展都离不开政府的支持。在加入 WTO之后,文化产业的运作将严格依照规则和国际惯例进行,在这种情况下,政府的主要职能在于为文化产业的发展服务,提高服务质量和效率。在这种情况下,必须深化管理体制改革,加强文化与广播、电影、电视、新闻、出版等领域的协调与沟通,逐步提高行政效能。而行政管理部门应该简政放权,在对文化事业单位性质、功能的科学定位和分类指导的基础上,以政策指导、法规调整、信息服务、检查监督为主要内容,形成政府宏观管理文化事业的新格局。

发展文化经纪机构、文化咨询评估机构、作家艺术家权益保护机构等文化中介组织和相关机构,规范文化行业组织的行为方式,把不属于政府管理的职能下放给文化中介机构和行业组织,使转变政府职能和发挥行业组织的作用统一起来。

积极推进文化事业单位的社会化进程,改变文化事业单位过

于依赖政府的状况。建立健全文化事业单位登记制度,根据登记的宗旨和业务范围,文化事业单位自主开展生产、经营、服务活动,真正成为独立的事业单位法人,面向全社会提供文化产品和服务,在区域经济和社会公益事业发展中最大限度地发挥作用。

2. 制定文化产业发展的战略规划,强化政策协调和监督检查手段

政府应把文化产业发展纳入当地经济、社会发展的总体规划,对各地文化产业规划和重要产业项目进行指导和协调,以避免低水平重复建设和文化资源的浪费。各地也应将文物古迹、重要文化设施等文化、文物资源的保护纳入法制化管理轨道,理顺文物管理体制。凡属文物历史古迹,其管理开发和建设要归文化行政部门负责,历史文化名城整体建设规划,应需文化部门参与方案审议。加强对不可再生的文化、文物资源的有效保护,保证文化产业的可持续发展。

3. 根据文化事业单位的不同情况,实行分类指导

根据单位的性质和服务功能,文化事业单位分为公益性、准公益性和经营性单位。国家对不同性质的文化事业单位实行分类指导。

公益性文化事业单位,国家继续给予财政保障并加大投入,促进其稳定健康的发展。对于纳入政府财政供给范围的文化事业单位,要严格控制人员的增长,切实把好人员的"进口",疏通"出口"。

准公益性文化事业单位,国家给予财政补助,扶持其发展。这类单位要努力提高自给率,在保证社会效益的前提下,积极开拓市场,采取多种方式实现文化产品和服务多渠道、多形式、多层次的增值,促进社会效益和经济效益的最佳结合。

经营性文化事业单位,自收自支,自我发展,国家给予政策扶持和引导。这类单位要积极借鉴、利用和探索一切有利于文化事

业发展的组织形式、管理模式和经营方式，自主经营、自负盈亏，在市场中不断壮大竞争实力。

4. 改进人才制度，完善分配激励机制

改进人才管理和使用制度，建立规范的人才流动管理机制，单位自主用人，人员自主择业，政府依法管理。打破职务身份终身制，实现人事管理由身份管理向岗位管理的转变。建立符合社会主义市场经济要求的收入分配机制，强化竞争机制，把按劳分配和按生产要素分配结合起来。允许和鼓励一些拥有特殊才能和自主知识产权的人才占有企业股份，参与利润分配。

改革分配制度，完善分配激励机制。扩大文化事业单位收入分配自主权，改年度工资额度指令性计划为指导性计划。坚持效率优先、兼顾公平的原则，鼓励探索按劳分配与按生产要素分配相结合的办法和途径，实行符合文化事业单位特点的工资收入分配办法，将收入分配与岗位职责、工作业绩、实际贡献挂钩。拉开内部工资收入分配差距，对少数德、能、勤、绩均十分突出的技术和管理骨干，可确定较高的内部分配标准。健全事业单位分配监督机制，保障储备金的逐年积累和社会保障与分配政策的落实，杜绝分配上的短期行为。

完善社会保障制度，积极推进与国家社会保障制度的接轨。文化事业单位人员的失业、养老、医疗保险执行国家的统一政策，实行属地管理，参加社会保险登记，按时足额缴纳所有员工的社会保险费。努力开拓渠道，通过转岗、再就业培训、提供就业信息等方式妥善安置未聘人员。试行人事代理制度，通过人事代理和人才托管方式，打破单位界限，推进人才管理的社会化。

深化文化事业单位内部运行机制的改革。精简文化事业单位内部机构，逐步取消事业单位套用行政级别，根据编制管理部门核定的机构数进行总量控制。积极利用一切有利于发展文化事业的组织形式、管理制度和运作方式，完善选拔高素质管理队伍的机制,建立健全具有活力的艺术生产机制、灵活多样的筹资机制和营销机制,努力提高文化事业单位管理效益和经营质量。

思考题

简答题:

1. 我国发展文化产业的基本目的是什么?

2. 我国现阶段文化产业政策关于文化经济政策有哪些税费优惠政策?

3. 我国现阶段文化产业政策关于文化法制政策主要有哪些方面?

下编
我国文化产业法律法规概述

　　我国文化产业类法律法规最基本的作用在于维护文化产业的健康发展,其主要任务之一就是文化市场的管理。文化市场,我国改革开放以后所出现的一个特殊市场,是指以商品形式进入流通和消费领域的文化产品和文化娱乐活动所形成的市场,是文化精神商品交换领域的总和,它把文化艺术商品的生产者和消费者联系起来,交换其社会劳动,实现文化精神商品的价值。随着改革开放的进一步深入、经济的不断发展、人们思想观念和生活方式的进一步更新,到20世纪80年代末90年代初,文化市场已经呈不断发展之势。文化市场的兴起和发展,为丰富人民群众的文化生活起到了不可忽视的作用,但问题也接踵而至,主要表现在:一些地方反复出现"制黄"、"贩黄";非法出版物屡禁不止;有的文娱节目格调低下;低级庸俗的展览、演出时有发生;一些经营者片面追求经济效益而违法经营等等。为了保障文化市场规范而有序运行,就必须加强文化市场管理。

　　文化市场管理是文化建设的重要组成部分,其主要任务是保持我国社会主义文化的性质，使社会主义和共产主义思想占统治地位；保障文化市场的繁荣，提倡、引导、开发、培育优秀文化、健康文化，保障人民享受文化的权利，引导人们树立正确的世界观、人生观和价值观，提高人民的思想道德素质和科学文化素质；加强文化市场的管理，查禁、打击、取缔恶质文化、病态文化，维护人民群众的精神利益；发展文化产业，兼顾社会效益和经济效益，为人民群众提供健康有益的文化产品和文化娱乐服务，促进两个文明建设。

为了加强对文化市场的管理，则必须加强文化产业类法律法规的建设，依法管理。法规与管理是两个紧密联系的概念，法规是管理的依据与准绳，管理是法规的具体实现与体现。全国人大常委会及国务院的有关部门制定、颁布的管理的各项法规，是各级文化管理部门和相关部门履行文化管理权责的规范。

这里所涉及的文化产业类法律法规是指我国的文化产业法律法规，根据国家统计局制定的《文化及相关产业分类》，再结合文化产业类法规的特点，本书将我国现行的文化产业类法律法规主要分为以下九类：出版类、演出市场管理类、广播影视类、文化娱乐与休闲服务类、网络文化市场管理类、美术品市场管理及拍卖类、广告类、知识产权保护类和文物保护类。

第四章　出版类法律法规

第一节　出版物市场管理

出版物市场管理，是对出版物出版后进入流通领域的征订、批发、零售等活动的管理。

在计划经济时期，我国的出版业是一个封闭运行的体系，出版单位绝大多数是国有单位，出版物发行基本上是计划发行。在由计划经济向社会主义市场经济转变的过程中，出版物市场主体呈现多元化局面，出版业作为产业发展的特征越来越明显，出版物载体扩大且品种越来越丰富，市场行为和市场秩序的规范也就越来越必要。

一、出版类法律法规概述

出版类法律法规是指国家用以调整由于把著作物编印成图书、报刊、音像制品和电子出版物而产生的出版、印刷、发行等法律规范的总称。我国的出版法治建设大约经历了以下三个阶段：

1. 中国出版法治建设的起步——《出版社工作暂行条例》(1980)

严格说来，中国出版法治建设是改革开放以后才起步的，特别是党的十一届三中全会以来，出版事业得以恢复和发展，为了适应建设两个文明的需要，进一步加强和改进出版工作，提高出版物的质量，1980年4月20日，国家出版局、中宣部联合颁布了《出版社工作暂行条例》，对出版事业的繁荣起了积极的促进作用。此后，中央宣传部、文化部、新闻出版署等部门又先后颁布了《中共中央、国务院关于加强出版工作的决定》《印发关于当前出版社改革、图书发行体制改革的若干意见》《期刊管理暂行规定》《报纸管理暂行规定》《图书总发行管理的暂行规定》《书刊印刷产品质量监督管理暂行办法》《新闻出版保密规定》《国务院办公厅取缔非法出版活动的通知》等一系列规范性文件，推动了出版事业的健康发展。

2. 出版法制法规建设的进一步发展——《出版管理条例》的颁布（1997）

为了加强对出版活动的管理，保障公民依法行使出版自由的权利，1997年1月2日国务院发布了《出版管理条例》，它是新中国成立以来第一部比较系统、全面的有关出版管理的行政法规，对于图书、报纸、期刊、音像制品和电子出版物的出版、印制、发行活动的管理，确定了基本原则和基本制度，构成了中国特色社会主义出版管理体制的基本法制框架。它是国家管理出版产业的行业大法，是新中国成立以来出版管理正反两方面经验的总结，是国家民主法治建设的重要成果，对于加强和改进出版管理工作，促进各级新闻出版行政管理部门依法行政，保障公民依法行使出版自由的权利，保护图书、报纸、期刊、音像及电子出版物的出版、印制、发行单位和从业人员的合法权益，发展和繁荣社会主义出版事业，有着极其重要的意义。

在此前后，我国的立法机关和有关部门又相继颁布了《关于加强电子出版物管理的通知》《电子出版物管理暂行规定》《音像制品复制管理办法》《图书、期刊、音像制品、电子出版物重大选题备案办法》、《关于严格禁止买卖书号、刊号、版号等问题的若干规定》、《出版管理行政处罚实施办法》、《中华人民共和国新闻出版行政执法证管理办法》、《出版物市场管理暂行规定》、《出版物条码管理办法》、《电子出版物管理规定》、《关于音像制品网上经营活动有关问题的通知》、《关于进一步加强出版物发行管理的通知》、《印刷业管理条例》、《印刷业经营者资格条件暂行规定》等规范性文件，涉及报刊管理、图书出版、音像制品管理、电子出版物管理、印刷管理、发行管理、版权管理等诸多方面，是出版业法制法规建设的全面发展时期。

3. 出版法制法规建设快速发展时期——新的《出版管理条例》(2002)

随着社会主义经济建设的逐步深入，在出版业市场管理上出现了一些变化和新的特点，如侵犯知识产权的案例增多，盗版等非法出版活动猖獗，为了有效地打击犯罪，保证出版事业的健康发展，并积极推动有关法规的完善，2002年1月2日国务院公布了新的《出版管理条例》。新《条例》中，民营企业限制被取消，民企取得出版物的批发经营权；非国有资金、国外资金能够依照允许的途径进入出版业；建立新闻出版法人制度，改革出版业资产管理制度，通过授权经营、委托经营，使出版单位对自己的资产具有经营权、处置权；进一步改革运作方式，增强出版业集约化经营能力、提高出版业多种媒体的综合经营能力，打破出版产业的地区封锁、贸易壁垒等，有利于出版事业的繁荣发展。

随后《音像制品管理条例》《音像制品批发、零售、出租管理办法》《音像制品进口管理办法》《外商投资图书、报纸、期刊分销企业管理办法》《出版物市场管理规定》《音像制品出版管理规定》等先后出台，进一步巩固了出版法制法规建设的前期成果，对部分法规作了修改和补充，也新增了如外商投资方面等新的规定。

为贯彻实施《中华人民共和国行政许可法》，落实国务院行政审批制度改革的成果，推进新闻出版行政审批制度改革，2004 年 6 月 16 日新闻出版总署发布了《关于实施〈中华人民共和国行政许可法〉清理有关规章、规范性文件的决定》，对部分出版类法律法规和规范性文件进行了修改，使出版业的管理进一步规范化、制度化、法律化。

二、出版物、出版活动及出版行业管理机构

1. 出版物的概念与种类

出版物，是指已经出版的作品，包括报纸、期刊、图书、音像制品、电子出版物和互联网出版物等。

出版物按照制作方法的不同，可以分为印刷出版物、音像出版物、电子出版物和互联网出版物。印刷出版物指以印刷方式复制，以纸介质为载体，可以重印的出版物，如图书、报纸、期刊等。音像出版物是指以磁、光、电等介质为载体，用数字或模拟信号，将图、文、声、像经编辑加工后记录下来，通过视听设备播放使用的出版物，包括录有内容的录音带、录像带、唱片、激光唱盘和激光视盘等。电子出版物是指以数字代码方式将图、文、声、像等信息编辑加工后存储在磁、光、电等介质上，通过计算机或具有类似功能的设备读取使用，用以表达思想、普及知识和积累文化，并可复制发行的传播媒体。互联网出版物是指经过选择和编辑加工，登载在互联网上或发送到互联网用户端，供公众浏览、阅读、使用或下载的作品。

2. 出版活动

出版活动，包括出版物的出版、印刷或复制、进口、发行。出版是指将作品编辑加工后，经过复制向公众发行。所谓印刷是指用机械或照明方法使用锌板、模型或底片，在纸张或常用的其他材料上翻印的内容相同的复制品的行为。所谓复制是指以印刷、录音、录像、翻录、翻拍等方式将作品制成一份或多份的行为。所谓发行

是指为满足大众需求,通过出售、出租等方式提供一定数量的复制作品的行为。

3. 出版行业管理机构及其职责

我国的出版行业管理机构主要分为业务机构和其他相关的监督管理机构两大类。县级以上地方各级人民政府负责出版管理的行政部门和文化行政部门,是业务主管部门,负责本行政区域内出版活动的监督管理工作。县级以上地方各级人民政府的其他有关部门在各自的职责范围内,负责有关的出版活动的监督管理工作,这些部门包括公安、司法、工商、海关、审计、银行、财政、税务、劳动等相关部门,其主要职责是进行经济监督和检查、引导和规范市场交易、打击违法犯罪、维护市场秩序,等等。

三、出版单位的设立与管理

(一)出版单位的设立与变更

出版单位,包括报社、期刊社、图书出版社、音像出版社和电子出版物出版社等。

我国出版单位的设立由国务院新闻出版总署依据核准设立原则,通过对出版单位的审批、登记管理活动来进行。

所谓核准设立原则,即是指市场主体除必须符合相应的法定要件外,还必须经过行政机关审批许可,再到登记主管机关依法登记注册后才能宣告市场主体的设立。

1. 出版单位的设立条件

在我国设立出版单位,应具备下列条件:

(1)有出版单位的名称、章程。名称是一个出版单位区别于另一出版单位以及其他主体的标志,它对于出版单位具有代表意义,它不仅具有识别作用,还具有维系商业信誉的作用,良好的商业信誉具有一定的经济价值,所以从法律上讲,名称既是一种人身权,也是一种财产权。作为人身权的名称一经登记注册,出版单位便对其享有专用权,任何单位和个人不得侵犯。

章程是规定出版发行企业组织和行为准则的书面文件,经登记主管机关批准后具有法律效力。出版发行企业章程是根据出版发行单位的业务性质和工作需要而制定的内部总的规章制度,主要包括经济性质、业务范围、经营管理方式、组织原则等。

(2)有符合新闻出版总署认定的主办单位及其主管机关。主办单位是指创设开办出版单位的单位,即向出版行政部门提出设立申请的单位。主管机关是指主办单位的上级机关,包括一切中央和地方的国家机关,如行政机关、司法机关、立法机关、党团组织机关等。非国有单位和个人没有上级机关,所以不得申请设立出版单位。

(3)有确定的业务范围。所谓业务范围,即是出版单位从事出版业务的范围,是其出版经营活动的界限。其业务范围由申请者确定,并依法由出版行政部门和工商行政管理部门核定。出版单位须在其特定的业务范围内从事经营活动,一旦超出业务范围,则不受法律保护。

(4)有30万元以上的注册资本和固定的工作场所。注册资本包括固定资产和流动资金。资金是保证出版发行活动正常进行的经济基础,场所是进行出版物编辑、出版、发行活动的地方,是保证出版物出版发行的基本条件。

(5)有适应业务范围需要的组织机构和符合国家规定资格条件的编辑出版专业人员。出版发行单位的组织机构是对出版物编辑、出版、印刷、发行等活动进行计划、组织、协调和控制的内部管理组织,是依法设立出版发行单位的决策、管理、执行、监督体系。专业人员包括编辑、技术、发行和管理人员四类。

(6)法律、行政法规规定的其他条件。这是一个兜底条款,为以后的立法规定新的审批条件留下一定的空间。

2. 设立出版单位的申请

设立出版单位，由主办单位向所在省级人民政府出版行政部门提出申请；省级人民政府出版行政部门审核同意后，报新闻出版总署审批。

设立出版单位的申请书应载明出版单位的名称、地址；主办单位及其主管机关的名称、地址；法定代表人（以下简称法人）或主要负责人的姓名、住址、资格证明文件；资金来源及数额。

设立报社、期刊社或报纸编辑部、期刊编辑部的，申请书还应载明报纸或期刊的名称、刊期、开版或开本、印刷场所。

3. 审批和许可

任何单位和个人从事出版物出版发行业务，必须经新闻出版行政部门审核批准。

国务院新闻出版总署应自收到设立出版单位的申请之日起90日内，做出批复，并由省级人民政府出版行政部门书面通知主办单位。如果审批的到期时间是节假日，计算时间则顺延到节假日过后的第一天。

设立出版单位的主办单位应自收到批准决定之日起60日内，向所在省级人民政府出版行政部门登记，领取出版许可证。出版单位经登记后，持出版许可证向工商行政管理部门登记，依法领取营业执照。

报社、期刊社、图书出版社、音像出版社和电子出版物出版社等应具备法人条件，经核准登记后，取得法人资格，以其全部法人财产独立承担民事责任。视为出版单位的报纸编辑部、期刊编辑部不具有法人资格，其民事责任由其主办单位承担。

4. 出版单位的变更

出版单位变更名称、主办单位或其主管机关、业务范围，合并或分立，出版新的报纸、期刊，或报纸、期刊变更名称、刊期的，应依照规定办理审批手续，并到原登记的工商行政管理部门办理相应的登记手续。

其他事项的变更应经主办单位及其主管机关审查同意,向所在省级人民政府出版行政部门申请变更登记,并报新闻出版总署备案后,到原登记的工商行政管理部门办理变更登记。

5. 出版单位的注销

出版单位终止出版活动的,应向所在省级人民政府出版行政部门办理注销登记,并报新闻出版总署备案后,到原登记的工商行政管理部门办理注销登记。

图书出版社、音像出版社和电子出版物出版社自登记之日起满 180 日未从事出版活动,报社、期刊社自登记之日起满 90 日未出版报纸、期刊的,由原登记的出版行政部门注销登记,并报新闻出版总署备案。因为不可抗力或其他正当理由的,出版单位可以申请延期。

(二)出版单位的管理

出版单位应按照新闻出版总署的规定,将从事出版活动的情况向出版行政部门提出书面报告。出版单位发行其出版物前,应按照国家有关规定向国家图书馆、中国版本图书馆和新闻出版总署免费送交样本。

出版单位不得向任何单位或个人出售或以其他形式转让本单位的名称、书号、刊号或版号、版面,并不得出租本单位的名称、刊号。

四、出版物的出版

1. 禁载内容

公民可以在出版物上自由表达自己对国家事务、经济和文化事业、社会事务的见解和意愿,自由发表自己从事科学研究、文学艺术创作和其他文化活动的成果。合法出版物受法律保护,任何组织和个人不得非法干扰、阻止、破坏出版物的出版。出版物的出

版必须遵守宪法和国家法律,应传播有益于经济发展和社会进步的思想、道德、科学技术和文化知识。任何出版物不得含有下列内容:

(1)反对宪法确定的基本原则的;

(2)危害国家统一、主权和领土完整的;

(3)泄露国家秘密、危害国家安全或损害国家荣誉和利益的;

(4)煽动民族仇恨、民族歧视,破坏民族团结,或侵害民族风俗、习惯的;

(5)宣扬邪教、迷信的;

(6)扰乱社会秩序,破坏社会稳定的;

(7)宣扬淫秽、赌博、暴力或教唆犯罪的;

(8)侮辱或诽谤他人,侵害他人合法权益的;

(9)危害社会公德或民族优秀文化传统的;

(10)有法律、行政法规和国家规定禁止的其他内容的。

2. 出版物的规格

出版物必须按照国家的有关规定载明作者、出版者、印刷者或复制者、发行者的名称、地址,书号、刊号或版号,出版日期、刊期以及其他有关事项。出版物的规格、开本、版式、装帧、校对等必须符合国家标准和规范要求,保证出版物的质量。

3. 出版中小学教科书的规定

中小学教科书由国务院教育行政部门审定或组织审定,其出版、印刷、发行单位由省级以上人民政府出版行政部门、教育行政部门会同价格主管部门以招标或其他公开、公正的方式确定;其他任何单位或个人不得从事中小学教科书的出版、印刷、发行业务。

五、出版物的印刷和复制

(一)出版物印刷、复制单位的设立

从事出版物印刷或复制业务的单位,应向所在省级人民政府出版行政部门提出申请,经审核许可,并依照国家有关规定到公安机关和工商行政管理部门办理相关手续后,方可从事出版物的印刷或复制。未经许可并办理相关手续的,不得印刷报纸、期刊、图书,不得复制音像制品、电子出版物。

（二）出版物印刷、复制单位的管理

1. 出版物印刷、复制的管理

出版单位不得委托未取得出版物印刷或复制许可的单位印刷或复制出版物。

出版单位委托印刷或复制单位印刷或复制出版物的,必须提供符合国家规定的有关证明,并依法与印刷或复制单位签订合同。印刷或复制单位不得接受非出版单位和个人的委托印刷报纸、期刊、图书或复制音像制品、电子出版物,不得擅自印刷、发行报纸、期刊、图书或复制、发行音像制品、电子出版物。

印刷或复制单位经所在省级人民政府出版行政部门批准,可以承接境外出版物的印刷或复制业务,印刷或复制的境外出版物必须全部运输出境,不得在境内发行。境外委托印刷或复制的出版物的内容,应经省级人民政府出版行政部门审核。委托人应持有著作权人授权书,并向著作权行政管理部门登记。

印刷或复制单位应自完成出版物的印刷或复制之日起 2 年内,留存一份承接的出版物样本备查。

2. 禁止印刷或复制的出版物

任何印刷、复制单位不得印刷或复制下列出版物:

（1）含有禁载内容的;

（2）非法进口的;

（3）伪造、假冒出版单位名称或报纸、期刊名称的;

（4）未署出版单位名称的;

（5）中学和小学教科书未经依法审定的;

（6）侵犯他人著作权的。

六、出版物的发行

发行,包括总发行、批发、零售以及出租、展销等活动。总发行,是指出版物总发行单位统一包销出版物。批发,是指向其他出版物经营者销售出版物。零售,是指直接向消费者销售出版物。出租,是指以收取租金的形式向读者提供出版物。展销,是指在固定场所或以固定方式于一定时间内集中展览、销售、订购出版物。

1. 出版物发行单位的申请程序

从事报纸、期刊、图书行业不同的业务单位,应报请不同级别的出版行政部门审核。从事全国性连锁经营业务的单位,应由其总机构所在省级人民政府出版行政部门审核许可后,报新闻出版总署审查批准;从事总发行业务的发行单位,经新闻出版总署审核许可;从事批发业务的发行单位,经省级人民政府出版行政部门审核许可;从事零售业务的单位和个人,经县级人民政府出版行政部门批准。审核许可后向工商行政管理部门依法领取营业执照后,方可从事出版物的总发行业务、批发业务、零售业务。

2. 出版物发行单位的管理

出版单位可以发行本出版单位出版的出版物,不得发行其他出版单位出版的出版物。

国家允许设立从事图书、报纸、期刊分销业务的中外合资经营企业、中外合作经营企业、外资企业。

任何组织和个人不得发行下列出版物:

(1)含有禁止内容的违禁出版物;

(2)各种非法出版物,包括未经批准擅自出版、印刷或复制的出版物,伪造、假冒出版单位或报刊名称出版的出版物,非法进口的出版物,买卖书号、刊号、版号出版的出版物等;

(3)侵犯他人著作权或专有出版权的出版物;

(4)新闻出版行政部门明令禁止出版、印刷或复制、发行的出版物；

（5）内部资料性出版物（只能在本系统、本行业或本单位内部免费分发）。

任何组织和个人不得以任何形式参与买卖书号、刊号、版号。

3．出版物的管理

出版单位对本版出版物具有总发行权。出版单位委托出版物总发行单位发行出版物，应使用统一的《出版物发行委托书》；不得向无出版物总发行权的单位转让或变相转让出版物总发行权，不得委托无出版物批发权的单位批发出版物或代理出版物批发业务，不得委托非出版物发行单位发行出版物。

进入出版物批发市场的经营单位在出版物销售前，须将出版物样本报送批发市场管理机构审验，报送审验的出版物样本必须与所销售的出版物一致。

七、出版物的进口

1．出版物进口经营单位的设立

出版物进口业务，由依法设立的出版物进口经营单位经营；其中经营报纸、期刊进口业务的，须由新闻出版总署指定。未经批准，任何单位和个人不得从事出版物进口业务；未经指定，任何单位和个人不得从事报纸、期刊进口业务。

设立出版物进口经营单位应具备出版单位的设立条件。设立出版物进口经营单位，应向新闻出版总署提出申请，经审查批准，取得新闻出版总署核发的出版物进口经营许可证后，持证到工商行政管理部门依法领取营业执照。设立出版物进口经营单位，还应依照对外贸易法律、行政法规的规定办理相应手续。

2．进口出版物的审查

出版物进口经营单位负责对其进口的出版物进行内容审查。省级以上人民政府出版行政部门可以对出版物进口经营单位进口的出版物直接进行内容审查。出版物进口经营单位无法判断其进口的出版物是否含有禁止内容的，可以请求省级以上人民政府出版行政部门进行内容审查，并按照国务院价格主管部门批准的标准缴纳费用。新闻出版总署可以禁止特定出版物的进口。

出版物进口经营单位应在进口出版物前将拟进口的出版物目录报省级以上人民政府出版行政部门备案；省级以上人民政府出版行政部门发现有禁止进口的或暂缓进口的出版物的，应及时通知出版物进口经营单位并通报海关。对通报禁止进口或暂缓进口的出版物，出版物进口经营单位不得进口，海关不得放行。

3. 进口出版物的发行和展览

发行进口出版物的，必须从依法设立的出版物进口经营单位进货；其中发行进口报纸、期刊的，必须从新闻出版总署指定的出版物进口经营单位进货。

出版物进口经营单位在境内举办境外出版物展览，必须报经新闻出版总署批准。

八、保障与奖励

1. 国家支持优秀出版物的出版

国家支持、鼓励下列优秀的、重点的出版物的出版：

(1)对阐述、传播宪法确定的基本原则有重大作用的；

(2)对在人民中进行爱国主义、集体主义、社会主义教育和弘扬社会公德、职业道德、家庭美德有重要意义的；

(3)对弘扬民族优秀文化和及时反映国内外新的科学文化成果有重大贡献的；

(4)具有重要思想价值、科学价值或文化艺术价值的。

2. 国家支持对教科书、少数民族语言文字出版物和盲文出版物的出版发行

国家对教科书的出版发行，予以保障。国家扶持少数民族语

言文字出版物和盲文出版物的出版发行。国家对在少数民族地区、边疆地区、经济不发达地区和在农村发行出版物，实行优惠政策。

九、法律责任

法律责任是指因法律关系主体的违法行为引起并由该主体承担的法律后果，也称违法责任。法律责任是法律或行政法规重要的组成部分，是法律规范中体现国家强制力的核心部分。缺少这个部分，法律所规定的权利和义务，在社会实践中就会缺乏保障。

法律责任主要有刑事法律责任、行政法律责任、民事法律责任三种类型。在法律中对何种行为规定采取何种法律责任形式，主要取决于违法行为侵害的社会关系的性质、特点等因素。出版类法律法规调整的主要是行政管理机关与管理相对人之间的关系，所以法律责任主要侧重于刑事责任和行政责任。

（一）刑事法律责任

刑事法律责任也可称为刑罚，是指具有刑事责任能力的人实施了刑事法律规范所禁止的行为（即犯罪行为）所必须承担的刑事法律后果。在法律规范中，刑事处罚是严厉的处罚种类。刑事处罚由司法机关依法作出，其他国家机关无此职权。

违反出版法规、应负刑事法律责任的主要有以下四种行为：

（1）出版行政部门或其他有关部门的工作人员，利用职务上的便利收受他人财物或其他好处，批准不符合法定设立条件的出版、印刷或复制、进口、发行单位，或不履行监督职责，或发现违法行为不予查处，造成严重后果的，依照刑法关于受贿罪、滥用职权罪、玩忽职守罪或其他罪的规定，追究刑事责任；

（2）未经批准，擅自设立出版物的出版、印刷或复制、进口、发行单位，或擅自从事出版物的出版、印刷或复制、进口、发行业务，假冒出版单位名称或伪造、假冒报纸、期刊名称出版出版物的，依

照刑法关于非法经营罪的规定,追究刑事责任;

(3)出版、进口含有禁止内容的出版物的,明知或应知出版物含有禁止内容而印刷或复制、发行的,明知或应知他人出版含有禁止内容的出版物而向其出售或以其他形式转让本出版单位的名称、书号、刊号、版号、版面,或出租本单位的名称、刊号,触犯刑律的,依照刑法有关规定,追究刑事责任;

(4)走私出版物的,依照刑法关于走私罪的规定,追究刑事责任。

(二)行政法律责任

行政法律责任,是指由国家行政机关认定的、行为人因违反行政法律规范所应承担的法律后果,行政法律责任包括行政处罚和行政处分。

1.行政处罚

行政处罚是指行政执法机关依照法律、法规或规章规定对违反行政法律规范和行政管理秩序的公民、法人或其他组织实施的行政法律制裁。行政处罚的种类包括:警告;罚款;没收非法所得、没收非法财物;责令停产停业;暂扣或吊销许可证书、暂扣或吊销执照;行政拘留等。

本节涉及的行政处罚种类包括:警告;罚款;没收非法所得、没收非法财物;责令停业;吊销许可证、吊销营业执照等五种行政处罚。

(1)未经批准,擅自设立出版物的出版、印刷或复制、进口、发行单位,或擅自从事出版物的出版、印刷或复制、进口、发行业务,假冒出版单位名称或伪造、假冒报纸、期刊名称出版出版物的,由出版行政部门、工商行政管理部门依照法定职权予以取缔;没收出版物、违法所得和从事违法活动的专用工具、设备,违法经营额 1 万元以上的,并处违法经营额 5 倍以上 10 倍以下的罚款,违法经营额不足 1 万元的,并处 1 万元以上 5 万元以下的罚款。

（2）出版、进口含有禁止内容的出版物，明知或应知出版物含有禁止内容而印刷或复制、发行的，明知或应知他人出版含有禁止内容的出版物而向其出售或以其他形式转让本出版单位的名称、书号、刊号、版号、版面，或出租本单位的名称、刊号的，由出版行政部门责令限期停业整顿，没收出版物、违法所得，违法经营额1万元以上的，并处违法经营额5倍以上10倍以下的罚款；违法经营额不足1万元的，并处1万元以上5万元以下的罚款；情节严重的，由原发证机关吊销许可证。

（3）进口、印刷或复制、发行新闻出版总署禁止进口的出版物的，印刷或复制走私的境外出版物的，发行进口出版物未从规定的出版物进口经营单位进货的，由出版行政部门责令停止违法行为，没收出版物、违法所得，违法经营额1万元以上的，并处违法经营额5倍以上10倍以下的罚款；违法经营额不足1万元的，并处1万元以上5万元以下的罚款；情节严重的，责令限期停业整顿或由原发证机关吊销许可证。

（4）走私出版物尚不够刑事处罚的，由海关依照海关法的规定给予行政处罚。

（5）印刷或复制单位未取得印刷或复制许可而印刷或复制出版物的，接受非出版单位和个人的委托印刷或复制出版物的，未履行法定手续印刷或复制境外出版物的、印刷或复制的境外出版物没有全部运输出境的，发行未署出版单位名称的出版物的，出版、印刷、发行单位出版、印刷、发行未经依法审定的中小学教科书或非依照规定确定的单位从事中小学教科书的出版、印刷、发行业务的，由出版行政部门没收出版物、违法所得，违法经营额1万元以上的，并处违法经营额5倍以上10倍以下的罚款；违法经营额不足1万元的，并处1万元以上5万元以下的罚款；情节严重的，责令限期停业整顿或由原发证机关吊销许可证。

（6）出版单位出售或以其他形式转让本出版单位的名称、书号、刊号、版号、版面,或出租本单位的名称、刊号的,由出版行政部门责令停止违法行为,给予警告,没收违法经营的出版物、违法所得,违法经营额1万元以上的,并处违法经营额5倍以上10倍以下的罚款;违法经营额不足1万元的,并处1万元以上5万元以下的罚款;情节严重的,责令限期停业整顿或由原发证机关吊销许可证。

(7)有下列行为之一的,由出版行政部门责令改正,给予警告;情节严重的,责令限期停业整顿或由原发证机关吊销许可证:

A. 出版单位变更名称、主办单位或其主管机关、业务范围,合并或分立,出版新的报纸、期刊,或报纸、期刊改变名称、刊期,以及出版单位变更其他事项,未到出版行政部门办理审批、变更登记手续的;

B. 出版单位未将年度出版计划和涉及国家安全、社会安定等方面的重大选题备案的;

C. 出版单位未送交出版物的样本的;

D. 印刷或复制单位未留存备查的材料的;

E. 出版物进口经营单位未依照规定将其进口的出版物目录备案的。

(8)未经批准,举办境外出版物展览的,由出版行政部门责令停止违法行为,没收出版物、违法所得;情节严重的,责令限期停业整顿或由原发证机关吊销许可证。

(9)印刷或复制、批发、零售、出租、散发含有禁止内容的出版物或其他非法出版物的,当事人对非法出版物的来源做出说明、指认,经查证属实的,没收出版物、违法所得,可以减轻或免除其他行政处罚。

(10)单位违反规定被处以吊销许可证行政处罚的,应按照国家有关规定到工商行政管理部门办理变更登记或注销登记;逾期未办理的,由工商行政管理部门吊销营业执照。单位被处以吊销许可证行政处罚的,其法人或主要负责人自许可证被吊销之日起10年内不得担任出版、印刷或复制、进口、发行单位的法人或主要负责人。

2. 行政处分

行政处分是指国家机关、企事业单位、社会团体等根据法律或内部规章制度的规定,按照隶属关系,对其所属的工作人员犯有轻微违法失职行为尚不够刑事处分的或违反内部纪律的一种制裁。对象只能是自然人,行政处分只能由其所属的单位给予。行政处分包括六种形式:警告,记过,记大过,降级,撤职,开除。本节仅涉及降级、撤职两种行政处分。

出版行政部门或其他有关部门的工作人员,利用职务上的便利收受他人财物或其他好处,批准不符合法定设立条件的出版、印刷或复制、进口、发行单位,或不履行监督职责,或发现违法行为不予查处,给予降级或撤职的行政处分。

（三）民事法律责任

民事法律责任,是指民事主体违反民事义务而依法应承担的民事法律后果。

未经批准,擅自设立出版物的出版、印刷或复制、进口、发行单位,或擅自从事出版物的出版、印刷或复制、进口、发行业务,假冒出版单位名称或伪造、假冒报纸、期刊名称出版出版物,侵犯他人合法权益的,依法承担民事责任。

第二节　音像出版与市场管理

一、录音录像管理法规概述

20世纪70年代以后,录音录像技术在我国各个行业得以广泛应用,录音机、录像机以及音像制品开始进入寻常百姓家,在传播科学文化知识、丰富人民的文化生活方面做出了突出贡献。为了规范音像市场,打击违法犯罪,维护市场秩序,国务院及有关部门先后颁布了一系列规章和规范性文件,如《关于严禁淫秽物品的规定》、《关于严厉打击非法出版活动的通知》、《关于认定淫秽及色情出版物的暂行规定》、《关于部分应取缔出版物认定标准的暂行规定》、《关于惩治走私、制作、贩卖、传播淫秽物品的犯罪分子的决定》、《录音录像出版工作暂行条例》等。

为了促进音像事业的发展和繁荣,更好地满足人民群众的文化生活需要,1994年10月1日国务院颁布施行了《音像制品出版管理规定》,对于规范音像出版、复制活动以及音像制品经营活动起了重要作用。之后《音像制品复制管理办法》《音像制品内容审查办法》《音像制品出版管理办法》《关于实施激光数码储存片来源识别码(SID码)的通知》《最高人民法院关于审理非法出版物刑事案件具体应用法律若干问题的解释》《关于加强和改进中国标准音像制品编码管理的通知》《音像制品条码实施细则》先后出台,对于音像事业的健康发展起了重要作用。

随着改革开放的深化以及音像出版事业的不断发展,特别是我国加入世贸组织以后,音像管理面临一些新情况,因此对原条例进行适当修改、完善是迫切需要的。2002年2月1日修改后的《音像制品管理条例》开始施行,新条例针对音像出版业发展过程中出现的新情况、新问题,对原条例作了修订,完善了音像出版管理制度,加强了对音像复制环节的管理和对音像市场的管理,并且加大了对音像业违法犯罪活动的打击力度。随后新修订的《音像制品批发、零售、出租管理办法》《音像制品进口管理办法》《音像制品出版管理规定》先后出台,加强了音像经营活动的规范与管理。

针对音像市场中违法经营活动出现的新动向,2003年9月22日,文化部文化市场司及时印发了《文化部关于严厉打击刻录碟、烫码碟、无码碟、进口 MP3、MP4 等非法音像制品的通知》,明确了各类非法音像制品的主要特征,公布了重点查缴目录,指导各地文化行政部门密切关注市场动向,有效遏制了这一新形式的违法经营活动蔓延的势头。

二、音像管理的主管部门和许可证制度

1. 音像制品的概念

音像制品是录音制品、录像制品的简称,是指利用录音、录像技术和设备制作的录有内容的视听出版物,包括录音带(AT)、录像带(VT)、激光唱盘(CD)、数码激光视盘(VCD)及高密度光盘(DVD)等。

音像出版与市场管理类法律法规适用于录有内容的录音带、录像带、唱片、激光唱盘和激光视盘等音像制品的出版、制作、复制、进口、批发、零售、出租等活动。音像制品用于广播电视播放的,适用广播电视法律、行政法规。

2. 主管部门

我国目前的音像管理体制实行两部门分工分级负责制,即新闻出版总署负责全国音像制品的出版、制作和复制的监督管理工作,文化部负责全国音像制品的进口、批发、零售和出租的监督管理工作;国务院其他有关行政部门按照职责分工,负责有关的音像制品经营活动的监督管理工作。而县级以上地方人民政府负责出版管理的行政部门负责本行政区域内音像制品的出版、制作和复制的监督管理工作,县级以上地方人民政府文化行政部门负责本行政区域内音像制品的进口、批发、零售和出租的监督管理工作,县级以上地方人民政府其他有关行政部门在各自的职责范围内负责有关的音像制品经营活动的监督管理工作。

其他有关行政部门主要包括工商行政管理部门、海关等,工商行政管理部门负责对音像出版、制作、复制、经营单位、个人进行注

册登记,依法核定注册单位的名称,审定、批准、颁发营业执照,并监督管理。海关负责对音像制品进口的监管,查处音像制品的走私行为。

为了使行政管理者与被管理者的利益分开,提高行政管理的公正性和有效性,减少和杜绝腐败的产生,遏制行政权力的滥用,音像制品监督管理部门及其工作人员不得从事或变相从事音像制品经营活动。音像制品经营活动的监督管理部门及其工作人员如果利用手中的权力从事音像制品经营活动,很容易出现以权谋私、官商不分的现象,将会严重扰乱行政机关的工作秩序,降低工作效能,损害政府形象。

3.许可制度

国家对出版、制作、复制、进口、批发、零售、出租音像制品,实行许可制度;未经许可,任何单位和个人不得从事音像制品的出版、制作、复制、进口、批发、零售、出租等活动。也就是说,管理相对人在取得许可的前提下,才能从事音像制品的经营活动。

许可证和批准文件是出版行政部门或文化行政部门赋予音像行政管理相对人从事音像制品经营活动的凭证,不得将其出租、出借、出售或以其他任何形式转让。

三、音像出版活动

音像出版活动是依法设立的音像出版单位编辑制作音像制品,并以批准的特定版号向社会公布,供公众欣赏、使用该音像制品的活动。出版活动是音像出版管理的第一个环节。

(一)音像出版单位的设立程序

1.音像出版单位的申请和审批

音像出版单位的设立条件应符合出版单位设立的条件。

(1)音像出版单位的申请和审批。申请设立音像出版单位,应由主办单位提出书面申请,并提供有关材料,经主管机关同意后报所在地政府音像出版行政部门,经审核同意后,报新闻出版总署审批。新闻出版总署应自收到申请书之日起 60 日内做出批复,并通知申请人。批准的发给《音像制品出版许可证》,由申请人持许可证到工商行政管理部门登记,依法领取营业执照;不批准的应说明理由。

(2)申请书的内容。申请书应载明音像出版单位的名称、地址;主办单位及其主管机关的名称、地址;法人或主要负责人及音像出版专业人员的姓名、住址、资格证明文件;资金来源、数额及其信用证明;工作场所使用证明文件,并附具出版单位的章程和设立出版单位的主办单位及主管机关的有关证明材料。

2. 音像出版单位的变更

音像出版单位变更名称、主办单位或其主管机关、业务范围,或兼并其他音像出版单位,或因合并、分立而设立新的音像出版单位的,应依照规定办理审批手续,并到原登记的工商行政管理部门办理相应的登记手续;变更地址、法人或主要负责人,或终止出版经营活动的,应到原登记的工商行政管理部门办理变更登记或注销登记,并向新闻出版总署备案。

(二)音像出版活动的管理

1. 音像出版制度管理

(1)编辑责任制度和年度出版计划备案制度。音像出版单位实行编辑责任制度,保障音像制品刊载的内容合法。编辑工作是音像制品出版过程中的中心环节,是实现出版计划、提高音像出版物质量的关键,也是保证出版物内容不出问题的前提。

音像出版单位实行年度出版计划备案制度,年度出版计划中涉及国家安全、社会安定等方面的重大选题,应经所在省级人民政府出版行政部门审核后报新闻出版总署备案;重大选题音像制品未在出版前报备案的,不得出版。这项规定,有利于减少出版单位因音像制品内容不当而可能带来的社会影响,也便于出版行政部门掌握出版单位的创作生产动态,对音像制品的制作生产进行指导和宏观调控。出版计划的内容应包括选题名称、制作单位、主创人员、类别、载体、内容提要、节目长度、计划出版时间。

(2)音像出版单位名称、版号管理。音像出版单位应在其出版的音像制品及其包装的明显位置,标明出版单位的名称、地址和音像制品的版号、出版时间、著作权人以及条形码。出版进口的音像制品,还应标明进口批准文号。音像出版单位应自音像制品出版之日起 30 日内向国家图书馆、中国版本图书馆和新闻出版总署免费送交样本。

音像出版单位应按照国家标准及有关规定标识、使用《中国标准音像制品编码》(以下简称版号)。版号由新闻出版总署负责管理和调控,由省级人民政府出版行政部门发放。音像出版单位的名称、版号代表的是一种特定的资格,它与通过国家的审查、取得该许可的音像出版者不可分离,是不可转让的。以出租、出借、出售或以其他任何形式转让音像出版单位的名称、版号,从本质上说受让人并没有依法接受国家的审查,国家也没有赋予受让人从事音像制品经营活动的资格。所以转让是无效的,也是被国家法律所禁止的。

(3)出版配合本版出版物的音像制品管理。图书出版社、报社、期刊社、电子出版物出版社,出版配合本版出版物的音像制品,须向所在省级人民政府出版行政部门提交申请书和样本。出版配合本版出版物的音像制品申请书,须写明出版物的名称、制作单位;主创人员、主要内容、出版时间、节目长度;复制数量和载体形式等内容。

出版单位所在省级人民政府出版行政部门,应自受理申请之日起 20 日内对其申请书和样本进行审核。审核同意后配发版号,发放复制委托书,并报新闻出版总署备案。

经批准出版的配合本版出版物音像制品,其名称须与本版出版物一致,并须与本版出版物统一配套销售,不得单独定价销售。图书出版社、报社、期刊社、电子出版物出版社,不得出版非配合本版出版物的音像制品;但可以按照新闻出版总署的规定,出版配合本版出版物的音像制品,并参照音像出版单位享有权利、承担义务。

2. 审核登记制度

音像出版单位实行审核登记制度,审核登记每两年进行一次。

申请审核登记的音像出版单位应提交以下材料:《音像出版单位审核登记表》;音像制品出版业务情况报告,应包括:执行出版管理的法律、法规和规章的情况,出版经营情况,人员、场所、设施情况;两年内出版的音像制品登记表;出版许可证的复印件。

音像出版单位应于审核登记年度 1 月 15 日前向所在省级人民政府出版行政部门申请年度审核登记并提交相应材料。各省级人民政府出版行政部门对本行政区域内申请登记的音像出版单位进行审核,并于同年 2 月底前完成审核登记工作。

对符合下列条件的音像出版单位,省级人民政府出版行政部门予以登记:

(1)符合设立音像出版单位条件的;

(2)两年内无违反出版管理法律、法规和规章的情形;

(3)两年内出版音像制品不少于 10 种。

对不符合条件之一的音像出版单位,省级人民政府出版行政部门予以暂缓登记,期限为 3 个月,并责令其在此期限内进行整顿。在暂缓登记的期限届满前,省级人民政府出版行政部门应对暂缓登记的出版单位进行审查,对于达到规定条件的,予以登记。对于未达到规定条件的,提出注销登记意见报新闻出版总署批准。对注销登记的出版单位,由所在省级人民政府出版行政部门收回其出版许可证。

（三）音像制作单位的审批和管理

制作是出版的第一个环节，是出版行为的组成部分。音像出版单位出版音像制品，既可以自行制作并出版，也可以委托他人制作完成，然后由自己出版。但无论哪一种形式，首先必须取得从事音像制作的资格。

1. 音像制作单位的申请、审批和变更

（1）音像制作单位的申请和审批。音像出版单位以外的单位如果申请设立独立从事音像制品制作业务单位，须提交书面申请及有关材料，交所在省级人民政府出版行政部门审批。省级人民政府出版行政部门应自收到申请书之日起 60 日内做出批复，并通知申请人。批准后发给《音像制品制作许可证》，由申请人持许可证到工商行政管理部门登记，依法领取营业执照。

申请书应载明下列内容：音像制作单位的名称、地址；音像制作单位的法人或主要负责人的姓名、住址、资格证明文件；音像制作单位的资金来源和数额。

（2）音像制作单位的变更。音像制作单位的变更同音像出版单位的变更。

2. 音像制作单位的管理

音像制作单位接受委托制作音像制品的，应与委托的出版单位订立制作委托合同；验证委托的出版单位的《音像制品出版许可证》或本版出版物的证明及由委托的出版单位盖章的音像制品制作委托书。

音像出版单位不得委托未取得《音像制品制作许可证》的单位制作音像制品。这对于严格出版管理来说十分重要，制作完成的音像制品，可以直接用于复制，然后进入流通，如果不能保证音像出版单位制作的音像制品都是依法取得音像制品出版资格的单位委托制作的，就可能使许多音像制品规避了出版管理制度，不经出版环节，而在制作完成后，通过复制直接进入流通传播领域，不仅扰乱了音像市场,还可能危及社会秩序。

《音像制品管理条例》第十九条第三款规定:"音像制作单位不得出版、复制、批发、零售、出租音像制品。"这一规定是为了防止音像制作单位利用其制作音像制品的便利条件,制作未经合法出版的音像制品或未经委托人同意擅自制作委托人的音像制品,而造成音像市场混乱和侵犯他人著作权的后果。

四、音像制品的复制

音像制品的复制,是指对已经制作完成的音像制品进行大规模生产的活动。音像制品的复制环节决定进入市场向公众传播的音像制品的数量,也从实际上影响音像制品的传播范围。

1. 音像复制单位的设立条件、申请和审批

音像复制单位的申请程序同音像出版单位的申请程序。

2. 音像复制单位的变更

音像复制单位变更业务范围,或兼并其他音像复制单位,或因合并、分立而设立新的音像复制单位的,应依照规定办理审批手续,并到工商行政管理部门办理相应的登记手续;变更名称、地址、法人或主要负责人,或终止复制经营活动的,应到原登记的工商行政管理部门办理变更登记或注销登记,并向新闻出版总署备案。

3. 音像复制活动的管理

音像出版单位出版的音像制品、其他出版单位出版的配合本版出版物音像制品、音像非卖品须委托依法设立的复制单位复制。

(1)复制委托合同。为了保护当事人双方的合法利益,加强音像制品复制的管理,音像复制单位接受委托复制音像制品的,应与委托的出版单位订立复制委托合同;验证委托的出版单位的《音像制品出版许可证》和营业执照副本及其盖章的音像制品复制委托书及著作权人的授权书。因为非卖品不能进入市场,对社会秩序的影响相对较小,在接受委托复制非卖品的验证时只需要验证经

省级人民政府出版行政部门核发并由委托单位盖章的音像制品复制委托书即可。

音像复制单位应自完成音像制品复制之日起2年内,保存委托合同和所复制的音像制品的样本以及验证的有关证明文件的副本,以备查验。一旦这些音像制品的内容出了问题,比较容易找到相关责任人。

(2)禁止行为。为维护音像市场秩序、维护委托复制人的合法权益,《音像制品管理条例》第二十四条规定:"音像复制单位不得接受非音像出版单位或个人的委托复制经营性的音像制品;不得自行复制音像制品;不得批发、零售、出租音像制品。"这个规定对于打击盗版、保护知识产权十分必要。

(3)委托复制境外音像制品的管理。为了防止未经授权或假授权翻录有著作权和与著作权有关权利的音像制品,音像复制单位接受委托复制境外音像制品时,应事先将该音像制品的样品报经省级人民政府出版行政部门审核同意,并持著作权人的授权书依法到著作权行政管理部门登记。

由于境外音像制品的制作环节是在境外完成的,没有经过我国的出版管理,也没有合法的进口手续,其内容不一定符合我国法律、行政法规的规定,因此不能在我国传播,所以音像复制单位接受委托复制的音像制品应全部运输出境。

(4)激光数码储存片来源识别码。从事光盘复制的音像复制单位复制光盘,必须使用蚀刻有新闻出版总署核发的激光数码储存片来源识别码的注塑模具。由于激光数码储存片来源识别码只有新闻出版总署有权核发,而且具有唯一性,对于光盘复制单位来说,具有"同一认定"的效果,这样就可以通过激光数码储存片来源识别码准确确定光盘复制单位,对于打击非法光盘生产有着重要的作用。

五、音像制品的进口

随着我国改革开放的逐步深入和对外文化交流的逐步扩大，进口国外优秀音像节目，对于满足人民群众日益增长的文化教育、娱乐和审美需求，提高公众文化素质和文化修养都有着积极的促进作用。但是在音像制品进口中也存在许多问题，为了打击海外音像制品的走私活动，加强对音像制品的进口管理，我国建立了进口音像制品的专营制度。

（一）进口单位管理

音像制品成品业务由文化部指定的音像制品经营单位经营；未经文化部指定，任何单位或个人不得从事音像制品成品进口业务。长期以来，我国音像制品成品进口业务由中国图书进出口公司独家承担，非中图公司的境外音像制品，一律为非法音像制品。

音像出版单位可以在批准的出版业务范围内从事进口音像制品的出版业务。

（二）进口审查

进口用于出版的音像制品，以及进口用于批发、零售、出租等的音像制品成品，应报文化部进行内容审查。文化部设立音像制品内容审查委员会，负责审查进口音像制品的内容。委员会下设办公室，负责进口音像制品内容审查的日常工作。

图书馆、音像资料馆、科研机构、学校等单位进口供研究、教学参考的音像制品成品，应委托文化部指定的音像制品成品进口经营单位办理进口审批手续。由于这些音像制品进口的目的不是市场销售，所以在审查标准上，要以研究和教学参考的本来目的为标准，不应以向社会公众销售的审查标准进行内容审查。

随着国际文化交流的日益扩大，国际会展经济的快速发展，音像制品博览会、展示会等文化交流活动也日益增多，为了适应会展业临时展览、展示外国音像制品的需要，主办单位可以依照程序，向文化部提出临时性进口专用于展览、展示的音像制品成品的内容审查申请，文化部自收到进口音像制品申请之日起30日内做出批复，批准后到海关办理临时进口手续。批准文件内容不得更改，如需修改，应重新办理。批准文件一次报关使用有效，不得累计使用。

（三）进口管理

1. 版权认证制度

为了打击音像领域的侵权盗版行为，保护权利人的合法权益，国家规定进口用于出版的音像制品，其著作权事项应向国务院版权局进行版权认证，登记著作权。近年来，版权认证制度不仅保护了外国著作权人的合法利益，也维护了国内进口单位的利益，在防范涉外音像制品的盗版方面发挥了越来越大的作用。

2. 禁止行为

任何单位和个人不得出版、复制、批发、零售、出租、营业性放映和利用信息网络传播未经文化部批准进口的音像制品，不得将供研究、教学参考或用于展览、展示的进口音像制品进行经营性复制、批发、零售、出租和营业性放映。用于展览、展示的进口音像制品确需在境内销售、赠送的，在销售、赠送前，必须办理批准手续。

音像出版单位出版进口音像制品应符合文化部批准文件要求，不得擅自变更节目名称和增删节目内容。

3. 语言文字规范

出版进口音像制品必须在音像制品及其包装的明显位置标明文化部的进口批准文件的文号，要使用经批准的中文节目名称，使用的语言文字应符合国家公布的语言文字规范。外语节目应在音像制品及封面包装上标明中外文名称。

4. 备案要求

进口单位应在进口音像制品出版后30日内将样品报文化部备案。经文化部批准进口的音像制品，自批准之日起一年内未出版发行的，进口单位应报文化部备案并说明原因；决定终止进口的,文化部撤销其进口批准文号。

六、音像制品的批发、零售和出租

音像制品的批发、零售、出租通常也被称为音像制品的分销,是音像制品的市场流通环节,是音像制品实现最终价值的最终环节。音像制品批发是指音像制品经营单位之间批量销售音像制品的经营活动,是音像制品经营的中间环节;音像制品零售是指出让音像制品的所有权,把音像制品销售给最终消费者的经营活动;音像制品出租是指在一段时间内出让音像制品的使用权方式、供消费者使用的经营活动。

为了促进音像制品流通环节健康、有序的发展,进一步推动我国音像市场的流通体制改革,针对目前音像市场的流通现状,有关部门制定了一系列管理措施。

1. 设立音像制品分销单位的条件

出版单位的设立条件是设立音像制品分销单位的必备条件。此外,文化部还可以根据批发、零售、出租、连锁经营或信息网络经营等方式的自身特点,确定适应该项业务的具体条件。

2. 设立音像制品分销单位的申请和审批

由于全国性音像制品连锁经营单位需要跨省开展经营活动,所以申请设立全国性音像制品连锁经营单位,应由其总部所在省级人民政府文化行政部门审核同意后,报文化部审批。而申请设立音像制品批发单位,应报所在省级人民政府文化行政部门审批,申请从事音像制品零售、出租业务,只需县级地方人民政府文化行政部门审批即可。文化行政部门应自收到申请书之日起 30 日内作出批复,并通知申请人。批准后应发给《音像制品经营许可证》,到工商行政管理部门登记,依法领取营业执照。

3. 音像制品分销单位的变更

音像制品分销单位变更名称、业务范围,或兼并其他音像制品分销单位,或因合并、分立而设立新的音像制品分销单位的,应依照规定办理审批手续,并到原登记的工商行政管理部门办理相应的登记手续;变更地址、法人或主要负责人或终止经营活动,从事音像制品零售、出租经营活动的个人变更业务范围、地址或终止经营活动的,应到原登记的工商行政管理部门办理变更登记或注销登记,并向原批准的文化行政部门备案。

4. 音像制品分销管理

音像出版单位可以按照国家有关规定,批发、零售本单位出版的音像制品,不需要文化行政部门的批准。但如果从事非本单位出版的音像制品的批发、零售业务的,实际上就是设立一个新的分销单位,应依照规定程序办理审批手续,并到原登记的工商行政管理部门办理登记手续。

(1)中外合作制品音像分销企业

国家允许设立从事音像制品分销业务的中外合作经营企业。2001年12月2日我国正式成为世界贸易组织成员,中国政府承诺,加入世贸组织后中国允许外方与中国伙伴成立中外合作企业,从事音像制品分销业务。允许设立中外合作制品音像分销企业,不仅为中国音像企业的发展拓宽了资金来源,也为引进外国优秀音像节目,学习外国先进的经营理念和管理经验创造了便利条件。

(2)禁止行为

音像制品批发单位和从事音像制品零售、出租等业务的单位或个人,不得经营非音像出版单位出版的音像制品或非音像复制单位复制的音像制品,不得经营未经文化部批准进口的音像制品,不得经营侵犯他人著作权的音像制品。

七、法律责任

(一)刑事法律责任

本节涉及刑事法律责任的犯罪行为主要有以下三个方面:

（1）出版行政部门、文化行政部门、工商行政管理部门或其他有关行政部门（包括公安部门、税务部门、海关等）及其工作人员，利用职务上的便利收受他人财物或其他好处，批准不符合法定设立条件的音像制品出版、制作、复制、进口、批发、零售、出租单位，或不履行监督职责，或发现违法行为不予查处，造成严重后果的，对负有责任的主管人员和其他直接责任人员依照刑法关于受贿罪、滥用职权罪、玩忽职守罪或其他罪的规定，追究刑事责任；

（2）未经批准，擅自设立音像制品出版、制作、复制、进口、批发、零售、出租、放映单位，擅自从事音像制品出版、制作、复制业务或进口、批发、零售、出租、放映经营活动的，依照刑法关于非法经营罪的规定，追究刑事责任；

（3）走私音像制品的，依照刑法关于走私罪的规定，追究刑事责任。

（二）行政法律责任

1. 行政处罚

本节涉及的行政处罚种类包括：警告；罚款；没收非法所得、没收非法财物；责令停产停业；吊销许可证、吊销营业执照等五种行政处罚。

（1）未经批准，擅自设立音像制品出版、制作、复制、进口、批发、零售、出租、放映单位，擅自从事音像制品出版、制作、复制业务或进口、批发、零售、出租、放映经营活动的，由出版行政部门、工商行政管理部门依照法定职权予以取缔；没收违法经营的音像制品和违法所得以及进行违法活动的专用工具、设备；违法经营额 1 万元以上的，并处违法经营额 5 倍以上 10 倍以下的罚款；违法经营额不足 1 万元的，并处 5 万元以下的罚款。

（2）出版含有禁止内容的音像制品，或制作、复制、批发、零售、出租、放映明知或应知含有禁止内容的音像制品，由出版行政部门、文化行政部门、公安部门依据各自职权责令停业整顿，没收违法经营的音像制品和违法所得;违法经营额 1 万元以上的,并处违法经营额 5 倍以上 10 倍以下的罚款;违法经营额不足 1 万元的,可以并处 5 万元以下的罚款;情节严重的,并由原发证机关吊销许可证。

(3)走私音像制品尚不够刑事处罚的,由海关根据《海关法》的相关规定给予行政处罚。

(4)有下列行为之一的,由出版行政部门责令停止违法行为,给予警告,没收违法经营的音像制品和违法所得;违法经营额 1 万元以上的,并处违法经营额 5 倍以上 10 倍以下的罚款;违法经营额不足 1 万元的,并处 1 万元以上 5 万元以下的罚款;情节严重的,并责令停业整顿或由原发证机关吊销许可证:

A. 音像出版单位向其他单位、个人出租、出借、出售或以其他任何形式转让本单位的名称,出售或以其他形式转让本单位的版号的;

B. 音像出版单位委托未取得《音像制品制作许可证》的单位制作音像制品,或委托未取得《音像制品复制许可证》的单位复制音像制品的;

C. 音像出版单位出版未经文化部批准擅自进口的音像制品的;

D. 音像制作单位、音像复制单位未依照规定验证音像出版单位的委托书、有关证明的;

E. 音像复制单位擅自复制他人的音像制品,或接受非音像出版单位、个人的委托复制经营性的音像制品,或自行复制音像制品的。

(5)音像出版单位违反国家有关规定与香港特别行政区、澳门特别行政区、台湾或外国的组织、个人合作制作音像制品,音像复制单位接受委托复制境外音像制品,未经省级人民政府出版行政部门审核同意,或未将复制的境外音像制品全部运输出境的,由省级人民政府出版行政部门责令改正，没收违法经营的音像制品和违法所得；违法经营额 1 万元以上的，并处违法经营额 5 倍以上10 倍以下的罚款；违法经营额不足 1 万元的，并处 1 万元以上 5万元以下的罚款；情节严重的，并由原发证机关吊销许可证。

（6）有下列行为之一的，由出版行政部门、文化行政部门责令改正，给予警告；情节严重的，并责令停业整顿或由原发证机关吊销许可证：

A. 音像出版单位未将其年度出版计划和涉及国家安全、社会安定等方面的重大选题报新闻出版总署备案的；

B. 音像制品出版、制作、复制、批发、零售、出租单位变更名称、地址、法人或主要负责人、业务范围等，未办理审批、备案手续的；

C. 音像出版单位未在其出版的音像制品及包装的明显位置标明规定内容或未送交样本的；

D. 音像复制单位未留存备查的材料的；

E. 从事光盘复制的音像复制单位复制光盘，使用未蚀刻新闻出版总署核发的激光数码储存片来源识别码的注塑模具的。

（7）批发、零售、出租、放映非音像出版单位出版或复制的音像制品、未经文化部批准进口的音像制品或供研究教学参考或用于展览展示的进口音像制品的，音像出版单位出版未经文化部批准进口的音像制品的，由文化行政部门责令停止违法行为，给予警告，没收违法经营的音像制品和违法所得；违法经营额 1 万元以上的，并处违法经营额 5 倍以上 10 倍以下的罚款；违法经营额不足1 万元的，并处 1 万元以上 5 万元以下的罚款；情节严重的，并责令停业整顿或由原发证机关吊销许可证。

（8）单位违反规定被处以吊销许可证行政处罚的，应到工商行政管理部门办理变更登记或注销登记；逾期未办理的，由工商行政管理部门吊销营业执照。单位被处以吊销许可证行政处罚的，其法人或主要负责人自许可证被吊销之日起 10 年内不得担任音像制品出版、制作、复制、进口、批发、零售、出租单位的法人或主要负责人。从事音像制品零售、出租或放映业务的个人违反规定,被处以吊销许可证行政处罚的,自许可证被吊销之日起10年内不得从事音像制品零售、出租或放映业务。

2. 行政处分

本节涉及降级、撤职、开除三种行政处分。主要表现在以下两个方面:

(1)出版行政部门、文化行政部门、工商行政管理部门或其他有关行政部门(包括公安部门、税务部门、海关等)及其工作人员,利用职务上的便利收受他人财物或其他好处,批准不符合法定设立条件的音像制品出版、制作、复制、进口、批发、零售、出租单位,或不履行监督职责,或发现违法行为不予查处,造成严重后果、尚不够刑事处罚的,对负有责任的主管人员和其他直接责任人员给予降级或撤职的行政处分;

(2)音像制品经营活动的监督管理部门及其工作人员从事或变相从事音像制品经营活动的,参与或变相参与音像制品经营单位的经营活动的,由所在单位或上级主管机关对负有责任的主管人员和其他直接责任人员、参与音像制品经营活动工作人员依法给予撤职或开除的行政处分。

第三节　电子出版物管理

一、电子出版物法规概述

电子出版物是以磁性或光学信息存储介质为信息载体,以数字代码方式将图、文、声、像等信息存储在磁、光、电介质上,通过计算机或具有类似功能的设备阅读使用,用以表达思想、普及知识和积累文化,并可复制发行的大众传播媒体。其媒体形态包括软磁盘(FD)、只读光盘(CD-ROM)、交互式光盘(CD-I)、图文光盘(CD-G)、照片光盘(photo-CD)、集成电路卡(IC Card)和新闻出版署认定的其他媒体形态。电子出版物以其信息存储量大，重量轻、体积小，便于携带；出版周期短，信息报道及时，大大简化了出版过程；能提供良好的阅读和检索界面；易于管理，保存时间长等优点，逐渐成为满足人们信息需求的有力工具。

近年来，随着计算机技术的飞速发展和信息服务水平的不断提高，作为一种新兴的知识信息传播媒体，具有明显优势的电子出版物已受到各方面越来越大的重视。为了发展和繁荣我国电子出版物出版事业，加强对电子出版物的管理，1996 年 3 月 14 日新闻出版署颁布了《电子出版物管理暂行规定》，电子出版开始纳入法制化轨道。为了进一步加强电子出版管理、规范电子出版行为，1998 年 1 月 1 日修订后的《电子出版物管理规定》颁布实施，进一步加强了对引进版游戏的审批，加大了知识产权保护力度，有利于更好地打击私服外挂、侵权盗版等非法活动。

二、电子出版物的主管机关、禁载内容与许可证制度

1. 电子出版物法规的适用范围

适用电子出版物的出版、制作、复制、进口、批发、零售和出租，销售计算机设备或其他商品附赠电子出版物的，举办电子出版物展览、展销、订货会。

2. 电子出版物管理的主管机关

新闻出版总署主管全国电子出版物管理工作，负责制定电子出版物出版事业发展规划、产业政策、行业标准并指导实施；审核批准电子出版物出版、复制、总批发单位的设立；管理电子出版物的进出口工作；指导、监督全国电子出版物市场管理工作，查处违法、违禁电子出版物以及国务院授权的其他事项。

省级新闻出版局负责本行政区域电子出版物的管理工作，审核电子出版物批发、零售、出租单位的设立,查处违法违禁电子出版物。

3. 禁载内容

电子出版物经营活动应遵守宪法和有关法律、法规,不得含有《出版管理条例》禁止的内容。以未成年人为对象的电子出版物不得含有诱发未成年人模仿违反社会公德的行为和违法犯罪行为的内容,不得含有恐怖、残酷等妨害未成年人身心健康的内容。

4. 许可证制度

国家对电子出版物出版、复制、进口、发行实行许可证制度。任何单位和个人未经许可,不得从事电子出版物经营活动。电子出版物经营单位应在其经营场所张挂许可证,接受有关行政管理部门的检查。电子出版物经营单位不得超越出版行政管理部门核准的经营范围从事电子出版物经营活动。

三、电子出版物的制作

1. 申请备案制度

出版行政管理部门对从事电子出版物制作经营业务的单位实行备案制管理。电子出版物制作单位经工商行政管理部门登记设立后,应在 60 日内分别向所在省级新闻出版局和新闻出版署备案。电子出版物制作单位申请备案时,应提交申请书、营业执照、制作单位章程、主要负责人或法人的专业职称证明和身份证明。

电子出版物制作单位改变名称、地址、企业类型章程、主要负责人或法人的,应依照规定重新备案。电子出版物制作单位终止制作经营活动的,应自停止经营活动之日起 30 日内通知所在省级新闻出版局,并由省级新闻出版局报新闻出版署。

2. 电子出版物制作单位的管理

电子出版物制作单位可以接受电子出版物出版单位委托制作电子出版物,也可以将自行开发的作品交由电子出版物出版单位审定出版。电子出版物制作单位接受委托时,应与委托单位签订委托制作合同。电子出版物制作单位不得从事出版活动。

四、电子出版物的出版

1. 电子出版物出版单位的设立条件

设立电子出版物出版单位,应具备下列条件:

(1)有出版单位的名称、章程;

(2)有符合新闻出版署认定的主办单位及其必要的上级主管部门;

(3)有确定的业务范围及适应业务范围需要的组织机构和专业人员(有 6 人以上熟悉电子出版物出版业务并具有编辑、计算机及其相关专业中级以上职称的专业人员,其中主要负责人或法人应具有高级职称)、必需的资金和设备、固定的工作场所。

2. 申请程序

设立电子出版物出版单位,应由主办单位向所在省级新闻出版局提出申请,经省级新闻出版局审核同意后,报新闻出版署审批。

申请设立电子出版物出版单位,应提交下列文件、证件:

(1)申请书,申请书应载明出版单位的名称、地址、经济性质、资金来源及数额,主要负责人或法人的姓名和住址,上级主管部门、主办单位的名称和地址;设立连续型电子出版物出版单位,申请书还应载明出版物名称、刊期、媒体形态。

(2)主管部门的批准申请文件。

(3)出版单位章程。

(4)出版单位的主要负责人或法人及其他人员的专业职称证明和身份证明。

(5)资金信用证明和工作场所使用证明。

新闻出版署应自受理申请之日起 180 日内,做出批复,并由省级新闻出版局书面通知主办单位。设立电子出版物出版单位的申请经新闻出版署批准并发给《电子出版物出版经营许可证》后,申请单位应在60日内持许可证,到所在地工商行政管理部门登记,领取营业执照。

3. 电子出版物出版单位的变更和终止

电子出版物出版单位改变业务范围、合并或分立,应重新办理审批手续;改变名称、地址、企业类型、主要负责人或法人的,应经主办单位审查同意后到工商行政管理部门办理变更登记,并在变更后一个月内通过省级新闻出版行政部门报新闻出版总署备案;终止出版经营活动的,应自停止经营活动之日起30日内到所在省级新闻出版局办理注销登记手续,并报新闻出版署备案。

4. 电子出版物的管理

(1)书号、刊号管理。出版非连续型电子出版物,必须按规定使用中国标准书号;出版连续型电子出版物,必须按规定使用中国标准刊号及国内统一刊号。电子出版物的专用中国标准书号、专用中国标准刊号及国内统一刊号,只能用于出版与其出版物类型相对应的电子出版物,不得用于出版纸质图书和其他类型的出版物。电子出版物附属的使用手册,不得单独定价和另行销售。同一内容,不同媒体、格式、版本的非连续型电子出版物须分配不同的中国标准书号。

电子出版物出版单位不得以任何形式向任何单位或个人转让、出租、出售本单位的名称或电子出版物的专用中国标准书号、刊号。任何单位和个人不得伪造、假冒出版单位或连续出版物名称出版电子出版物。非电子出版物出版单位不得擅自从事出版活动。

(2)备案和送交样本。电子出版物出版单位的出版计划及涉及国家安全、社会安定等方面的重大选题,应经所在省级新闻出版局转报新闻出版署备案。电子出版物出版单位在电子出版物发行前,应向北京图书馆、中国版本图书馆和新闻出版署免费送交样本。

(3)版面管理。出版电子出版物,应在出版物及其装帧纸的显著位置标明出版单位的名称、地址,书号、刊号及条码,出版日期、刊期,著作权人姓名以及其他有关事项。以版权贸易方式引进出版的电子出版物,还应载明引进出版许可证号和著作权授权合同登记证号。

(4)中小学教材出版管理。中小学教材由国家教育委员会审定或组织审定,由新闻出版署或省级新闻出版局指定的电子出版物出版、复制、发行单位,承担出版、复制、发行。

(5)与港澳台或境外机构合作的管理。电子出版物出版单位接受或间接接受港澳台地区或国外著作权人授权出版电子出版物,应将内容资料报所在省级新闻出版局审核同意后,报新闻出版署批准取得引进出版许可证,并将著作权授权合同报省级版权局登记取得登记证件,方可出版。电子出版物出版单位与港澳台地区或国外机构合作出版电子出版物,应将选题报所在省级新闻出版局审核同意后,报新闻出版署批准,方可合作出版。新闻出版署应自收到审核同意材料之日起 45 日内做出批复。

五、电子出版物的复制

1. 电子出版物复制单位设立的条件

设立电子出版物复制单位应有复制单位的名称、章程、确定的业务范围、资金、设备和固定的工作场所,还需要有 5 人以上熟悉电子出版物复制业务并具有中级以上职称的专业人员。其中 2 人以上应具有高级职称。

2. 电子出版物复制单位设立申请

设立电子出版物复制单位,由主办单位向所在省级新闻出版局提出申请,经审核同意后,报新闻出版署审批。在申请时应提交的文件、证件同电子出版物出版单位的设立。

新闻出版署应自受理申请之日起180日内,做出批复,并由省级新闻出版局书面通知主办单位。设立电子出版物复制单位的申请经新闻出版署批准后,主办单位应自收到批准决定通知之日起60日内,向所在省级新闻出版局登记,领取《电子出版物复制经营许可证》,并向所在地公安机关登记。电子出版物复制单位经登记后,持许可证向所在地工商行政管理部门领取营业执照。

3. 电子出版物复制单位的变更

电子出版物复制单位改变名称、业务范围、企业类型,合并或分立,应重新办理审批手续;改变地址、主要负责人或法人的,应经主办单位审查同意后,向所在省级新闻出版局申请变更登记,并由省级新闻出版局报新闻出版署备案;终止复制经营活动的,应自停止经营活动之日起30日内到所在省级新闻出版局办理注销登记手续,并报新闻出版署备案。

4. 电子出版物复制活动管理

(1)复制委托的验证。电子出版物复制单位接受委托时,应要求委托单位提交有关证明文件。证明文件包括委托单位主要负责人或法人代表签字、盖章的《电子出版物复制委托书》和著作权人的授权证书。

非电子出版物出版单位委托电子出版物复制单位复制计算机软件、电子媒体非卖品,应持计算机软件著作权登记证件或有关证明文件,向所在省级新闻出版局申请领取《电子出版物复制委托书》。

(2)委托复制合同。电子出版复制单位应与委托单位签订委托复制合同。电子出版物复制单位应自完成电子出版物复制之日起一年内,留存电子出版物样本和有关证明文件备查。

(3)禁止行为。电子出版物复制单位不得擅自复制电子出版物、计算机软件、电子媒体非卖品,不得委托非电子出版物复制单位复制电子出版物。

六、电子出版物的进口

1. 设立电子出版物进口单位的条件

(1)有进口单位的名称、章程;

(2)有符合新闻出版署认定的主办单位及其必要的上级主管部门;

(3)有确定的业务范围及适应业务范围需要的组织机构和专业人员(8人以上熟悉电子出版物进口业务并具有中级以上职称的专业人员,其中3人以上应具有高级职称)、有必需的资金和设备、固定的工作场所。

2. 电子出版物进口单位设立申请

设立电子出版物进口单位,应由主办单位向所在省级新闻出版局提出申请,经省级新闻出版局审核同意后,报新闻出版署审核。新闻出版署应自受理申请之日起180日内,作出同意或不同意的决定,并由所在省级新闻出版局书面通知主办单位。

设立电子出版物进口单位的申请经新闻出版署审核同意后,主办单位应依照《中华人民共和国对外贸易法》的规定,到对外贸易经济合作行政管理部门办理进出口业务许可手续,并自收到批准证件之日起60日内,持批准证件向所在地工商行政管理部门依法领取营业执照。

3. 电子出版物进口单位的变更

电子出版物进口单位的变更同电子出版物复制单位的变更。

4. 电子出版物进口管理

进口电子出版物制成品必须在其外包装上贴有经新闻出版署确认的专用标识,方可发行。电子出版物进口单位进口电子出版物制成品,应将内容资料报省级新闻出版局审核同意后,报新闻出版署审批,经批准后方可进口。新闻出版署自收到审核同意材料之日起 45 日内,做出批复。

进口供研究、教学参考的电子出版物,不得进行经营性复制、发行。

七、电子出版物的发行

1. 电子出版物发行单位的申请与审批

电子出版物发行单位的设立条件同电子出版物出版单位的设立条件。

申请从事电子出版物总批发业务的单位,应向所在省级新闻出版局提出申请,经省级新闻出版局审核同意后,报新闻出版署审批。申请从事电子出版物批发业务的单位,应报所在省级新闻出版局审批,并由省级新闻出版局报新闻出版署备案。申请设立电子出版物连锁销售组织或批发市场,应按照规定办理审批手续。申请从事电子出版物零售、出租业务,应报所在省级新闻出版局或地、市出版行政管理部门审批。

新闻出版署应自受理从事电子出版物总批发业务的申请之日起 180 日内做出批复,并由所在省级新闻出版局书面通知主办单位。省级新闻出版局或地、市出版行政管理部门应自受理从事电子出版物发行业务申请之日起 60 日内,做出批复,并书面通知申请者。从事电子出版物发行业务的申请经出版行政管理部门批准并取得《电子出版物发行经营许可证》后,应在 30 日内持许可证向所在地工商行政管理部门依法领取营业执照。

2. 电子出版物发行管理

电子出版物出版单位可以总批发、批发本单位出版的电子出版物。电子出版物复制单位不得从事或间接从事电子出版物发行业务。

电子出版物发行单位必须从电子出版物出版、进口、总批发、批发单位进货。发货单位和进货单位应自发货或进货之日起一年内保存发货、进货凭证和电子出版物目录,以备查验。

不得发行、附赠有下列情形之一的电子出版物:

(1)含有禁止内容的;

(2)未经国家批准出版的;

(3)未经国家批准进口的;

(4)伪造、假冒出版单位或连续出版物名称的;

(5)侵犯他人著作权的;

(6)无专用中国标准书号、刊号及条码的;

(7)光盘无来源识别码的;

(8)中学和小学教材未经依法审定的。

举办国际性、全国性电子出版物展览、展销、订货会,应由主办单位向所在省级新闻出版局提出申请,经省级新闻出版局审核同意,报新闻出版署批准后方可举办。新闻出版署应自受理申请之日起 60 日内,做出批复。

举办地区性电子出版物展览、展销、订货会,应由主办单位向所在省级新闻出版局提出申请,经批准后方可举办。省级新闻出版局应自受理申请之日起 45 日内,做出批复。

八、法律责任

(一)刑事法律责任

有下列行为之一,构成犯罪的,依法追究刑事责任:

(1)未经批准,擅自设立电子出版物出版、复制、进口单位,擅自从事电子出版物出版、复制、进口、发行业务的;

(2)制作、出版、进口或复制、发行、附赠明知含有禁止内容的电子出版物的,明知他人出版含有禁止内容的电子出版物而向其出售、出租或以其他形式转让本出版单位的名称、书号、刊号及条码的,伪造、假冒出版单位或连续出版物名称出版禁止内容的电子出版物的;

（3）出版、复制、发行、附赠明知侵犯他人著作权的电子出版物的；

（4）电子出版物行政管理人员滥用职权、玩忽职守、徇私舞弊的。

（二）行政法律责任

1. 行政处罚

本节涉及的行政处罚种类包括：警告；罚款；没收非法所得、没收非法财物；责令停产停业；吊销许可证、吊销营业执照等五种行政处罚。

（1）未经批准，擅自设立电子出版物出版、复制、进口单位，擅自从事电子出版物出版、复制、进口、发行业务的，予以取缔，没收电子出版物和从事非法活动的主要专用工具、设备以及违法所得，并处违法所得 2 倍以上 10 倍以下的罚款。

（2）制作、出版、进口或复制、发行、附赠明知含有禁止内容的电子出版物的，明知他人出版含有禁止内容的电子出版物而向其出售、出租或以其他形式转让本出版单位的名称、书号、刊号及条码的，伪造、假冒出版单位或连续出版物名称出版禁止内容的电子出版物的，没收电子出版物和违法所得，并处违法所得 3 倍以上 10 倍以下的罚款；情节严重的，撤销备案或停业整顿、吊销许可证。

（3）出版、复制、发行、附赠明知侵犯他人著作权的电子出版物的，没收电子出版物和违法所得，并处违法所得 3 倍以上 10 倍以下的罚款；情节严重的，责令停业整顿或吊销许可证。

（4）电子出版物出版单位出售、出租或以其他形式转让本出版单位的名称、书号、刊号及条码的，没收违法所得，并处违法所得 2 倍以上 5 倍以下的罚款；情节严重的，责令停业整顿或吊销许可证。

（5）伪造、假冒出版单位或连续出版物名称出版电子出版物的,予以取缔,没收电子出版物和违法所得,并处违法所得3倍以上5倍以下的罚款。

(6)有下列行为之一的,没收电子出版物和违法所得,可以并处违法所得2倍以上5倍以下的罚款;情节严重的,责令停止整顿或吊销许可证:

A. 电子出版物出版单位未经批准出版或与境外机构合作出版电子出版物的;

B. 电子出版物制作、出版单位未经批准接受境外客户委托制作电子出版物的;

C. 未经批准以经营为目的进口电子出版物的;

D. 发行、附赠非电子出版物进口单位进口的电子出版物或未经依法审定的中学小学教材类电子出版物的。

(7)电子出版物出版单位未按规定使用中国标准书号、刊号及条码的或电子出版物复制单位未取得合法手续复制电子出版物、计算机软件、电子媒体非卖品的,发行、附赠未经国家批准出版或无电子出版物专用中国标准书号、刊号及条码的电子出版物或无来源识别码的光盘类电子出版物的,处以警告,没收电子出版物和违法所得,可以并处3万元以下罚款;情节严重的,责令停业整顿。

(8)超越出版行政管理部门核准的经营范围从事电子出版物经营活动或电子出版物发行单位从事非电子出版物出版、进口、总批发、批发单位进货或无发货、进货凭证和目录的,没收违法所得,可以并处3万元以下的罚款。

(9)电子出版物出版单位的出版计划及涉及国家安全、社会安定等方面的重大选题未经出版行政管理部门备案的,按照《图书、期刊、音像制品、电子出版物重大选题备案办法》的有关规定予以处罚。

经营场所未张贴经营许可证,电子出版物出版、复制、进口、发行单位改变登记事项、终止经营活动未办理变更或注销登记手续的,予以警告,可并处 50 元以上 500 元以下罚款。

电子出版物出版单位未按规定送交电子出版物样品的,予以警告,可以并处 500 元以上 5000 元以下罚款。

转借、出租、涂改经营许可证的,没收违法所得,可以并处 1000 元以上 1 万元以下的罚款,情节严重的,责令停业整顿或吊销许可证。

未经批准或未按出版行政管理部门批准事项举办电子出版物展览、展销、订货会的,没收违法所得,并处 1000 元以上 3 万元以下的罚款。

文件、证件有虚假的,撤销原批准登记证件。

2. 行政处分

电子出版物行政管理人员滥用职权、玩忽职守、徇私舞弊,尚不构成犯罪的,依法给予行政处分。

(三)民事法律责任

伪造、假冒出版单位或连续出版物名称出版电子出版物,侵犯其他出版单位合法权益的,依法承担民事责任。

思考题

名词术语解释:

出版物　出版活动　核准设立原则　法律责任　音像出版活动　电子出版物

简答题:

1. 出版行业管理机构的权限包括哪些?

2. 国家支持、鼓励的出版物有哪些?

3. 禁止发行的出版物有哪些?

4. 什么是行政处罚? 行政处罚有哪些种类?

案例分析:

某市自动控制有限公司是一家 1993 年注册成立的外商独资企业。公司的经营范围包括生产转速平衡机、承接自动控制工程技术服务等技术改进和技术咨询项目。总经理舒某利用自己外籍人士的便利，为国内的研究所等科研机构代订购境外图书、期刊。舒某命下属从网络搜集到国外最新的出版物资料，寄往各大研究所和高校。待客户确定所需资料后，由公司负责具体订购，再由公司分寄给客户。舒某获取原版资料不仅比国内以正常渠道销售原版资料的图书公司来得快，而且获取资料的范围广，图书、期刊，甚至国外著名科研会议的会议记录、学术报告、专业论文等，只要有需求，该公司都能满足。到2000年，由于代订图书、期刊的业务量不断增大，该公司索性开始主营该项业务。

1. 该公司的经营活动是否合法？为什么？

2. 如果该公司申请出版物进口业务是否可以得到批准？为什么？

第五章

演出市场管理类法律法规

第一节　演出市场管理

一、演出市场管理法规概述

演出市场是指由专业艺术表演团体、业余艺术表演团体、个体艺人及时装表演团体从事表演活动而形成的场所。演出包括舞蹈、音乐、戏剧、戏曲、曲艺、杂技、马戏等。

为加强剧目的审定工作,1951 年 5 月 5 日《政务院关于戏曲改革工作的指示》对其中的不良内容和不良表演方法进行必要的和适当的修改,以符合时代的需要。为了更好地挖掘和继承戏曲、曲艺遗产,繁荣戏曲、曲艺创作,1961 年 9 月 20 日文化部颁布《关于加强戏曲、曲艺传统剧目的挖掘工作的通知》,要求抢救濒临失传的剧目、曲目,加强对少数民族剧种、曲种的剧目、曲目挖掘工作,以保护我国的文化遗产。

"文革"结束后,文艺演出市场逐渐恢复并发展起来。1979 年 9 月和 1980 年 6 月文化部先后发布了《关于加强戏曲、曲艺上演节目的领导和管理工作的通知》和《关于制止上演"禁戏"的通知》,

要求各地加强文艺节目和曲目的管理。1980 年 7 月 14 日《文化部关于加强群众文化工作的几点意见》提出"积极开展丰富多彩的、群众喜闻乐见的民族、民间文艺活动"。

这个时期的文艺演出市场的法治建设开始逐渐起步，为了更好地满足和丰富城乡人民的文化生活，提高广大群众的艺术欣赏水平，推广优秀剧目，促进艺术交流，使全国的巡回演出工作更加完善，1981 年 11 月 7 日文化部制订并颁布了《全国艺术表演团体巡回演出工作管理条例》。之后《文化部关于民间艺人管理工作的若干试行规定》(1982)、《文化部关于严禁私自组织演员进行营业性演出的报告》(1983)、《关于对营业演出单位和演出场所试行"营业演出许可证"的规定》(1985)、《关于艺术表演团体任职人员外借从事劳务活动的暂行规定》(1990)相继出台。

90 年代以后，文艺演出市场的法制工作得到大力加强。1991 年 2 月 22 日《国务院办公厅转发文化部关于加强演出市场管理报告的通知》下发，加强了对演出市场的管理，特别是关于组台演出须由演出经纪机构承办的规定，规范了组台演出活动的承办资格，从经营机制上保障了组台演出活动的正常进行。7 月 27 日，《国务院办公厅转发文化部关于加强演出市场管理报告的实施办法》、《关于对文艺演出经纪机构实行演出经营许可证制度的规定》同时颁布，要求文艺演出经纪机构必须取得演出经营许可证才能开展演出活动，并且对文艺演出经纪机构的设立、中外合资、中外合作、外商独资企业申请成立的文艺演出经纪机构、营业性组台(团)演出作了详细规定，规范了文艺演出市场的秩序，有力地促进了文艺演出市场的健康发展。

1993 年 2 月 6 日文化部发布了《营业性时装表演管理暂行规定》，对营业性时装表演团体的成立、审批、活动进行了规范和管理。

为加强演出市场管理，维护港澳台演艺人员入境商演活动的正常秩序，推进内地与港澳台地区的文化艺术交流，1994年11月24日文化部发布了《关于加强港澳台演艺人员入境商演活动管理的通知》，扭转了港澳台演艺人员入境商演活动比较混乱的局面，对于活跃群众文化生活，扩大与港澳台地区的文化艺术交流，增强港澳台同胞对祖国的向心力，有着积极作用。1996年3月27日文化部颁布《演员个人营业演出活动管理暂行办法》，对个体和业余演员从事营业演出活动、专业艺术表演团体在职演员和专业艺术院校（系）师生以个人身份参加本单位以外的营业演出活动进行了规范。随后《文化部关于加强组台演出管理的通知》(1996)、《文化部关于直属艺术表演团体创作演出新剧（节）目实行审查、备案制度的通知》(1997)、《文化部关于进一步加强营业性演出管理和演员艺德教育的通知》(1999)等规范性文件也先后发布。

1997年10月1日《营业性演出管理条例》出台，这是一部较为全面的关于营业性演出管理的规范性文件，《条例》对于演出主体、演出规范、监督管理、法律责任等方面都作了详细的规定，明确了演出主体的概念，对演出主体进行许可证式管理，对规范演出市场管理意义重大。

为了配合《营业性演出管理条例》的实施，1998年3月5日《营业性演出管理条例实施细则》颁布实施，2002年进行修订，进一步降低了演出领域的门槛，简化了行政手续，使得市场更加活跃和开放。

2003年10月文化部《关于建立营业性演出项目审批信息互联网发布制度的通知》，建立了营业性演出项目审批信息互联网发布制度，促进了演出市场信息的整合与沟通，降低了经营风险，充分发挥经营者、消费者对演出市场的社会监督作用，真正实现政府为经营者服务、为消费者服务的职能。

为维护演出市场秩序，切实保障人民群众的身心健康，2003年5月20日和9月30日文化部等相关部门先后发布了《关于坚决取缔非法演出团体、严厉打击色情淫秽表演活动的紧急通知》和《文化部、公安部、国家工商行政管理总局关于制止在公众聚集场所裸体的人体彩绘表演活动的通知》，就如何加强演出市场特别是农村流动性演出活动的管理提出了明确要求，对在公众聚集场所裸体的人体彩绘表演活动予以制止，对于规范演出市场，收到了良好效果。

随着改革开放的深入和演出市场的发展，一些新的问题开始显现出来，如色情淫秽表演屡禁不止，假唱、虚假广告等问题时有发生，为了净化演出市场，规范演出行为，根据演出市场发展的实际情况和文化体制改革的总体要求，2005 年 7 月 27 日文化部对《营业性演出管理条例》再次进行修订，9 月 1 日起施行。新《条例》放宽了市场准入条件，坚决制止营业性演出中的假唱、假宣传、假募捐义演等欺诈行为，禁止以政府名义举办营业性演出，完善安全管理规定，加强对演出事故的预防和处置，有利于进一步调动营业性演出经营主体的积极性，有利于切实维护人民群众的利益和演职人员的生命财产安全；行政审批事项大幅减少，强化了演出举办单位和演员义务，加强了演出市场信用体系建设。

二、营业性演出

1. 营业性演出的概念

营业性演出，是指演出的表演者或组织者以获取款、物或广告效益为目的为公众举办的现场文艺表演活动，包括以下方式：

（1）售票或包场的；

（2）支付演出单位或个人演出费的；

（3）以演出为媒介进行广告宣传的；

（4）有赞助或捐助的；

（5）以演出吸引顾客和观众，为其他经营活动服务的；

（6）以其他经营方式组织演出的。

2. 主管机关

文化部主管全国营业性演出的监督管理工作,公安部、工商行政总局在各自职责范围内,主管营业性演出的监督管理工作。

县级以上地方人民政府文化主管部门负责本行政区域内营业性演出的监督管理工作。县级以上地方人民政府公安部门、工商行政管理部门在各自职责范围内,负责本行政区域内营业性演出的监督管理工作。

三、营业性演出经营主体的设立

1. 设立文艺表演团体和演出经纪机构的基本条件

设立文艺表演团体,应有与其演出业务相适应的专职演员和器材设备。

设立演出经纪机构,应有 3 名以上专职演出经纪人员和与其业务相适应的资金。所谓演出经纪机构是指从事演出活动的策划、组织、联络、制作、营销、代理等服务的经营单位。

2. 设立文艺表演团体和演出经纪机构的申请与审批

设立文艺表演团体,应向县级人民政府文化主管部门提出申请;设立演出经纪机构,应向省文化厅(局)提出申请。文化厅(局)应自受理申请之日起 20 日内作出决定。批准的,颁发营业性演出许可证,申请人持许可证依法到工商行政管理部门办理注册登记,领取营业执照。

3. 设立演出场所经营单位的申请与审批

设立演出场所经营单位,应依法到工商行政管理部门办理注册登记,领取营业执照,并依照有关消防、卫生管理等法律、行政法规的规定办理审批手续。演出场所经营单位应自领取营业执照之日起 20 日内向所在地县级人民政府文化主管部门备案。

4. 文艺表演团体和演出经纪机构的变更

文艺表演团体和演出经纪机构变更名称、住所、法人或主要负责人、营业性演出经营项目,应向原发证机关申请换发营业性演出许可证,并依法到工商行政管理部门办理变更登记。

演出场所经营单位变更名称、住所、法人或主要负责人,应依法到工商行政管理部门办理变更登记,并向原备案机关重新备案。

5. 个体演员和个体演出经纪人的登记

以从事营业性演出为职业的个体演员和以从事营业性演出的居间、代理活动为职业的个体演出经纪人,应依法到工商行政管理部门办理注册登记,领取营业执照。

个体演员、个体演出经纪人应自领取营业执照之日起 20 日内向所在地县级人民政府文化主管部门备案。

早期的"穴头"是个体演出经纪人的雏形,1998 年的《营业性演出条例实施细则》规定了演出经纪人资格证书制度,新《条例》取消了所有限制,只要简单备案就可以合法经营了。个体演出经纪人对活跃演出市场有着重要作用。

6. 外资进入

(1)允许外国投资者进入演出经纪机构和演出场所经营单位。外国投资者可以与中国投资者依法设立中外合资经营、中外合作经营的演出经纪机构、演出场所经营单位;不得设立中外合资经营、中外合作经营、外资经营的文艺表演团体,不得设立外资经营的演出经纪机构、演出场所经营单位。

设立中外合资经营的演出经纪机构、演出场所经营单位,中国合营者的投资比例应不低于 51%;设立中外合作经营的演出经纪机构、演出场所经营单位,中国合作者应拥有经营主导权。

这实际上打破了两个壁垒,一是涉外经营的壁垒,另一个是内外资金的壁垒,允许一部分外资进来,不仅是为了增加演出市场的资本量,更重要的是对于经营管理、市场运作等有促进作用。

(2)允许港澳台投资者进入演出经纪机构和演出场所经营单位。香港特别行政区、澳门特别行政区的投资者可以在内地投资设立合资、合作、独资经营的演出场所经营单位和合资、合作经营的演出经纪机构；香港特别行政区、澳门特别行政区的演出经纪机构可以在内地设立分支机构。

台湾的投资者可以在大陆投资设立合资、合作经营的演出经纪机构、演出场所经营单位，但内地合营者的投资比例应不低于51％，内地合作者应拥有经营主导权；不得设立合资、合作、独资经营的文艺表演团体和独资经营的演出经纪机构、演出场所经营单位。

(3)审批手续。设立上述合资、合作、独资经营的演出经纪机构、演出场所经营单位，应通过省文化厅（局）向文化部提出申请；省文化厅（局）应自收到申请之日起20日内出具审查意见报文化部审批。文化部应自收到省文化厅（局）的审查意见之日起20日内作出决定。批准的，颁发营业性演出许可证，申请人在取得营业性演出许可证后，依照规定办理审批手续。

四、营业性演出规范

1. 营业性组台演出

文艺表演团体、个体演员可以自行举办营业性演出，也可以参加营业性组台演出。

所谓营业性组台演出是指除文艺表演团体的独立演出或联合演出之外临时组合的营业性演出。营业性组台演出应由演出经纪机构承办；但是，演出场所经营单位可以在本单位经营的场所内举办营业性组台演出。

《文化部关于加强组台演出管理的通知》中规定：凡经营性的企事业单位或其他组织邀请演员参加庆典、宣传本单位或其产品等演出活动，一律按组台演出报文化行政部门审批，经批准后方可进行。

2. 演出经纪机构和个体演出经纪人的业务范围

演出经纪机构可以从事营业性演出的居间、代理、行纪活动；个体演出经纪人的业务范围受到限制，只能从事营业性演出的居间、代理活动，并对由此产生的债务承担无限责任。

3. 举办营业性演出的申请

举办营业性演出，应向演出所在地县级人民政府文化主管部门提出申请。县级人民政府文化主管部门应自受理申请之日起3日内作出决定。对符合规定的，发给批准文件。

4. 举办外国人或港澳台文艺表演团体、个人参加的营业性演出

（1）举办外国人或港澳台文艺表演团体、个人参加的营业性演出的条件。除演出经纪机构外，其他任何单位或个人不得举办外国的或香港特别行政区、澳门特别行政区、台湾的文艺表演团体、个人参加的营业性演出。但是，文艺表演团体自行举办营业性演出，可以邀请外国的或香港特别行政区、澳门特别行政区、台湾的文艺表演团体、个人参加。

举办外国的或香港特别行政区、澳门特别行政区、台湾的文艺表演团体、个人参加的营业性演出，应有与其举办的营业性演出相适应的资金；有2年以上举办营业性演出的经历；举办营业性演出前2年内无违反规定的记录。

（2）举办外国人或港澳台文艺表演团体、个人参加的营业性演出的申请。举办外国的文艺表演团体、个人参加的营业性演出，在非歌舞娱乐场所进行的，演出举办单位应向文化部提出申请；在歌舞娱乐场所进行的，演出举办单位应向演出所在省文化厅（局）提出申请。

举办香港特别行政区、澳门特别行政区的文艺表演团体、个人参加的营业性演出，演出举办单位应向演出所在省文化厅（局）提出申请；举办台湾的文艺表演团体、个人参加的营业性演出，演出举办单位应向文化部会同国务院有关部门规定的审批机关提出申

请。文化部或省文化局(厅)应自受理申请之日起 20 日内作出决定。

(3)申请材料。申请举办营业性演出,提交的申请材料应包括:演出名称、演出举办单位和参加演出的文艺表演团体、演员;演出时间、地点、场次;节目及其视听资料。申请举办营业性组台演出,还应提交文艺表演团体、演员同意参加演出的书面函件。

营业性演出需要变更申请材料所列事项的,应重新报批。

5. 举办营业性演出的安全保障

营业性演出场所是人群密集的地方,加强安全保卫工作十分重要。近年来,一些地方接连发生因演出场所管理不善,造成人员伤亡的事件。2002 年 10 月在某市举行的演唱会上,观众看台突然倒塌,近百名观众受伤。2004 年 11 月某县一马戏团演出时大棚突然坍塌,死伤数十人。为了保障人民群众生命财产安全,应充分重视演出场地的安全,消除营业性演出场所的安全隐患。

(1)在演出场所经营单位的安全保障。演出场所经营单位提供演出场地,应核验演出举办单位取得的批准文件;不得为未经批准的营业性演出提供演出场地。

演出场所的建筑、设施应符合国家安全标准和消防安全规范;演出场所经营单位应定期检查、维护消防安全设施,配备应急广播、照明设施,并在安全出入口设置明显标识。文化主管部门审批临时搭台演出时,应核验场所验收合格证明、安全保卫工作方案、灭火和应急疏散预案以及安全、消防批准文件;公安部门应对批准的演出现场的安全状况进行实地检查。演出举办单位应按照公安部门核准的观众数量、划定的区域印制和出售门票。

演出举办单位在演出场所进行营业性演出,应核验演出场所经营单位的消防安全设施检查记录、安全保卫工作方案和灭火、应急疏散预案,并与演出场所经营单位就演出活动中突发安全事件的防范、处理等事项签订安全责任协议。

（2）在公共场所举办营业性演出的安全保障。在公共场所举办营业性演出，演出举办单位应依照有关安全、消防的法律法规办理审批手续，并制定安全保卫工作方案和灭火、应急疏散预案。演出场所应配备应急广播、照明设施，在安全出入口设置明显标识，保证安全出入口畅通；需要临时搭建舞台、看台的，演出举办单位应按照国家有关安全标准搭建舞台、看台，确保安全。

审批临时搭建舞台、看台的营业性演出时，文化主管部门应核验演出举办单位依法验收后取得的演出场所合格证明、安全保卫工作方案和灭火、应急疏散预案以及依法取得的安全、消防批准文件。

演出场所容纳的观众数量应报公安部门核准，观众区域与缓冲区域应由公安部门划定，缓冲区域应有明显标识。演出举办单位应按照公安部门核准的观众数量、划定的观众区域印制和出售门票。验票时，发现进入演出场所的观众达到核准数量仍有观众等待入场的，应立即终止验票并同时向演出所在地县级人民政府公安部门报告；发现观众持有观众区域以外的门票或假票的，应拒绝其入场并同时向演出所在地县级人民政府公安部门报告。

任何人不得携带传染病病原体和爆炸性、易燃性、放射性、腐蚀性等危险物质或非法携带枪支、弹药、管制器具进入营业性演出现场。演出场所经营单位应根据公安部门的要求，配备安全检查设施，并对进入营业性演出现场的观众进行必要的安全检查；观众不接受安全检查或有禁止行为的，演出场所经营单位有权拒绝其进入。

演出举办单位应组织人员落实营业性演出时的安全、消防措施，维护营业性演出现场秩序。演出举办单位和演出场所经营单位发现营业性演出现场秩序混乱，应立即采取措施并同时向演出所在地县级人民政府公安部门报告。

6. 营业性演出的冠名和演出广告

演出举办单位不得以政府或政府部门的名义举办营业性演

出。营业性演出不得冠以"中国"、"中华"、"全国"、"国际"等字样。

营业性演出广告内容必须真实、合法,不得误导、欺骗公众,不得以不实的言辞、模糊的语言或子虚乌有的内容发布演出广告,混淆观众视听,误导观众消费心理。

7. 禁止行为

营业性演出不得有下列情形:

(1)反对宪法确定的基本原则的;

(2)危害国家统一、主权和领土完整,危害国家安全,或损害国家荣誉和利益的;

(3)煽动民族仇恨、民族歧视,侵害民族风俗习惯,伤害民族感情,破坏民族团结,违反宗教政策的;

(4)扰乱社会秩序,破坏社会稳定的;

(5)危害社会公德或民族优秀文化传统的;

(6)宣扬淫秽、色情、邪教、迷信或渲染暴力的;

(7)侮辱或诽谤他人,侵害他人合法权益的;

(8)表演方式恐怖、残忍,摧残演员身心健康的;

(9)利用人体缺陷或以展示人体变异等方式招徕观众的;

(10)法律、行政法规禁止的其他情形。

在演出之前,演出项目审批的文化主管部门和演出所在地县级人民政府文化主管部门,对演出内容要进行审查批准;在演出进行中,演出场所经营单位、演出举办单位发现演出内容不合法时,应立即予以制止并同时向演出所在地县级人民政府文化主管部门、公安部门报告;聘请社会义务监督员对营业性演出进行监督,向社会公布举报电话和查处结果,作出记录存档,对有贡献的社会义务监督员和举报人给予奖励。

8. **营业性演出管理**

(1)演出过程的管理。为了追求经济利润,一些演出经营单位无视国家法令,擅自变更审定的演出节目内容、演出人员、演出地点及场次,演出格调低下的节目,或以符合条件的演出人员报批,在实际操作中偷梁换柱,以不符合条件的人员代替,这些都是应严格禁止的。参加营业性演出的文艺表演团体、主要演员或主要节目内容等发生变更的,演出举办单位应及时告知观众并说明理由,观众有权退票。

演出过程中,除因不可抗力不能演出的外,演出举办单位不得中止或停止演出,演员不得退出演出。

(2)假唱管理。演员不得以假唱欺骗观众,演出举办单位不得组织演员假唱。任何单位或个人不得为假唱提供条件。演出举办单位应派专人对演出进行监督,防止假唱行为的发生。

营业性演出是一种商业行为,它所提供的服务就是商品,是否假唱也就意味着商品是否货真价实,这已不仅仅是艺德的问题。

(3)纳税管理。营业性演出经营主体应对其营业性演出的经营收入依法纳税。演出举办单位在支付演员、职员的演出报酬时应依法履行税款代扣代缴义务。

(4)义演管理。义演是调动社会资源救助弱势群体的善举,义演的演出收入,除必要的成本开支外,必须全部交付受捐单位;演出举办单位、参加演出的文艺表演团体和演员、职员,不得获取经济利益。

(5)营业性演出许可证、批准文件或营业执照的管理。近些年来,倒卖、伪造、变造或骗取演出批文,倒卖演出活动经营权的情况时有发生。一些演出单位经营营业性演出的实力不够雄厚,无力承担较多的演出经营业务,对于一些颇具实力的歌手、乐团或其他文艺演出项目缺乏经营资本,就采取"空手套白狼"的手法,事先与一些财力雄厚的公司企业达成合作意向,由具备演出经营资格的企业向有关部门报批项目,获得批准后即将项目转让给公司企业经营,从中收取部分费用,或是在项目申报成功后,转让给其他演出经营单位或是公司企业甚至私人个体经营,更有公然采取拍卖方式处理演出项目。此外,还有一些演出经营单位擅自转让、转借、转租、出让、出租营业性演出经营许可证,以达到相同的目的。因此,2005 年《营业性演出管理条例》第三十二条规定:"任何单位或个人不得伪造、变造、出租、出借或买卖营业性演出许可证、批准文件或营业执照,不得伪造、变造营业性演出门票或倒卖伪造、变造的营业性演出门票。"违者将负法律责任。

五、监督管理

1. 严禁政府部门赞助营业性演出

除文化主管部门依照国家有关规定对体现民族特色和国家水准的演出给予补助外,各级人民政府和政府部门不得资助、赞助或变相资助、赞助营业性演出,不得用公款购买营业性演出门票用于个人消费。

2. 文化主管部门应加强监管

文化主管部门应加强对营业性演出的监督管理,演出所在地县级人民政府文化主管部门对外国或港澳台的文艺表演团体、个人参加的营业性演出和临时搭建舞台、看台的营业性演出,应进行实地检查;对其他营业性演出,应进行实地抽样检查。

县级以上地方人民政府文化主管部门可以聘请社会义务监督员对营业性演出进行监督,任何单位或个人可以采取电话、手机短信等方式举报违反规定的行为。县级以上地方人民政府文化主管部门应向社会公布举报电话,并保证随时有人接听,接到举报后应作出记录,并立即赶赴现场进行调查、处理,处理完毕之日起 7 日内公布结果。县级以上地方人民政府文化主管部门对作出突出贡献的社会义务监督员应给予表彰;公众举报经调查核实的,应对举报人给予奖励。

3. 公安部门应维护演出现场的安全

公安部门对依照有关法律、行政法规和国家有关规定批准的营业性演出，应在演出举办前对营业性演出现场的安全状况进行实地检查；发现安全隐患的，在消除安全隐患后方可允许进行营业性演出。公安部门可以对进入营业性演出现场的观众进行必要的安全检查；发现观众有禁止行为的，在消除安全隐患后方可允许其进入。公安部门接到观众达到核准数量仍有观众等待入场或演出秩序混乱的报告后，应立即组织采取措施消除安全隐患。

承担现场管理检查任务的公安部门和文化主管部门的工作人员进入营业性演出现场，应出示值勤证件。文化主管部门、公安部门和其他有关部门及其工作人员不得向演出举办单位、演出场所经营单位索取演出门票。一些主办单位在宣传推广中，向有关部门大量赠票，一方面增加了演出成本，另一方面赠票常常落入"黄牛"手中，为本已虚高的票价推波助澜，严重损害了观众的利益，不仅影响了演出市场良性价格的形成，也不利于培养成熟的消费群体，不利于市场体系的建立，所以赠票和索要赠票的行为都是不合法的。

4. 国家鼓励文艺表演面向基层

国家鼓励文艺表演团体、演员创作和演出思想性艺术性统一、体现民族优秀文化传统、受人民群众欢迎的优秀节目，鼓励到农村、工矿企业演出和为少年儿童提供免费或优惠的演出。文化部和各省文化厅（局），对在农村、工矿企业进行演出以及为少年儿童提供免费或优惠演出表现突出的文艺表演团体、演员，应给予表彰，并采取多种形式予以宣传。文化部对适合在农村、工矿企业演出的节目，可以在依法取得著作权人许可后，提供给文艺表演团体、演员在农村、工矿企业演出时使用。文化主管部门实施文艺评奖，应适当考虑参评对象在农村、工矿企业的演出场次。县级以上地方人民政府应对在农村、工矿企业演出的文艺表演团体、演员给予支持。

六、法律责任

(一)刑事法律责任

有下列行为之一,构成犯罪的,依法追究刑事责任:

(1)擅自设立文艺表演团体、演出经纪机构或擅自从事营业性演出经营活动,超范围从事营业性演出经营活动或变更营业性演出经营项目未向原发证机关申请换发营业性演出许可证的;

(2)擅自设立演出场所经营单位或擅自从事营业性演出经营活动的;

(3)伪造、变造、出租、出借、买卖营业性演出许可证、批准文件,或以非法手段取得营业性演出许可证、批准文件的;

(4)营业性演出有禁止情形的;

(5)演出举办单位或其法人、主要负责人及其他直接责任人员在募捐义演中获取经济利益的;

(6)违反安全、消防管理规定,伪造、变造营业性演出门票或倒卖伪造、变造的营业性演出门票的;

(7)演出举办单位印制、出售超过核准观众数量或观众区域以外的营业性演出门票的;

(8)文化主管部门、公安部门、工商行政管理部门的工作人员滥用职权、玩忽职守、徇私舞弊或未依法履行职责的。

(二)行政法律责任

1. 行政处罚

本节涉及的行政处罚有:警告;罚款;没收非法所得、没收非法财物;责令停业;吊销许可证、营业执照五种。

(1)擅自设立文艺表演团体、演出经纪机构或擅自从事营业性演出经营活动,超范围从事营业性演出经营活动或变更营业性演出经营项目未向原发证机关申请换发营业性演出许可证的,由县级人民政府文化主管部门予以取缔,没收演出器材和违法所得,并处违法所得 8 倍以上 10 倍以下的罚款;没有违法所得或违法所得不足 1 万元的,并处 5 万元以上 10 万元以下的罚款。

(2)擅自设立演出场所经营单位或擅自从事营业性演出经营活动的,由工商行政管理部门依法予以取缔、处罚。

(3)未经批准举办营业性演出的,由县级人民政府文化主管部门责令停止演出,没收违法所得,并处违法所得 8 倍以上 10 倍以下的罚款;没有违法所得或违法所得不足 1 万元的,并处 5 万元以上 10 万元以下的罚款;情节严重的,由原发证机关吊销营业性演出许可证。

(4)变更演出举办单位、参加演出的文艺表演团体、演员或节目未重新报批的,依照规定处罚;变更演出的名称、时间、地点、场次未重新报批的,由县级人民政府文化主管部门责令改正,给予警告,可以并处 3 万元以下的罚款。

演出场所经营单位为未经批准的营业性演出提供场地的,由县级人民政府文化主管部门责令改正,没收违法所得,并处违法所得 3 倍以上 5 倍以下的罚款;没有违法所得或违法所得不足 1 万元的,并处 3 万元以上 5 万元以下的罚款。

(5)伪造、变造、出租、出借、买卖营业性演出许可证、批准文件,或以非法手段取得营业性演出许可证、批准文件的,由县级人民政府文化主管部门没收违法所得,并处违法所得 8 倍以上 10 倍以下的罚款;没有违法所得或违法所得不足 1 万元的,并处 5 万元以上 10 万元以下的罚款;对原取得的营业性演出许可证、批准文件,予以吊销、撤销。

(6)营业性演出有禁止情形的,由县级人民政府文化主管部门责令停止演出,没收违法所得,并处违法所得 8 倍以上 10 倍以下的罚款;没有违法所得或违法所得不足 1 万元的,并处 5 万元以上 10 万元以下的罚款;情节严重的,由原发证机关吊销营业性演出许可证;违反治安管理规定的,由公安部门依法予以处罚。

演出场所经营单位、演出举办单位发现营业性演出禁止情形未采取措施予以制止的,由县级人民政府文化主管部门、公安部门依据法定职权给予警告,并处 5 万元以上 10 万元以下的罚款;未报告的,由县级人民政府文化主管部门、公安部门依据法定职权给予警告,并处 5000 元以上 1 万元以下的罚款。

(7)有下列行为之一的,对演出举办单位、文艺表演团体、演员,由文化部或省文化厅(局)向社会公布;演出举办单位、文艺表演团体在 2 年内再次被公布的,由原发证机关吊销营业性演出许可证;个体演员在 2 年内再次被公布的,由工商行政管理部门吊销营业执照:

A. 非因不可抗力中止、停止或退出演出的;

B. 文艺表演团体、主要演员或主要节目内容等发生变更未及时告知观众的;

C. 以假唱欺骗观众的;

D. 为演员假唱提供条件的。

有前 3 项所列行为之一的,由县级人民政府文化主管部门处 5 万元以上 10 万元以下的罚款,观众有权在退场后依照有关消费者权益保护的法律规定要求演出举办单位赔偿损失;演出举办单位可以依法向负有责任的文艺表演团体、演员追偿。

有第 4 项行为的,由县级人民政府文化主管部门处 5000 元以上 1 万元以下的罚款。

(8)以政府或政府部门的名义举办营业性演出,或营业性演出冠以"中国"、"中华"、"全国"、"国际"等字样的,由县级人民政府文化主管部门责令改正,没收违法所得,并处违法所得 3 倍以上 5 倍以下的罚款;没有违法所得或违法所得不足 1 万元的,并处 3 万元以上 5 万元以下的罚款;拒不改正或造成严重后果的,由原发证机关吊销营业性演出许可证。

营业性演出广告的内容误导、欺骗公众或含有其他违法内容的,由工商行政管理部门责令停止发布,并依法予以处罚。

(9)演出举办单位或其法人、主要负责人及其他直接责任人员在募捐义演中获取经济利益的,由县级以上人民政府文化主管部门依据各自职权责令其退回并交付受捐单位;由县级以上人民政府文化主管部门依据各自职权处违法所得3倍以上5倍以下的罚款,并由文化部或省级政府文化主管部门向社会公布违法行为人的名称或姓名,直至由原发证机关吊销演出举办单位的营业性演出许可证。

文艺表演团体或演员、职员在募捐义演中获取经济利益的,由县级以上人民政府文化主管部门依据各自职权责令其退回并交付受捐单位。

(10)变更名称、住所、法人或主要负责人未向原发证机关申请换发营业性演出许可证的,由县级人民政府文化主管部门责令改正,给予警告,并处1万元以上3万元以下罚款。

(11)演出场所经营单位领取营业执照或变更名称、住所、法人或主要负责人,个体演员、个体演出经纪人领取营业执照,未办理备案手续的,由县级人民政府文化主管部门责令改正,给予警告,并处5000元以上1万元以下的罚款。

(12)违反安全、消防管理规定,伪造、变造营业性演出门票或倒卖伪造、变造的营业性演出门票的,由公安部门或公安消防机构依据法定职权依法予以处罚。

(13)演出举办单位印制、出售超过核准观众数量或观众区域以外的营业性演出门票的,由县级以上人民政府公安部门依据各自职权责令改正,没收违法所得,并处违法所得3倍以上5倍以下的罚款;没有违法所得或违法所得不足1万元的,并处3万元以上5万元以下的罚款;造成严重后果的,由原发证机关吊销营业性演出许可证。

(14)文艺表演团体、演出经纪机构被文化主管部门吊销营业性演出许可证的,应到工商行政管理部门办理变更登记或注销登记;逾期不办的,吊销营业执照。

演出场所经营单位、个体演出经纪人、个体演员违反规定,情节严重的,由县级以上人民政府文化主管部门依据各自职权责令其停止营业性演出经营活动,并通知工商行政管理部门,由工商行政管理部门依法吊销营业执照。其中,演出场所经营单位有其他经营业务的,由工商行政管理部门责令其办理变更登记,逾期不办理的,吊销营业执照。

(15)被文化主管部门吊销营业性演出许可证,或被工商行政管理部门吊销营业执照或责令变更登记的,自受到行政处罚之日起,当事人为单位的,其法人、主要负责人5年内不得担任文艺表演团体、演出经纪机构或演出场所经营单位的法人、主要负责人;当事人为个人的,个体演员1年内不得从事营业性演出,个体演出经纪人5年内不得从事营业性演出的居间、代理活动。

因营业性演出有禁止情形被文化主管部门吊销营业性演出许可证,或被工商行政管理部门吊销营业执照或责令变更登记的,不得再次从事营业性演出或营业性演出的居间、代理、行纪活动。

因违反规定2年内2次受到行政处罚又有应受处罚的违法行为的,应从重处罚。

(16)各级人民政府或政府部门非法资助、赞助,或非法变相资助、赞助营业性演出,或用公款购买营业性演出门票用于个人消费的,依照有关财政违法行为处罚处分的行政法规的规定责令改正,对单位给予警告或通报批评。

2.行政处分

本节涉及的行政处分有记大过、降级、撤职、开除四种:

(1)各级人民政府或政府部门非法资助、赞助,或非法变相资助、赞助营业性演出,或用公款购买营业性演出门票用于个人消费的,对直接负责的主管人员和其他直接责任人员给予记大过处分;

情节较重的,给予降级或撤职处分;情节严重的,给予开除处分。

(2)文化主管部门、公安部门、工商行政管理部门的工作人员滥用职权、玩忽职守、徇私舞弊或未履行职责的,依法给予行政处分。

第二节　涉外文化艺术表演管理

新中国成立之初,涉外文化艺术表演主要是政府行为,以行政管理和纪律约束为主,制定法规来规范这种行为的需要还不是非常迫切。改革开放后,尤其是 20 世纪 90 年代以后,外国及港澳台演艺人员入境商演活动增多起来,涉外文化艺术表演也日益活跃。但在演出过程中出现一些问题,一些单位和个人违反国家有关规定,擅自邀约外国及港澳台演艺人员入境商演;一些演出经纪人趁机索取高额出场费,抬高演出成本;一些演出活动的组织者转包经营,加价倒卖,牟取暴利,扰乱了演出市场的正常秩序;一些演出活动中还存在严重的偷漏逃税现象。为加强演出市场管理,维护涉外文化艺术表演的秩序,文化部 1994 年 11 月 24 日发布了《关于加强港澳台演艺人员入境商演活动管理的通知》,又于 1996 年 3 月 26 日颁布了《文化部关于外国艺术表演人员来华营业演出申报管理问题的通知》,对外国及港澳台演艺人员入境商演作出了具体规定。

1997 年 8 月 1 日《文化部涉外文化艺术表演及展览管理规定》出台,为涉外文化艺术表演管理及展览提供了法律依据,促进了国际艺术交流。为配合《行政许可法》的实施,2004 年 7 月 1 日文化部对其进行了修订,取消了文化部对中央和国家机关部委、解放军系统和全国性人民团体中个人通过因私渠道出国进行文化艺术表演或展览活动申请的审批,简化了审批程序。

随着中国改革开放的扩大,越来越多的外国人来到中国学习、工作,为了规范在华外国人在中国的演出活动,1999年3月24日文化部颁布《在华外国人参加演出活动管理办法》。

一、在华外国人参加演出管理

1."在华外国人"和"演出活动"的适用范围

"在华外国人"主要是指以下不具有中国国籍的人员:

(1)受聘在中国企业、事业单位中工作的人员及随行家属;

(2)外国企业、组织驻华机构工作人员及随行家属;

(3)国际组织驻华机构工作人员及随行家属;

(4)留学生、来华访问、旅游的人员;

(5)其他临时来华人员。

演出活动,是指向社会公众提供的有偿或无偿表演,自娱自乐的除外。经文化部批准来华演出的外国文艺表演团体或演员、在华外国人参加以制作广播电视节目为目的在广播电视演播厅内的演出不在此列。

2.报批

营业性演出单位和经纪机构邀请在华外国人参加营业性演出或在营业性歌舞娱乐场所参加演出活动,应在演出前30日报文化部批准。在华外国人有受聘单位的,应出具所在单位同意的证明函件。留学生、来华访问、旅游的外国人不得参加营业性演出或在营业性歌舞娱乐场所参加演出活动。在华外国人参加非营业性演出,邀请单位应在演出前15日报所在省人民政府文化行政部门批准。在华外国人有受聘单位或学习单位的,应出具所在单位同意的证明函件。在华外国人不得在公园、广场、街道等公共场所自行组织演出活动。

营业性演出单位、经纪机构邀请在华外国人参加营业性演出活动,应按照文化部批准的时限、演出场所、演出节目组织演出。如有变更,应另行申报。

学校因教学或研究需要,邀请本校的外国专家和留学生参加非营业性演出,由所在学校批准;邀请其他学校的外国专家和留学生参加非营业性演出的,应征得其所在学校同意。

3. 责任和义务

未经批准,擅自邀请在华外国人参加营业性演出或在营业性歌舞娱乐场所参加演出活动的,由文化行政部门责令停止演出活动,对参加演出的单位或者个人,没收违法所得;对组织者,没收违法所得,并处违法所得 5 倍以上 10 倍以下的罚款;没有违法所得的,处 5000 元以上 2 万元以下的罚款;情节严重的,由原发证机关责令停业整顿或者吊销《营业性演出许可证》。

未经批准,擅自邀请在华外国人参加非营业性演出活动的,由文化行政部门对邀请者给予警告、限期补办手续或责令停止演出。

二、文化部涉外文化艺术表演及展览管理

涉外文化艺术表演活动,是指中国与外国间开展的各类音乐、舞蹈、戏剧、戏曲、曲艺、杂技、马戏、动物表演、魔术、木偶、皮影、民间文艺表演、服饰和时装表演、武术及气功演出等交流活动。

涉外文化艺术展览活动,是指中国与外国间开展的各类美术、工艺美术、民间美术、摄影(图片)、书法碑帖、篆刻、古代和传统服饰、艺术收藏品以及专题性文化艺术展览等交流活动。

(一)适用范围

文化部归口管理的涉外文化艺术表演的范围包括:

(1)中国与外国政府间文化协定和合作文件确定的文化艺术表演与展览;

(2)中国与外国通过民间渠道开展的非商业性文化艺术表演与展览;

(3)中国与外国间进行的商业和有偿文化艺术表演与展览(展销);

（4）属于文化交流范畴的其他涉外文化艺术表演与展览。

（二）主管部门

文化部负责全国对外文化交流工作的归口管理，省级文化厅（局）是分级负责归口管理的一级部门，在省级人民政府的领导下，管理本地区对外文化交流工作。

（三）组织者的资格认定

1. 资格认定制度

文化部对从事涉外文化艺术表演和展览活动的组织者实行资格认定制度。下列部门和机构有资格从事涉外非商业性文化艺术表演和展览活动：文化部、各省级人民政府及其文化厅（局）；文化部认定的有对外文化交流任务的中央和国家机关部委、解放军系统、全国性人民团体和有从事涉外商业和有偿文化艺术表演和展览资格的经营机构；省级文化厅（局）认定的本地区有对外文化交流任务的部门、团体和有从事来华商业和有偿文化艺术表演资格的经营场所（只限于来华项目）；

文化部和省级文化厅（局）在接受涉外非商业性文化艺术表演和展览立项申请的同时，根据申请单位的工作和任务性质、业务和组织能力对其进行资格认定。

2. 申请从事涉外商业和有偿文化艺术表演和展览（展销）活动的条件

申请从事涉外商业和有偿文化艺术表演和展览（展销）活动的经营机构，须具备下列条件：

（1）有经文化部或省级文化厅（局）认定的对外文化交流业务和能力；

（2）有独立的法人资格和营业执照；

（3）有相应的从事对外文化活动必需的资金、设备及固定的办公地点；

（4）有相应的从事涉外文化艺术表演及展览活动的专业管理

人员和组织能力;

(5)有健全的外汇财务管理制度和专职财会管理人员。

3. 申请从事外国来华商业和有偿文化艺术表演和展览(展销)活动场所的条件

申请从事外国来华商业和有偿文化艺术表演和展览(展销)活动资格的经营场所,必须具备下列条件:

(1)同上述第(2)、(3)、(4)、(5)项规定的条件;

(2)有与演出或展览相适应的固定营业场所和设备;

(3)有符合国家规定的安全、消防和卫生设施。

4. 资格认定程序

涉外商业和有偿文化艺术表演和展览经营机构和经营场所的资格认定程序:

(1)具备规定条件的经营机构或经营场所,向所在省级文化厅(局)或有对外文化交流任务的中央和国家机关部委、解放军系统和全国性人民团体提出申请;

(2)经营机构的资格认定,由其所在地文化厅(局)、有隶属关系的中央或国家机关部委、解放军系统和全国性人民团体进行初审,通过后,出具有效证明,向文化部提出申请;

(3)经营场所的资格认定,由其所在省文化厅(局)办理;

(4)经营机构申请时需提供营业执照、资信证明、资产使用证明、专业人员资历证明和财务制度文件;

(5)经营场所申请时除提供上述资料外,还须提供文化行政管理部门颁发的相应许可证和公安部门颁发的《安全合格证》;

(6)文化部及有关省级文化厅(局)在接到申请之日起 60 天内予以审批,合格者发给从事涉外商业和有偿文化艺术表演和展览(展销)经营活动资格证明。

5. 定期审验制度

对取得涉外商业和有偿文化艺术表演及展览(展销)活动资格

的经营机构和经营场所,实行定期审验制度。凡不再具备规定条件的经营单位,资格认定部门有权取消或暂停其涉外商业和有偿文化艺术表演及展览(展销)活动的经营资格。

(四)派出和引进项目的内容限制

派出和引进项目由主办单位负责审查。出国的项目需保证艺术质量,弘扬我国优秀的民族传统文化和现代化建设成就,体现我国社会主义文化艺术的水平,维护国家统一和民族团结,有利于促进中国同世界各国人民之间的友谊。引进的项目也必须是优秀的、具有世界水平的、内容健康、有利于提高公众艺术欣赏水平的艺术品。以下项目禁止出国或引进:

1. 禁止有下列内容的文化艺术表演及展览项目出国

(1)损害国家利益和形象的;

(2)违背国家对外方针和政策的;

(3)不利于中华民族团结和国家统一的;

(4)宣扬封建迷信和愚昧习俗的;

(5)表演上有损国格、人格或艺术上粗俗、低劣的;

(6)违反前往国家或地区宗教信仰和风俗习惯的;

(7)有可能损害中国同其他国家关系的;

(8)法律和行政法规禁止的其他内容。

2. 禁止有下列内容的文化艺术表演及展览项目来华

(1)反对中国国家制度和政策、诋毁中国国家形象的;

(2)影响中国社会稳定的;

(3)制造中华民族分裂、破坏国家统一的;

(4)干涉中国内政的;

(5)思想腐朽、颓废,表现形式庸俗、疯狂的;

(6)宣扬迷信、色情、暴力、恐怖、吸毒的;

(7)有损观众身心健康的;

(8)违反中国社会道德规范的;

(9)可能影响中国与其他国家友好关系的;

(10)法律和行政法规禁止的其他内容。

3.引进艺术品类的限制

文化部对国际上流行,艺术表现手法独特,但不符合我国民族习俗或有较大社会争议的艺术品类的引进进行限制。此类项目不得进行公开表演及展览,仅供国内专业人员借鉴和观摩。

(五)项目的审批程序

1.项目报批程序

(1)项目主办(承办)单位按照行政隶属关系,向其所在有对外文化交流任务的中央和国家机关部委、解放军系统和全国性人民团体、省级文化厅(局)等主管部门,提出立项申请,并附相关资料;

(2)上述主管部门对项目申请及相关资料进行审核,认为合格的,报文化部审批。

中国与外国政府间文化协定和合作文件确定的文化艺术表演及展览交流项目,由文化部下达任务通知,各地方、各单位应认真落实。

中国与外国通过民间渠道开展的非商业性文化艺术表演及展览交流活动由文化部确定任务,通知有关部门或省级文化厅(局)具体实施;或由有对外文化交流资格的机构,通过规定程序,报文化部批准后实施。

2.涉外非商业性艺术表演及展览项目的申报资料

申请报告需包括下列资料:

(1)主办(承办)单位或个人的名称及背景资料;

(2)活动团组的名称、人员组成及名单等;

(3)活动内容、时间、地点、场次、经费来源及费用支付方式;

(4)全部节目录像带、全部展品照片及文字说明等;

(5)如出国项目,需附包括上述(2)、(3)项内容的外方邀请信或双方草签的意向书。

3. 涉外商业和有偿文化艺术表演及展览（展销）项目的申报资料

申报涉外商业和有偿文化艺术表演及展览（展销）项目须提供下列资料：

（1）中方在确定外方经纪机构资信情况可靠之后，与其草签的意向书；

（2）涉外商业和有偿艺术表演及展览（展销）活动资格证明；

（3）国外合作方的有关背景资料、资信证明等；

（4）全部节目录像带、全部展品照片及文字说明等；

（5）文化行政部门对节目或作品内容的鉴定意见（世界名剧和名作除外）；

（6）申报艺术团或展览团出国的项目，需提供中介机构与艺术团、展览（博物馆）或其他部门之间的协议书。

4. 审批

中国与外国进行的商业和有偿文化艺术表演及展览（展销）活动，必须由经文化行政部门认定的有对外经营商业和有偿文化艺术表演及展览（展销）资格的机构、场所或团体提出申请，通过其所在地文化厅（局）、有隶属关系的中央或国家机关部委、解放军系统和全国性人民团体，报文化部审批。

中国与外国友好省、州、市之间非商业性文化艺术表演及展览交流项目，由有关省级文化厅（局）报同级人民政府审批，并报文化部备案；中国与外国友好省、州、市之间商业和有偿文化艺术表演及展览和跨出友好省、州、市之间的文化艺术表演及展览交流项目，须按程序，报文化部审批。

同未建交国家和地区进行文化艺术表演及展览交流活动，须按审批程序，经文化部会同外交部，报国务院审批。组织跨部门或跨省的涉外文化艺术展览及表演活动，须附所涉及部门或省级文化厅（局）的同意函，报文化部审批。

组织跨部门或跨省、自治区、直辖市的涉外文化艺术表演及展览活动,须附所涉及部门或省级文化厅(局)的同意函,报文化部审批。报文化部审批的涉外文化艺术表演及展览项目,须按审批程序,在项目实施前2个月报到文化部。

项目经文化部批准后,方可与外方签订正式合同,并报文化部备案。

(六)活动的管理

(1)未经批准,任何机构或个人不得对外做出承诺或与外方签订有关文化艺术表演及展览活动的正式合同。涉外文化艺术表演及展览的申报单位,必须是项目的主办或承办单位。严禁买卖或转让项目批件。

(2)杂技团携带熊猫出国演出,须经文化部会同外交部和林业部,报国务院审批;携带其他珍稀动物出国或来国内展演,须按规定报文化部审批,办理有关动物检疫和进出境手续。

(3)派出文化艺术表演及展览团组应遵守下列规定:

①出国艺术表演及展览团组,应以专业人员为主。

②在外期间必须加强内部管理,严格组织纪律。

③在外开展活动,须接受我驻有关国家使(领)馆的领导。

④禁止利用出国从事文化艺术表演及展览交流之机,进行旅游或变相旅游;经营未经批准的商业活动;从事有损国格、人格活动等行为。

(4)禁止以劳务输出输入名义,或通过旅游、探亲和访友等渠道,从事文化艺术表演及展览的对外交流活动。

(5)涉外文化艺术表演及展览活动的承办单位必须严格遵守国家有关规定,接受政府文化行政部门、海关、工商、财政、税务、物价、公安、卫生、检疫、审计及其他有关部门的管理、监督和检查。

(6)主办单位如需变更已经文化部批准的涉外文化艺术表演及展览项目内容,或在签订正式合同时变更已经批准的意向书内容,须在活动具体实施前 30 天另行报批。

（七）外国来华举办有偿展览和展销

外国来华举办有偿展览和展销时,我方承办单位所获收入,应冲销接待、场租、广告、运输、保险等项费用。其净收入,纳入承办单位的预算外收入管理使用。

举办展览的外汇收入应由承办部门向中国银行结汇,按有关规定办理外汇留成手续。留成额度需按外汇管理有关规定进行管理使用。

（八）法律责任

（1）有下列行为之一的,由省级以上文化行政部门根据情节轻重,给予警告、罚款、暂停或取消对外文化活动资格的处罚;构成犯罪的,依法追究刑事责任:

①未经批准,派出或邀请文化艺术表演及展览团组的;

②未经批准,延长在国外或国内停留时间的;

③未经批准,与外方签订演出及展览合同或进行经营性活动的;

④倒卖项目批件的;

⑤在申报项目过程中弄虚作假的;

⑥从事有损国格人格演出及展览活动的;

⑦造成恶劣影响或引起外交事件的。

对发生上述情况的部门或地区,省级以上文化行政部门可以视情况,给予通报批评及暂停对外文化活动等处罚。

（2）对违反规定,给国家和集体造成经济损失的,责令赔偿损失,并追究当事人和有关领导者的责任。

（3）对从事涉外文化艺术表演及展览活动行政管理工作中玩忽职守、徇私舞弊、滥用职权的工作人员,由主管部门视情节轻重,给予当事人和直接领导者以相应的行政处分;构成犯罪的,依法追究刑事责任。

思考题

名词术语解释:

营业性演出　营业性组台演出　涉外文化艺术表演活动

简答题:

1. 营业性演出包括哪些方式?

2. 演出举办单位在宣传推广中向有关部门赠票是否合法? 为什么?

案例分析:

2004 年初,某大型慈善演出活动组委会委托某文化发展有限公司 A 公司邀请港台及内地演艺人员参加大型慈善演出活动。因 A 公司没有演出经纪资质,组委会委托某市演出公司 B 公司向文化部申报演出批文,演出公司收取承办费 4 万元。5 月 26 日,组委会与体育中心签订了场地租金 100 万元的协议,实际支付人民币 60 万元和价值 10 万元的演出门票。组委会与 A 公司签订了总值 160 万元(税后款)的演出合同。在演出活动开演前,A 公司及部分演员以组委会未能全额支付演出报酬为由拖延演出,有关部门和组委会紧急筹集资金及现场票款支付演出相关费用,致使演出拖延 50 分钟后才开始。

此次慈善公益演出活动全部收入 130 余万元,但是各项支出总计近 300 万元。这次慈善演出活动,不仅未能为希望小学和慈善事业筹集资金,反而造成了重大经济损失,在社会上产生极为恶劣的影响。

请具体分析 A 公司、B 公司、体育中心、演职人员在此次演出活动中的行为是否合法?

第六章　广播影视类法律法规

第一节　电影类法规

一、电影类法规概述

1895 年,法国制作出世界上第一部电影。1905 年中国人拍成了自己的第一部电影——舞台艺术纪录片《定军山》。新中国成立后是中国电影发展史上最辉煌的时期,也是电影法治建设从无到有、从无序到规范的过程。新中国成立后,中国电影类法治建设的发展过程大致经历了以下四个阶段。

1. 20 世纪 70 年代末以前的电影法治建设

新中国成立以后,电影业被收归国有,置于计划经济体制的统一管理之下。1950 年 7 月,中央人民政府政务院公布了《电影业登记暂行办法》《电影新片颁发上映执照暂行办法》《电影旧片清理暂行办法》《国外影片输入暂行办法》等法令,统一电影业登记办法和审查影片的职权。1952 年 7 月 3 日,文化部发出《关于加强电影发行放映工作的指示》,次年政务院发布《关于建立电影放映网与电影工业的决定》,电影的制片、发行、放映被分割成独立的

149

单位,产品由国家统购包销。1961年文化部颁布《关于送审影片的规定》。1963年2月17日国务院批转《文化部〈关于改进电影发行放映业务管理体制试行方案〉的通知》,在电影发行放映管理体制上,集中统一经营管理,在当时对提高电影发行放映工作管理水平,加速电影发行放映事业的发展起了积极作用。

"十年动乱"使中国电影业陷入混乱和瘫痪的局面,电影法治建设全面停顿。

2. 20世纪70年代末至80年代末的电影法治建设

1979年8月,国务院批转了文化部、财政部《关于改革电影发行放映管理体制的请示报告》,电影法治建设逐渐恢复并发展起来。同年文化部等单位颁布了《国营电影发行放映企业利润留成的管理与使用试行办法》、《电影剧本、影片审查试行办法》。

为了加强电影电视工作的统一领导,1985年12月31日,国务院办公厅发出《关于电影、电视机构合并有关事项的通知》,将文化部门管理的电影事业、企业单位全建制地与广播电视部合并。在此前后,《进口影片管理办法》(1981)、《电影发行放映技术管理条例》(1984)、《影片拷贝使用技术管理办法》(1984)、《关于加强电影拍片经营机构管理的规定》(1985)、《关于加强当前电影放映工作的若干意见》(1986)、《关于对部分影片实行审查、放映分级制度的通知》(1989)等一系列规范性文件的出台,使电影市场管理逐步走上了法治化、规范化的轨道。

3. 20世纪90年代的电影法治建设

自80年代末,随着经济发展和科技进步,电视迅速普及,新兴文化媒体日益增多,娱乐方式日趋多样,电影受到强烈冲击。为激活电影市场,为电影改革注入生机,1993年1月5日,原广电部下发了《关于当前深化电影行业机制改革的若干意见》,实行了三大举措:组建股份有限公司、建立大型电影企业集团、院线制改革。1994年颁布了《关于中外合作摄制电影的管理规定》。同年4月

21日广电部发布实施《电影审查暂行规定》。8月1日,广电部电影局又下发了《关于进一步深化电影行业机制改革的通知》,明确影片(著作权)发行权拥有单位可以直接向北京等21家省市的各级发行、放映单位发行自己的影片,使电影全行业所有企业的经营自主权得到认可,在很大程度上促使市场多主体的形成。

1995年1月,随着当时广电部《关于改革故事影片摄制管理工作的规定》的出台,昭示着制片行业几十年一贯制的计划管理模式的改革终于迈开极有意义的一步,计划经济体制的坚冰被打破,省办制片厂和其他法人社会组织相继拥有了独立或联合出品故事片的权利。制片出品权的放开,充分调动了社会投资拍片的积极性,扩大了电影生产的社会融资量。

为了加强电影行业管理,发展和繁荣电影事业,1996年11月15日,《电影管理条例》出台,这是我国电影史上一部全面规范电影制片、审查、进口、出口、发行、放映等活动的行政法规,对规范电影市场,保护民族电影,促进社会主义物质文明和精神文明建设方面起到了积极作用。《电影管理条例》规定:国家鼓励企业、事业单位和其他社会团体以及公民个人以资助、投资的形式参与摄制电影片。为落实这一规定,原广电部还专门出台了《关于修订〈关于改革故事影片摄制管理工作的规定〉的通知》《〈故事电影单片摄制许可证〉试行办法》,并于1998年进行了修订。

4. 我国加入WTO以后的电影法治建设

为加快推进电影发行放映机制的改革,从根本上解决乡镇农村看电影难的问题,2001年12月28日《关于改革电影发行放映制的实施细则》出台,决定实行以院线为主的发行放映机制,减少发行层次,改变按行政区域计划供片模式,变单一的多层次发行为以院线为主的一级发行,发行公司和制片单位直接向院线公司供片;有条件的地区,要尽快组建两条或两条以上的院线;鼓励有实力的院线跨省经营。2004年8月8日华夏电影发行有限责任公司成立,打破了进口影片发行一直由中影进出口公司垄断的局面。

随着电影市场的变化,特别是中国加入世贸组织,《电影管理条例》的许多规定已不再符合形势,2002年2月1日修订后的《电影管理条例》颁布实施,新《条例》在国际电影艺术交流规模的广泛、中外合作摄制电影数量的扩大、外国优秀电影作品的引进、允许外资进入、中国电影走出国门等方面,都作了较大的补充。

2003年9月28日广电总局、商务部、文化部联合发布了《外商投资电影院暂行规定》,对外商投资内地电影院的准入条件作了适当放宽,对港澳地区服务提供者在内地设立从事电影放映业务作了鼓励性的政策安排。

2003年12月1日,《电影剧本(梗概)立项、电影片审查暂行规定》、《中外合作摄制电影片管理规定》、《电影制片、发行、放映经营资格准入暂行规定》同时出台,根据规定,国产电影除重大革命历史题材、特殊题材、国家资助影片、合拍片四类外不必再向电影局申报剧本,提交1000字的剧本梗概即可申请拍电影;影片终审权下放至七城市;国家出资采购优秀国产影片;参加国际电影节的审查批准制改为备案制;设立每年1亿元的国家资助资金;外资被允许进入中国制片业。

2004年11月,广电总局出台了《电影企业经营资格准入暂行规定》,是《电影制片、发行、放映经营资格准入暂行规定》的继承和发展,在原来放开电影制作、发行、放映领域主体准入资格的基础上,进一步降低了市场准入门槛,扩大了投融资主体开放的范围,用法规形式巩固了电影产业改革的成果。允许境内公司、企业和其他经济组织合资或独资拍摄电影、设立电影制片公司、发行销售国产影片,加入院线或独资组建院线、改建电影院;允许境外制片机构同境内国有电影制片单位经批准成立由中方控股的电影制片公司;允许境外公司经批准以合资形式成立影院建设公司或改建电影院;允许境内公司、企业和其他经济组织设立电影技术公司,或与境外公司、企业和其他经济组织合资、合作设立电影技术公司,改造电影制片、放映基础设施和技术设备。中影集团、时代华纳、横店三方联合组建的中影华纳横店影视有限公司是《暂行规定》出台后组建的第一家合资电影制片公司。

二、电影法调整的法律关系及适用范围

1. 电影法调整的法律关系

电影的法律关系,主要为电影行政管理法律关系和民事法律关系。行政法律关系是指国家行政机关在履行其职能过程中发生的各种社会关系的总称。民事法律关系是平等当事人之间发生的、符合民法规范的,具有权利义务内容的社会关系,包括财产所有权关系、债权关系、知识产权关系和民法规定的人身权关系。

电影法律关系的主体是指法律关系的参与者,主要包括管理电影的行政部门、电影制片单位、发行单位、放映单位、进出口单位和以资助、投资的形式参与摄制电影片等活动的自然人。电影法律关系的客体主要为电影活动,即电影的制片、进口、出口、发行和放映等活动。电影法律关系的内容指电影法律关系主体的权利和义务。

2. 电影法的适用范围

本章所说的电影法适用于在中华人民共和国境内的故事片、纪录片、科教片、美术片、专题片等电影片的制片、进口、出口、发行和放映等活动。

三、主管机关和许可制度

1. 主管机关和主要职责

负责全国电影行政管理的部门为国家广播电影电视总局(以下称广电总局),其专门负责电影行政管理的内设机构为电影事业管理局,主要职责是:拟定电影事业中长期发展规划和有关政策、

法规;管理电影制片、发行、放映工作;指导并平衡电影题材规划和年度生产计划;组织审查各类影片,发放或吊销影片摄制、公映许可证;承办有关审批电影制片单位和跨地区发行、放映单位的建立与撤销的工作;负责电影技术管理;管理对外合作制片、输入输出影片等国际合作与交流事项;指导电影专项资金的收缴和管理。

县级以上的地方各级人民政府管理电影的行政部门,负责本行政区域内的电影管理工作,其职责主要是:贯彻执行国家有关电影业的法律、法规和监督检查本行政区域内的电影业贯彻实施国家有关的法律、法规情况;在国务院广电总局审批电影制片单位之前审核设立申请;审批电影发行、放映单位,其中发行单位只能由省级人民政府管理电影的行政部门审批;追究违反规定的电影行政管理法律关系的法律责任。

2. 许可制度

为了加强对电影活动的管理,国家对电影摄制、进口、出口、发行、放映和电影片公映实行许可制度。未经许可,任何单位和个人不得从事电影片的摄制、进口、发行、放映活动,不得进口、出口、发行、放映未取得许可证的电影片。

许可证和批准文件,不得出租、出借、出售或以其他任何形式转让。

四、电影制片活动

电影制片是电影创作和生产活动的总称,它融艺术创作,科学技术生产和管理为一体,影片创作是编导、导演、摄影、美工等创作部门和化妆、服装、道具、制景、照明、剪接、录音、特技、洗印等生产、技术人员劳动的成果。

(一)电影制片单位的设立、变更和活动范围

1. 设立电影制片单位的条件

电影制片单位就其性质而言,属于生产经营组织,从事的是电

影生产经营活动。为了进行正常的生产,向社会提供合格的电影,就必须具有与其生产经营相适应的条件。它是电影生产经营活动的基本保证,也是电影制片单位享有权利和承担义务的基础。同时,电影不同于一般物质商品,其内容与社会政治、道德、宗教、科学有着密切的联系,具有娱乐、宣传、教育、评论等功能,对人们的意识和行为产生直接影响。为了电影的创作生产有序的发展,充分利用有限资源,合理配置资金的使用,避免盲目重复建设,最大限度地发挥电影制片单位的潜力和作用,从宏观管理的角度出发,也需要对设立电影制片单位作出适当规定。

设立电影制片单位必须具备以下条件:

(1)有电影制片单位的名称、章程;

(2)有符合国务院广电总局认定的主办单位及其主管机关;

(3)有确定的业务范围及适应业务范围需要的组织机构、专业人员、资金、场所和设备;

(4)法律、行政法规规定的其他条件。

2.电影制片单位的申请和审批

申请设立电影制片单位,由所在省级人民政府电影行政部门审核同意后,报国务院广电总局审批。申请书应载明电影制片单位的名称、地址和经济性质;主办单位的名称、地址、性质及其主管机关;法人的姓名、住址、资格证明文件;资金来源和数额。

国务院广电总局应在收到设立电影制片单位的申请书之日起90日内,作出批复,并通知申请人。批准后由广电总局发给《摄制电影许可证》,申请单位持许可证向国家工商行政管理部门申请办理登记注册手续、领取营业执照。

电影制片单位以其全部法人财产,依法享有民事权利,承担民事责任。电影制片单位是依法成立,从事摄制电影生产经营,自负盈亏、独立核算、具有法人地位的经济组织,它是民事法律关系的主体,在法律确定的经营范围内,享有自主支配和使用其所有财产,决定摄制电影的权利,同时有权要求其负有义务的单位和个人履行义务,当其合法的权利受到侵害时,有权向有关部门提出保护的要求,也可直接向人民法院提起诉讼,以维护自己的合法权益。电影制片单位所有的财产不仅是享有权利的物质基础,同时以其财产承担责任,履行义务。

3. 电影制片单位的变更和终止

电影制片单位变更、终止,应报广电总局批准,并依法到原登记的工商行政管理部门办理变更登记或注销登记。

电影制片单位的变更是指,对摄制电影的经营项目、范围等事项全部或部分的改变,包括组织机构、经济性质、经营范围、财产状况以及单位名称、地址、隶属关系等方面的重大改变和更动。电影制片单位的终止是由于某种原因,法人资格从法律上消失,权利能力和行为能力也随之消失,即不能再从事摄制电影的活动,也不得再以该名义进行任何其他活动。

4. 电影制片单位的活动范围

电影制片单位是经广电总局批准,国家工商行政管理局登记注册,从事摄制电影生产经营的法人,当其主体资格被确定之后,即可在规定的经营范围内开展有关活动。

电影制片单位可以从事下列活动:

(1)摄制电影片,这是它的主要经营项目;

(2)按照国家有关规定制作本单位摄制的电影片的复制品。电影片是电影作品最原始的载体,由于科学技术的不断发展电影的载体会越来越多,为了充分实现电影的价值,电影制片单位可以将自己摄制的电影片复制成不同的载体,如录像带、视盘等,这些都是对电影作品的使用,是电影制片单位的权利,并受著作权法保护;

(3)按照国家有关规定在全国范围发行本单位摄制并被许可公映的电影片及其复制品。这是电影实现价值的主要手段之一,就是通过发行其电影片而获得收入；

（4）按照国家有关规定出口本单位摄制并被许可公映的电影片及其复制品。

（二）电影制片的管理

1. 著作权的管理

电影作品已被列入我国《著作权法》保护的客体，电影制片单位对其摄制的电影片，依法享有著作权。任何单位和个人以复制、发行、放映、播放、出版、翻译、改编等形式使用电影作品的，应取得电影著作权人的许可，使用电影作品应向著作权人支付报酬。否则即构成对权利人的侵权，并应承担相应的法律责任。其意义在于保护电影作品著作权人的合法权益，鼓励创作出更多的优秀影片。

2. 电影制片单位以外的单位独立从事电影摄制管理

国家鼓励企业、事业单位和其他社会组织以及个人以资助、投资的形式参与摄制电影片。这样既可以解决电影制片单位拍片资金不足的矛盾，又可以使一些没有从事摄制电影资格的机关、企事业单位、个人和社会团体，通过投资资助的方式参与摄制电影。

电影制片单位以外的单位独立从事电影摄制业务，须报经广电总局批准，并持批准文件到工商行政管理部门办理相应的登记手续。

电影制片单位以外的单位经批准后摄制电影片，应事先到广电总局领取一次性《摄制电影片许可证（单片）》，并参照电影制片单位享有权利、承担义务。

3. 电影制片单位与境外合作摄制电影片管理

为繁荣我国电影创作生产，促进国际文化交流，国家鼓励电影制片单位与境外电影制片者合作摄制电影片。中外合作摄制的电影，应符合我国的法律、行政法规及国家其他有关规定，有利于弘扬中华民族的优秀传统文化；有利于我国的经济建设、文化建设和社会安定；有利于中外文化交流；并不得损害第三国的利益。

所谓中外合作摄制电影，是指经中国电影行政主管部门批准从事摄制电影的法人，与外国法人以及自然人在中国境内外以联合摄制、协作摄制、委托摄制等形式制作电影的活动。中外合作摄制电影活动包括三种形式，即：联合摄制、协作摄制和委托摄制。所谓联合摄制，即中外双方共同投资（含现金或劳务、实物）、共同摄制，并按各自投资比例分享影片权益，分担影片风险的活动；协作摄制，即外方出资，提供主创人员在中国境内拍摄部分场景，中方以提供设备、器材、场地、劳务等方式给予协助的摄制活动；题材、主创人员均为中方，外方仅以资金投入在中国境内进行的拍摄活动，一般不应作为协作摄制；委托摄制，即外方投资，委托中方代为摄制的活动，这种形式一般只适用于短片。

（1）中外合作摄制电影片的立项申请。电影制片单位经广电总局批准，可以与境外电影制片者合作摄制电影片。电影制片单位和持有《摄制电影片许可证（单片）》的单位经广电总局批准，可到境外从事电影片摄制活动。

中外合作摄制电影片，由中方合作者向广电总局提出立项申请，广电总局征求有关部门的意见后，经审查符合规定的，发给申请人一次性《中外合作摄制电影片许可证》。申请人取得许可证后，应按照广电总局的规定签订中外合作摄制电影片合同。

境外组织或个人不得在中华人民共和国境内独立从事电影片摄制活动。

（2）中外合作摄制电影片的制作管理。中外合作摄制电影片需要进口设备、器材、胶片、道具的，中方合作者应持广电总局的批准文件到海关办理进口或临时进口手续。

境外电影制片者同中方合作者合作或以其他形式在中华人民共和国境内摄制电影片，应遵守中华人民共和国的法律、法规，尊重中华民族的风俗、习惯。

电影底片、样片的冲洗及后期制作,应在中华人民共和国境内完成。有特殊技术要求确需在境外完成的,应单项申请,报经广电总局批准后,按照批准文件载明的要求执行。这主要是针对在境外后期制作的影片在内容上不好把关,甚至有意制作境内境外两种版本的拷贝,由此带来不良国际影响的情况规定的。

4. 电影洗印管理

电影洗印单位不得洗印加工未取得《摄制电影许可证》或《摄制电影片许可证(单片)》的单位摄制的电影底片、样片,不得洗印加工未取得《电影片公映许可证》的电影片拷贝。

电影洗印单位接受委托洗印加工境外的电影底片、样片和电影片拷贝的,应事先经国务院广电总局批准,并持批准文件依法向海关办理有关进口手续。洗印加工的电影底片、样片和电影片拷贝必须全部运输出境。

五、电影审查

1. 电影审查制度

(1)国家实行电影审查制度。《电影管理条例》第二十四条规定:"国家实行电影审查制度。未经国务院广电总局的电影审查机构(以下简称电影审查机构)审查通过的电影片,不得发行、放映、进口、出口。"

所谓电影审查制度,是指对需公开发行、放映、进口、出口的电影片,由国家电影行政部门实施内容和技术质量审查,颁发《电影公映许可证》的一项制度。电影是一种特殊商品,审查目的是保护观众利益和国家利益。作为国家的一项法定制度,电影审查具有强制性和全国的统一性。统一性体现在电影审查统一由国务院广电总局进行,并适用同一标准;强制性表现在凡需公开发行、放映、进口、出口的电影片必须经法定的电影审查机构审查,违者要依法承担法律责任。

（2）电影制片单位的审查。为了强化电影制片单位的责任,电影制片单位负责电影剧本投拍和电影片出厂前的审查。电影剧本是制片单位摄制电影的基础与依据,是创作生产形象化活动电影的文字蓝图。摄制电影的过程,就是对文字剧本进行形象化再创作的过程,电影剧本的思想内容基本上决定着形象化电影片的思想内容。因此,电影制片单位有义务和责任对准备投拍的电影剧本进行内容审查。

（3）电影审查机构的审查。电影制片单位对其准备投拍的电影剧本审查后,应报电影审查机构备案;电影审查机构可以对报备案的电影剧本进行审查,发现有禁载内容的,应及时通知电影制片单位不得投拍。电影制片单位应在电影片摄制完成后,报请电影审查机构审查;电影进口经营单位应在办理电影片临时进口手续后,报请电影审查机构审查。

电影审查机构应自收到报送审查的电影片之日起 30 日内,将审查决定书面通知送审单位。审查合格的,由广电总局发给《电影片公映许可证》。

电影制片单位或电影进口经营单位应将《电影片公映许可证》证号印制在该电影片拷贝第一本片头处。审查不合格,经修改报送重审的,审查期限仍以 30 日为限重新计算。

（4）复审。电影复审是电影复审机构因申请者对原审查决定不服,申请裁判而进行的审查活动。电影制片单位和电影进口经营单位对电影片审查决定不服的,可以自收到审查决定之日起 30 日内向广电总局的电影复审机构申请复审;复审合格的,由广电总局发给《电影片公映许可证》。

2. 电影审查内容

电影审查包括两方面内容:一方面是电影内容的审查,一方面是电影技术质量的审查。因此,电影审查标准也分为内容审查标准和技术审查标准。

在内容审查方面,电影片禁止载有下列内容:

(1)反对宪法确定的基本原则的;

(2)危害国家统一、主权和领土完整的;

(3)泄露国家秘密、危害国家安全或损害国家荣誉和利益的;

(4)煽动民族仇恨、民族歧视,破坏民族团结,或侵害民族风俗、习惯的;

(5)宣扬邪教、迷信的;

(6)扰乱社会秩序、破坏社会稳定的;

(7)宣扬淫秽、赌博、暴力或教唆犯罪的;

(8)侮辱或诽谤他人,侵害他人合法权益的;

(9)危害社会公德或民族优秀文化传统的;

(10)有法律、行政法规和国家规定禁止的其他内容的。

在技术审查上,规定电影技术质量应符合国家标准,目的是防止电影片技术质量低劣,粗制滥造,损害消费者的利益。

六、电影进出口

所谓电影片进口是指境外制作的电影片进入中国的电影市场;电影片出口,是指我国电影制片单位独立摄制的或其与外国电影制片者合作摄制的电影片出口进入国外的电影市场。

电影进口出口是一种发行电影片的活动,具有电影发行的基本特征。但电影进口出口不同于一般意义的电影发行,它是一种需要通过边境、海关的电影发行活动。

1. 进口境外电影经营权

进口境外电影经营权的内容是指取得经营权的单位有权从事电影进口业务。进口境外电影经营权的范围和行使方式都有严格的规定,权利人只有按照这些规定进行经营才能实现其权利。《电影管理条例》第三十条规定:"电影进口业务由国务院广播电影电视行政部门指定电影进口经营单位经营;未经指定,任何单位或个人不得经营电影进口业务。"

2. 进口审查

进口供公映的电影片，进口前应报送电影审查机构审查。报送电影审查机构审查的电影片，由指定的电影进口经营单位持国家广电总局的临时进口批准文件到海关办理电影片临时进口手续；临时进口的电影片经电影审查机构审查合格并发给《电影片公映许可证》和进口批准文件后，由电影进口经营单位持进口批准文件到海关办理进口手续。一旦在审查中发现电影片有禁载内容或技术质量低劣，暂时进口的电影片就得复运出境。

未按规定进口电影片的，属于走私行为或违反电影管理法规的行为，应承担相应的法律责任。

3. 进口供科学研究、教学参考的专题片、电影资料片的规定

进口供科学研究、教学参考的专题片，进口单位应报经国务院有关行政主管部门审查批准，持批准文件到海关办理进口手续，并于进口之日起 30 日内向广电总局备案。但是，不得以科学研究、教学的名义进口故事片。这种进口的专题片，只有在供科学研究、教学参考的目的下才可进口、使用，不得用于商业活动，不得发行、放映、播放和复制。

中国电影资料馆进口电影资料片，可以直接到海关办理进口手续。中国电影资料馆应将其进口的电影资料片按季度向广电总局备案。

除规定外，任何单位或个人不得进口未经广电总局审查合格的电影片。

4. 著作权的使用许可

电影进口经营单位应在取得电影作品著作权人使用许可后，在许可的范围内使用电影作品；未取得使用许可的，任何单位和个人不得使用进口电影作品。

电影著作权人的著作权包括导演、编剧、作词、作曲、摄影等作

者的署名权和其他由制片者享有的权利,其他权利大致有发行权、放映权、复制权、播放权、翻译权、改编权、重新拍摄权、续拍权等权利。因为进口境外电影实质上就是电影片著作权的贸易,而不是电影片拷贝本身的贸易,所以电影进口经营单位在进口境外电影时,必须要取得电影片著作权人的使用许可。

电影进口经营单位发行、放映进口的境外电影,一定要在电影片著作权人许可的范围内使用电影作品,许可的范围不仅指使用的方式,也包括使用的时间、频率和空间。

5. 电影片的出口

电影制片单位出口本单位制作的电影片的,应持《电影片公映许可证》到海关办理电影片出口手续。出口的电影片应是经过电影审查机构审查且被允许公映的电影片。凡未获得电影审查机构颁发的《电影片公映许可证》的电影片,一律不允许出口。

中外合作摄制电影片(合拍片)出口的,中方合作者应持《电影片公映许可证》到海关办理出口手续。中外合作摄制电影片素材出口的,中方合作者应持广电总局的批准文件到海关办理出口手续。

中方协助摄制电影片(协拍片)或电影片素材出境的,中方协助者应持广电总局的批准文件到海关办理出境手续。

6. 举办和参加电影展、国际电影节的规定

举办中外电影展、国际电影节,提供电影片参加境外电影展、电影节等,须报广电总局审查批准。参加境外电影展、电影节的电影片经批准后,参展者应持广电总局的批准文件到海关办理电影片临时出口手续。参加在中国境内举办的中外电影展、国际电影节的境外电影片经批准后,举办者应持广电总局的批准文件到海关办理临时进口手续。

七、电影发行和放映

电影的发行、放映是电影工作的重要环节,它直接影响着影片

的社会效益和经济效益。

1. 电影发行单位、电影放映单位的设立条件

设立电影发行单位、电影放映单位,应具备下列条件:

（1）有电影发行单位、电影放映单位的名称、章程;

（2）有确定的业务范围及适应业务范围需要的组织机构、专业人员、资金、场所和设备;

（3）法律、行政法规规定的其他条件。

2. 电影发行单位、电影放映单位的申请和审批

（1）电影发行单位的申请和审批。设立电影发行单位,应向所在省级人民政府电影行政部门提出申请;设立跨省、自治区、直辖市的电影发行单位,应向国务院广电总局提出申请。所在省级人民政府电影行政部门或广电总局应自收到申请书之日起 60 日内作出批复,并通知申请人。批准后发给《电影发行经营许可证》,申请人应持《电影发行经营许可证》到工商行政管理部门登记,依法领取营业执照。

（2）电影放映单位的申请和审批。设立电影放映单位,应向所在地县或设区的市人民政府电影行政部门提出申请。所在地县或设区的市人民政府电影行政部门应自收到申请书之日起 60 日内作出批复,并通知申请人。批准后发给《电影放映经营许可证》,申请人持《电影放映经营许可证》到所在地工商行政管理部门登记,依法领取营业执照。

3. 电影发行单位、电影放映单位的变更

电影发行单位、电影放映单位变更业务范围,或兼并其他电影发行单位、电影放映单位,或因合并、分立而设立新的电影发行单位、电影放映单位的,应依照规定办理审批手续,并到工商行政管理部门办理相应的登记手续;变更名称、地址、法人或主要负责人,或终止电影发行、放映经营活动的,应到原登记的工商行政管理部门办理变更登记或注销登记,并向原审批的电影行政部门备案。

4. 电影发行和放映管理

（1）农村 16 毫米电影片发行、放映管理。申请从事农村 16 毫米电影片发行、放映业务的单位或个人，可以直接到所在地工商行政管理部门办理登记手续，并向所在地县级人民政府电影行政部门备案；备案后，可以在全国农村从事 16 毫米电影片发行、放映业务。

（2）允许民营和中外合资建设、改造电影院。国家允许企业、事业单位和其他社会组织以及个人投资建设、改造电影院。国家允许以中外合资或中外合作的方式建设、改造电影院。

（3）公映许可证。电影片依法取得广电总局发给的《电影片公映许可证》后，方可发行、放映。广电部电影事业管理局曾经在 1993 年和 1996 年下发通知，对电影片公映许可证的发放办法加以规范，规定电影片公映许可证的领取手续，只有拷贝审查通过，一切手续齐全的影片才发给《电影片公映许可证》。

取得《电影片公映许可证》的电影片，广电总局在特殊情况下可以作出停止发行、放映或经修改后方可发行、放映的决定；对决定经修改后方可发行、放映的电影片，著作权人拒绝修改的，由广电总局决定停止发行、放映。

（4）年检制度。国家实行《摄制电影许可证》和《电影发行经营许可证》、《电影放映经营许可证》年检制度。根据广播电影电视部 1995 年 1 月 25 日发布的《关于实行电影发行放映许可证及年检制度的规定》，凡是从事发行、放映业务（含球幕、环幕、动感等特殊形式电影放映）的单位，都要办理许可证及年检登记。对于符合条件，经过核准年检登记，才能继续电影发行、放映的经营活动。

（5）其他规定。任何单位和个人不得利用电影资料片从事或变相从事经营性的发行、放映活动。

放映电影片，应符合国家规定的国产电影片与进口电影片放映的时间比例。放映单位年放映国产电影片的时间不得低于年放映电影片时间总和的 2/3，以法律手段保护了国产电影的健康发展。

八、电影事业的保障

国家建立和完善适应社会主义市场经济体制的电影管理体制，发展电影事业，保障电影创作自由，重视和培养电影专业人才，加强电影理论研究，繁荣电影创作，提高电影质量。

1. 电影事业发展专项资金

国家建立电影事业发展专项资金，并采取其他优惠措施，支持电影事业的发展。电影事业发展专项资金缴纳单位应按照国家有关规定履行缴纳义务。

经国务院批准，自 1991 年 5 月起，在全国县级以上影院从电影票中提取 5 分钱，建立了国家电影事业发展专项资金。1995 年 11 月国务院又批准电影专项资金改为按票房收入的 5％ 提取，广电部、财政部、文化部、国家计委、税务总局联合修订了《国家电影专项资金上缴的实施细则》，并于 1996 年 7 月 1 日起在全国实行。

电影事业发展专项资金扶持、资助下列项目：

（1）国家倡导并确认的重点电影片的摄制和优秀电影剧本的征集。重点电影片是指故事片、儿童片、科学教育片、纪录片和美术片中的优秀影片。优秀电影剧本的征集，是指用国家电影专项资金征集优秀的电影剧本或通过举办征集剧本活动评选出优秀的电影剧本。

（2）重点制片基地的技术改造。

（3）电影院的改造和放映设施的技术改造。

（4）少数民族地区、边远贫困地区和农村地区的电影事业的发展。

（5）需要资助的其他项目。

电影专项资金扶持、资助的形式包括无偿赠款、有偿借款、补助、补贴及奖励。

2. 国家鼓励的电影发行、放映

国家鼓励、扶持科学教育片、纪录片、美术片及儿童电影片的制片、发行和放映。科教、纪录、美术、儿童电影片的社会效益很大,但其发行、放映的经济效益比较差,甚至难以收回成本,所以国家鼓励、扶持科学教育电影、纪录电影、美术电影以及儿童电影的制片、发行和放映工作,以保证这些片种的发展。

国家对少数民族地区、边远贫困地区和农村地区发行、放映电影实行优惠政策,要求电影制片、洗印单位按保本经营原则生产提供拷贝,发行单位要让利于放映队、县公司,不得在影片发行过程中不合理加价。

国家对从事农村 16 毫米电影片发行、放映业务的单位和个人予以扶持。

3. 电影院和放映设施的建设

县级以上地方人民政府制定的本行政区域建设规划,应包括电影院和放映设施的建设规划。改建、拆除电影院和放映设施,应报经所在地县级以上地方人民政府电影行政部门审查批准,县级以上地方人民政府电影行政部门应依据国家有关规定作出批复。

4. 对侵害电影活动行为的查处

县级以上地方人民政府电影行政部门和其他有关行政部门,对干扰、阻止和破坏电影片的制片、发行、放映的行为,应及时采取措施予以制止,并依法查处。

九、法律责任

(一)刑事法律责任

本节所涉及的刑事法律责任主要包括以下四种行为:

(1)广电总局和县级以上地方人民政府电影行政部门或其他有关部门及其工作人员,利用职务上的便利收受他人财物或其他好处,批准不符合法定设立条件的电影片的制片、发行和放映单位,或不履行监督职责,或发现违法行为不予查处,造成严重后果的,对负有责任的主管人员和其他直接责任人员依照刑法关于受贿罪、滥用职权罪、玩忽职守罪或其他罪的规定,追究刑事责任;

(2)擅自设立电影片的制片、发行、放映单位,或擅自从事电影制片、进口、发行、放映活动的,依照刑法关于非法经营罪的规定,追究刑事责任;

(3)走私电影片,依照刑法关于走私罪的规定,追究刑事责任;

(4)摄制含有禁止内容的电影片,或洗印加工、进口、发行、放映明知或应知含有禁止内容的电影片的,依照刑法有关规定,追究刑事责任。

(二)行政法律责任

1. 行政处罚

本节涉及的行政处罚种类包括:警告;罚款;没收非法所得、没收非法财物;责令停产停业;吊销许可证、吊销营业执照等五种行政处罚。

(1)擅自设立电影片的制片、发行、放映单位,或擅自从事电影制片、进口、发行、放映活动的,由工商行政管理部门予以取缔,没收违法经营的电影片和违法所得以及进行违法经营活动的专用工具、设备;违法所得 5 万元以上的,并处违法所得 5 倍以上 10 倍以下的罚款;没有违法所得或违法所得不足 5 万元的,并处 20 万元以上 50 万元以下的罚款。

(2)摄制含有禁止内容的电影片,或洗印加工、进口、发行、放映明知或应知含有禁止内容的电影片的,由电影行政部门责令停业整顿,没收违法经营的电影片和违法所得;违法所得 5 万元以上的,并处违法所得 5 倍以上 10 倍以下的罚款;没有违法所得或违法所得不足 5 万元的,并处 20 万元以上 50 万元以下的罚款;情节严重的,并由原发证机关吊销许可证。

(3)走私电影片,尚不够刑事处罚的,由海关依法给予行政处罚。

（4）出口、发行、放映未取得《电影片公映许可证》的电影片的，由电影行政部门责令停止违法行为，没收违法经营的电影片和违法所得；违法所得 5 万元以上的，并处违法所得 10 倍以上 15 倍以下的罚款；没有违法所得或违法所得不足 5 万元的，并处 20 万元以上 50 万元以下的罚款；情节严重的，并责令停业整顿或由原发证机关吊销许可证。

（5）有下列行为之一的，由电影行政部门责令停止违法行为，没收违法经营的电影片和违法所得；违法所得 5 万元以上的，并处违法所得 5 倍以上 10 倍以下的罚款；没有违法所得或违法所得不足 5 万元的，并处 10 万元以上 30 万元以下的罚款；情节严重的，并责令停业整顿或由原发证机关吊销许可证：

A. 未经批准，擅自与境外组织、个人合作摄制电影或擅自到境外从事电影摄制活动的；

B. 擅自到境外进行电影底片、样片的冲洗或后期制作，或未按照批准文件载明的要求执行的；

C. 洗印加工未取得《摄制电影许可证》、《摄制电影片许可证（单片）》的单位摄制的电影底片、样片，或洗印加工未取得《电影片公映许可证》的电影片拷贝的；

D. 未经批准，接受委托洗印加工境外电影底片、样片或电影片拷贝，或未将洗印加工的境外电影底片、样片或电影片拷贝全部运输出境的；

E. 利用电影资料片从事或变相从事经营性的发行、放映活动的；

F. 未按照规定的时间比例放映电影片，或不执行国务院广电总局停止发行、放映决定的。

（6）境外组织、个人在中华人民共和国境内独立从事电影片摄制活动的，由国务院广电总局责令停止违法活动，没收违法摄制的电影片和进行违法活动的专用工具、设备,并处 30 万元以上 50 万元以下的罚款。

(7)未经批准,擅自举办中外电影展、国际电影节,或擅自提供电影片参加境外电影展、电影节的,由广电总局责令停止违法活动,没收违法参展的电影片和违法所得;违法所得 2 万元以上的,并处违法所得 5 倍以上 10 倍以下的罚款;没有违法所得或违法所得不足 2 万元的,并处 2 万元以上 10 万元以下的罚款。

(8)未经批准,擅自改建、拆除电影院或放映设施的,由县级以上地方人民政府电影行政部门责令限期恢复电影院或放映设施的原状,给予警告,对负有责任的主管人员和其他直接责任人员依法给予纪律处分。

(9)单位违反规定,被处以吊销许可证行政处罚的,应按照国家有关规定到工商行政管理部门办理变更登记或注销登记;逾期未办理的,由工商行政管理部门吊销营业执照。

单位违反规定,被处以吊销许可证行政处罚的,其法人或主要负责人自吊销许可证之日起 5 年内不得担任电影片的制片、进口、出口、发行和放映单位的法人或主要负责人。

个人违反规定,未经批准擅自从事电影片的制片、进口、发行业务,或擅自举办中外电影展、国际电影节或擅自提供电影片参加境外电影展、电影节的,5 年内不得从事相关电影业务。

2. 行政处分

国务院广电总局和县级以上地方人民政府电影行政部门或其他有关部门及其工作人员,利用职务上的便利收受他人财物或其他好处,批准不符合法定设立条件的电影片的制片、发行和放映单位,或不履行监督职责,或发现违法行为不予查处,造成严重后果,尚不够刑事处罚的,给予降级或撤职的行政处分。

第二节　广播电视类法规

一、广播电视类法规概述

1. 我国广播电视法治建设的起步阶段——20 世纪 80 年代中期至 90 年代初

广播和电视作为现代传播媒介,分别诞生于 20 世纪 20 年代和 30 年代的欧美发达国家。中华人民共和国的广播事业,是在革命战争年代解放区广播事业的基础上建立起来的,解放区广播事业的创建,始于 1940 年 12 月开播的延安新华广播电台。1958 年 9 月建立"北京电视台"并播出电视节目,标志着新中国电视事业的开端。但在新中国成立后的相当长一段时间内,广播电视的法治建设却相当缓慢。

我国的广播电视法治建设主要是从改革开放以后开始发展的,广播电视主管部门和其他相关职能部门从 20 世纪 80 年代中期开始制定立法工作,制定了一系列广播电视法规性文件和规章,如《广播电视部关于市、县建立电台、电视台的暂行规定》(1984)、《广播电视部关于进口电视剧管理的暂行办法》(1985)、《广播电视部关于加强对电视节目的管理、纠正滥播香港和外国电视剧的通知》(1985)、《广播电视设施保护条例》(1987)、《广播电视无线电管理办法》(1988)等,广播电视法制开始走上正轨。

1990 年 11 月 2 日《有线电视管理暂行办法》出台,标志着我国有线电视事业走上了有章可循、有法可依的轨道。为了保证《有线电视管理暂行办法》的贯彻执行,广播电影电视部还先后出台了一系列关于有线电视的行政法规和技术规划、标准,如《〈有线电视管理暂行办法〉实施细则》、《有线电视系统技术维护运行管理暂行规定》等。在此前后相继出台了《关于实行电视剧制作许可证制度的规定》(1989)、《卫星地面接收设施接收外国卫星传送电视节目管理办法》(1990)等法规。

2. 我国广播电视法治建设的稳步发展阶段——20 世纪 90 年代中后期

为了加强对卫星电视广播地面接收设施的管理,1993 年 10 月 5 日国务院发布《卫星电视广播地面接收设施管理规定》。1994 年 2 月 3 日,广播电影电视部发布了《有线电视管理规定》《〈卫星电视广播地面接收设施管理规定〉实施细则》,加强了对有线电视的管理,并进一步对卫星电视广播地面接收设施的管理作了详细规定。

广电部于 1994 年制定的《关于引进、播出境外电视节目的管理规定》和 1995 年制定的《中外合作制作电视剧(录像片)管理规定》,对引进播出、与外资合作制作电视节目等做了相应的规定。

1996 年《广播电台、电视台设立审批管理办法》出台,对规范电台、电视台的设立审批、加强管理、促进发展等都发挥了积极有效的作用。同年中共中央办公厅、国务院办公厅《关于加强新闻出版广播电视业管理的通知》下发,国家广电总局对广播电视行业存在的散滥现象进行了有效的治理,并取得了阶段性成果。

为加强广播电视管理,发展广播电视事业,促进社会主义精神文明和物质文明建设,1997 年 8 月 1 日国务院制定了《广播电视管理条例》(以下简称《条例》),并于同年 9 月 1 日施行,这是目前我国管理广播电视活动的基本法律依据。《条例》的颁行对于规范广播电视活动的秩序,促进广播电视事业的发展,加强广播电视领域的法治建设发挥了积极的作用,在尚不具备制定"广播电视法"的条件下,填补了法律的空白,以行政法规的形式为国家管理广播电视活动提供了法律依据。

我国在制定和颁行《广播电视管理条例》后,陆续颁布了一系列配套法规,建立了较为完整的广播电视法规体系。目前我国的广播电视法规体系主要是国务院的行政法规,以及国务院广播电视主管部门和其他相关职能部门所颁布的行政规章,前者如《电视剧审查暂行规定》(1999)、《电信条例》(2000)、《广播电视设施保护条例》(2000)、《电视剧管理规定》(2000)等;后者如中共中央宣传部与广播电影电视部联合发布的《关于禁止有偿新闻的若干规定》(1997)等。

为了保障广播电视节目的安全播出,避免有线传输网络的重复建设,防止一些地区广电和电信之间出现的严重矛盾和冲突,1999 年 9 月 13 日,国务院办公厅转发了信息产业部和国家广电总局《关于加强广播电视有线网络建设管理的意见》,明确了电信与广电的分工关系,避免了电信和广电部门间以及广电系统内部各地有线电视的重复建设和资源浪费,降低了电信网络租费,也有利于广电部门今后理顺各地有线电视台关系,加强统一管理和尽快实现广电网的全国联网。1999 年 9 月 17 日,《国务院办公厅转发信息产业部、国家广电总局关于加强广播电视有线网络建设管理意见的通知》下发以后,国家广电总局做了大量卓有成效的工作,加大了广播电视的行业管理力度,进一步规范了广播电视的行业管理。

2001 年 8 月 20 日,中宣部、广电总局、新闻出版总署最终形成了《关于深化新闻出版广播影视业改革的若干意见》,确定了广播影视业改革的三点意见:一是推进集团化,二是媒体可以跨行业、跨地区经营,三是经营性资产可以上市,对广播影视业的发展,起了非常重要的作用。

3. WTO 后的中国广播电视法规建设

2003 年 12 月 30 日,广电总局下发了《关于促进广播影视产业发展的意见》,明确提出了要区别广播影视公益性事业与经营性产业,深化体制机制改革,规定了一系列进一步扩大投融资渠道、放宽市场准入的制度措施。

2004 年《广播电视广告播放管理暂行规定》正式实施,新的《中外合作制作电视剧管理规定》和《境外电视节目引进、播出管理规定》出台,广电总局在外资准入问题上的态度由原来较为中性的"同意合作",转而成为特别强调的"国家鼓励中外合作制作",标志着我国对外政策的进一步放开。

《广播电台电视台审批管理办法》也于 2004 年 9 月 20 日起正式实施,根据近年来广播电视改革的实际,对内容做了一些调整。主要包括:一是适当放宽了设立广播电台、电视台的主体;二是增加了副省级城市以上的广播电视行政部门或经批准的广播影视集团(总台)设立的电台、电视台可以设立分台的规定;三是对广播电视频道做了专门规定,对批准开办的每套广播电视节目颁发《广播电视频道许可证》;四是规定了县级广播电视台原则上不自办电视频道,其制作的当地新闻和经济类、科技类、法制类、农业类、重大活动类专题、有地方特色的文艺节目以及广告等,可以在本省、自治区、直辖市行政区域内公共频道的预留时段中插播。

此外,2004 年还先后出台了《广播电视广告播放管理暂行办法》、《中外合资、合作广播电视节目制作经营企业管理暂行规定》、《广播电视视频点播业务管理办法》、《广播电视节目传送业务管理办法》、《广播电视节目制作经营管理规定》、《广播电视站审批管理暂行规定》、《境外电视节目引进、播出管理规定》、《中外合作制作电视剧管理规定》等广播电视法规政策,表明了中国广播影视业加大改革力度、加快开放步伐的决心,对广播影视业的发展也起到了重要的促进作用。

虽然广播影视立法工作取得了显著成绩,但与经济领域相比,仍然处于滞后状态,法律效力等级低,目前还没有一部法律,主要靠一些行政法规、规章和大量的规范性文件进行管理。国家广电总局对立法工作高度重视,已启动并正在积极推进《广播影视传输保障法》的起草制定工作,同时启动了《卫星电视广播地面接收设施管理规定》、《广播电视管理条例》、《互联网等信息网络传播视听节目管理条例》等行政法规的修订、制定工作，不久后在广播影视法规制度建设中会有所突破。

二、广播电视法规调整的法律关系、适用范围和主管机关

1. 广播电视法规调整的法律关系及适用范围

广播电视法规调整的法律关系，主要为广播电视行政管理法律关系和民事法律关系。广播电视法律关系的主体是指法律关系的参与者，主要包括广播电视行政管理部门、广播电台、电视台及广播电视发射台、转播台、微波站、卫星上行站等。电影法律关系的客体主要为广播电视活动，即广播电台、电视台采编、制作、播放、传输广播电视节目的活动。

广播电视法规适用于在中华人民共和国境内设立广播电台、电视台和采编、制作、播放、传输广播电视节目等活动。

2. 主管机关及职责

国务院广电总局负责全国的广播电视管理工作，负责指配广播电视专用频段的频率，并核发频率专用指配证明。县级以上地方人民政府负责广播电视行政管理工作的部门或机构（以下统称广播电视行政部门）负责本行政区域内的广播电视管理工作。

3. 国家支持农村、民族地区和边远贫困地区发展广播电视事业

我国幅员辽阔，人员分散，发展不平衡，有一些身处偏远地区的农民看不到电视，听不到广播，有的地方接收的信号质量不好，接收的节目套数也相对少。国家在政策上进行了扶持，如近年来推行的"村村通工程"、"西新工程"和"2131 工程"，《广播电视管理条例》则在法律的层面上作了明确规定，如第四条规定："国家支持农村广播电视事业的发展。国家扶持民族自治地方和边远贫困地区发展广播电视事业。"第二十九条规定："县级以上人民政府广播

电视行政部门应采取卫星传送、无线转播、有线广播、有线电视等多种方式,提高农村广播电视覆盖率。"这些规定对支持边远贫困地区发展广播电视事业有了法律上的保障。

三、广播电台和电视台

广播电台、电视台是指采编、制作并通过有线或无线的方式播放广播电视节目的机构。

（一）设立广播电台、电视台的条件

设立广播电台、电视台,应有符合国家规定的广播电视专业人员、技术设备和必要的场所,有必要的基本建设资金和稳定的资金保障。

（二）广播电台、电视台的设立

1. 广播电台、电视台的设立

（1）中央的广播电台、电视台的设立。中央的广播电台、电视台由国务院广电总局设立。地方设立广播电台、电视台的,由县、不设区的市以上地方人民政府广播电视行政部门提出申请,本级人民政府审查同意后,逐级上报,经广电总局审查批准后,方可筹建。

中央的教育电视台由教育部设立,报广电总局审查批准。

（2）地方广播电台、电视台的设立。广播电台、电视台由县、不设区的市以上人民政府广播电视行政部门设立,其中教育电视台可以由设区的市、自治州以上人民政府教育行政部门设立。

地方设立教育电视台的,由设区的市、自治州以上地方人民政府教育行政部门提出申请,征得同级广播电视行政部门同意并经本级人民政府审查同意后,逐级上报,经教育部审核,由广电总局审查批准后,方可筹建。

（3）乡镇及其他机关、企事业单位设立广播电视站。2004年8月10日实施的《广播电视站审批管理暂行规定》第三条规定:"市辖区、乡镇以及企事业单位、大专院校可申请设立广播电视站。"乡、镇设立广播电视站的,由所在地县级以上人民政府广播电视行政部门负责审核,并按照广电总局的有关规定审批。机关、部队、团体、企业事业单位可以设立有线广播电视站,每个申请单位只能设立一个广播电视站,并只能在广播电视行政部门核定的区域范围内播出广播电视节目。市辖区、大专院校和国有或国有控股特大型企业设立的广播电视站确有需要,可在公共频道中插播少量自办的本单位新闻、专题以及广告等电视节目,通过有线方式传输。但乡镇设立的广播电视站不得自办电视节目。

(4)广播电台、电视台的外资进入问题。1997 年的《广播电视管理条例》第十条第二款明确规定:"国家禁止设立外资经营、中外合资经营和中外合作经营的广播电台、电视台。"我国的广播电视作为执政党和政府的"喉舌",它自诞生之日起就担负着政治宣传的任务,以社会效益最大化为价值标准。广播电视产业在追求效益的时候,必须把社会效益放在首位,在确保社会效益的前提下实现其经济效益,这是我国广播电视产业化发展中必须始终坚持的原则。政府担心外资进入会影响政府对舆论导向的控制,政治标准被降低,这就是为什么禁止外资进入广播电视领域的原因。

随着对外开放的逐步深入和国家文化交流的日益扩大,2003年 12 月 30 日,广电总局下发了《关于促进广播影视产业发展的意见》,明确提出了要进一步扩大投融资渠道、放宽市场准入的制度措施,其中关于广播电视节目制作业,允许境外有实力有影响的影视制作机构、境内国有电视节目制作单位合资组建由中方控股的节目制作公司。广电总局和商务部于 2004 年 11 月 28 日联合公布了《中外合资、合作广播电视节目制作经营企业管理暂行规定》,第一次允许外资可以通过合资、合作成立广播影视节目制作公司。

2005 年 8 月 5 日由文化部等部委联合制定的《国务院关于非公有资本进入文化产业的若干决定》指出:"非公有资本不得投资

设立和经营通讯社、报刊社、出版社、广播电台(站)、电视台(站)、广播电视发射台(站)、转播台(站)、广播电视卫星、卫星上行站和收转站、微波站、监测台(站)、有线电视传输骨干网等。"所以,外资进入中国广播电视领域还受到一定程度的限制。

2. 对广播电台、电视台的审查批准

经批准筹建的广播电台、电视台,应按照国家规定的建设程序和广播电视技术标准进行工程建设。建成后经广电总局审查符合条件的,发给广播电台、电视台许可证。广播电台、电视台应按照许可证载明的台名、台标、节目设置范围和节目套数等事项制作、播放节目。广播电台、电视台不得出租、转让播出时段。

3. 广播电台、电视台的变更、终止和暂时停止播出

广播电台、电视台变更台名、台标、节目设置范围或节目套数的,应经广电总局批准。广播电台、电视台终止,应按照原审批程序申报,其许可证由广电总局收回。

广播电台、电视台因特殊情况需要暂时停止播出的,应经省级以上人民政府广播电视行政部门同意;未经批准,连续停止播出超过 30 日的,视为终止,应依照规定办理有关手续。

4. 广播电台、电视台受法律保护

作为经有关部门审查后依法设立的广播电台、电视台,其活动受法律保护,任何单位和个人不得冲击广播电台、电视台,不得损坏广播电台、电视台的设施,不得危害其安全播出。

四、广播电视传输覆盖网

1. 广播电视传输覆盖网

广播电视传输覆盖网,由广播电视发射台、转播台(包括差转台、收转台,下同)、广播电视卫星、卫星上行站、卫星收转站、微波站、监测台(站)及有线广播电视传输覆盖网等构成。

广电总局对全国广播电视传输覆盖网按照国家的统一标准实

行统一规划,并实行分级建设和开发。县级以上地方人民政府广播电视行政部门组建和管理本行政区域内的广播电视传输覆盖网。

2. 设立广播电视发射台、转播台、微波站、卫星上行站

设立广播电视发射台、转播台、微波站、卫星上行站,应持广电总局核发的频率专用指配证明,向国家或省级无线电管理机构办理审批手续,领取无线电台执照。

广播电视发射台、转播台应按照广电总局的有关规定发射、转播广播电视节目,经核准使用的频率、频段不得出租、转让,已经批准的各项技术参数不得擅自变更,不得擅自播放自办节目和插播广告。

3. 广播电视传输覆盖网的管理

(1)区域性有线广播电视传输覆盖网的管理。同一行政区域只能设立一个区域性有线广播电视传输覆盖网。区域性有线广播电视传输覆盖网,由县级以上地方人民政府广播电视行政部门设立和管理。区域性有线广播电视传输覆盖网的规划、建设方案,由县级人民政府或设区的市、自治州人民政府的广播电视行政部门报省级广播电视行政部门批准后实施,或由省级人民政府广播电视行政部门报广电总局批准后实施。

(2)利用卫星方式传输广播电视节目的管理。广播电台、电视台利用卫星方式传输广播电视节目及传输广播电视节目的卫星空间段资源的管理和使用,应符合国家规定的条件,并经广电总局审核批准。

安装和使用卫星广播电视地面接收设施,应按照国家有关规定向省级人民政府广播电视行政部门申领许可证。进口境外卫星广播电视节目解码器、解压器及其他卫星广播电视地面接收设施,应经广电总局审查同意。

(3)禁止性规定。未经批准,任何单位和个人不得擅自利用有

线广播电视传输覆盖网播放节目,任何单位和个人不得侵占、干扰广播电视专用频率,不得擅自截传、干扰、解扰广播电视信号,不得侵占、哄抢或以其他方式破坏广播电视传输覆盖网的设施。

五、广播电视节目

1. 节目设置

广播电台、电视台应按照广电总局批准的节目设置范围开办节目。

广播电视节目由广播电台、电视台和省级以上人民政府广播电视行政部门批准设立的广播电视节目制作经营单位制作。广播电台、电视台不得播放未取得广播电视节目制作经营许可的单位制作的广播电视节目。

2. 禁载内容

广播电台、电视台应提高广播电视节目质量,增加国产优秀节目数量,禁止制作、播放载有下列内容的节目:

(1)危害国家的统一、主权和领土完整的;

(2)危害国家的安全、荣誉和利益的;

(3)煽动民族分裂,破坏民族团结的;

(4)泄露国家秘密的;

(5)诽谤、侮辱他人的;

(6)宣扬淫秽、迷信或渲染暴力的;

(7)法律、行政法规规定禁止的其他内容。

广播电台、电视台对其播放的广播电视节目内容,应进行播前审查,重播重审。

3. 电视剧的制作发行

(1)国家鼓励民营资本进入电视剧制作发行领域。2003 年 12 月,广电总局下发的《关于促进广播影视产业发展的意见》,开始全面放开对经营性资源的资本运作,允许各类所有制机构作为经营主体进入非新闻宣传类的广电节目制作业。2005 年 8 月公布的《国务院关于非公有资本进入文化产业的若干决定》明确规定：鼓励和支持非公有资本进入电影电视剧制作发行领域。2004 年我国共生产电视剧 11500 部集，已经成为世界上第一电视剧大国，其中民营影视企业和其他社会力量的投资就占到了制作资金的80%。在电影市场上热映的《天下无贼》、《可可西里》等国产大片，都是由民营公司制作的。广播影视市场化、产业化、企业化改革的加快，增加了广播影视的影响力，提高了广播影视节目质量，丰富了人民群众的精神文化生活。

（2）电视剧制作单位的设立。设立电视剧制作单位，应经国家广电总局批准，取得电视剧制作许可证后，方可制作电视剧。电视剧制作单位应制作完成广电总局规定数量的国产电视剧后，方可与港澳台或外国合作制作电视剧。

（3）电视剧审查。国产电视剧制作单位、境内外合作制作电视剧的境内方应在电视剧制作完成后，按规定报相应的电视剧审查机构审查。广电总局设立电视剧审查委员会，负责审查境内外合作制作电视剧、进口电视剧、聘请境外演职员参与制作的国产电视剧、中央单位所属电视剧制作单位制作的以及与地方单位联合制作并使用中央单位《电视剧制作许可证》的电视剧。

（4）电视剧的出口。电视剧制作单位可以出口或委托其他机构出口其制作并取得《电视剧发行许可证》的电视剧，可以发行或委托其他机构按照国家规定发行其制作并取得《电视剧发行许可证》的国产电视剧。

4. 广播电视节目交流、交易活动

举办国际性、全国性的广播电视节目交流、交易活动，应经国家广电总局批准，并由指定的单位承办。举办区域性广播电视节目交流、交易活动，应经举办地的省级人民政府广播电视行政部门批准，并由指定的单位承办。未经批准，任何单位和个人不得举办广播电视节目的交流、交易活动。

5. 其他管理规定

(1)语言文字管理。广播电台、电视台应使用规范的语言文字,广播电台、电视台应推广全国通用的普通话。2001年1月1日起施行的《中华人民共和国国家通用语言文字法》第十二条明确规定:"广播电台、电视台以普通话为基本的播音用语。"第十四条规定:"广播、电影、电视用语用字,应以国家通用语言文字为基本的用语用字。"

在播音用语中,也可以使用方言,不过需经广播电视部门或省级广播电视部门批准。需要使用外国语言为播音用语的,须经广播电视部门批准。

(2)境外节目管理。境外电视节目是指供电视台播出的境外电影、电视剧(电视动画片)(以下称境外影视剧)及教育、科学、文化等其他各类电视节目(以下称其他境外电视节目)。

用于广播电台、电视台播放的境外电影、电视剧,必须经广电总局审查批准。用于广播电台、电视台播放的境外其他广播电视节目,必须经广电总局或其授权的机构审查批准。未经审批的境外电视节目,不得引进、播出。

经批准引进的其他境外电视节目,应重新包装、编辑,不得直接作为栏目在固定时段播出。节目中不得出现境外频道台标或相关文字的画面,不得出现宣传境外媒体频道的广告等类似内容,不得引进时事性新闻节目。

电视台播出境外影视剧,应在片头标明发行许可证编号。各电视频道每天播出的境外影视剧,不得超过该频道当天影视剧总播出时间的25%;每天播出的其他境外电视节目,不得超过该频道当天总播出时间的15%。未经广电总局批准,不得在黄金时段(19:00～22:00)播出境外影视剧。

(3)转播广播电视节目。地方广播电台、电视台或广播电视站,应按照广电总局的有关规定转播广播电视节目。2002年4月6日广电总局颁布的《关于进一步加强中央、省级广播电视节目转播管理工作的通知》明确规定:"各地应按要求完整转播中央台和本省(区、市)广播电台、电视台的第一套节目。以无线方式转播并用批准的频率(频道)满时间、满功率、满调幅地转播中央台和省级第一套广播电视节目。以有线方式并用标准频道完整转播中央电视台所有对内非加密收费频道、省级电视台的各套节目(加密、收费频道、对外宣传频道除外)。有条件的,还应转播中央和本省(区、市)的其他节目。"

(4)广播电台、电视台广告播放的管理。《广播电视管理条例》第四十二条规定:"广播电台、电视台播放广告,不得超过国务院广电总局规定的时间。"2004年1月1日国家广电总局实施的《广播电视广告播放管理暂行办法》(以下简称《办法》)中对"规定的时间"有详细规定:各播出机构的每套节目中,每天播放广告的总量不得超过节目播出总量的20%;广播电台在11:00至13:00之间、电视台在19:00至21:00之间,其每套节目中每小时的广告播出总量不得超过节目播出总量的15%。在黄金时间内播放的电视剧中间不得插播广告;在其他时间播放电视剧时,每集中间允许插播一次广告,插播时间不得超过2分30秒。

广播电台、电视台应播放公益性广告,每天每套节目中播放公益广告的数量不得少于广告总播出量的3%。广播电视广告应与其他广播电视节目有明显区分,不得以新闻报道形式播放或变相播放广告。时政新闻节目及时政新闻类栏目不得以企业或产品名称冠名。有关人物专访、企业专题报道等节目中不得含有地址、电话、联系办法等广告宣传内容。

《办法》是广电总局第一次以总局令的形式对广播电视广告的内容、播放总量、广告插播、播放监管等进行全面的规定,规范了广播电视广告播放秩序,切实尊重和维护了广大人民群众的利益,有利于进一步促进广播电视业的健康发展。

（5）其他规定。广播电台、电视台应按照节目预告播放广播电视节目；确需要换、调整原预告节目的，应提前向公众告示。广电总局在特殊情况下，可以作出停止播出、更换特定节目或指定转播特定节目的决定。

教育电视台应按照国家有关规定播放各类教育教学节目，不得播放与教学内容无关的电影、电视片。

六、法律责任

（一）刑事法律责任

有下列行为之一，构成犯罪的，依法追究刑事责任：

（1）制作、播放、向境外提供含有禁载内容节目的；

（2）危害广播电台、电视台安全播出，破坏广播电视设施的。

（二）行政法律责任

1. 行政处罚

本节涉及的行政处罚种类包括：警告；罚款；没收非法所得、没收非法财物；吊销许可证等四种行政处罚。

（1）擅自设立广播电台、电视台、教育电视台、有线广播电视传输覆盖网、广播电视站的，由县级以上人民政府广播电视行政部门予以取缔，没收其从事违法活动的设备，并处投资总额1倍以上2倍以下的罚款。擅自设立广播电视发射台、转播台、微波站、卫星上行站的，由县级以上人民政府广播电视行政部门予以取缔，没收其从事违法活动的设备，并处投资总额1倍以上2倍以下的罚款；或由无线电管理机构依照国家无线电管理的有关规定予以处罚。

（2）擅自设立广播电视节目制作经营单位或擅自制作电视剧及其他广播电视节目的，由县级以上人民政府广播电视行政部门予以取缔，没收其从事违法活动的专用工具、设备和节目载体，并处1万元以上5万元以下的罚款。

（3）制作、播放、向境外提供含有禁载内容节目的，由县级以上人民政府广播电视行政部门责令停止制作、播放、向境外提供，收缴其节目载体，并处1万元以上5万元以下罚款；情节严重的，由原批准机关吊销许可证；违反治安管理规定的，由公安机关依法给予治安管理处罚。

（4）有下列行为之一，由县级以上人民政府广播电视行政部门责令停止违法活动，给予警告，没收违法所得，可并处2万元以下的罚款；情节严重的，由原批准机关吊销许可证：

A. 未经批准，擅自变更台名、台标、节目设置范围或节目套数的；

B. 出租、转让播出时段的；

C. 转播、播放广播电视节目违反规定的；

D. 播放境外广播电视节目或广告的时间超出规定的；

E. 播放未取得广播电视节目制作经营许可的单位制作的广播电视节目或未取得电视剧制作许可的单位制作的电视剧的；

F. 播放未经批准的境外电影、电视剧和其他广播电视节目的；

G. 教育电视台播放禁止播放的节目的；

H. 未经批准，擅自举办广播电视节目交流、交易活动的。

（5）有下列行为之一的，由县级以上人民政府广播电视行政部门责令停止违法活动，给予警告，没收违法所得和从事违法活动的专用工具、设备，可以并处2万元以下的罚款；情节严重的，由原批准机关吊销许可证：

A. 出租、转让频率、频段，擅自变更广播电视发射台、转播台技术参数的；

B. 广播电视发射台、转播台擅自播放自办节目、插播广告的；

C. 未经批准，擅自利用卫星方式传输广播电视节目或以卫星等传输方式进口、转播境外广播电视节目的；

D. 未经批准，擅自利用有线广播电视传输覆盖网播放节目或

擅自进行广播电视传输覆盖网的工程选址、设计、施工、安装的;

E. 侵占、干扰广播电视专用频率,擅自截传、干扰、解扰广播电视信号的。

(6)危害广播电台、电视台安全播出的,破坏广播电视设施的,由县级以上人民政府广播电视行政部门责令停止违法活动;情节严重的,处2万元以上5万元以下的罚款;造成损害的,侵害人应依法赔偿损失。

2. 行政处分

广播电视行政部门及其工作人员在广播电视管理工作中滥用职权、玩忽职守、徇私舞弊,尚不构成犯罪的,依法给予行政处分。

思考题

名词术语解释:

电影制片单位　中外合作摄制电影　联合摄制　协作摄制　委托摄制电影审查制度

简答题:

1. 电影法律关系的主体和客体各指什么?

2. 为什么需要对设立电影制片单位作出适当规定?

3. 电影事业发展专项资金扶持、资助的项目有哪些?

4. 中外合作摄制的电影应本着什么样的要求?

文化产业政策与法规

第七章　文化娱乐与休闲服务类法律法规

　　文化娱乐休闲产业是城市产业体系的重要组成部分,它对优化城市产业结构、增进社会协调、改善人文居住环境、激发城市活力具有不可替代的作用。从世界现代化进程来看,发展休闲产业是生产力水平发展到一定程度的必然要求。在发达国家的经济中心城市中,随着其综合实力的增强,终将发展成为娱乐休闲产业的聚集地,比如意大利米兰的足球体育业,德国法兰克福的展览业,瑞士日内瓦的旅游业等都是城市经济的支柱产业,这已经成为一个国际性的发展潮流。

　　我国的文化娱乐休闲产业起步较晚,但发展较为迅速,因为法律法规的不完善,使文化娱乐休闲市场出现了一些混乱局面。为维护文化娱乐休闲市场秩序,加强对文化娱乐休闲服务的管理,国家有关部门制定了相关的法律法规,来规范市场,促进市场的健康发展。

第一节　文化娱乐市场管理

一、文化娱乐市场管理法规概述

1. 娱乐场所的概念

娱乐场所,是指以营利为目的,并向公众开放、消费者自娱自乐的歌舞、游艺等场所。它主要包括以下五类：

(1)营业性歌舞娱乐场所,包括歌厅、舞厅、卡拉OK厅、夜总会等;

(2)营业性游艺娱乐场所,包括电子游戏机、游艺机娱乐场所,以及台球、保龄球等游戏、游艺娱乐场所;其中电子游戏机,是指通过电子屏幕显示活动声光、影像的游艺机具;

(3)营业性多功能综合娱乐场所;

(4)其他兼营娱乐项目的场所,包括含有表演活动的酒吧、茶座、餐厅、咖啡厅等营业性场所;设有卡拉OK包房或卡拉OK设备等娱乐设备的茶座、餐厅等营业性场所;

(5)其他营业性歌舞、游艺等场所。

2. 文化娱乐市场管理法规概述

1951年8月15日公安部下发《公共娱乐场所暂行管理规则》,对公共娱乐场所加强管理。随着"四清"运动的开展,这些娱乐项目作为资产阶级的生活方式统统被扫荡无遗。

改革开放之初的1979年,广州东方宾馆开设了国内第一家音乐茶座。随即,营业性舞厅等经营性娱乐场所在各大城市争相开业,我国第一次出现了文化市场。1980年6月14日公安部、文化部联合发布了《关于取缔营业性舞会和公共场所自发舞会的通知》,禁止开办营业性舞会。1983年5月5日公安部、文化部又联合发布了《关于取缔伤风败俗舞会的通报》,再次重申,严禁任何单位和个人开办营业性舞会和变相营业性舞会。

1984年10月19日中共中央宣传部、文化部、公安部联合发布《关于加强舞会管理问题的通知》,对舞会的限制有所放松,认为舞会"对活跃文化生活起了一定积极作用",可以有条件地举办经营性舞会。1987年2月17日文化部、公安部、国家工商局联合发布了《关于改进舞会管理问题的通知》,第一次明确了举办营业性舞会的合法性质,不仅允许各机关、团体、企事业单位、文化艺术单位、对内开放的宾馆、饭店及展览馆等,可举办向群众售票的营业性舞会。个别条件的文化个体户,也可试办营业性舞会。

随着社会主义商品经济的发展和人民生活水平的提高,文化娱乐市场日益活跃,继舞厅、音乐茶座开放以后,台球、电子游戏机、"卡拉OK"等娱乐活动的经营网点逐渐增多,丰富了人民群众的文化娱乐生活。1990年4月30日《文化部、公安部关于加强台球、电子游戏机娱乐活动管理的通知》、《文化部关于加强"卡拉OK"娱乐活动管理的通知》同时公布,加强了对经营台球、电子游戏机、"卡拉OK"娱乐活动的日常管理,保障了文化娱乐市场的健康发展。

为了打击利用电子游戏机进行赌博的活动,1992年12月9日文化部、公安部联合发布《关于严禁利用电子游戏机进行赌博活动的通知》,依法加强了对电子游戏机经营活动的管理,严禁开办带有赌博性质的电子游戏机经营活动。

为规范和繁荣文化娱乐市场,打击文化娱乐场所中存在的色情、赌博等违法活动,整顿文化娱乐场所的经营秩序,保障公共安全,文化部先后颁布了《营业性歌舞娱乐场所管理办法》(1993)、《关于加强台球、保龄球等娱乐项目管理的通知》(1997)、《关于加强文化娱乐业管理整顿文化娱乐场所经营秩序的通知》(1998)、《公共娱乐场所消防安全管理规定》(1999),对文化娱乐市场中出现的违法经营活动起到了有效的遏制作用。

在此基础上,1999年7月1日文化部制定的《娱乐场所管理条例》施行,就娱乐场所的设立、经营活动、治安管理以及罚则等都作了细致规定,成为娱乐场所管理的基本法规。2006年3月1日新修订的《娱乐场所管理条例》施行,提高了设立娱乐场所的准入门槛,严格了审批条件,明确了开办娱乐场所需持有娱乐经营许可证。

2000年3月29日,某市一音像俱乐部发生重大火灾,酿成74人死亡的惨剧。3月31日,文化部发出关于《加强公共文化单位和文化经营场所安全工作》的紧急通知,其中严格限定:歌舞娱乐场所营业时间最迟不得超过次日凌晨 2 时,营业性游艺厅、录像放映场所的营业时间不得超过午夜 12 时。新修订的《娱乐场所管理条例》进一步规定:每日凌晨 2 时至上午 8 时,娱乐场所不得营业。

为深化行政审批制度改革,推进政务公开,严格公众聚集文化经营场所申办程序,提高审核工作的透明度,2003 年 7 月 23 日文化部发布《公众聚集文化经营场所审核公示暂行办法》,规定申办歌舞娱乐场所、游艺场所和网吧等公众聚集的文化经营场所,县级以上文化行政部门需将有关情况在一定范围和时限内向社会公开发布,根据社会公众的反映,按照有关法律法规来进行审核,批准设立与否。同年 11 月 7 日《文化部关于进一步加强和改进歌舞娱乐场所管理的通知》,积极推广自助消费的量贩式歌舞娱乐场所,鼓励娱乐企业走超市化、规模化、品牌化和连锁经营道路,鼓励经营者积极采用高新技术改进传统娱乐形式,引进开发新的娱乐品种,建设现代化的娱乐产业。

二、娱乐场所的主管部门

县级以上人民政府文化主管部门负责对娱乐场所日常经营活动的监督管理;县级以上公安部门负责对娱乐场所消防、治安状况的监督管理。

国家机关及其工作人员以及与文化主管部门、公安部门的工作人员有夫妻关系、直系血亲关系、三代以内旁系血亲关系以及近姻亲关系的亲属,均不得开办娱乐场所,不得参与或者变相参与娱乐场所的经营活动。

三、娱乐场所的设立

1. 娱乐场所的设立条件

娱乐场所不得设在下列地点:

（1）居民楼、博物馆、图书馆和被核定为文物保护单位的建筑物内；

（2）居民住宅区和学校、医院、机关周围；

（3）车站、机场等人群密集的场所；

（4）建筑物地下一层以下；

（5）与危险化学品仓库毗连的区域。

娱乐场所的边界噪声，应当符合国家规定的环境噪声标准。

娱乐场所的使用面积，不得低于国务院文化主管部门规定的最低标准；设立含有电子游戏机的游艺娱乐场所，应符合国务院文化主管部门关于总量和布局的要求。

外国投资者可以与中国投资者依法设立中外合资经营、中外合作经营的娱乐场所，国家禁止设立外商独资经营的娱乐场所。

2. 娱乐场所从业人员的资格条件

为了保障娱乐场所的健康发展，新修订的《娱乐场所管理条例》对娱乐场所投资者和从业人员有所限制，规定下列人员不得开办娱乐场所或者在娱乐场所内从业：

（1）曾犯有组织、强迫、引诱、容留、介绍卖淫罪，制作、贩卖、传播淫秽物品罪，走私、贩卖、运输、制造毒品罪，强奸罪，强制猥亵、侮辱妇女罪，赌博罪，洗钱罪，组织、领导、参加黑社会性质组织罪的；

（2）因犯罪曾被剥夺政治权利的；

（3）因吸食、注射毒品曾被强制戒毒的；

（4）因卖淫、嫖娼曾被处以行政拘留的。

3. 设立娱乐场所的申请

设立娱乐场所应向所在地县级文化主管部门提出申请；设立中外合资经营、中外合作经营的娱乐场所，应向所在地省级人民政府文化主管部门提出申请。申请设立娱乐场所，应提交投资人员、拟任的法人和其他负责人符合规定的书面声明，申请人应对书面声明内容的真实性负责。受理申请的文化主管部门应就书面声明向公安部门或者其他有关单位核查，经核查属实的，文化主管部门应进行实地检查。予以批准的，颁发娱乐经营许可证，并根据国务院文化主管部门的规定核定娱乐场所容纳的消费者数量；不予批准的，应当书面通知申请人并说明理由。

文化主管部门审批娱乐场所应举行听证。

申请人取得娱乐经营许可证和有关消防、卫生、环境保护的批准文件后，方可到工商行政管理部门依法办理登记手续，领取营业执照。娱乐场所取得营业执照后，应当在 15 日内向所在地县级公安部门备案。娱乐场所不得转包他人经营。

4. 娱乐场所的变更

娱乐场所改建、扩建营业场所或变更场地、主要设施设备、投资人员，或变更娱乐经营许可证载明的事项的，应向原发证机关申请重新核发娱乐经营许可证，并向公安部门备案；需要办理变更登记的，应依法向工商行政管理部门办理变更登记。

四、娱乐场所的经营活动管理

1. 娱乐场所的禁止行为

娱乐场所应该向公众提供健康、有益的歌舞和游艺活动，禁止在娱乐场所从事含有下列内容的活动：

(1)反对宪法确定的基本原则的；

(2)危害国家的统一、主权或领土完整的；

(3)危害国家安全或损害国家荣誉、利益的；

(4)煽动民族仇恨、民族歧视，伤害民族感情或侵害民族风俗、习惯，破坏民族团结的；

(5)违反国家宗教政策，宣扬邪教、迷信的；

(6)宣扬淫秽、赌博、暴力以及与毒品有关的违法犯罪活动，或教唆犯罪的；

（7）违背社会公德或民族优秀文化传统的；

2. 价格行为管理

娱乐场所提供娱乐服务项目和出售商品,应明码标价,并向消费者出示价目表；不得强迫、欺骗消费者接受服务、购买商品。

3. 活动内容管理

（1）歌舞娱乐场所播放的曲目和屏幕画面以及游艺娱乐场所的电子游戏机内的游戏项目,不得含有禁止的内容；歌舞娱乐场所使用的歌曲点播系统不得与境外的曲库联接；

（2）娱乐场所使用的音像制品或者电子游戏应当是依法出版、生产或者进口的产品；

（3）游艺娱乐场所不得设置具有赌博功能的电子游戏机机型、机种、电路板等游戏设施设备,不得以现金或者有价证券作为奖品,不得回购奖品；

（4）歌舞娱乐场所不得接纳未成年人。除国家法定节假日外,游艺娱乐场所设置的电子游戏机不得向未成年人提供。

（5）每日凌晨 2 时至上午 8 时,娱乐场所不得营业。

（6）营业期间,娱乐场所的从业人员应统一着工作服,佩带工作标志并携带居民身份证或者外国人就业许可证。

五、娱乐场所的治安管理

1. 保安制度

娱乐场所应当与保安服务企业签订保安服务合同,配备专业保安人员；不得聘用其他人员从事保安工作。

2. 从业人员管理

从业人员包括娱乐场所的管理人员、服务人员、保安人员和在娱乐场所工作的其他人员。

娱乐场所不得招用未成年人。娱乐场所的从业人员应持有居民身份证；招用外国人的,应按照国家有关规定为其办理外国人就业许可证。

娱乐场所应与从业人员签订文明服务责任书,并建立从业人员名簿;从业人员名簿应包括从业人员的真实姓名、居民身份证复印件、外国人就业许可证复印件等内容。娱乐场所应建立营业日志,记载营业期间从业人员的工作职责、工作时间、工作地点;营业日志不得删改,并留存 60 日备查。

3. 治安管理

娱乐场所的所有人员和活动必须遵守国家法律和法规,不得有下列行为或为进入娱乐场所的人员实施下列行为提供条件:

(1)贩卖、提供毒品,吸食、注射毒品或组织、强迫、教唆、引诱、欺骗、容留他人吸食、注射毒品;

(2)卖淫、嫖娼或组织、强迫、引诱、容留、介绍他人卖淫、嫖娼;

(3)制作、贩卖、传播淫秽物品;

(4)提供或者从事以营利为目的的陪侍;

(5)赌博;

(6)从事邪教、迷信活动;

(7)其他违法犯罪行为。

任何人不得非法携带枪支、弹药、管制器具或者携带爆炸性、易燃性、毒害性、放射性、腐蚀性等危险物品和传染病病原体进入娱乐场所。迪斯科舞厅应当配备安全检查设备,对进入营业场所的人员进行安全检查。

娱乐场所应当在营业场所的大厅、包厢、包间内的显著位置悬挂含有禁毒、禁赌、禁止卖淫嫖娼等内容的警示标志、未成年人禁入或者限入标志,并注明公安部门、文化主管部门的举报电话。娱乐场所应建立巡察制度,发现娱乐场所内有违法犯罪活动的,应立即向所在地县级公安部门、县级人民政府文化主管部门报告。

4. 消防及安全管理

娱乐场所应确保其建筑、设施符合国家安全标准和消防技术规范,定期检查消防设施状况,并及时维护、更新。娱乐场所应制定安全工作方案和应急疏散预案。营业期间,娱乐场所应当保证疏散通道和安全出口畅通,不得封堵、锁闭疏散通道和安全出口,不得在疏散通道和安全出口设置栅栏等影响疏散的障碍物。娱乐场所应当在疏散通道和安全出口设置明显指示标志,不得遮挡、覆盖指示标志。

歌舞娱乐场所应当按照国务院公安部门的规定在营业场所的出入口、主要通道安装闭路电视监控设备,并应当保证闭路电视监控设备在营业期间正常运行,不得中断。歌舞娱乐场所应当将闭路电视监控录像资料留存 30 日备查,不得删改或者挪作他用。

歌舞娱乐场所设置的包厢、包间不得设置隔断,应安装展现室内整体环境的透明门窗,并不得有内锁装置。娱乐场所经营单位应加强防火措施,保证消防设施的正常使用。歌舞娱乐场所容纳的消费者不得超过核定人数。营业期间,歌舞娱乐场所内亮度不得低于国家规定的标准。

六、有关主管部门的监督管理

文化主管部门、公安部门和其他有关部门的工作人员依法履行监督检查职责时,有权进入娱乐场所,在需要查阅闭路电视监控录像资料、从业人员名簿、营业日志等资料时,娱乐场所应当予以配合,及时提供,不得拒绝、阻挠。

文化主管部门、公安部门和其他有关部门应记录监督检查的情况和处理结果,由监督检查人员签字归档,并建立娱乐场所违法行为警示记录系统及相互间的信息通报制度,及时通报监督检查情况和处理结果。公众有权查阅监督检查记录,对列入警示记录的娱乐场所,应当及时向社会公布,并加大监督检查力度。

任何单位或者个人发现娱乐场所内有违法行为的,有权向有关部门举报。文化主管部门、公安部门等有关部门接到举报,应当记录,并及时依法调查、处理;对不属于本部门职责范围的,应当及时移送有关部门。

上级人民政府文化主管部门、公安部门在必要时,可以依照规定调查、处理由下级人民政府文化主管部门、公安部门调查、处理的案件。下级人民政府文化主管部门、公安部门认为案件重大、复杂的,可以请求移送上级人民政府文化主管部门、公安部门调查、处理。

文化主管部门、公安部门和其他有关部门及其工作人员违反规定的,任何单位或者个人可以向依法有权处理的本级或者上一级机关举报。接到举报的机关应当依法及时调查、处理。

七、法律责任

(一)刑事法律责任

有下列情形之一,构成犯罪的,依法追究刑事责任:

1. 娱乐场所违反有关治安管理、消防管理、卫生、环境保护、价格、劳动等法律、行政法规规定,构成犯罪的,依法追究刑事责任;

2. 文化行政主管部门、公安机关和其他有关行政主管部门的工作人员滥用职权、玩忽职守、营私舞弊、参与或包庇违法行为,构成犯罪的。

(二)行政法律责任

1. 行政处罚

本节涉及的行政处罚主要有警告、罚款、责令停业、没收违法所得、吊销营业执照五种。

(1)擅自从事娱乐场所经营活动的,由工商行政管理部门、文化主管部门依法予以取缔;以欺骗等不正当手段取得娱乐经营许可证的,由原发证机关撤销娱乐经营许可证。

(2)娱乐场所实施下列行为之一的,由县级公安部门没收违法所得和非法财物,责令停业整顿 3 个月至 6 个月;情节严重的,由

原发证机关吊销娱乐经营许可证,对直接负责的主管人员和其他直接责任人员处1万元以上2万元以下的罚款:

A. 贩卖、提供毒品,或组织、强迫、教唆、引诱、欺骗、容留他人吸食、注射毒品;

B. 卖淫、嫖娼或组织、强迫、引诱、容留、介绍他人卖淫、嫖娼;

C. 制作、贩卖、传播淫秽物品;

D. 提供或者从事以营利为目的的陪侍;

E. 赌博;

F. 从事邪教、迷信活动。

(3)娱乐场所有下列情形之一的,由县级公安部门责令改正,给予警告;情节严重的,责令停业整顿1个月至3个月:

A. 照明设施、包厢、包间的设置以及门窗的使用不符合规定的;

B. 未按照规定安装闭路电视监控设备或中断使用的;

C. 未按照规定留存监控录像资料或删改监控录像资料的;

D. 未按照规定配备安全检查设备或未对进入营业场所的人员进行安全检查的;

E. 未按照规定配备保安人员的。

(4)娱乐场所有下列情形之一的,由县级公安部门没收违法所得和非法财物,并处违法所得2倍以上5倍以下的罚款;没有违法所得或者违法所得不足1万元的,并处2万元以上5万元以下的罚款;情节严重的,责令停业整顿1个月至3个月:

A. 设置具有赌博功能的电子游戏机机型、机种、电路板等游戏设施设备的;

B. 以现金、有价证券作为奖品,或者回购奖品的。

(5)娱乐场所指使、纵容从业人员侵害消费者人身权利的,应依法承担民事责任,并由县级公安部门责令停业整顿1个月至3个月;造成严重后果的,由原发证机关吊销娱乐经营许可证。

（6）娱乐场所取得营业执照后，未按照规定向公安部门备案的，由县级公安部门责令改正，给予警告。

（7）有下列情形之一的，由县级人民政府文化主管部门没收违法所得和非法财物，并处违法所得1倍以上3倍以下的罚款；没有违法所得或者违法所得不足1万元的，并处1万元以上3万元以下的罚款；情节严重的，责令停业整顿1个月至6个月：

A. 歌舞娱乐场所的歌曲点播系统与境外的曲库连接的；

B. 歌舞娱乐场所播放的曲目、屏幕画面或者游艺娱乐场所电子游戏机内的游戏项目含有禁止内容的；

C. 歌舞娱乐场所接纳未成年人的；

D. 游艺娱乐场所设置的电子游戏机在国家法定节假日外向未成年人提供的；

E. 娱乐场所容纳的消费者超过核定人数的。

（8）娱乐场所有下列情形之一的，由县级人民政府文化主管部门责令改正，给予警告；情节严重的，责令停业整顿1个月至3个月：

A. 变更有关事项，未按照规定申请重新核发娱乐经营许可证的；

B. 在规定的禁止营业时间内营业的；

C. 从业人员在营业期间未统一着装并佩戴工作标志的。

（9）娱乐场所未按照规定建立从业人员名簿、营业日志，或者发现违法犯罪行为未按照规定报告的，由县级人民政府文化主管部门、县级公安部门依据法定职权责令改正，给予警告；情节严重的，责令停业整顿1个月至3个月。

（10）娱乐场所未按照规定悬挂警示标志、未成年人禁入或者限入标志的，由县级人民政府文化主管部门、县级公安部门依据法定职权责令改正，给予警告。

（11）娱乐场所招用未成年人的，由劳动保障行政部门责令改正,并按照每招用一名未成年人每月处 5000 元罚款的标准给予处罚。

（12）娱乐场所违反有关治安管理、消防管理、卫生、环境保护、价格、劳动等法律、行政法规规定的,由公安部门依法予以处罚。

因擅自从事娱乐场所经营活动被依法取缔的,其投资人员和负责人终生不得投资开办娱乐场所或者担任娱乐场所的法定代表人、负责人;娱乐场所因违反规定被吊销或者撤销娱乐经营许可证的,自被吊销或者撤销之日起,其法定代表人、负责人 5 年内不得担任娱乐场所的法定代表人、负责人;娱乐场所因违反规定,2 年内被处以 3 次警告或者罚款又有违反规定的行为应受行政处罚的,由县级人民政府文化主管部门、县级公安部门依据法定职权责令停业整顿 3 个月至 6 个月;2 年内被 2 次责令停业整顿又有违反规定的行为应受行政处罚的,由原发证机关吊销娱乐经营许可证;娱乐场所违反规定被吊销或者撤销娱乐经营许可证的,应当依法到工商行政管理部门办理变更登记或者注销登记;逾期不办理的,吊销营业执照。

娱乐场所及其从业人员与消费者发生争议的,应依照消费者权益保护的法律规定解决;造成消费者人身、财产损害的,由娱乐场所依法予以赔偿。

2. 行政处分

（1）国家机关及其工作人员开办娱乐场所,参与或者变相参与娱乐场所经营活动的,对直接负责的主管人员和其他直接责任人员依法给予撤职或者开除的行政处分。文化主管部门、公安部门的工作人员明知其亲属开办娱乐场所或者发现其亲属参与、变相参与娱乐场所的经营活动,不予制止或者制止不力的,依法给予行政处分;情节严重的,依法给予撤职或者开除的行政处分。

（2）文化主管部门、公安部门、工商行政管理部门和其他有关部门的工作人员有下列行为之一的,对直接负责的主管人员和其他直接责任人员依法给予行政处分；构成犯罪的，依法追究刑事责任：

A. 向不符合法定设立条件的单位颁发许可证、批准文件、营业执照的；

B. 不履行监督管理职责，或者发现擅自从事娱乐场所经营活动不依法取缔，或者发现违法行为不依法查处的；

C. 接到对违法行为的举报、通报后不依法查处的；

D. 利用职务之便，索取、收受他人财物或者谋取其他利益的；

E. 利用职务之便，参与、包庇违法行为，或者向有关单位、个人通风报信的；

F. 有其他滥用职权、玩忽职守、徇私舞弊行为的。

（三）民事法律责任

娱乐场所指使、纵容从业人员侵害消费者人身权利的，应依法承担民事责任。

第二节　旅游服务与管理

旅游从社会学和经济学的角度看是一种社会经济现象，但从其本质及心理机制上来说，它是一种审美现象。其目的是通过游历活动获得身心的愉悦，同时获取一定知识、经验，最终达到对所经历文化的理解和感悟。这是一个带有艺术性和文化性的过程和行为。现代旅游对提高整个民族的现代意识有着积极的作用，它在拓宽视野、解放思想、涵养文化等方面有着深层次的意义。

在旅游业发展过程中，旅游市场上也出现了一些不规范的现象。为进一步加强对旅游市场的管理、保护合法经营、促进健康发展，建立一个公平竞争、合法经营、业务规范、有利发展的良好市场秩序，旅游市场的法律法规建设就显得尤为重要。

一、我国旅行社管理法规概述

1. 旅游行业法规建设的开端——《旅行社管理暂行条例》

1985 年 5 月 11 日,国务院发布了《旅行社管理暂行条例》,明确了旅行社的企业性质、经营类别和管理办法。这是我国旅行社业的第一部行业法规。同年 12 月 27 日,国家旅游局又发布了《国家旅游局关于〈旅行社管理暂行条例〉有关问题的解答》,对一些细节问题作了进一步的具体说明和阐释。

2. 旅游服务和管理的加强——旅行社质量保证金制度的建立

1994 年 9 月 15 日,经国务院批准,国务院办公厅批复国家旅游局《关于加强旅行社质量管理、保护旅游者权益的请示》,原则同意对旅行社实行质量保证金制度。1995 年 1 月 1 日,国家旅游局正式发布《旅行社质量保证金暂行规定》和《旅行社质量保证金暂行规定管理细则》。同年 7 月 1 日,国家旅游局又发布了《旅行社质量保证金赔偿暂行办法》,规范了旅行社质量保证金赔偿的范围和标准问题。

旅行社质量保证金制度的建立,使旅行社加速了新陈代谢、趋向优化的过程,开办旅行社的准入程度提高,实力雄厚的投资者加盟到业内,实力薄弱的投资者被迫退出舞台或被拒之门外。旅行社的企业体制改革步伐加快,旅行社体制老化、运转不灵活、管理不善是长期阻碍行业向更高层次发展的一个重要因素,为解决保证金问题,股份制等各种形式的现代企业制度为旅行社所采纳,给企业发展注入了新的活力。旅游质量监督机构也得到进一步加强,配合保证金制度的实施,国家、省、地(市)三级旅游质量监督机构相继挂牌正式对外受理投诉,我国旅游服务质量体系进一步健全。旅行社质量保证金制度的建立,也使中国旅游业的整体形象进一步改善,海外游客对保证金制度的关注,反映了来华旅游者对服务质量的重视,旅行社将因此增加对外招徕游客的砝码。

3. 旅游法治建设的快速发展——《旅行社管理条例》的发布

1996 年 10 月 15 日国务院发布了《旅行社管理条例》（以下简称《条例》），同日生效。《条例》是对《旅行社管理暂行条例》的补充和完善，它在旅行社类别、设立、经营、管理等方面都有更为明确的规定。它的颁布，进一步加强了对旅行社的管理，保障旅游者和旅行社的合法权益，维护旅游市场秩序，促进旅游业健康发展。根据《条例》，国家旅游局还陆续颁布了《旅行社管理条例实施细则》、《全国旅游质量管理监督所机构组织与管理暂行办法》、《旅行社质量保证金赔偿试行标准》、《旅行社经理资格认证管理规定》、《旅行社办理旅游意外保险暂行规定》、《导游人员管理条例》等，作为条例的配套规章，为将我国旅行社管理纳入法制化轨道，促进我国旅游市场成熟完善，创造规范有序的市场，促进中国旅游业健康发展提供了有力保障。

4. WTO 后的旅游法治建设

2001 年 12 月 11 日我国正式加入世界贸易组织，我国在全面享受世贸组织赋予其成员的各项权利的同时，也将遵守世贸组织的规则和原则，认真履行义务。面临着大量外商的涌入，原先的一些法规已经不能适应这种潮流，所以旅游法规的修订和新法规的制订将不可避免。

在我国加入世贸组织的同一天，国家旅游局发布了《国务院关于修改〈旅行社管理条例〉的决定》，对 1996 年 10 月 15 日发布的《旅行社管理条例》进行修改，最主要的变化是：修改后的《旅行社管理条例》增加了"外商投资旅行社的特别规定"，允许外商投资旅行社，包括外国旅游经营者同中国投资者依法共同投资设立的中外合资经营旅行社和中外合作经营旅行社，可以经营入境旅游业务和国内旅游业务。同年 12 月 27 日，《旅行社管理条例实施细则》也相应作了修改后颁布实施。此后相继发布了《旅行社投保旅行社责任保险规定》、《中国公民出国旅游管理办法》、《出境旅游领队人员管理办法》、《设立外商控股、外商独资旅行社暂行规定》等等。

二、旅行社概述

（一）旅行社的概念及旅行社管理条例的适用范围

1. 旅行社的概念

旅行社，是指有营利目的，从事旅游业务的企业。所称旅游业务，是指为旅游者代办出境、入境手续，招徕、接待旅游者，为旅游者安排食宿等有偿服务的经营活动。

2. 旅行社的法律特征

（1）旅行社是从事旅游业务的企业法人。旅行社是按照《旅行社管理条例》的条件、经旅游管理部门批准、在工商管理部门登记注册、领取营业执照的企业，因此旅行社除了遵守旅游业的相关法律法规，还必须遵守企业法人的相关法律法规，如《中华人民共和国企业法人登记管理条例》等。

（2）旅行社是专门从事旅游业务的企业。其所从事的旅游业务是指在旅行社按照批准的业务范围，从事旅游业的宣传促销，组织招徕旅游者，为其办出境、入境手续，为旅游者安排食宿游购等有偿服务。

（3）旅行社的服务性质是以营利为目的的有偿服务。

3. 旅游法规的适用范围

旅游法规适用于在中国境内设立的旅行社和外国旅行社在中国境内设立的常驻机构（以下简称外国旅行社常驻机构）。其中"旅行社"包括依据条例设立的，从事旅游业务的旅游公司、旅游服务公司、旅行服务公司、旅游咨询公司和其他同类性质的企业。"外国旅行社常驻机构"，是指经国家旅游局审批、外国旅行社在中国境内设立的常驻旅游办事机构。

（二）旅行社分类及其经营业务范围

旅行社按照经营业务范围，分为国际旅行社和国内旅行社。设立国际旅行社，注册资本不得少于 150 万元人民币。其经营范围包括入境旅游业务、出境旅游业务、国内旅游业务。设立国内旅行社，注册资本不得少于 30 万元人民币。国内旅行社的经营范围仅限于国内旅游业务。未经国家旅游局批准，任何旅行社不得经营中国境内居民出境旅游业务和边境旅游业务。

三、旅行社的设立与变更

（一）设立旅行社的条件

设立旅行社，应具备下列条件：

（1）有固定的营业场所。

（2）有必要的营业设施。

（3）有经培训并持有省级以上人民政府旅游行政管理部门颁发的资格证书的经营人员。

（4）旅行社的注册资本，应符合要求：国际旅行社的注册资本不得少于 150 万元人民币，国内旅行社的注册资本不得少于 30 万元人民币。

（5）申请设立旅行社，应按照下列标准向旅游行政管理部门交纳质量保证金：国际旅行社经营入境旅游业务的，交纳 60 万元人民币；经营出境旅游业务的，交纳 100 万元人民币。国内旅行社，交纳 10 万元人民币。质量保证金及其在旅游行政管理部门负责管理期间产生的利息，属于旅行社所有；旅游行政管理部门按照国家有关规定，可以从利息中提取一定比例的管理费。

（二）设立旅行社的程序

1. 设立旅行社的申请

申请设立国际旅行社，应向所在地的省级人民政府管理旅游工作的部门提出申请；省级人民政府管理旅游工作的部门审查同意后,报国家旅游局审核批准。申请设立国内旅行社,应向所在地的省级管理旅游工作的部门申请批准。

2. 申请文件

申请设立旅行社,应提交下列文件:设立申请书;设立旅行社可行性研究报告;旅行社章程;旅行社经理、副经理履历表和规定的资格证书;开户银行出具的资金信用证明、注册会计师及其会计师事务所或审计师事务所出具的验资报告;经营场所证明;经营设备情况证明。

3. 设立旅行社的审核和批准

旅游行政管理部门应自收到申请书之日起 30 日内,作出批复,并通知申请人。旅游行政管理部门应向经审核批准的申请人颁发《旅行社业务经营许可证》,申请人持《旅行社业务经营许可证》向工商行政管理机关领取营业执照。

4. 分社的设立

旅行社每年接待旅游者 10 万人次以上的,可以设立不具有法人资格的分社。国际旅行社每设立一个分社,应增加注册资本 75 万元人民币,增交质量保证金 30 万元;国内旅行社每设立一个分社,应增加注册资本 15 万元人民币,增交质量保证金 5 万元。

旅行社同其设立的分社应实行统一管理、统一财务、统一招徕、统一接待。旅行社设立的分社,应接受所在地的县级以上地方人民政府管理旅游工作的部门的监督管理。

(三)外商投资旅行社的设立与审批

外商投资旅行社,包括外国旅游经营者同中国投资者依法共同投资设立的中外合资经营旅行社和中外合作经营旅行社。外商投资旅行社不得设立分支机构。

1. 外商投资旅行社的注册资本

中外合资经营旅行社的注册资本最低限额为人民币 400 万元。中外合资经营旅行社的注册资本最低限额可以进行调整,调整期限由国家旅游局会同国务院对外经济贸易主管部门确定。中外合资经营旅行社各方投资者的出资比例,由国家旅游局会同国务院对外经济贸易主管部门按照有关规定确定。

外商控股和外商独资旅行社的注册资本也不得少于 400 万元人民币。

2. 投资双方的条件

外商投资旅行社的中国投资者应是依法设立的公司;最近 3 年无违法或重大违规记录;符合国家旅游局规定的审慎的和特定行业的要求。

外商投资旅行社的外国旅游经营者应是本国旅游行业协会的会员;是旅行社或主要从事旅游经营业务的企业;年旅游经营总额 4000 万美元以上。

此外,设立外商控股旅行社的境外投资方,年旅游经营总额应在 5 亿美元以上。

外商控股和外商独资的旅行社,目前只能在国务院批准的国家旅游度假区及北京、上海、广州、深圳、西安 5 个城市设立。

3. 外商投资旅行社的申请与审批

设立外商投资旅行社,由中国投资者向国家旅游局提出申请,并提交规定的文件和规定条件的证明文件。国家旅游局应自受理申请之日起 60 日内对申请审查完毕,作出批复决定。予以批准的,颁发《外商投资旅行社业务经营许可审定意见书》;不予批准的,应书面通知申请人并说明理由。

申请人持《外商投资旅行社业务经营许可审定意见书》以及投资各方签订的合同、章程向国务院对外经济贸易主管部门提出设立外商投资企业的申请。申请人凭《旅行社业务经营许可证》和《外商投资企业批准证书》向工商行政管理机关办理外商投资旅行社的注册登记手续。

4. 业务范围和经营方式

外商投资旅行社可以经营入境旅游业务和国内旅游业务。外商投资旅行社不得经营中国公民出国旅游业务及中国其他地区的人员赴香港特别行政区、澳门特别行政区和台湾旅游的业务。

另外，经国家旅游局审批，外国旅行社还可以在中国设立常驻旅游办事机构，从事旅游咨询、联络、宣传等非经营性活动，但不得经营招徕、接待等旅游业务，包括不得从事订房、订餐和订交通客票等经营性业务。

（四）旅行社名称、经营场所、法人、经营范围的变更

旅行社变更经营范围的，应经原审批的旅游行政管理部门审核批准后，到工商行政管理机关办理变更登记手续；变更名称、经营场所、法人等或停业、歇业的，应到工商行政管理机关办理相应的变更登记或注销登记，并向原审核批准的旅游行政管理部门备案。

四、旅行社的经营

旅行社应按照核定的经营范围开展经营活动。旅行社在经营活动中应遵循自愿、平等、公平、诚实信用的原则，遵守商业道德。

（一）旅行社经营中所禁止的行为

1. 超范围经营

旅行社应按照核定的经营范围开展经营活动，严禁超范围经营。超范围经营主要包括两类：

（1）国内旅行社经营国际旅行社业务。

（2）国际旅行社未经批准经营出国旅游业务、港澳台旅游业务和边境旅游业务。截止到 2002 年 7 月在全国 2000 多家国际旅行社中只有 528 家被批准承办出国旅游业务，它们又被称为组团社，未经批准而承办出国游的均属非法。

2. 不正当竞争

旅行社不得采用下列不正当手段从事旅游业务，损害竞争

对手：

（1）假冒其他旅行社的注册商标、品牌和质量认证标志，主要表现为对服务商标的假冒。所谓服务商标，也称服务标志，指一个旅行社用以区别其他旅行社的服务的专用标志，如中国国际旅行社的服务商标为"CITS"。

（2）擅自使用其他旅行社的名称。

（3）以承包、挂靠或变相承包、挂靠方式非法转让经营权或部分经营权，这实质上是非法转让或变相转让许可证的违规经营行为。

（4）与其他旅行社串通起来制定垄断价格，损害旅游者和其他旅行社的利益。这是一种价格垄断行为，所谓价格垄断行为，是指经营者通过相互串通或滥用市场支配地位，操纵市场调节价，扰乱正常的生产经营秩序，损害其他经营者或消费者合法权益，或危害社会公共利益的行为。2003年6月18日国家发展和改革委员会制定并颁布了《制止价格垄断行为暂行规定》，就是为了鼓励竞争，反对垄断，为不同经营者营造公平的竞争环境。

（5）以低于正常成本价的价格参与竞销。这实际上是一种亏损性经营，行为人在争取到客户甚至排挤了其他竞争对手之后，有可能任意左右价格，侵害消费者利益。该行为的最终目的在于，排挤竞争对手，在英美等国称之为"掠夺性定价销售行为"。

（6）委托非旅行社的单位和个人代理或变相代理旅游业务。非旅行社的单位和个人代理或变相代理的旅游业务，一是使旅游者得不到参加正规旅行社所能提供的旅游保险的保障和旅游服务，二是由于其不属于旅游行业，一旦产生纠纷，旅游部门无法对其进行有效的查处，将会严重损害旅游者的利益。

（7）制造和散布有损其他旅行社的企业形象和商业信誉的虚假信息，诋毁其他旅行社的名誉。这是典型的不正当竞争的手段。商业信誉是经营者在市场竞争中赢得优势地位的资本和支柱，一旦遭到竞争对手的损害,将会对旅行社的经营活动带来不利影响,失去市场竞争优势地位,甚至导致严重的经济损失。

(8)为招徕旅游者,向旅游者提供虚假的旅游服务信息。在旅游活动中,虚假的旅游服务宣传将会使旅游者接受错误的信息,作出错误的选择,严重损害他们的利益,并且对市场竞争规则也是一种破坏。

(9)扰乱旅游市场秩序的其他行为,如回扣行为、侵犯商业秘密的行为、滥用行政权力的限制竞争行为、搭售和附加不合理条件的行为,等等。

所谓回扣行为,是指旅行社或有关人员在旅游活动中,为获取不正当利益,串通经营者,使旅游者在经营者处消费,经营者在账外暗中返还一部分给旅行社或有关人员的行为,这实际上是一种商业贿赂行为,是法律所禁止的行为。

侵犯商业秘密的行为是指行为人采取不正当手段获取、披露、使用权利人的商业秘密,或违反合同约定擅自允许他人使用权利人商业秘密的行为。在旅游业务中,商业秘密尤其是经营信息,是经营者在长期实践中积累起来的,是企业的特殊资产,一旦泄露,将给权利人带来损失。

滥用行政权力的限制竞争行为政府及其所属部门为了保护地区或部门利益,滥用行政权力限制其他经营者正当的经营活动,在旅游市场上表现为一些地方搞市场封锁,限制跨区联合和经营,造成旅游市场地区分割,不利于旅游市场的健康发展。

搭售和附加不合理条件的行为,是指经营者违背购买者或接受服务者的意愿,强行要求购买者和接受服务者购买搭配商品或接受附加的其他不合理条件的行为。

3. 禁止的旅游项目

旅行社不得向旅游者介绍和提供下列旅游项目:

(1)含有损害国家利益和民族尊严内容的;

（2）含有民族、种族、宗教、性别歧视内容的；

（3）含有淫秽、迷信、赌博内容的；

（4）含有其他被法律、法规禁止的内容的。

（二）旅行社经营管理

1. 旅行社与其经营人员

旅行社与其聘用的经营人员，应签订书面合同，约定双方的权利、义务。经营人员未经旅行社同意，不得披露、使用或允许他人使用其所掌握的旅行社商业秘密。

2. 旅游者的权益保护

（1）旅行社的说明和警示义务。旅行社应维护旅游者的合法权益。旅行社应为旅游者提供符合保障旅游者人身、财物安全需要的服务，对有可能危及旅游者人身、财物安全的项目，应向旅游者作出真实的说明和明确的警示，并采取防止危害发生的措施；对旅游地可能引起旅游者误解或产生冲突的法律规定、风俗习惯、宗教信仰等，应事先给旅游者以明确的说明和忠告。如果旅行社对存在安全隐患的情况，没有向旅游者作充分说明、提醒、劝诫、警告或未采取预防性措施，造成旅游者人身安全伤害的，旅游者可向旅行社追究事故责任，并要求相应的赔偿。

旅行社向旅游者提供的旅游服务信息必须真实可靠，不得作虚假宣传。

（2）保险。2001年4月15日，《旅行社投保旅行社责任保险规定》正式出台。《规定》要求自当年9月1日起，全国旅行社必须投保旅行社责任险，同时不再强制要求旅行社代游客购买旅游人身意外险，这是国家旅游局为了有效保护游客和旅行社利益的一个重要举措。旅行社在提供服务中，因疏忽或过失造成未达到国家、行业或合同标准，对游客造成损害，这种情况应属保险责任范围。而如果旅行社提供服务质量都达到国家、行业或合同标准了，旅行社就没有责任。游客获得保险公司及旅行社赔付的前提，必须是因旅行社责任所导致的伤害,游客自身原因导致的伤害,保险公司是不予理赔的。所以为了保护旅游者人身利益,旅行社在组团过程中,必须向旅游者推荐旅游意外险,作为责任险的有益完善和补充。

(3)旅游合同。旅游合同是旅游者与旅游经营者之间设立、变更、终止民事权利、义务关系的协议。旅行社组织旅游者旅游,应与旅游者签订合同,这是保护旅游者合法权益的重要手段。否则发生纠纷后,旅游者没有凭证,合法权益将得不到有效的维护。所签合同应就下列内容作出明确约定:旅游行程(包括乘坐交通工具、游览景点、住宿标准、餐饮标准、娱乐标准、购物次数等)安排、旅游价格和违约责任。如质价不符,旅游者可以按照合同要求旅行社赔偿。

(4)收费。旅行社对旅游者提供的旅行服务项目,按照国家规定收费,应明码标价,质价相符,不得有价格欺诈行为;旅行中增加服务项目需要加收费用的,应事先征得旅游者的同意。

旅行社提供有偿服务,应按照国家有关规定向旅游者出具服务单据。

(5)转团。由于报名人数少不能成团的情况经常发生,部分旅行社在未征得游客同意的情况下随意转团、并团的现象十分突出,是旅游投诉的热点之一。《旅行社条例实施细则》第五十四条规定:"已签约的旅游者转让给其他旅行社出团,但须征得旅游者书面同意;未经旅游者书面同意,擅自将旅游者转让给其他旅行社的,转让的旅行社应承担相应的法律责任。"

(三)出境旅游

旅行社组织中国公民赴港、澳地区和外国旅游,必须安排领队,这是旅行社的法定义务。领队是由旅行社派出,为出境旅游者提供协助、服务,同境外旅行社接洽,督促其履行接待计划,调解纠纷,协助处理意外事件的人员。旅行社为接待旅游者聘用的导游和为组织旅游者出境旅游聘用的领队,应持有省级以上人民政府旅游行政管理部门颁发的资格证书。

旅行社组织旅游者出境旅游,应选择有关国家和地区的依法设立的、信誉良好的旅行社,并与之签订书面协议后,方可委托其承担接待工作。因境外旅行社违约,使旅游者权益受到损害的,组织出境旅游的境内旅行社应承担赔偿责任,然后再向违约的境外旅行社追偿。

(四)旅游投诉

旅游投诉,是指旅游者或旅游经营者为维护自身和他人的旅游合法权益,对损害其合法权益的个人或组织,向旅游行政管理部门提出诉求、请求处理的行为。

因下列情形之一,给旅游者造成损失的,旅游者有权向旅游行政管理部门投诉:

(1)旅行社因自身过错未达到合同约定的服务质量标准的;

(2)旅行社服务未达到国家标准或行业标准的;

(3)旅行社破产造成旅游者预交旅行费损失的。

旅游投诉管理部门是县级及县以上旅游行政主管部门,受理机构是旅游行政主管部门依法设立的旅游投诉管理机关。旅游行政管理部门受理旅游者的投诉,应依照规定处理。

五、旅行社管理的相关制度

(一)许可证制度

旅行社业务经营许可证,是旅行社经营旅游业务的资格证明,由国家旅游局统一印制,由具有审批权的旅游行政管理部门颁发。未经旅游行政管理部门审核批准并取得许可证的,不得从事旅游业务。

许可证分为"国际旅行社业务经营许可证"和"国内旅行社业务经营许可证"两种。许可证上应注明旅行社的名称、许可证编号、企业性质与形式、注册资本和质量保证金、法人和主要负责人、经营范围、颁证日期和有效期等内容。许可证由正本和副本组成，正本应与"旅行社营业执照"一并悬挂在营业场所的醒目位置，以便有关部门检查监督，以及旅行者和其他企业识别；副本用于旅游行政管理部门年检和备查。

许可证有效期为3年，旅行社应在许可证到期前3个月内，持许可证到原颁证机关处换发。严禁私自出借、转让、伪造旅行社业务经营许可证。

（二）年检制度

国家旅游局依据旅游业发展的状况，制定旅行社业务年检考核指标，统一组织全国旅行社业务年检工作，并由各级旅游行政管理部门负责实施。凡在年检年度内经旅游行政部门批准设立并领取许可证的旅行社，均应参加年检。年检的内容是旅行社本年检年度的企业基本情况、业务经营、人员管理、遵纪守法等情况。

年检方式为书面审阅和实地检查两种。年检主管部门在年检年度内对旅行社作出"通过业务年检"、"暂缓通过业务年检"或"不予通过业务年检"等年检结论，并在每年度年检完成前，年检主管部门将以公告的形式对通过和暂缓通过、不予通过的旅行社进行公告。对没有通过业务年检的旅行社，年检主管部门可以根据有关规定注销其许可证，并通知工商行政管理部门注销其营业执照。

（三）质量保证金制度

旅行社质量保证金是由旅行社缴纳，旅游行政管理部门管理，用于保障旅游者权益的专用款项。各类旅行社的缴纳标准为：国际社及中外合资旅行社60万元；国内社10万元；特许经营出境游业务的旅行社另缴纳100万元。

1. 适用范围

（1）旅行社因自身过错未达到合同约定的服务质量标准的；

（2）旅行社服务未达到国家标准或行业标准的；

（3）旅行社破产造成游客预交旅行费损失的。

2. 不适用范围

（1）旅行社因不可抗力因素不能履行合同的，如自然灾害、战争、疾病等。

（2）游客在旅游期间发生人身财物意外事故的。

（3）超过规定的时效和期间的。赔偿请求人请求赔偿的时效期间为 90 天，以请求人受侵害事实发生时计算，超过时效可以不受理。

（4）司法机关已经受理的。

（5）适用旅行社质量保证金赔偿的情形之外的其他经济纠纷。

3. 旅行社质量保证金的赔偿

（1）赔偿条件

保证金的赔偿应符合下列条件：符合保证金赔偿的范围；请求人是旅游合法权益直接受到侵害的游客和其合法代理人；有明确的被投诉旅行社、具体的要求和事实根据。

请求人应向旅游质监部门提交赔偿请求书。旅游质监部门经审查作出受理决定后，应及时将"旅游投诉受理通知书"送达被投诉旅行社，旅行社接到通知书后，应在 30 日内作出书面答复，质监部门应对书面答复进行复查。质监部门处理赔偿请求案件，能够调解的，应在查明事实、分清责任的基础上于 30 内作出调解。

（2）赔偿标准

A. 因旅行社的故意或过失未达到合同约定的服务质量标准，造成旅游者经济损失的，旅行社应按以下标准承担赔偿责任：

旅行社收取旅游者预付款后，因旅行社的原因不能成行，应提前三天（出境旅游应提前七天）通知旅游者，否则应承担违约责任，并赔偿旅游者已交预付款 10％ 的违约金；因旅行社过错造成旅游者误机（车、船），旅行社应赔偿旅游者的直接经济损失，并赔偿经济损失 10％ 的违约金；旅行社安排的观光景点，因景点原因不能游览，旅行社应退景点门票、导游费并赔偿退还费用 20％ 的违约金。

旅行社安排的旅游活动及服务档次与协议合同不符,造成旅游者经济损失,应退还旅游者合同金额与实际花费的差额,并赔偿同额违约金;旅行社安排的饭店和交通工具低于合同约定的等级档次,旅行社应退还旅游者所付费用与费用的差额,并赔偿差额20%的违约金。

B. 导游人员违反有关规定造成旅游者损害的,应按以下标准赔偿损失:

导游未按照国家或旅游行业对客人服务标准的要求提供导游服务的,旅行社应赔偿旅游者所付导游服务费用的2倍。

导游擅自改变活动日程,减少或变更参观,旅行社应退还景点门票、导游服务费并赔偿同额违约金。导游擅自增加用餐、娱乐、医疗保健等项目,旅行社承担旅游者的全部费用。导游违反合同或旅程计划,擅自增加购物次数或旅行社安排的餐厅,因餐厅原因发生质价不符的,每次退还旅游者购物价款或所付餐费的20%。

导游擅自安排旅游者到非旅游部门指定商店购物,所购商品系假冒伪劣商品,旅行社应赔偿旅游者的全部损失;导游私自兜售商品,旅行社应全额退还旅游者购物价款。导游索要小费,旅行社应赔偿被索要小费的2倍。

导游在旅游行程期间,擅自离开旅游团队,造成旅游者无人负责,旅行社应承担旅游者滞留期间所支出的食宿费等直接费用,并赔偿全部旅游费用30%的违约金。

(3)旅行社减轻或免责条件

由于不可抗力因素或旅游者自身原因造成旅游者损害的,旅行社不承担赔偿责任。

旅行社在旅游质量问题发生之前已采取以下措施的,可以减轻或免除其赔偿责任:对旅游质量和安全状况已事先对旅游者给予充分说明、提醒、劝诫、警告的;所发生的质量问题是非故意、非过失或无法预知或已采取了预防性措施的;质量问题发生后,已采取了善后处理措施的。

(四)公告制度

旅游行政管理部门对旅行社实行公告制度。公告包括开业公告、变更名称公告、变更经营范围公告、停业公告、吊销许可证公告。

六、导游人员管理

(一)导游人员概念

导游人员,是指依照规定取得导游证,接受旅行社委派,为旅游者提供向导、讲解及相关旅游服务的人员。

(二)导游人员资格考试

国家实行全国统一的导游人员资格考试制度。

具有高级中学、中等专业学校或以上学历,身体健康,具有适应导游需要的基本知识和语言表达能力的中华人民共和国公民,可以参加导游人员资格考试;经考试合格的,由国务院旅游行政部门或国务院旅游行政部门委托省级人民政府旅游行政部门颁发导游人员资格证书。

(三)导游证

1. 导游证的取得

在中华人民共和国境内从事导游活动,必须取得导游证。取得导游人员资格证书的,经与旅行社订立劳动合同或在导游服务公司登记,方可持所订立的劳动合同或登记证明材料,向省级人民政府旅游行政部门申请领取导游证。

具有特定语种语言能力的人员,虽未取得导游人员资格证书,旅行社需要聘请临时从事导游活动的,由旅行社向省级人民政府旅游行政部门申请领取临时导游证。

2. 有下列情形之一的,不得颁发导游证

(1)无民事行为能力或限制民事行为能力的;

（2）患有传染性疾病的；

（3）受过刑事处罚的，过失犯罪的除外；

（4）被吊销导游证的。

3.导游证的有效期限

导游证的有效期限为3年。导游证持有人需要在有效期满后继续从事导游活动的，应在有效期限届满3个月前，向省级人民政府旅游行政部门申请办理换发导游证手续。

临时导游证的有效期限最长不超过3个月，并不得延期。

（四）导游人员的权利和义务

1.导游人员的权利

导游人员的权利主要有四个方面：人身权、履行职务权、诉权和其他权利。

（1）人身权。导游人员进行导游活动时，其人格尊严应受到尊重，其人身安全不受侵犯。导游人员有权拒绝旅游者提出的侮辱其人格尊严或违反其职业道德的不合理要求。

（2）履行职务权。履行职务权是指导游人员在履行职务时享有的权利，包括：导游人员进行导游活动时不受地域限制的权利；在旅游活动中遇到突发危急事件时，在征得多数旅游者同意后，可以调整或变更旅游计划的权利，等等。

（3）诉权。诉权是指起诉或诉愿的权利，包括投诉权、申请复议权和起诉权。

（4）其他权利。其他权利，主要是指导游人员为了更好地履行职责而应享有的培训权利和升职权利。

2.导游人员的义务

导游人员进行导游活动，必须经旅行社委派，并佩戴导游证。导游人员不得私自承揽或以其他任何方式直接承揽导游业务，进行导游活动。在进行导游活动时，应向旅游者讲解旅游地点的人文和自然情况，介绍风土人情和习俗；但不得迎合个别旅游者的低级趣味,在讲解、介绍中掺杂庸俗下流的内容。

导游人员应严格按照旅行社确定的接待计划,安排旅游者的旅行、游览活动,不得擅自增加、减少旅游项目或中止导游活动,不得向旅游者兜售物品或购买旅游者的物品,不得以明示或暗示的方式向旅游者索要小费。导游人员的职责是向旅游者提供向导、讲解及相关的旅游服务,而向旅游者兜售物品或购买旅游者的物品,不属于其职责范围,这样做很容易因交易上的不公平或不公正而产生纠纷。

导游人员在引导旅游者旅行、游览过程中,应就可能发生危及旅游者人身、财物安全的情况,向旅游者作出真实说明和明确警示,并按照旅行社的要求采取防止危害发生的措施。

导游人员进行导游活动,不得欺骗、胁迫旅游者消费或与经营者串通欺骗、胁迫旅游者消费。所谓欺骗,是指导游人员,或导游人员与经营者串通,故意告知旅游者虚假情况;或故意隐瞒真实情况,诱使旅游者作出错误消费的行为。如在旅游购物中,导游人员明知是假冒伪劣产品,却告知旅游者是货真价实的商品,或故意对旅游者隐瞒该商品的真实情况,诱使旅游者作出购买该产品的错误选择。所谓胁迫,是指给旅游者及其亲友的生命健康、名誉、荣誉、财产等造成损害为要挟,迫使旅游者作出违背真实意愿的行为。

七、法律责任

(一)刑事法律责任

有下列行为之一,构成犯罪的,依法追究刑事责任:

(1)旅游行政管理部门工作人员玩忽职守、滥用职权的;

(2)导游人员进行导游活动,欺骗、胁迫旅游者消费或与经营者串通欺骗、胁迫旅游者消费,情节严重的。

（二）行政法律责任

1. 行政处罚

本节涉及的行政处罚种类包括：警告；罚款；没收非法所得、没收非法财物；责令停业；吊销许可证、吊销营业执照等五种行政处罚。

（1）未取得《旅行社业务经营许可证》或外国旅行社常驻机构经营旅游业务的，由旅游行政管理部门责令停止非法经营，没收违法所得，并处人民币1万元以上5万元以下罚款。

无导游证进行导游活动的，由旅游行政部门责令改正并予以公告，处1000元以上3万元以下的罚款；有违法所得的，并处没收违法所得。

（2）有下列行为的，由旅游行政管理部门责令限期改正；有违法所得的，没收违法所得；逾期不改正的，责令停业整顿15天至30天，可以并处人民币5000元以上2万元以下的罚款；情节严重的，并可以吊销《旅行社业务经营许可证》。

A. 旅行社超范围经营。

B. 旅行社组织旅游，未投保旅行社责任保险的；提供的服务不能保障旅游者人身、财物安全的要求的；对可能危及旅游者人身、财物安全的事宜，没有向旅游者作出真实的说明和明确的警示，并采取防止危害发生的措施。

C. 旅行社对旅游者提供的旅行服务项目，不按照国家规定收费或旅行中擅自增加收费的服务项目。

D. 旅行社为接待旅游者聘用的导游和为组织旅游者出境旅游聘用的领队，没有省级以上人民政府旅游行政管理部门颁发的资格证书。

E. 旅行社组织旅游者出境旅游，没有与有关国家和地区的旅行社签订书面协议的。

F. 外商投资旅行社设立分支机构的。

G. 外商投资旅行社经营中国公民出国旅游业务以及中国其他地区的人赴香港特别行政区、澳门特别行政区和台湾旅游业务的。

(3)旅行社招徕、接待旅游者,没有制作完整记录,没有保存有关文件、资料的或旅行社拒不接受旅游行政管理部门对其服务质量、旅游安全、对外报价、财务账目、外汇收支等经营情况的监督检查的,由旅游行政管理部门责令限期改正,给予警告;逾期不改正的,责令停业整顿3天至15天,可以并处人民币3000元以上1万元以下的罚款。

(4)旅行社被吊销《旅行社业务经营许可证》的,由工商行政管理部门相应吊销营业执照。

(5)旅游行政管理部门受理的投诉,经调查情况属实的,应根据旅游者的实际损失,责令旅行社予以赔偿;旅行社拒不承担或无力承担赔偿责任时,旅游行政管理部门可以从该旅行社的质量保证金中划拨。

(6)旅行社采用不正当手段从事旅游业务、损害竞争对手的,或在旅游过程中没有依法维护旅游者的合法权益的,依照《中华人民共和国商标法》、《中华人民共和国反不正当竞争法》的有关规定处罚。

(7)导游人员未经旅行社委派,私自承揽或以其他任何方式直接承揽导游业务,进行导游活动的,由旅游行政部门责令改正,处1000元以上3万元以下的罚款;有违法所得的,并处没收违法所得;情节严重的,由省级人民政府旅游行政部门吊销导游证并予以公告。

(8)导游人员进行导游活动时,有损害国家利益和民族尊严的言行的,由旅游行政部门责令改正;情节严重的,由省级人民政府旅游行政部门吊销导游证并予以公告;对该导游人员所在的旅行社给予警告直至责令停业整顿。

（9）导游人员进行导游活动时未佩戴导游证的，由旅游行政部门责令改正；拒不改正的，处 500 元以下的罚款。

（10）导游人员擅自增加或减少旅游项目的、擅自变更接待计划或擅自中止导游活动的，由旅游行政部门责令改正，暂扣导游证 3 至 6 个月；情节严重的，由省级人民政府旅游行政部门吊销导游证并予以公告。

（11）导游人员进行导游活动，向旅游者兜售物品或购买旅游者的物品的，以明示或暗示的方式向旅游者索要小费的，或欺骗、胁迫旅游者消费或与经营者串通欺骗、胁迫旅游者消费的，由旅游行政部门责令改正，处 1000 元以上 3 万元以下的罚款；有违法所得的，并处没收违法所得；情节严重的，由省级人民政府旅游行政部门吊销导游证并予以公告；对委派该导游人员的旅行社给予警告直至责令停业整顿。

2. 行政处分

（1）旅游行政管理部门或对外经济贸易主管部门对符合条件的申请人应颁发《旅行社业务经营许可证》、《外商投资企业批准证书》，而不予颁发的或对不符合条件的申请人擅自颁发《旅行社业务经营许可证》、《外商投资企业批准证书》的，对负有责任的主管人员和其他直接责任人员依法给予行政处分；

（2）旅游行政管理部门工作人员玩忽职守、滥用职权，尚不够刑事处罚的，依法给予行政处分。

第三节 公共文化服务与管理

公共文化服务是政府提供的公共服务的重要组成部分，它提供公共文化产品和服务，包括加强城乡公共文化设施建设、发展文化生产力、发布公共文化信息，为城乡居民文化生活和参与文化活动提供必备保障和创造条件。公共文化服务体系是政府主导的、公益性的、传播先进文化和保障大众基本文化需求的各种文化机构和服务的总和。它主要包括博物馆、纪念馆、群众艺术馆、文化馆、公共图书馆、美术馆等公共文化的服务与管理。博物馆管理将在文物保护类法律法规中阐述,这里重点介绍群众艺术馆、文化馆、美术馆、图书馆管理类法律法规。

国务院下发的《关于2005年深化经济体制改革的意见》中明确提出:要"加快公共文化服务体系建设。"文化部部长孙家正在2005年1月全国文化厅局长会议讲话中明确提出,"建立以广大人民群众为服务对象,以政府提供服务为主导方式,以公共文化服务机制、服务设施、服务机构和队伍建设为核心,逐步形成结构合理、发展平衡、网络健全、运营高效、服务优质的覆盖全社会的公共文化服务体系",这给公益性文化的发展指明了方向。

为未成年人提供文化服务,是构建公共文化服务体系的重要环节。为了充分发挥公共文化设施在未成年人思想道德建设中的重要作用,2004年3月19日文化部、国家文物局联合下发了《关于公共文化设施向未成年人等社会群体免费开放的通知》,通知要求:"从2004年5月1日起,全国文化、文物系统各级博物馆、纪念馆、美术馆要对未成年人集体参观实行免票;对学生个人参观可实行半票;家长携带未成年子女参观的,对未成年子女免票。对持有相关证件的现役军人、老年人、残疾人等特殊社会群体,也要实行门票减免或优惠。被确定为爱国主义教育基地的各级各类公共文化设施要积极创造条件对全社会开放。"这些规定促进了公益性文化设施更好地为广大未成年人和社会公众服务。

一、群众艺术馆、文化馆管理

1. 群众艺术馆、文化馆概述

群众艺术馆是组织、指导群众文化艺术活动,培训业余文艺骨干及研究群众文化艺术的文化事业单位,也是群众进行文化艺术活动的场所。文化馆是开展社会宣传教育、普及科学文化知识、组织辅导群众文化艺术(娱乐)活动的综合性文化事业单位和活动场所。

群众艺术馆于 1955 年开始建馆试点,自 1956 年文化部下达《关于群众艺术馆的任务和工作的通知》后,群众艺术馆陆续在省、地、市各级建立,在辅导群众艺术活动,搜集民间艺术等方面作了许多工作。"文革"期间,各级群众艺术馆遭到严重摧残。粉碎"四人帮"以来,群众艺术馆逐步恢复,并有了很大发展。

十一届三中全会以来,随着我国城乡经济体制改革的不断深入,社会主义经济建设呈现出兴旺发达的形势,人民生活日益提高,生活方式和精神状态也发生了很大的变化,群众文化艺术活动不仅成为人们生活中不可缺少的组成部分,也是精神文明建设的重要内容,为了开创群众艺术馆工作的新局面,以适应新形势的需要,1980 年 7 月 14 日文化部发布的《关于加强群众文化工作的几点意见》中明确提出"加强文化馆、文化站和群众艺术馆的建设",整顿、充实、适当发展文化馆和群众艺术馆(以下简称两馆)。1985 年 5 月 6 日文化部颁布了《文化部关于群众艺术馆当前工作的几点意见》。为了加强群众艺术馆、文化馆的建设,增强两馆为社会主义两个文明建设服务的活力,更好地发挥其作用,1992 年 5 月 27 日文化部又颁布了《群众艺术馆、文化馆管理办法》,对群众艺术馆和文化馆的管理作了详尽而具体的规定。

2. 机构设置

省、自治区、直辖市;计划单列市;地(州、盟)、地级市设立群众艺术馆。县、旗、县级市、市辖区设立文化馆。文化主管部门根据需要可适当设立文化馆分馆,属文化馆派出机构。

群众艺术馆与文化馆是业务指导关系。

3. 主要的工作任务

群众艺术馆、文化馆主要的工作任务是组织开展文艺演出、文化科技知识讲座和展览、影视录像发行放映、图书报刊、游艺等群众性文化艺术(娱乐)活动,建立、健全群众文化艺术档案(资料),使两馆成为吸引并满足群众求知、求乐、求美的文化艺术活动中心,并搜集、整理、保护民族民间文化艺术遗产。省级及计划单列市群众艺术馆,可编辑、出版以民族民间优秀文艺作品为主的,思想性、艺术性、趣味性较强的大众文艺报刊;根据需要编辑出版音乐、舞蹈、戏剧、美术、摄影等专门性报刊。

群众艺术馆主要侧重组织具有示范性的活动,引导群众文化活动逐步走向高层次,并辅导、培训文化馆、站业务干部及具有一定水平的文艺社团(队)人员;文化馆则要加强对乡、镇、街道、工矿企业、机关、学校等文化站(室)、俱乐部活动的指导。群众艺术馆要组织、开展群众文化理论研究;文化馆应选择具有指导意义的课题进行调查研究。

4. 两馆的管理

两馆实行馆长负责制。全馆人员实行岗位责任制(经营人员实行承包责任制);在编专业人员实行专业职务聘任制。

根据实际需要,建立健全各项规章制度及管理办法。

两馆设施建设,应纳入当地城市建设总体规划并加以实施。两馆设施属国家公共设施建设,产权属两馆所有,任何单位和个人不得挪用、挤占,违者依法追究其法律责任。

二、公共图书馆管理

图书馆事业是国家教育、科学、文化事业的重要组成部分,在保存和传播人类文明成果,提高人们的文化修养和信息素养,推动社会进步方面发挥着重要的作用。公共图书馆,是社会主义科学、教育、文化事业的重要组成部分,是向社会公众提供图书阅读和知识咨询服务的学术性机构。

1. 图书馆管理概述

早在春秋末期,随着"学术下移",私人著书藏书始开风气。秦汉之际,已有官府与私家藏书。到了宋代,由于雕版印刷术的广泛使用,书籍印行日多,藏书之风益盛。19世纪末叶,西方思想输入中国以后,一批有识之士为传播新学、开启民智,仿效西方图书馆,创建新型藏书楼,对社会公众开放。

中华人民共和国成立以后,公共图书馆事业作为一项重要的社会主义文化教育事业,受到了党和政府的关注和重视。在不同的历史时期,从社会发展和经济建设需求出发,制定了有关图书馆事业的方针政策,导引和推动了公共图书馆事业不断走向发展和繁荣。

1955年文化部颁布了《关于加强与改进公共图书馆工作的指示》,第一次较为全面地对图书馆的性质、任务及业务工作流程了规定。1978年12月,中国科学院颁布了《中国科学院图书情报工作暂行条例》(试行草案)等,进一步明确了各系统图书馆的方针和任务。1980年中央书记处讨论通过了《图书馆工作汇报提纲》,1981年10月,教育部颁布了《中华人民共和国高等学校图书馆工作条例》(1987年10月经修订改名为《普通高等学校图书馆规程》)。1982年11月1日文化部颁布实施了《省(自治区、市)图书馆工作条例》,其中许多规定和原则在现在的图书馆管理工作中仍然适用。文化部等图书馆工作的行政主管部门先后颁布了《关于改进和加强图书馆工作的报告》、《图书馆建筑设计规范》、《关于在县以上图书馆进行评估定级工作的通知》等规范性文件,为图书馆的管理和建设指明了方向。

2. 藏书与目录管理

(1)藏书管理。要注意藏书的完整性,对重要的报刊、丛书、多卷集和其他连续性出版物要力求配齐,并有计划地清理和剔除藏书中不必要的多余复本。馆藏书刊资料,要有步骤地向缩微化过渡。

对新到书刊资料,要及时登记、分编,尽快投入流通。要严格注意图书加工质量,逐步实现分类、编目的规格化、标准化。

（2）目录管理。应分设读者目录和公务目录。读者目录除应设置分类、书名、著者等目录外，还应积极创造条件编制主题目录。要有计划地将旧藏编成书本式目录。目录应有专人组织和管理，定期检查，保持书、目相符。

3. 读者服务工作

图书馆的一切工作都是为了最大限度地满足读者对书刊资料的合理需要。应根据不同的服务对象，确定图书的借阅范围。除根据中央和国家出版主管部门规定对某些书刊停止公开借阅外，不得另立标准，任意封存书刊。善本、孤本以及不宜外借的书刊资料，只限馆内阅览，必要时，经批准可向国内读者提供复制件。

图书流通工作应尽量方便读者。应根据需要和条件，分设各种阅览室，逐步实行开架或半开架借阅制度。出借图书除采用个人、集体、馆际外借外，还应积极开展电话预约和邮寄借书。借阅开放时间要适应读者需要，一般每周不得少于56小时，需要闭馆或变更开放时间，应报请主管部门批准，并预先通知读者。

要积极开展资料缩微和复制工作，逐步开辟声像资料服务。根据读者需要，积极做好书目参考和情报服务工作。编制或利用各种书目索引，系统地介绍和提供有关专题的书刊资料；开展定题服务、跟踪服务、组织代译网等工作。

4. 安全保卫工作

图书馆收藏的书刊资料是国家财产，受法律保护，任何人不得侵占，其他单位不得任意调出。要加强藏书管理，切实做好安全防护工作。

图书馆收藏的图书报刊和档案资料多为易燃物，所以防火很重要。图书馆的耐火等级和层数、面积符合防火要求。书库的建筑面积应加以限制，书库、开架阅览室的藏书区、防火分区隔间应采取防火分隔措施；书库、档案库内不准使用电炉、电视机、电熨斗、电烙铁、电烘箱等设备，不准随便乱拉电线，严禁超负荷用电；

应安装室内外消防给水设备，并设置携带式灭火器。

三、美术馆管理

1. 美术馆概述

美术馆是造型艺术的博物馆，是具有收藏美术精品、向群众进行审美教育、组织学术研究、开展国际文化交流等多职能的国家美术事业机构。美术馆是永久性的文化机构。美术馆及其藏品受法律保护，任何单位、团体、个人不得以任何名义侵占、毁坏或处置。

2. 主要的工作任务

美术馆的工作任务主要有收藏、保管、研究、陈列、展览和对外艺术交流。

（1）收藏。藏品是美术馆业务建设的基础。美术馆代表国家征集古今中外美术作品，以及与美术有关的实物、资料等。各美术馆根据自己的办馆宗旨决定收藏范围和收藏重点。美术馆通过收购、专题征集、接受捐赠和调拨等方式征集藏品。各馆之间经上级部门批准，可以调剂有无，交换藏品。

各馆应制定收藏条例，应由本馆有关专家和相当水平的业务干部、研究人员（或聘请馆外专家参加）组成收藏委员会（或艺术委员会），按民主集中制的原则从事作品收藏。

（2）保管。美术馆必须设立专用库房，建立藏品档案和保管制度，要有可靠的安全保卫措施，并尽快创造现代化的科学保管条件，掌握先进的修复技术，确保藏品完好地流传后世。

（3）研究。研究工作是美术馆业务建设的重要内容，也是开展收藏、陈列等各项业务活动的前提。各馆均应设研究部门，在各业务部门配备专业研究人员，给予研究经费，开展馆内外的学术研究活动。

除设有专职创作机构的美术馆外，其他各美术馆的研究人员和有能力从事研究、创作的业务干部，应享有创作研究经费和创作研究假。应在研究部门内设立艺术档案室,系统收集、科学管理有关美术家、各美术流派的资料。除文字资料外,要特别注意各种形象资料的收集。

(4)陈列、展览。藏品陈列是美术馆面向社会的主要方式,有无长期陈列也是区别美术馆和展览馆的标志之一。各馆应在收藏和研究的基础上,逐步办好系统的长期陈列。美术馆对所有短期展览的展品要录摄资料,作为美术馆档案保藏。各馆之间可以举办藏品交换陈列。

美术馆是向社会开放的审美教育课堂,对在校学生集体参观应给予优待,并主动通过适当方式给予审美引导。

(5)对外艺术交流。美术馆是对外艺术交流的重要场所。为了适应我国对外开放形势的发展,美术馆应该在外事政策允许的范围内,积极开展对外交流活动。

3. 美术馆管理

美术馆实行馆长负责制,建立各职能机构的岗位责任制,制定必要的规章制度、奖惩条例,对于违反规定,经教育不改者应予批评或其他处分;对于贪污、盗窃藏品,或玩忽职守,造成珍贵藏品或贵重设施损毁或其他重大损失的,要根据情节轻重给予行政纪律处分,或依法追究刑事责任。

思考题

名词术语解释:

娱乐场所　旅行社　旅行社质量保证金　导游人员

简答题:

1. 旅行社的法律特征有哪些?

2. 什么是旅游合同? 旅游合同应就哪些内容作出明确的约定?

3. 旅游者有权就旅行社的哪些行为向旅游行政管理部门投诉?

4. 导游人员具有什么样的权利和义务？

5. 外商投资旅行社投资双方应符合哪些条件？

6. 旅行社质量保证金的适用范围和赔偿条件有哪些？

7. 公共文化服务最主要的功能是什么？

案例分析：

1999 年 8 月 2 日，某市成人学校王老师到某旅行社联系外出旅游事宜，双方口头达成了 8 月 3 日至 7 日游览某海滨旅游胜地的旅游合同，王老师预付了 10 个人的旅游费 7000 元。旅游行程分解表中注明，旅游价格包含了人身保险费。8 月 5 日晚，该旅游团在旅游地的一个饭店住宿后，原告王老师及其子王某(14 岁)与其他人等到距饭店不远的海滨浴场游玩，不慎被海浪卷走死亡。为此，海滨浴场给王老师赔偿了浴场门票保险金额 5 万元和其他费用 3 万元。原告王老师在处理儿子的善后事宜时发现，旅行社在旅游团出发前并未给儿子投保，而是事后补办的投保手续，保险公司拒绝给王老师理赔。8 月 6 日，被告旅行社在中国人寿保险公司某市支公司为王某等办理了旅游意外保险。

原告诉称：被告在组织旅游中不履行安全告知义务，以致原告之子王某在海滨浴场玩耍时死亡。被告还没有按规定在出发前为旅游者办理每人 30 万元的旅游意外保险，以致王某死亡的事故发生后，原告不能获得保险公司理赔。请求判令被告给付原告 30 万元保险金额的损失，给原告赔偿精神抚慰金、人身损害赔偿金 20 万元。

被告辩称：原告王老师和其子去海滨浴场游泳，既不是被告安排的旅游项目，也不在被告安排的时间内。王某死亡后，原告已从事故单位海滨浴场获得赔偿。王某死亡与被告无关，不能由被告承担责任。按照中国人寿保险公司该省分公司的旅游意外保险适用条款："年龄在 16 至 65 周岁，身体健康……均可作为被保险人参加保险。"王某不满 16 周岁，不能参加保险。原告要求被告承担赔偿责任，缺乏法律依据，应当驳回其诉讼请求。

1. 王老师和其子王某去海滨浴场游泳，既不是被告安排的旅游项目，也不在被告安排的时间内，旅行社是否需要承担责任？为什么？

2. 王某死亡后，原告已从事故单位海滨浴场获得赔偿，旅行社是否不再需要承担责任？为什么？

3. 本案中，王某不满 16 周岁，是否能参加旅游意外保险？

第八章

网络文化市场管理类法律法规

一、互联网法规概述

1. 互联网概述

互联网产生于 1969 年初,它的前身是阿帕网(ARPA 网),是美国国防部高级研究计划管理局为准军事目的而建立的。到了1972 年,这个系统已经连接了 50 所大学和研究机构的主机。1982 年 ARPA 网又实现了与其他多个网络的互联,从而形成了以 ARPANET 为主干网的互联网。1983 年,美国国家科学基金会 NSF 提供巨资,建立了基于 IP 协议的计算机通信网络 NFS-NET。1986 年,NFSNET 建成后成为互联网的主干网。

中国第一个互联网络是建成于 1989 年的中国科学技术网(CNNET),1994 年 4 月,中国科学技术网第一次实现了与国际互联网的全连接,成为我国第一个与国际互联网连接的网络,标志着中国成了世界网络大家庭中的一员。

互联网自出现以后,对世界政治、经济、军事、科技、文化、社会等领域产生了深刻的影响,它使各国经济与国际经济的联系更为便捷,相互影响更为直接,突出表现在网上媒体、网上教育以及网络银行、网上交易、网上营销等电子商务的蓬勃发展。信息网络化直接导致了军事领域的革命性变革,空前地提高着国家的信息战、网络战能力,数字化部队建设已成为发达国家军队建设的重点。信息网络化还为各种思想文化的传播提供了更为便捷的渠道,大量的信息通过网络介入到社会的各个角落,成为当今文化传播的一个重要手段。

但我们也应该看到,互联网的普及也带来了一些负面影响,江泽民同志在 2000 年 3 月关于《加快发展我国的信息技术和网络技术》的讲话中谈道:"互联网的信息庞杂多样,泥沙俱下,还存在着大量反动、迷信、黄色的内容。可以这样说,由于信息化的发展,已经形成了一个新的思想文化阵地和思想斗争阵地。……对于信息网络化问题,我们的基本方针是积极发展,加强管理,趋利避害,为我所用,努力在全球信息网络化的发展中占据主动地位。"

为了兴利除弊,促进我国互联网的健康发展,维护国家安全和社会公共利益,保护个人、法人和其他组织的合法权益,制订互联网法规就势在必行。

2. 我国互联网法规的起步

为保护计算机信息系统的安全,促进计算机的应用和发展,国务院 1994 年 2 月 18 日以国务院第 147 号令颁布了《计算机信息系统安全保护条例》,这是我国第一个关于信息系统安全方面的法规。1996 年 1 月 23 日国务院 195 号令颁布并施行了《计算机信息网络国际联网管理暂行规定》,这是我国首部网络法规,体现了国家对国际联网实行统筹规划、统一标准、分级管理、促进发展的原则。同年原邮电部发布《中国公用计算机互联网国际联网管理办法》、《计算机信息网络国际联网出入口信道管理办法》,加强了中国公用计算机互联网国际联网和计算机信息网络国际联网出入口的管理。

为加强对我国互联网域名系统的管理,1997 年 5 月 30 日国务院信息化领导小组发布了《中国互联网域名注册暂行管理办法》,同年 6 月 3 日又发布了《中国互联网域名注册实施细则》,对域名的申请、注册、注销、变更等事宜进行了具体规定。此后《中华人民共和国计算机信息网络国际联网管理暂行规定实施办法》、《计算机信息系统安全专用产品检测和销售许可证管理办法》先后发布并施行。

为了加强国际联网的保密管理,确保国家秘密的安全,公安部于 1997 年 12 月 30 日出台了《计算机信息网络国际联网安全保护管理办法》,2000 年 1 月 1 日国家保密局发布并开始执行《计算机信息系统国际联网保密管理规定》,从加强计算机信息网络国际联网的安全保护、维护公共秩序和社会稳定等角度出发做出了相应规定。

为规范互联网信息服务活动,促进互联网信息服务健康有序发展,2000 年 9 月 25 日国务院颁布了《互联网信息服务管理办法》,这是我国首次规范互联网信息服务活动,作为电子商务一个重要内容的信息服务从此有了相应的管理法规。在《办法》中,首次提出了互联网出版的概念,并明确了新闻出版总署对全国互联网出版单位资格审核、对互联网出版内容和活动进行监管的职责。《办法》的颁布标志着我国互联网出版包括互联网游戏出版进入有法可依、依法管理的轨道,有力地促进了互联网信息服务活动有序发展。

为了促进新闻网站电子公告服务健康发展,规范新闻网站电子公告服务业务,2000 年 10 月 8 日中华人民共和国信息产业部发布《互联网电子公告服务管理规定》。

2000 年 11 月 6 日国务院新闻办公室、信息产业部联合发布了《互联网站从事登载新闻业务管理暂行规定》,在维护互联网新闻的真实性、准确性、合法性,规范互联网站登载新闻的业务,促进我国互联网新闻传播事业的发展方面起了重要的推动作用。

为了打击互联网犯罪,保障互联网的运行安全和信息安全,

2000年12月28日，全国人大通过了《维护互联网安全的决定》。

互联网出版是继图书、报纸、期刊、音像制品和电子出版物后出现的又一种出版形态，随着内容资源在互联网发展中的作用越来越突出，网络出版活动将成为互联网上的重要行为之一。在当前从事在线出版业务的网站中，存在着经营主体资格不明确、规章制度不健全、编辑人员素质不高等现象，为了积极鼓励互联网出版的发展，规范互联网出版行为，加强监督管理，促进其健康、有序地发展，2002年6月27日，新闻出版总署和信息产业部联合颁布了《互联网出版管理暂行规定》（以下简称《规定》），对包括互联网游戏出版在内的互联网出版活动提出了全面、具体的管理原则和办法。紧接着《互联网上网服务营业场所管理条例》（2002）、《文化部关于加强互联网上网服务营业场所连锁经营管理的通知》（2003年）等法规相继出台。

3. 我国互联网法规的繁荣发展

2003年4月22日，文化部印发了《关于加强互联网上网服务营业场所管理条例连锁经营管理的通知》，对于促进市场整合，引导互联网上网服务营业场所向规模化、连锁化、主题化、品牌化方向发展有着积极意义。6月5日文化部发布通告，批准中国联通等10家单位从事互联网上网服务营业场所连锁经营业务。

2003年7月1日《互联网文化管理暂行规定》颁布，这是我国互联网文化事业发展历程中的一件大事，打破了部门保护和所有制壁垒，允许国内各种所有制形式企业合法地进入网络文化市场，标志着国家对互联网文化管理法规建设的新起点，实现了互联网文化发展有章可循，互联网文化管理有法可依，对网络文化市场的规范和管理起到了重要作用。

为引导消费者特别是广大青少年合法、科学地使用游戏出版物，2003年8月27日，新闻出版总署发布了《关于在游戏出版物中登载〈健康游戏忠告〉的通知》。同年12月18日，新闻出版总署、信息产业部、国家版权局、全国"扫黄"、"打非"工作小组办公室联合发出了《关于开展对"私服"、"外挂"专项治理的通知》。《通知》中明确了"私服"、"外挂"这种违法行为是指未经许可或授权,私自架设服务器卡,运营或挂接运营合法出版、他人享有著作权的互联网游戏作品,属于非法互联网出版活动,应依法予以严厉打击。

依据《行政许可法》和国务院发布的保留的行政审批项目的决定,2004 年 7 月 1 日文化部公布了《文化部关于修订〈文化部涉外文化艺术表演及展览管理规定〉、〈音像制品批发、零售、出租管理办法〉、〈互联网文化管理暂行规定〉等规章的决定》,对 2003 年颁布的《互联网文化管理暂行规定》进行了一次较大的修改,包括互联网文化产品的定义、行政许可期限、非经营性互联网文化单位的备案程序、经营性互联网文化单位的审批增加提交文件、完善进口互联网文化产品的内容审查程序和文件、实施对国内互联网文化产品的备案制度以及相应的罚则,进一步加大了对含有淫秽色情等违法内容的网络文化产品的处罚力度。

2005 年 3 月 20 日国家信息产业部颁布实施了《非经营性互联网信息服务备案管理办法》,进一步强化了非经营性互联网站的备案制度,凡未合法备案的非经营性网站将会受到严肃处罚。

二、有关互联网的几个概念

1. 互联网文化产品

互联网文化产品是指通过互联网生产、传播和流通的文化产品,主要包括下面两部分:

(1)专门为互联网传播而生产的网络音像(含 VOD、DV 等)、网络游戏、网络演出剧(节)目、网络艺术品、网络动漫画(含 FLASH 等)等互联网文化产品;

(2)将音像制品、游戏产品、演出剧(节)目、艺术品和动漫画等文化产品以一定的技术手段制作、复制到互联网上传播的互联网文化产品。

所谓在"互联网生产、传播和流通"的文化产品包括两个层次的内容：不仅包括将网络以外原有的一些文化产品制作、复制到互联网上进行传播；还包括专门为互联网传播而生产的互联网文化产品：网络音像包含"VOD"（在线视频点播）和"DV"（数码摄像），网络动漫包含网上FLASH等，此外还有专门为互联网生产的演出剧（节）目和艺术品。而利用互联网在线传播音像制品的经营行为应由《音像制品管理条例》予以规范。

互联网文化产品涵盖的范围不仅包括了原来的音像制品、游戏产品、演出剧（节）目、艺术品、动画，还有漫画。漫画原本就是艺术品的一种类别，这次扩展是适应互联网上动漫画结合比较紧密的市场现状，特别是动漫画已经在国内外形成了一个庞大的产业。文化部将按照中宣部和中央文明委的要求，联合有关部门成立支持动漫和电子游戏发展的专项工作小组，制定产业政策，促进该产业的规范和发展。

2. 互联网文化活动

互联网文化活动是指提供互联网文化产品及其服务的活动，主要包括：

（1）互联网文化产品的制作、复制、进口、批发、零售、出租、播放等活动；

（2）将文化产品登载在互联网上，或通过互联网发送到计算机、固定电话机、移动电话机、收音机、电视机、游戏机等用户端，供上网用户浏览、阅读、欣赏、点播、使用或下载的在线传播行为；

网络点播是2004年《互联网文化管理暂行规定》修订时增加的文化服务形式，它是网络媒体发展过程中迅速崛起的一种服务经营模式，特别是网络音乐、网络音像等文化产品，登载在互联网上，或通过互联网发送到计算机、电话机等用户端，供用户点播，这种新型的互联网文化提供服务目前在网上十分盛行。

（3）互联网文化产品的展览、比赛等活动。

互联网文化活动分为经营性和非经营性两类。经营性互联网文化活动是指以营利为目的，通过向上网用户收费或电子商务、广告、赞助等方式获取利益，提供互联网文化产品及服务的活动。非经营性互联网文化活动是指不以营利为目的向上网用户提供互联网文化产品及服务的活动。

3. 互联网文化单位

互联网文化单位，是指经文化行政部门和电信管理机构批准，从事互联网文化活动的互联网信息服务提供者。因为互联网文化活动分为经营性和非经营性两类，所以互联网文化单位的性质也有经营性和非经营性之分。

4. 互联网信息服务

互联网信息服务是指通过互联网向上网用户提供信息的服务活动，它可以分为经营性和非经营性两类。经营性互联网信息服务，是指通过互联网向上网用户有偿提供信息或网页制作等服务活动。非经营性互联网信息服务，是指通过互联网向上网用户无偿提供具有公开性、共享性信息的服务活动。

5. 电子公告服务

电子公告服务，是指在互联网上以电子布告牌、电子白板、电子论坛、网络聊天室、留言板等交互形式为上网用户提供信息发布条件的行为。

三、许可制度、备案制度与互联网文化主管机关

1. 许可制度和备案制度

国家对经营性互联网文化单位、经营性互联网信息服务、互联网上网服务营业场所经营单位等的经营活动实行许可制度；未经许可，任何组织和个人不得设立经营性互联网文化单位、互联网上

网服务营业场所,不得从事经营性互联网信息服务、互联网上网服务经营活动。

国家对非经营性互联网文化单位、非经营性互联网信息服务实行备案制度。未履行备案手续,不得设立互联网文化单位,不得从事互联网信息服务。互联网接入服务提供者不得为未经备案的组织或个人从事非经营性互联网信息服务提供互联网接入服务。

2. 互联网文化主管机关及职责

文化部为互联网活动的中央主管机关。文化部负责制定互联网文化发展与管理的方针、政策和规划,监督管理全国互联网文化活动;依据有关法律、法规和规章,对经营性互联网文化单位实行许可制度,对非经营性互联网文化单位实行备案制度;对互联网文化内容实施监管,对违反国家有关法规的行为实施处罚。

省文化厅(局)负责本行政区域内互联网文化活动的日常管理工作,对申请从事经营性互联网文化活动的单位进行初审,对从事非经营性互联网文化活动的单位进行备案,对从事互联网文化活动违反国家有关法规的行为实施处罚。

四、互联网文化单位设立的条件

1. 互联网文化单位设立的条件

设立经营性互联网文化单位,应符合《互联网信息服务管理办法》的有关规定,并具备以下条件:

(1)有单位的名称、住所、组织机构和章程;

(2)有确定的互联网文化活动范围;

(3)有适应互联网文化活动需要并取得相应从业资格的 8 名以上业务管理人员和专业技术人员;

(4)有 100 万元以上的资金、适应互联网文化活动需要的设备,工作场所以及相应的经营管理技术措施;

(5)法律、法规规定的其他条件。

2. 互联网文化单位设立的申请与审批

申请设立经营性互联网文化单位,应向所在省文化厅(局)提出申请,由省文化厅(局)初审后,报文化部审批。

申请设立经营性互联网文化单位,应采用企业的组织形式,并提交下列文件:

(1)申请书。

(2)企业名称预先核准通知书或营业执照和章程。

(3)资金来源、数额及其信用证明文件。

(4)法人或主要负责人及主要经营管理人员、专业技术人员的资格证明和身份证明文件。

(5)工作场所使用权证明文件。

(6)业务发展报告。

业务发展报告是政府部门在开展审批活动时重要的参照依据,它是政府部门想了解申请从事互联网文化经营活动的单位对互联网文化行业的认识,原来开展业务的情况和今后如何开展互联网文化经营活动的规划和具体措施,主要目的是避免有的企业根本不从事互联网文化经营活动却要求申办网络文化经营许可证。

(7)依法需要提交的其他文件。

对申请设立经营性互联网文化单位的,省文化厅(局)应自受理申请之日起 20 个工作日内提出初审意见上报文化部,文化部自收到初审意见之日起 20 个工作日内做出批复,批准后发给《网络文化经营许可证》。申请设立经营性互联网文化单位,省文化厅(局)只有初审权,没有决定权,必须报文化部审批。按照《行政许可法》,初审无论同意与否均须上报上级单位审批。

申请设立经营性互联网文化单位经批准后,应持《网络文化经营许可证》,按《互联网信息服务管理办法》的有关规定,到所在地电信管理机构或国务院信息产业主管部门办理相关手续。

3. 非经营性互联网文化单位的备案

非经营性互联网文化单位,应在设立以后 60 日内向所在省文化厅(局)备案,备案材料包括以下内容:备案报告书;章程;资金来源、数额及其信用证明文件;法人或主要负责人及主要业务管理人员、专业技术人员的资格证明和身份证明文件;工作场所使用权证明文件;需要提交的其他文件。

互联网文化单位应在其网站主页的显著位置标明文化行政部门颁发的《网络文化经营许可证》编号或备案编号,标明信息产业部或省级电信管理机构颁发的经营许可证编号或备案编号。

4. 互联网文化单位的变更与注销

经营性互联网文化单位改变名称、业务范围,合并或分立,应办理变更手续,并持文化行政部门的《网络文化经营许可证》到当地电信管理机构办理相应的手续;非经营性互联网文化单位改变名称、业务范围,合并或分立,应在变更后 60 日内重新办理备案手续。

互联网文化单位变更地址、法人或主要负责人,或终止互联网文化活动的,应在 30 日内到所在省级文化厅(局)办理变更或注销手续,并到相关省级电信管理机构办理互联网信息服务业务经营许可证的变更或注销手续。经营性互联网文化单位办理变更或注销手续须报文化部备案。

经营性互联网文化单位自取得《网络文化经营许可证》并依法办理企业登记之日起满 180 日未开展互联网文化活动的,由文化部或原审核的省文化厅(局)提请文化部注销《网络文化经营许可证》,同时通知相关省级电信管理机构。

非经营性互联网文化单位停止互联网文化活动的,由原备案的省文化厅(局)注销备案,同时通知相关省级电信管理机构。

五、互联网信息服务

1. 从事经营性互联网信息服务的条件

从事经营性互联网信息服务,除应符合《中华人民共和国电信条例》规定的要求外,还应具备下列条件:

(1)有业务发展计划及相关技术方案;

(2)有健全的网络与信息安全保障措施,包括网站安全保障措施、信息安全保密管理制度、用户信息安全管理制度;

(3)服务项目属于规定范围的,已取得有关主管部门同意的文件。

2. 从事经营性互联网信息服务的申请与审批

从事经营性互联网信息服务,应向省级电信管理机构或国务院信息产业部申请办理互联网信息服务增值电信业务经营许可证(以下简称经营许可证)。

省级电信管理机构或国务院信息产业部应自收到申请之日起60日内审查完毕,作出批复。予以批准的,颁发经营许可证;申请人持经营许可证向企业登记机关办理登记手续。

3. 从事非经营性互联网信息服务的备案

从事非经营性互联网信息服务,应向省级电信管理机构或国务院信息产业部办理备案手续。办理备案时,应提交以下文件:主办单位和网站负责人的基本情况;网站网址和服务项目;服务项目属于规定范围的,已取得有关主管部门的同意文件。

省级电信管理机构对备案材料齐全的,应予以备案并编号。省级电信管理机构和国务院信息产业部门应公布取得经营许可证或已履行备案手续的互联网信息服务提供者名单。

4. 电子公告服务

从事互联网信息服务,拟开办电子公告服务的,应在申请经营性互联网信息服务许可或办理非经营性互联网信息服务备案时,按照国家有关规定提出专项申请或专项备案。

5. 互联网信息服务的变更

互联网信息服务提供者变更服务项目、网站网址等事项的,应提前 30 日向原审核、发证或备案机关办理变更手续。

6. 互联网信息服务的管理

(1)互联网信息服务提供者应按照经许可或备案的项目提供服务,不得超出经许可或备案的项目提供服务。非经营性互联网信息服务提供者不得从事有偿服务。

(2)互联网信息服务提供者应在其网站主页的显著位置标明其经营许可证编号或备案编号,应向上网用户提供良好的服务,并保证所提供的信息内容合法。

(3)从事新闻、出版以及电子公告等服务项目的互联网信息服务提供者,应记录提供的信息内容及其发布时间、互联网地址或域名;互联网接入服务提供者应记录上网用户的上网时间、用户账号、互联网地址或域名、主叫电话号码等信息。

(4)互联网信息服务提供者和互联网接入服务提供者的记录备份应保存 60 日,并在国家有关机关依法查询时,予以提供。

六、审查制度

1. 审查制度

(1)互联网文化产品内容的审查制度。互联网文化单位实行审查制度,有专门的审查人员对互联网文化产品进行审查,保障互联网文化产品的合法性。其审查人员应接受上岗前的培训,取得相应的从业资格。

互联网文化单位发现所提供的互联网文化产品含有禁载内容之一的,应立即停止提供,保存有关记录,向所在省文化厅(局)报告并抄报文化部。

(2)进口互联网文化产品的审查。互联网文化产品进口活动的主体资格是由取得文化部核发的《网络文化经营许可证》的经营性互联网文化单位实施,并报文化部进行内容审查。文化部应自收到内容审查申请书之日起 20 个工作日内(不包括专家评审所需时间)作出批复。

经批准的进口互联网文化产品应在其显著位置标明文化部的批准文号,不得擅自变更节目名称和增删节目内容。自批准之日起一年内未在国内运营的,进口单位应报文化部备案并说明原因;决定终止进口的,文化部撤销其批准文号。

互联网文化单位运营的国产互联网文化产品依照有关规定需要备案的,应在正式运营以后 60 日内报文化部备案,并在其显著位置标明文化部备案编号。

(3)经营性互联网信息服务提供者申请上市或同外商合资、合作的审查。经营性互联网信息服务提供者申请在境内境外上市或同外商合资、合作,应事先经国务院信息产业主管部门审查同意。

2. 禁载内容

互联网文化产品、互联网信息服务、电子公告服务不得提供载有以下内容的文化产品:

(1)反对宪法确定的基本原则的;

(2)危害国家统一、主权和领土完整的;

(3)泄露国家秘密、危害国家安全或损害国家荣誉和利益的;

(4)煽动民族仇恨、民族歧视,破坏民族团结,或侵害民族风俗、习惯的;

(5)破坏国家宗教政策,宣扬邪教、迷信的;

(6)散布谣言,扰乱社会秩序,破坏社会稳定的;

(7)宣扬淫秽、赌博、暴力或教唆犯罪的;

(8)侮辱或诽谤他人,侵害他人合法权益的;

(9)有法律、行政法规和国家规定禁止的其他内容的。

互联网文化产品、互联网信息服务、电子公告服务活动的禁载内容大致相同,只是互联网文化产品要求的禁载内容还增加了一条:危害社会公德或民族优秀文化传统的。

3. 互联网文化产品的备份

互联网文化单位应记录备份所提供的文化产品内容及其时间、互联网地址或域名,记录备份应保存 60 日,并在国家有关部门依法查询时,予以提供。

七、互联网上网服务营业场所管理

(一)互联网上网服务营业场所的概念和主管机关

1. 互联网上网服务营业场所的概念

互联网上网服务营业场所,是指通过计算机等装置向公众提供互联网上网服务的网吧、电脑休闲室等营业性场所。学校、图书馆等单位内部附设的为特定对象获取资料、信息提供上网服务的场所,不属此类。

2. 互联网上网服务营业场所的主管机关

互联网上网服务是一种特殊的服务行业,它是否能够健康、有序地发展,对青少年成长和社会稳定有重要的影响,为加强对"网吧"等互联网上网服务营业场所的管理,《互联网上网服务营业场所管理条例》规定,县级以上人民政府文化行政部门、公安机关、工商行政管理部门、电信管理等其他有关部门都有管理互联网上网服务营业场所的职责。

县级以上人民政府文化行政部门负责互联网上网服务营业场所经营单位的设立审批,并负责对其经营活动的监督管理;公安机关负责对其信息网络安全、治安及消防安全的监督管理;工商行政管理部门负责对其登记注册和营业执照的管理,并依法查处无照经营活动;电信管理等其他有关部门在各自职责范围内,依照相关法律、行政法规的规定,对互联网上网服务营业场所经营单位分别实施有关监督管理。

(二)互联网上网服务营业场所经营单位的设立程序

1. 设立互联网上网服务营业场所经营单位的条件

设立互联网上网服务营业场所经营单位,应采用企业的组织形式,并具备下列条件:

(1)有企业的名称、住所、组织机构和章程;

(2)有与其经营活动相适应的资金;

(3)有与其经营活动相适应并符合国家规定的消防安全条件的营业场所;

(4)有健全、完善的信息网络安全管理制度和安全技术措施;

(5)有固定的网络地址和与其经营活动相适应的计算机等装置及附属设备;

(6)有与其经营活动相适应并取得从业资格的安全管理人员、经营管理人员、专业技术人员;

(7)法律、行政法规和国务院有关部门规定的其他条件,如互联网上网服务营业场所的最低营业面积、计算机等装置及附属设备数量、单机面积的标准等。

2. 设立互联网上网服务营业场所经营单位的申请和审批

设立互联网上网服务营业场所经营单位,应向县级以上地方人民政府文化行政部门提出申请,并提交名称预先核准通知书和章程;法人或主要负责人的身份证明材料;资金信用证明;营业场所产权证明或租赁意向书;依法需要提交的其他文件。

文化行政部门应自收到设立申请之日起 20 个工作日内作出决定;经审查符合条件的,发给同意筹建的批准文件。申请人完成筹建后,持同意筹建的批准文件到同级公安机关申请信息网络安全和消防安全审核。公安机关应自收到申请之日起 20 个工作日内作出决定;经实地检查并审核合格的,发给批准文件。申请人持公安机关批准文件向文化行政部门申请最终审核。文化行政部门应自收到申请之日起 15 个工作日内作出决定;经实地检查并审核合格的,发给《网络文化经营许可证》。申请人持许可证到工商行政管理部门申请登记注册,领取营业执照后方可开业。

3. 互联网上网服务营业场所的变更

经营单位变更营业场所地址或对营业场所进行改建、扩建,变更计算机数量或其他重要事项的,应经原审核机关同意;变更名称、住所、法人或主要负责人、注册资本、网络地址或终止经营活动的,应依法到工商行政管理部门办理变更登记或注销登记,并到文化行政部门、公安机关办理有关手续或备案。

(三)信息网络安全管理、消防安全管理和其他管理

1. 信息网络安全管理

信息网络安全是指防止信息网络本身及其采集、加工、存储、传输的信息数据被故意或偶然的非授权泄露、更改、破坏或使信息被非法辨认、控制,即保障信息的可用性、机密性、完整性、可控性。

因为信息网络自身的脆弱性,网络信息容易受到破坏,主要包括:在信息输入、处理、传输、存储、输出过程中存在的信息被篡改、伪造、破坏、窃取、泄露等不安全因素;信息网络自身在操作系统、数据库以及通信协议等方面存在安全漏洞和隐蔽信道等不安全因素;在其他方面如磁盘高密度存储受到损坏造成大量信息的丢失,存储介质中的残留信息泄密等方面均存在不安全因素。所以对信息网络安全的管理就显得至关重要。

为了保障信息网络的安全,《互联网上网服务营业场所》第十五条规定:"互联网上网服务营业场所经营单位和上网消费者不得进行下列危害信息网络安全的活动:

(1)故意制作或传播计算机病毒以及其他破坏性程序的;

(2)非法侵入计算机信息系统或破坏计算机信息系统功能、数据和应用程序的;

(3)进行法律、行政法规禁止的其他活动的。"

2. 互联网上网服务营业场所的消防安全管理

2002 年 6 月 16 日凌晨,某市一家网吧突然喷出熊熊火焰,短短一个小时中,25 条生命告别了这个世界。这场大火迅速引发了中国网吧的一次大整顿,全国各地纷纷开始对网吧进行严查整顿,《互联网上网服务营业场所管理条例》就是当年 11 月 15 日正式颁布实施的。互联网上网服务营业场所的消防安全引起了社会的极大关注。

为了保障在互联网上网服务营业场所上网用户的生命和财产安全,上网服务经营单位应依法履行治安和消防安全职责,并遵守下列规定:

(1)禁止明火照明和吸烟并悬挂禁止吸烟标志;

(2)禁止带入和存放易燃、易爆物品;

(3)不得安装固定的封闭门窗栅栏;

(4)营业期间禁止封堵或锁闭门窗、安全疏散通道和安全出口;

(5)不得擅自停止实施安全技术措施。

3. 其他管理规定

(1)中学、小学校园周围 200 米范围内和居民住宅楼(院)内不得设立互联网上网服务营业场所。互联网上网服务营业场所每日营业时间限于 8 时至 24 时,不得通宵营业。

(2)互联网上网服务营业场所经营单位不得涂改、出租、出借或以其他方式转让《网络文化经营许可证》;不得经营非网络游戏;不得接纳未成年人进入营业场所。

(3)互联网上网服务营业场所经营单位应通过依法取得经营许可证的互联网接入服务提供者接入互联网,不得采取其他方式接入互联网。互联网上网服务营业场所经营单位提供上网消费者使用的计算机必须通过局域网的方式接入互联网,不得直接接入互联网。

(4)互联网上网服务营业场所经营单位和上网消费者不得利

用网络游戏或其他方式进行赌博或变相赌博活动。

（5）互联网上网服务营业场所经营单位应对上网消费者的身份证等有效证件进行核对、登记，并记录有关上网信息。登记内容和记录备份保存时间不得少于60日，并在文化行政部门、公安机关依法查询时予以提供。登记内容和记录备份在保存期内不得修改或删除。

八、法律责任

（一）刑事法律责任

在1997年3月15日全国人民代表大会通过的《中华人民共和国刑法》中对计算机犯罪有具体规定，2000年12月28日第九届全国人民代表大会常务委员会《关于维护互联网安全的决定》中也有对于互联网安全方面的刑事法律责任的内容，此外《互联网上网服务营业场所管理条例》《最高人民法院、最高人民检察院关于办理利用互联网、移动通信终端、声讯台制作、复制、出版、贩卖、传播淫秽电子信息刑事案件具体应用法律若干问题的解释》都对计算机犯罪所要承担的刑事法律责任有具体规定。总结起来，本章涉及的计算机犯罪主要有以下10种：

1. 互联网文化单位或互联网上网服务营业场所经营单位及上网消费者利用营业场所制作、下载、复制、发布、传播或以其他方式使用含有禁止内容信息，构成犯罪的，依法追究刑事责任：

（1）利用互联网造谣、诽谤或发表、传播其他有害信息，煽动颠覆国家政权、推翻社会主义制度，或煽动分裂国家、破坏国家统一。

（2）通过互联网窃取、泄露国家秘密、情报或军事秘密。

（3）利用互联网煽动民族仇恨、民族歧视，破坏民族团结。

（4）利用互联网组织邪教组织、联络邪教组织成员，破坏国家法律、行政法规实施。

（5）在互联网上建立淫秽网站、网页，提供淫秽站点链接服务，或传播淫秽书刊、影片、音像、图片；明知他人实施制作、复制、出版、贩卖、传播淫秽电子信息犯罪，为其提供互联网接入、服务器托管、网络存储空间、通信传输通道、费用结算等帮助的，对直接负责的主管人员和其他直接责任人员，以共同犯罪论处；利用互联网、移动通信终端、声讯台贩卖、传播淫秽书刊、影片、录像带、录音带等以实物为载体的淫秽物品的，依照《最高人民法院关于审理非法出版物刑事案件具体应用法律若干问题的解释》的有关规定定罪处罚。

2. 侵入国家事务、国防建设、尖端科学技术领域的计算机信息系统的，处三年以下有期徒刑或拘役。

3. 对计算机信息系统功能进行删除、修改、增加、干扰，造成计算机信息系统不能正常运行，后果严重的，或对计算机信息系统中存储、处理或传输的数据和应用程序进行删除、修改、增加的操作，故意制作、传播计算机病毒等破坏性程序，影响计算机系统正常运行，后果严重的，处五年以下有期徒刑或拘役；后果特别严重的，处五年以上有期徒刑。

4. 利用互联网销售伪劣产品或对商品、服务作虚假宣传，损害他人商业信誉和商品声誉，侵犯他人知识产权，编造并传播影响证券、期货交易或其他扰乱金融秩序的虚假信息，构成犯罪的，依照刑法有关规定，追究刑事责任。

5. 非法截获、篡改、删除他人电子邮件或其他数据资料，侵犯公民通信自由和通信秘密，利用互联网进行诈骗、敲诈勒索，构成犯罪的，依照刑法有关规定追究刑事责任。

6. 利用计算机实施金融诈骗、盗窃、贪污、挪用公款、窃取国家秘密或其他犯罪的，依照有关规定定罪处罚。

7. 文化行政部门、公安机关、工商行政管理部门或其他有关部门及其工作人员，利用职务上的便利收受他人财物或其他好处，违法批准不符合法定设立条件的互联网上网服务营业场所经营单位,或不依法履行监督职责,或发现违法行为不予依法查处,触犯刑律的,对直接负责的主管人员和其他直接责任人员依照刑法关于受贿罪、滥用职权罪、玩忽职守罪或其他罪的规定,依法追究刑事责任。

8. 擅自设立互联网上网服务营业场所,或擅自从事互联网上网服务经营活动,触犯刑律的,依照刑法关于非法经营罪的规定,追究刑事责任。

9. 互联网上网服务营业场所经营单位涂改、出租、出借或以其他方式转让《网络文化经营许可证》,触犯刑律的,依照刑法关于伪造、变造、买卖国家机关公文、证件、印章罪的规定,追究刑事责任。

10. 违反国家有关信息网络安全、治安管理、消防管理、工商行政管理、电信管理等规定,触犯刑律的,依法追究刑事责任。

(二)行政法律责任

1. 行政处罚

本节涉及的行政处罚种类包括:警告;罚款;没收非法所得、没收非法财物;责令停业;吊销许可证等五种行政处罚。

(1)擅自设立互联网上网服务营业场所,或擅自从事互联网上网服务经营活动的,由工商行政管理部门或由工商行政管理部门会同公安机关依法予以取缔,查封其从事违法经营活动的场所,扣押从事违法经营活动的专用工具、设备,由工商行政管理部门没收违法所得及其从事违法经营活动的专用工具、设备;违法经营额1万元以上的,并处违法经营额5倍以上10倍以下的罚款;违法经营额不足1万元的,并处1万元以上5万元以下的罚款。

未经批准,擅自从事经营性互联网文化活动的,由省级以上人民政府文化行政部门依据《无照经营查处取缔办法》的规定予以查处。

未取得经营许可证,擅自从事经营性互联网信息服务,或超出许可的项目提供服务的,擅自开展电子公告服务或超出经批准的类别、栏目提供电子公告服务的,由省级电信管理机构责令限期改正,有违法所得的,没收违法所得,处违法所得 3 倍以上 5 倍以下的罚款;没有违法所得或违法所得不足 5 万元的,处 10 万元以上 100 万元以下的罚款;情节严重的,责令关闭网站。

(2)互联网上网服务营业场所经营单位涂改、出租、出借或以其他方式转让《网络文化经营许可证》,由文化行政部门吊销《网络文化经营许可证》,没收违法所得;违法经营额 5000 元以上的,并处违法经营额 2 倍以上 5 倍以下的罚款;违法经营额不足 5000 元的,并处 5000 元以上 1 万元以下的罚款。

(3)未履行备案手续提供非经营性互联网信息服务的,由住所所在省通信管理局责令限期改正,并处 1 万元罚款;拒不改正的,关闭网站。超出备案的项目提供服务,或未在其备案编号下方链接信息产业部备案管理系统网址的,或未将备案电子验证标识放置在其网站指定目录下的,由住所所在省通信管理局责令限期改正,并处 5000 元以上 1 万元以下罚款;拒不改正的,关闭网站并注销备案。

非经营性互联网信息服务提供者未在规定时间履行备案变更手续,或未依法履行备案注销手续的,由住所所在省通信管理局责令限期改正,并处 1 万元罚款。

(4)互联网上网服务营业场所经营单位利用营业场所制作、下载、复制、查阅、发布、传播或以其他方式使用含有禁止内容信息的,由公安机关给予警告,没收违法所得;违法经营额 1 万元以上的,并处违法经营额 2 倍以上 5 倍以下的罚款;违法经营额不足 1 万元的,并处 1 万元以上 2 万元以下的罚款;情节严重的,责令停业整顿,直至由文化行政部门吊销《网络文化经营许可证》。上网消费者有上述违法行为的,由公安机关依照治安管理处罚条例的规定给予处罚。

经营性互联网文化单位,提供含有禁载内容的互联网文化产品,或提供未经文化部批准进口的互联网文化产品的,由省级以上人民政府文化行政部门责令停止提供,没有违法所得的,处1万元以下罚款;有违法所得的,没收违法所得,并处1倍以上3倍以下罚款,但最高不超过3万元;情节严重的,责令停业整顿直至吊销《网络文化经营许可证》。违反《互联网信息服务管理办法》的,移交公安机关依法查处。非经营性互联网文化单位,有上述行为之一的,由省级以上人民政府文化行政部门责令停止提供,处1000元以下罚款。违反《互联网信息服务管理办法》的,移交公安机关依法查处。

互联网信息服务提供者发现其网站传输的信息明显属于禁载内容之一的,没有立即停止传输,保存有关记录,并向国家有关机关报告的,由省级电信管理机构责令改正;情节严重的,对经营性互联网信息服务提供者,并由发证机关吊销经营许可证,对非经营性互联网信息服务提供者,并由备案机关责令关闭网站;互联网文化单位发现所提供的互联网文化产品含有禁载内容之一的,没有立即停止提供,保存有关记录,并向所在省级人民政府文化行政部门报告的,由省级以上人民政府文化行政部门予以警告,责令限期改正,从事经营性互联网文化活动的并处5000元以下罚款,从事非经营性互联网文化活动的,并处500元以下罚款。

(5)互联网文化单位运营进口互联网文化产品未在其显著位置标明文化部批准文号或擅自变更节目名称和增删节目内容的,运营国产互联网文化产品逾期未报文化部备案或未在其显著位置标明文化部备案编号的,由省级以上人民政府文化行政部门责令限期改正,经营性互联网文化单位并处5000元以下罚款;非经营性互联网文化单位,并处500元以下罚款。

(6)互联网文化单位没有在其网站主页的显著位置标明文化行政部门颁发的《网络文化经营许可证》编号或备案编号的,由省级以上人民政府文化行政部门予以警告,责令限期改正,从事经营性互联网文化活动的并处 5000 元以下罚款,从事非经营性互联网文化活动的,并处 500 元以下罚款。

互联网信息服务提供者未在其网站主页上标明其经营许可证编号或备案编号的,电子公告服务提供者未刊载经营许可证编号或备案编号、未刊载电子公告服务规则或未向上网用户作发布信息需要承担法律责任提示的,由省级电信管理机构责令改正,处5000 元以上 5 万元以下的罚款。

(7)互联网文化单位有下列行为之一的,由省级以上人民政府文化行政部门予以警告,责令限期改正,经营性互联网文化单位可并处 5000 元以下罚款,非经营性互联网文化单位并处 500 元以下罚款:

A. 经营性互联网文化单位改变名称、业务范围,合并或分立,没有依据规定办理变更手续的,非经营性互联网文化单位改变名称、业务范围,合并或分立,没有重新办理备案手续的;

B. 互联网文化单位变更地址、法人或主要负责人,或终止互联网文化活动的,没有办理变更或注销手续的;

C. 互联网文化单位没有实行审查制度,或没有设专门的审查人员的。

(8)互联网上网服务营业场所经营单位变更名称、住所、法人或主要负责人、注册资本、网络地址或终止经营活动,未向文化行政部门、公安机关办理有关手续或备案的,由文化行政部门或公安机关依据各自职权给予警告,可以并处 15000 元以下的罚款;情节严重的,责令停业整顿,直至由文化行政部门吊销《网络文化经营许可证》。

(9)互联网上网服务营业场所经营单位违反消防安全规定的,由公安机关给予警告,可以并处 15000 元以下的罚款;情节严重的,责令停业整顿,直至由文化行政部门吊销《网络文化经营许可证》。

(10)互联网文化单位没有记录备份所提供的文化产品内容及

其时间、互联网地址或域名的;从事新闻、出版以及电子公告等服务项目的互联网信息服务提供者,没有记录提供的信息内容及其发布时间、互联网地址或域名;互联网接入服务提供者没有记录上网用户的上网时间、用户账号、互联网地址或域名、主叫电话号码等信息的,由省级电信管理机构责令改正;情节严重的,由省级电信管理机构责令停业整顿或责令暂时关闭网站。

(11)未经上网用户同意,向他人非法泄露上网用户个人信息的,由省级电信管理机构责令改正;给上网用户造成损害或损失的,依法承担法律责任。

(12)对违反国家有关信息网络安全、治安管理、工商行政管理、电信管理等规定的,由公安机关、工商行政管理部门、电信管理机构依法处罚;情节严重的,由原发证机关吊销许可证件。

(13)互联网上网服务营业场所经营单位有下列行为之一的,由文化行政部门或公安机关依据各自职权给予警告,可以并处15000元以下的罚款;情节严重的,责令停业整顿,直至由文化行政部门吊销《网络文化经营许可证》:

A. 在规定的营业时间以外营业的;

B. 接纳未成年人进入营业场所的;

C. 经营非网络游戏的;

D. 擅自停止实施经营管理技术措施的;

E. 未悬挂《网络文化经营许可证》或未成年人禁入标志的;

F. 向上网消费者提供的计算机未通过局域网的方式接入互联网的;

G. 未建立场内巡查制度,或发现上网消费者的违法行为未予制止,未向文化行政部门、公安机关举报的;

H. 未按规定核对、登记上网消费者的有效身份证件或记录有关上网信息的;

I. 未按规定时间保存或在保存期内修改、删除登记内容、记录备份的。

2. 行政处分

本章涉及的行政处分有降级、撤职、开除三种。

(1)电信管理机构和其他有关主管部门及其工作人员,玩忽职守、滥用职权、徇私舞弊,疏于对互联网信息服务的监督管理,造成严重后果,对直接负责的主管人员和其他直接责任人员依法给予降级、撤职直至开除的行政处分。

(2)文化行政部门、公安机关、工商行政管理部门或其他有关部门及其工作人员,利用职务上的便利收受他人财物或其他好处,违法批准不符合法定设立条件的互联网上网服务营业场所经营单位,或不依法履行监督职责,或发现违法行为不予依法查处,依法给予降级、撤职或开除的行政处分。

(3)文化行政部门、公安机关、工商行政管理部门或其他有关部门的工作人员,从事或变相从事互联网上网服务或互联网上网服务营业场所经营单位的经营活动的,依法给予降级、撤职或开除的行政处分;文化行政部门、公安机关、工商行政管理部门或其他有关部门有上述行为的,对直接负责的主管人员和其他直接责任人员依法给予行政处分。

(三)民事法律责任

利用互联网侵犯他人合法权益,构成民事侵权的,依法承担民事责任。

互联网文化单位提供的文化产品,使公民、法人或其他组织的合法利益受到侵害的,互联网文化单位应依法承担民事责任。

思考题

名词术语解释:

互联网文化产品　互联网文化活动　互联网文化单位　电子公告服务

互联网上网服务营业场所　信息网络安全

简答题：

1. 互联网文化活动的内容有哪些？

2. 从事经营性互联网信息服务需要什么条件？

3. 上网服务经营单位应如何履行消防安全职责？

4. 危害信息网络安全的活动主要有哪些？

第九章 美术品市场管理及拍卖类法律法规

第一节　美术品市场管理

一、美术品市场管理法规概述

　　新中国成立之初,我国的艺术领域曾经一度繁荣,但是由于特殊的政治形势,艺术领域的法治建设却一直比较落后。1962 年 4 月 30 日,中共中央批转中宣部定稿的《关于当前文学艺术工作若干问题的意见(草案)》发布执行,主要内容包括贯彻执行"百花齐放"、"百家争鸣"的方针;正确开展文艺批评;批判地继承民族遗产和吸收外国文化等,被称为文艺界的一部宪法,有力地推动了我国艺术的发展。

　　改革开放后,我国的艺术领域再度繁荣起来,艺术法规建设开始起步。为了加强美术品经营活动的管理,1979 年文化部下发《关于加强国画展销、收售、出口管理试行办法的通知》,1980 年国务院批转了《文化部关于整顿国画收售混乱情况的报告》,在一定程度上制止了当时在美术品经营上的混乱局面,规范了市场秩序。

　　为了开创社会主义艺术事业的新局面,保证重点艺术创作工作的进行,推动艺术改革和创新,提高精神产品的质量,在 1985 年 1 月 1 日实施的《艺术创作基金暂行条例》中,文化部决定设立艺术创作基金,以鼓励艺术创作。之后《文化艺术品出国(境)和来华展览管理办法》(1990)、《关于加强引进外国艺术表演和艺术展览管理的意见》(1992)相继出台,对于加强涉外文化艺术展览管理起到了重要作用。

为了加强城市雕塑的建设和管理,维护城市的艺术形象,1993 年 9 月 14 日文化部、建设部发布了《城市雕塑建设管理办法》。9 月 15 日文化部下发了《关于加强美术市场管理工作的通知》和《文化部关于加强美术品出厂管理工作的通知》,对美术品经营活动和美术品出厂进行了规范和监督管理,抑制了美术品经营的混乱状况。同年 10 月 12 日,文化部又颁布了《文化艺术品出国和来华展览管理细则》,加强了对文化艺术品进出境展览的归口管理,对于主办跨国展览的单位作了资格限定,规定了相应的报批程序。

1994 年 11 月 25 日文化部发布施行了《美术品经营管理办法》,这是当时艺术品市场管理唯一的部门规章,它的颁布对于繁荣和培育美术品市场、逐步规范市场秩序起到了重要的推动作用。

1997 年 2 月 14 日海关总署发布的《中华人民共和国海关对进口展览品监管办法》,规定了进口展览品需向海关申报的具体程序,包括明确办法所涵盖的进口展览品的范围;规定进口展览品来华举办展览会的单位,应将有关的批准文件,事先抄送展出地海关,并向展出地海关备案;对于进口展览品应履行的手续作了较为详细的规定。同年 8 月 1 日文化部发布了《文化部涉外文化艺术表演及展览规定》,明确了文化部负责全国涉外文化艺术表演及展览活动的归口管理和宏观调控的职能,规定了申请从事涉外商业和有偿文化艺术表演及展览(展销)活动资格的经营机构和经营场所需具备的条件及其资格认定程序,并制定了相应的处罚措施。这些政策法规为艺术品进出境的管理提供了法律依据,虽然在很多方面仍需完善,但在一定程度上避免了艺术品进出境的随意性,促进了艺术交流,有力遏制了民族艺术精品的流失。此后国务院有关机构相继颁布了《传统工艺美术保护条例》(1997)、《关于加强美术展览活动广告管理的通知》(1998)、《艺术档案管理办法》(2002),加强了对传统工艺美术保护、美术展览活动广告和艺术档案的管理。

随着美术品市场的不断发展,1994 年 11 月 25 日颁布的《美术品经营管理办法》已经不能适应客观需要,为配合《行政许可法》的颁布实施,2004 年 7 月 1 日修订后的《美术品经营管理办法》(以下简称"新《办法》")颁布实施,新《办法》中先后取消了美术品经营单位的审批、美术品拍卖单位和拍卖活动的审批以及国内美术品展览、比赛的审批,将文化行政部门的角色定位为"制定美术品市场的发展规划",强调由市场来调节美术品经营者的行为;并且进一步降低了准入条件,首次允许外资进入,对经营主体的限制越来越少。新《办法》的颁布对转变文化行政管理部门职能、引导美术品经营单位规范执业,保护创作者的知识产权,建立艺术品市场信用管理体系、建立美术品经营单位信用档案制度起到了积极的作用。

二、美术品、美术品经营活动和主管机关

1. 美术品、美术品经营活动和美术品市场

美术品,是指绘画作品、书法篆刻作品、雕塑雕刻作品、艺术摄影作品、装置艺术作品、工艺美术作品等及其上述作品的有限复制品。

美术品经营活动,是指美术品的收购、销售、租赁、装裱、经纪、评估、咨询以及商业性美术品展览、比赛等活动。通过购买和销售直接完成美术作品所有权的转移,通常称之为美术品市场的一级市场,这类经营行为主要通过画廊、画店及美术品公司来完成。美

术品市场的二级市场是以经纪行为为主的市场,指通过第三方的中介行为,完成作品所有权的转移,主要是通过拍卖和经纪公司来运作。另外,还有与美术品销售有直接关系的各种服务类的经营活动,如评估、鉴定、展览等。

2. 主管机关

文化部负责全国美术品经营活动的监督管理工作,制定美术品市场的发展规划,审批美术品进出口经营活动。县级以上地方人民政府文化行政部门负责本行政区域内美术品经营活动的日常监督管理工作。

三、从事美术品经营活动的经营单位的申请与审批

(一)设立美术品经营单位的条件

1. 设立美术品经营单位的条件

设立从事美术品经营活动的经营单位,应具备下列条件:有经营单位的名称;有固定的经营场所;有与其经营规模相适应的资金;有相应的美术品经营的专业人员及法律、法规规定的其他条件。

符合条件的申请人,应到其住所地县级以上工商行政管理部门申领营业执照,并在领取营业执照之日起 15 日内,到其住所地县级以上文化行政部门备案。

2. 其他经营单位增设美术品经营业务

企业或其他经营单位增设美术品经营业务,应符合规定,并在变更登记之日起 15 日内到住所地县级以上文化行政部门备案。

(二)设立美术品进出口经营单位的申请与审批

1. 设立美术品进出口经营单位的条件

设立从事美术品进出口经营活动的单位,应符合下列条件:

(1)有经营单位的名称;

(2)有相应的组织机构;

（3）有固定的经营场所；

（4）有不少于 300 万元人民币的注册资金；

（5）有相应的美术品经营的专业人员；

（6）有健全的外汇财务制度；

（7）有独立承担民事责任的能力；

（8）法律、法规规定的其他条件。

符合上述条件的申请人，应按照国家关于进出口经营资格的有关规定办理手续，并在领取营业执照之日起 15 日内，到其住所地县级以上文化行政部门备案。

相对于美术品经营单位的设立，美术品进出口经营单位的设立条件要求要严格一些。因为美术品的进出口政策与其他文化产品有所不同，美术品是不可再生的，优秀的美术品在若干年后就是文物，如果不事先采取措施进行保护，以后我们可能要花费巨资来保护我国的文化财产。另外，由于受国外市场审美趣味的影响，一些含有反动政治内容的美术品在国际上展出，可能会给我国的国际声誉带来负面影响。因此有必要加强美术品进出口经营活动的管理，完善进出口审核制度。

美术品进出口活动比较复杂，进出口的形式比较多，有进出口单位经常性的进出口销售活动，也有不定期的单次进出境展览展销活动。对美术品进出口的审核制度主要有两个方面：一是加强对活动可行性的审核，二是重点审核展品内容。

2. 申请和审批

从事美术品进出口经营活动，应向文化部提出申请并报送以下材料：进出口单位的资质证明；进出口美术品的来源地、目的地、名录、图片和介绍；审批部门要求的其他材料。

文化部在受理申请之日起 15 个工作日内做出批复。申报单位持文化部的批准文件办理进出境手续。

（三）涉外商业性美术品展览活动的审批

1. 申请材料

涉外商业性美术品展览活动，应由具备进出口资格的经营单位主办。主办单位应在展览前 30 日，向举办地省级文化行政部门提出申请并报送以下材料：

（1）主办单位的资质证明；

（2）展览的活动方案；

（3）举办单位与其他相关单位签订的合同或协议；

（4）经费预算及资金来源证明；

（5）场地使用协议；

（6）国外来华参展的美术品的名录、图片和介绍；

（7）审批部门要求的其他材料。

2. 审批程序

省级文化行政部门应在受理申请之日起 15 个工作日内提出初审意见，同意的报文化部审批，不同意的说明理由。文化部应在收到省级文化行政部门初审意见之日起 15 个工作日内做出批复决定。申请单位持文化部的批准文件办理展品进出境手续。

四、美术品经营管理

1. 禁载内容

美术品经营单位禁止经营含有以下内容的美术品：

（1）反对宪法确定的基本原则的；

（2）危害国家统一、主权和领土完整的；

（3）危害国家安全或损害国家荣誉和利益的；

（4）煽动民族仇恨、民族歧视，破坏民族团结，或侵害民族风俗、习惯的；

（5）宣扬或传播邪教、迷信的；

（6）扰乱社会秩序，破坏社会稳定的；

(7)宣扬淫秽、赌博、暴力、恐怖或教唆犯罪的；

(8)侮辱或诽谤他人，侵害他人合法权益的；

(9)危害社会公德或民族优秀文化传统的；

(10)有法律、行政法规和国家规定禁止的其他内容的。

2. 美术品经营单位应履行的义务

美术品经营单位应遵守以下规定：

(1)遵守国家有关法律和法规，接受文化行政部门的指导、监督和检查；

(2)有健全的经营管理制度；

(3)有美术品合法来源证明；

(4)经营的美术品明码标价；

(5)依法缴纳税费；

(6)不得经营盗用他人名义的美术品，销售当代美术品作品必须有原作者或原作所有者的委托和销售证明。

3. 艺术品经纪人

在国际市场上，艺术品经纪人制度是比较规范和成熟的，而我国尚未建立完善的艺术品经纪人制度，私人交易的问题依然比较突出，私人交易严重制约了艺术品经纪人的发展。由于缺乏经纪人制度，我国的艺术品市场难以与国际市场接轨，我国艺术品很难通过正规渠道进入国际市场，导致艺术品走私现象严重。私人交易的问题不仅使国家损失了税收，更重要的是破坏了市场秩序，影响了我国艺术市场在国际市场中的信誉。新《办法》第十四条第二款规定："从事美术品经纪活动的专业人员不得在两个或两个以上的美术品中介服务单位执业。"就是要规范艺术品经纪人的行为，提高经纪从业人员的素质和水平，为美术品市场创造公开、公平、公正的竞争环境。

4. 信用档案

县级以上文化行政部门应建立美术品经营单位的信用档案，

将企业的服务承诺、经营情况、消费者投诉情况记录在案,定期向社会公示。

5. 精品保护

文化部对当代艺术品精品实行保护。为了保护国家文化遗产,1989 年 2 月 27 日文化部就发布了《文化部对建国后已故著名书画家作品限制出境的鉴定标准》。2002 年 7 月 7 日文化部又发布了修订后的《文化部 1949 年后已故著名书画家作品限制出境名单》,对已故著名书画家作品分为"作品一律不准出境者"、"作品原则上不准出境者"、"精品不准出境"三个层次,以保护我国当代的艺术精品。

五、法律责任

(一)刑事法律责任

美术品经营单位的经营活动有侵犯他人著作权行为,构成犯罪的,依法追究刑事责任。

(二)行政法律责任

本节涉及的行政法律责任只有行政处罚,涉及的行政处罚有警告、罚款、吊销营业执照三种方式。

1. 擅自开展美术品进出口经营活动或涉外商业性美术品展览活动的,由县级以上文化行政部门责令改正,并处 5000 元以上 3 万元以下罚款。

2. 经营含有禁载内容美术品的,由县级以上文化行政部门没收作品及违法所得,并处 5000 元以上 3 万元以下罚款,情节严重的提请工商部门吊销营业执照。

3. 有下列行为之一的,由县级以上文化行政部门责令改正,并视其情节轻重予以警告,或并处 2000 元以上 1 万元以下罚款:

(1)未向文化行政部门备案的;

(2)未建立健全经营管理制度的;

（3）不能证明经营的美术品的合法来源的；

（4）经营的美术品没有明码标价的；

（5）从事美术品经纪活动的专业人员在两个或两个以上的美术品中介服务单位执业的。

4. 美术品经营单位的经营活动有侵犯他人著作权行为的，由著作权行政管理部门依照《中华人民共和国著作权法》的有关规定给予处罚。

第二节　艺术品拍卖管理

一、艺术品拍卖法规概述

1. 拍卖业的起源和中国的拍卖业

拍卖最早起源于古巴比伦,古希腊、古埃及都有拍卖活动,当时主要是奴隶、采矿场、诉讼罚没财产、王室土地、公共工程等拍卖。罗马共和时期(前510～前27)是人类历史上拍卖业发展过程中的第一个高峰,为近现代拍卖奠定了基础,文物艺术品的拍卖也开始出现,如雕像、挂毯等。

到18世纪,拍卖作为一个国际性的行业已经形成,拍卖法规也逐渐完善,1677年,英国《禁止欺诈法》中已含有拍卖条款。1845年,英国出台《拍卖商法》;1867年实施《土地拍卖法》;1893年又在《货物买卖法》中设立拍卖条款,1901年,美国在《统一买卖法》中也明确设立拍卖条款。

1874年,英国远东公司在中国上海开办了第一家拍卖业——鲁意斯摩洋行,自此开始了旧中国拍卖业的发展史。新中国成立后,由于历史原因,拍卖业在市场上一直受到限制,20世纪50年代末,中国的拍卖业并入了信托贸易业。1958年,新中国在天津关闭了最后一家拍卖行。

中国的拍卖行业是随着改革开放的进程一起恢复并发展的，1986年，中断了28年的拍卖业恢复，11月第一家拍卖行在广州成立。1987年12月1日，深圳市国土局首次采取公开拍卖的方式出让国有土地使用权，成为中国拍卖业的第一槌。1992年10月3日，深圳市拍卖行在深圳博物馆成功地落下了中国艺术品拍卖的第一槌，从此艺术品拍卖在中国发展起来。

2. 我国艺术品拍卖法规概述

随着拍卖行业的恢复，我国艺术品拍卖法规建设也开始起步，1982年民事诉讼法中规定了强制拍卖方式；1987年最高人民法院公布了《关于强制变卖被扣押船舶清偿债务的具体规定》；1992年8月30日《国务院办公厅关于公物处理实行公开拍卖的通知》出台，这些文件开始涉及拍卖，不过这还主要是公物拍卖。

1996年7月5日第八届全国人民代表大会常务委员会第二十次会议通过了《中华人民共和国拍卖法》(以下简称《拍卖法》)，它的颁布实施，是中国拍卖业发展史上的一个里程碑，从此中国拍卖市场逐步走上了法制化的轨道。

为维护拍卖秩序，规范拍卖行为，保护拍卖活动各方当事人的合法权益，2001年3月1日国家工商行政管理局颁布实施了《拍卖监督管理暂行办法》。2004年8月28日第十届全国人民代表大会常务委员会对《中华人民共和国拍卖法》进行修订，删去了公安机关对拍卖的治安管理权和颁发特种行业许可证的权力。

随着拍卖领域的不断拓展，拍卖行业也出现了许多新情况和新问题。为了有效解决这些新问题，规范拍卖业经营秩序，使拍卖业有序、健康发展，同时也为了履行加入世贸组织的有关承诺，促进拍卖业对外开放，根据《中华人民共和国拍卖法》和有关外商投资的法律、法规，商务部经多方听取意见，制订了《拍卖管理办法》，并于2005年1月1日起施行。《办法》对拍卖企业、拍卖师、委托人及政府管理人员明确了禁例，并提出违规处罚的规定；明确建立拍卖业监督核查和信用管理制度,增加了外商投资拍卖企业的市场准入、变更、退出和监督管理等内容,并对有先进拍卖经营经验,较强的经济实力及国际拍卖营销网络的外国投资者进行了必要的政策倾斜,基本保证了内外资一致,兼顾了社会公平。《办法》结合落实《行政许可法》,建立了监督核查制度和信用管理体系,是《拍卖法》的有效补充和完善。

二、拍卖的概念

1. 拍卖的概念

拍卖,亦称竞买,商业中的一种买卖方式,是指拍卖人接受出卖人的委托,以公开竞价的形式,将特定物品或财产权利转让给最高应价者的买卖方式。它具有三个条件:一是要有两个以上的竞买者;二是买卖中要含有价格竞争因素;三是价格竞争在买主中展开。

拍卖是一种特殊行为,其特殊性表现如下:

其一,拍卖是围绕商品买卖为中心的行为,当事人一切活动的目的都是为了一定物品所有权、使用权的转让,而这种转让是以当事人的自由意志为基础的,因此,拍卖是一种民事行为。

其二,拍卖是由系列活动组成的复杂行为,或可称为复合行为。委托人、拍卖人、竞买人在拍卖活动中必须单独或相互完成一系列的行为,从而实现物品所有权、使用权的转让。

其三,拍卖行为具有商业性质。这是由拍卖当事人的行为目的,最主要以拍卖人的行为目的决定的,这就有别于个人拍卖和执法机关自己组织的拍卖。

根据拍卖的概念和特征,所谓艺术品拍卖,就是指以委托寄售为业的企业,以公开出价和竞价的方式销售艺术品的商业行为。

2. 主管机关

商务部负责对全国拍卖业实施监督管理。省级人民政府和设区的市的人民政府负责管理拍卖业的部门对本行政区域内的拍卖业实施监督管理。

3. 拍卖法律关系

拍卖法律关系是指由于法律的调整,在相关当事人之间所形成的关系。委托人是卖方,竞买人或买受人是买方,但在拍卖关系中,卖方并非直接将物品卖给买方,而是通过拍卖人这一中介,因此,拍卖分为委托程序和拍卖程序两个相对独立的程序进行。

拍卖法律关系的特征:

(1)拍卖法律关系实质上是合同关系,其一是委托代理合同;其二是买卖合同,因此,除受拍卖的一般规则支配外,亦受合同的一般理论支配;

(2)拍卖法律关系是相对复杂的法律关系,既有委托人与拍卖人之间的委托关系,又有拍卖人与竞买人或买受人之间的拍卖关系;

(3)拍卖法律关系以拍卖人的权利义务为核心。

三、拍卖的分类

1. 特殊物品拍卖与普通物品拍卖

特殊物品在此专指文物。这种分类体现了对文物拍卖的特殊要求,2003 年 7 月 14 日国家文物局发布实施了《文物拍卖管理暂行规定》,专门对文物拍卖制定法规,加强对其规范管理。

文物拍卖与普通物品拍卖主要有以下两方面不同:

(1)文物拍卖需要特殊许可。《拍卖法》第八条第二款规定:"委托拍卖的文物,在拍卖前,应经拍卖人所在地的文物行政管理部门依法鉴定、许可。"《文物拍卖管理暂行规定》第三条规定:"依法设立的拍卖企业从事本规定第二条所列文物拍卖活动的,须经所在地的省、自治区、直辖市文物行政部门审核同意后,向国家文物局申请文物拍卖许可证。"2003 年 12 月 24 日国家文物局下发了《关于对申领和颁发文物拍卖许可证有关事项的通知》规定："拍卖企业从事文物拍卖活动，必须依法申领和取得文物拍卖许可证。截至 2004 年 4 月 30 日止，凡未取得文物拍卖许可证的拍卖企业，不得从事文物拍卖经营活动。"并且在申请文物拍卖许可证的条件中，要求文物拍卖企业要有 5 名以上取得高级文物博物专业技术职务的文物拍卖专业人员。

(2)拍卖企业设立的条件不同。根据《拍卖法》第十三条的规定，设立拍卖文物的企业，注册资本金最低是 1000 万元，而普通的拍卖注册资本金是 100 万元。

2. 强制拍卖和任意拍卖

强制拍卖是指国家机关依照法律的规定，对被依法罚没、查封扣押的财产或物品实行公开竞价、把物品卖给出价最高的竞买人、以清偿债务为目的的一种强制执行行为。《拍卖法》第九条规定："国家行政机关依法没收的物品，充抵税款、罚款的物品和其他物品，按照国务院规定应委托拍卖的，由财产所在地的省、自治区、直辖市的人民政府和设区的市的人民政府指定的拍卖人进行拍卖。拍卖由人民法院依法没收的物品，充抵税款、罚款的物品以及无法返还的追回物品，适用前款规定。"这就是指强制拍卖。

任意拍卖是普通公民依照民法的规定，把物品在公开场合下以公开竞价的方式出卖，卖给最高出价人的一种买卖活动，任意拍卖的目的是换价，即把物品换成货币，不一定与债务有关系。

强制拍卖和任意拍卖的根本区别在于两者引起的原因不一致。强制拍卖的主体有一方是国家执法机关，而任意拍卖的当事人都处于民事法律关系中的平等地位；强制拍卖是对民事法律关系的干预，而任意拍卖凭买卖双方当事人的意愿而决定；强制拍卖贯彻执行国家强制债务人清偿债务的原则，而任意拍卖是体现财产流转中公平合理的原则；强制拍卖一旦开始执行，除特殊情况外，拍卖程序必须贯彻始终，不得随意停止；任意拍卖可随着当事人的意愿的变化而变化,当事人有权决定拍卖程序的进行与否。

在强制拍卖和任意拍卖中佣金的确立也有所不同,关键在于佣金的收取方向上:

对于任意拍卖,普通物品一旦成交,拍卖人既要向买受人收取佣金,也要向委托人收取佣金,佣金为双向收取,各不超过 5%;如果拍卖未成交,对于普通物品,只向委托人收取约定的费用。而对于强制拍卖,成交后,佣金的收取方向是单向的,只向买受人收取,而不向委托人(人民法院、国家行政机关)收取;如果未成交,与普通物品为成交一样,只向委托人收取约定的费用。

四、拍卖标的和拍卖当事人

(一)拍卖标的

拍卖标的是指委托人所有或依法可以处分、委托拍卖人拍卖的物品或财产权利。但法律、行政法规禁止买卖的物品或财产权利,不得作为拍卖标的。《文物拍卖管理暂行规定》第十二条规定:"下列文物不得作为文物拍卖标的:

(1)依照法律应上交国家的中国境内出土的文物;

(2)依照法律应移交文物行政部门的文物,包括国家各级执法部门在查处违法犯罪活动中依法没收、追缴的文物;

(3)银行、冶炼厂、造纸厂以及废旧物资回收单位拣选的文物;

(4)国有文物收藏单位以及其他国家机关、部队和国有企业、事业组织等收藏、保管的文物;

(5)国有文物购销经营单位收存的珍贵文物;

(6)非国有馆藏珍贵文物;

(7)物主处分权有争议的文物;

(8)其他依照法律法规规定不得流通的文物。"

依照法律或国务院规定需审批才能转让的物品或财产权利,在拍卖前应依法办理审批手续。

（二）拍卖人

拍卖人是指依照《拍卖法》和《中华人民共和国公司法》设立的从事拍卖活动的企业法人。拍卖人是拍卖或法律关系中最主要的主体，其在法律关系中的地位是受委托人、代理人，其行为由被代理人负责。

1. 拍卖企业的设立

拍卖企业可以在设区的市设立。设立拍卖企业必须经所在地的省级人民政府负责拍卖业管理的部门审核许可，并向工商行政管理部门申请登记，领取营业执照。

设立拍卖企业，应具备以下条件：

（1）有 100 万元人民币以上的注册资本；

（2）有自己的名称、组织机构、住所和章程；

（3）有与从事拍卖业务相适应的拍卖师和其他工作人员；

（4）有符合法律法规的拍卖业务规则；

（5）符合国务院有关拍卖业发展的规定；

（6）法律、行政法规规定的其他条件。

拍卖企业经营文物拍卖的，应有 1000 万元人民币以上的注册资本，有具有文物拍卖专业知识的人员。

2. 拍卖师

拍卖活动应由拍卖师主持。拍卖师应具备下列条件：

（1）具有高等院校专科以上学历和拍卖专业知识；

（2）在拍卖企业工作 2 年以上；

（3）品行良好。被开除公职或吊销拍卖师资格证书未满 5 年的，或因故意犯罪受过刑事处罚的，不得担任拍卖师。

拍卖师资格考核，由拍卖行业协会统一组织。经考核合格的，由拍卖行业协会发给拍卖师资格证书。

3. 拍卖人的权利和义务

（1）来源和瑕疵说明义务。拍卖人有权要求委托人说明拍卖标的的来源和瑕疵。拍卖人应向竞买人说明拍卖标的瑕疵；

（2）保管义务。在拍卖程序期间，拍卖人对委托人交付拍卖的物品负有保管义务，拍卖人故意或过失造成拍卖物毁损和灭失要负赔偿责任；

（3）拍卖人接受委托后，未经委托人同意不得委托其他拍卖人拍卖；

（4）保密义务。委托人、买受人要求对其身份保密的，拍卖人应为其保密；

（5）拍卖人及其工作人员不得以竞买人的身份参与自己组织的拍卖活动，并不得委托他人代为竞买；拍卖人不得在自己组织的拍卖活动中拍卖自己的物品或财产权利；

（6）拍卖成交后，拍卖人应按照约定向委托人交付拍卖标的价款，并按照约定将拍卖标的移交给买受人。

（三）委托人

1. 委托人的概念

委托人是指委托拍卖人拍卖物品或财产权利的公民、法人或其他组织。委托人可以是拍卖物的所有权人或经营权人，也可以是所有权人或经营权人的代理人。

关于委托人有两点需要注意：

（1）委托人可以是自然人，也可是法人，但必须具备完全的行为能力；

（2）委托人必须拥有拍卖物的所有权或处分权。

2. 委托人的权利和义务

（1）委托人有确定拍卖标的的保留价并要求拍卖人保密的权利。拍卖国有资产，依照法律或国务院规定需要评估的，应经依法设立的评估机构评估，并根据评估结果确定拍卖标的的保留价；

（2）委托人可以自行办理委托拍卖手续，也可以由其代理人代为办理委托拍卖手续；

（3）委托人应向拍卖人说明拍卖标的的来源和瑕疵；

（4）委托人在拍卖开始前可以撤回拍卖标的。委托人撤回拍卖标的，应向拍卖人支付约定的费用；未作约定的，应向拍卖人支付为拍卖支出的合理费用；

（5）委托人不得参与竞买，也不得委托他人代为竞买；

（6）按照约定由委托人移交拍卖标的的，拍卖成交后委托人应将拍卖标的移交给买受人。

（四）竞买人

1. 竞买人的概念

竞买人是指参加竞购拍卖标的的公民、法人或其他组织。法律、行政法规对拍卖标的的买卖条件有规定的，竞买人应具备规定的条件。

2. 竞买人的权利和义务

（1）竞买人可以自行参加竞买，也可以委托其代理人参加竞买；

（2）竞买人有权了解拍卖标的的瑕疵，有权查验拍卖标的和查阅有关拍卖资料；

（3）竞买人一经应价，不得撤回，当其他竞买人有更高应价时，其应价即丧失约束力；

（4）竞买人之间、竞买人与拍卖人之间不得恶意串通，损害他人利益。

（五）买受人

1. 买受人的概念

买受人是指以最高应价购得拍卖标的的竞买人。

2. 买受人的权利和义务

（1）买受人应按照约定支付拍卖标的的价款，未按照约定支付价款的，应承担违约责任，或由拍卖人征得委托人同意，将拍卖标的再行拍卖。拍卖标的自行拍卖的，原买受人应支付第一次拍卖中本人及委托人应支付的佣金。再行拍卖的价款低于原拍卖价款的,原买受人应补足差额。

(2)买受人未能按照约定取得拍卖标的的,有权要求拍卖人或委托人承担违约责任。买受人未按照约定受领拍卖标的的,应支付由此产生的保管费用。

五、拍卖法涉及的主要法律规则

(一)价高者得规则

《拍卖法》第三条在拍卖的定义中称:"拍卖是指以公开竞价的形式,将特定物品或财产权利转让给最高应价者的买卖方式。"其中就已经明确了价高者得规则,它是在拍卖过程中的成交规则,指通过竞争确定最高应价者作为买主的纪律。拍卖方式决定了拍卖现场总有多数买主报价竞争,报价程序可能是由低至高,也有可能是由高至低,但拍卖人只能选择与最高报价者成交。"价高者得"规则充分体现了"公平、公开、公正"的原则。

(二)保留价规则或底价规则

所谓保留价,又称底价,是指在拍卖过程中委托人同意卖出的拍卖物的最低价格,保留价规则是指保留价发挥作用的制度。拍卖可以不确定底价,称为无底价拍卖,无底价拍卖一般在拍卖廉价商品时采用,采用无底价拍卖必须是委托人的真实意愿。

在有保留价的拍卖中,根据拍卖物的估价确定底价,估价一般由专家作出,专家的意见并不决定底价,但是决定底价的重要参考。参与确定底价的人应包括拍卖师、估价师、拍卖人、委托人。底价的最后确定,应由拍卖人在征得委托人同意后确定,委托人的意见起决定作用,从法律上说,底价的最后决定权在委托人。底价确定后,要以具体的价格表示。底价一经确定,一般不得随意改变,拍卖主持人在主持时,不得低于底价确认成交。底价确定的不合理受到最大损害的也是委托人。底价应是保密的,拍卖前只有委托人与拍卖人知道,任何人不允许泄露。底价的意义在于有对抗最高应价的效力。

底价需不需要拍卖人公开,有两种情况:如果一场拍卖活动中没有底价,则拍卖人必须声明;如果有底价,则拍卖人不必声明。

(三)瑕疵请求规则

1. 瑕疵告知义务

根据《拍卖法》规定,委托人和拍卖人有瑕疵的告知义务。委托人应将自己知道的或应该知道的有关拍卖物的瑕疵告知拍卖人,告知应在移交拍卖物之前或之时,或在委托拍卖合同签订时。

委托人有义务告诉拍卖人其物品有瑕疵;反之,拍卖人有义务要求委托人告知其拍卖物品是否有瑕疵。对于事先声明已经告知的瑕疵,竞买人买受之后,委托人和拍卖人就不需负责任了。对于显而易见的瑕疵,即使没有告知,也可以免责。

2. 瑕疵抗辩

当买受人请求对方承担瑕疵担保义务的时候,委托人或拍卖人有下列理由拒绝承担责任:

(1)瑕疵是由买受人的疏忽、过失造成的。

(2)"声明不保证"应受到严格限制,不能滥用;对拍卖品已作确定性陈述的,声明不保证不能免责。

关于瑕疵请求权的诉讼时效,《拍卖法》第六十一条规定:"因拍卖标的存在瑕疵未声明的,请求赔偿的诉讼时效期间为一年,自当事人知道或应知道其权利受到损害之日起计算。因拍卖标的存在缺陷造成人身、财产损害请求赔偿的诉讼时效期间,适用《中华人民共和国产品质量法》和其他法律的有关规定。"

(四)禁止参与竞买规则

禁止参与竞买规则包括以下两方面内容:

1. 禁止拍卖人参与竞买:拍卖人不得参与自己主持的拍卖会的竞买。

拍卖人是委托人的代理人,代理的是卖方行为,如果参与竞买的话,就出现了买卖关系中的双重人格,即代理人不能代理他人与自己为一定的民事行为,否则代理行为无效,因此禁止拍卖人参与竞买符合民法原理。而且拍卖人是拍卖的组织者,知晓拍品的一切情况,其中包括拍品的拍卖底价,相比较其他竞买人处于有利地位。因此,禁止拍卖人参与竞买符合"公开、公平、公正"的原则。

2. 禁止委托人参与竞买:禁止委托人参与自己委托拍卖标的的竞买,这一点与西方不同,有些国家并不禁止其参与竞买。

在拍卖法律关系中,委托人是事实上的卖方,委托人同时参与竞买,同样形成了双重人格,这是一个矛盾。委托人参与竞买,其本身目的是抬高拍品价格,此行为是一种虚假的民事行为,带有欺诈性质,其行为是非法的。

六、拍卖程序

(一)拍卖委托

1. 拍卖委托

委托人委托拍卖物品或财产权利,应提供身份证明和拍卖人要求提供的拍卖标的的所有权证明或依法可以处分拍卖标的的证明及其资料。

2. 拍卖合同

拍卖人应对委托人提供的有关文件资料进行核实。拍卖人接受委托的,应与委托人签订书面委托拍卖合同。

拍卖人认为需要对拍卖标的进行鉴定的,可以进行鉴定。鉴定结论与委托拍卖合同载明的拍卖标的状况不相符的,拍卖人有权要求变更或解除合同。

委托拍卖合同应载明以下事项:

(1)委托人、拍卖人的姓名或名称、住所;

(2)拍卖标的的名称、规格、数量、质量;

（3）委托人提出的底价；

（4）拍卖的时间、地点；

（5）拍卖标的的交付或转移的时间、方式；

（6）佣金及其支付的方式、期限；

（7）价款的支付方式、期限；

（8）违约责任；

（9）双方约定的其他事项。

（二）拍卖公告与展示

1. 拍卖公告

拍卖人应于拍卖日 7 日前通过报纸或其他新闻媒介发布拍卖公告。拍卖公告应载明：拍卖的时间、地点；拍卖标的及展示时间、地点；参与竞买应办理的手续以及需要公告的其他事项。

2. 拍卖展示

拍卖人应在拍卖前展示拍卖标的，并提供查看拍卖标的的条件和资料。拍卖标的的展示时间不得少于 2 日。竞买人在公告规定的拍卖展示时间内有权了解拍卖标的情况，并进行实地查看。

（三）拍卖的实施

1. 拍卖程序

（1）宣布拍卖规则和注意事项。拍卖师应于拍卖前宣布拍卖规则和注意事项；

（2）有无保留价的说明。拍卖标的无保留价的，拍卖师应在拍卖前予以说明。拍卖标的有保留价的，竞买人的最高应价未达到保留价时，该应价不发生效力，拍卖师应停止拍卖标的的拍卖；

（3）拍卖成交。竞买人的最高应价经拍卖师落槌或以其他公开表示买定的方式确认后，拍卖成交；

（4）签署成交确认书。拍卖成交后，买受人和拍卖人应签署成交确认书；

（5）制作拍卖笔录。拍卖人进行拍卖时，应制作拍卖笔录。拍卖笔录应由拍卖师、记录人签名；拍卖成交后，还应由买受人签名。

2. 保存资料

拍卖人应妥善保管有关业务经营活动的完整账簿、拍卖笔录和其他有关资料。账簿、拍卖笔录和其他有关资料的保管期限，自委托拍卖合同终止之日起计算，不得少于5年。

拍卖标的需要依法办理证照变更、产权过户手续的，委托人、买受人应持拍卖人出具的成交证明和有关资料，向有关行政管理机关办理手续。

3. 关于优先购买权

优先购买权在国际上通行的一种保护文物遗产的方式。优先购买权，又称"先买权"，是特定的民事主体依照法律规定享有的优于他人购买某项特定财产的权利。《文物拍卖管理暂行规定》第十六条规定："国家对文物拍卖企业拍卖的珍贵文物拥有优先购买权。国家文物局和省级文物行政部门可以要求拍卖企业对拍卖标的中具有特别重要历史、科学、艺术价值的文物定向拍卖，竞买人范围限于国有文物收藏单位。"

（四）佣金

佣金是拍卖人向委托人和买受人收取的费用。佣金不是纯利润，包括拍卖成本和利润。成本除包括水电、房租、人员工资等支出外，亦应包括拍卖文件的制作，拍卖公告费用、场地租用、仓储保管、保险等费用，即拍卖的基本费用应在佣金中支出，除非委托人有特殊的要求。

佣金的收取方式有单向与双向两种，采用什么方式应根据具体情况、根据市场的承受能力而定。如果双向收取，必须在拍卖公告或拍卖须知中言明，否则没有向买受人收取的根据。

委托人、买受人可以与拍卖人约定佣金比例。委托人、买受人与拍卖人对拍卖佣金比例未作约定，拍卖成交的，拍卖人可以向委托人、买受人各收取不超过拍卖成交价5%的佣金。收取佣金的比例按照同拍卖成交价成反比的原则确定。拍卖未成交的,拍卖人可以向委托人收取约定的费用;未作约定的,可以向委托人收取为拍卖支出的合理费用。

强制拍卖的物品成交的,拍卖人可以向买受人收取不超过拍卖成交价5%的佣金。收取佣金的比例按照合同成交价成反比的原则确定。拍卖未成交的,拍卖人可以向委托人收取约定的费用;未作约定的,可以向委托人收取为拍卖支出的合理费用。

关于佣金确立的一般规则:

第一,尊重当事人双方的意愿,由委托人和拍卖人协商确定;有约定的,约定优先。

第二,没有约定的,法律规定了佣金确立的基本原则:按照和拍卖成交价成反比的原则确定,拍卖人可以向委托人和买受人各收取不超过拍卖成交价5%的佣金,即相加最高可达到10%。如2002年在中贸圣佳秋季拍卖会上,北宋书法家米芾的《研山铭》手卷以2999万元拍出,加上佣金10%,成交价达3300万元。

(五)无效拍卖

1. 无效拍卖及条件

无效拍卖是指在违反法定条件的情况下进行的拍卖。其条件主要是:

(1)拍卖当事人不合格,无行为能力;

(2)拍卖物不合格,如禁止流通物品、限制流通物品;

(3)行为非法,虚假的拍卖、恶意串通等。

2. 无效拍卖的提出及认定

任何拍卖参与人都可以提出拍卖无效,无效拍卖的提出者应负举证责任。

无效拍卖应由法院根据事实认定。

3. 无效拍卖的法律后果

(1)无效拍卖自拍卖程序开始时即无法律约束力,应回复到原始状态；

（2）无效拍卖的受买人有权请示损害赔偿，受害人首先要求不存在故意，故意违法不是民法意义上的受害人。其次要求受害人无过失，或在双方存在过失的情况下，过失较轻的。

七、法律责任

1. 行政处罚

本节涉及的行政处罚有警告、罚款、没收非法所得、吊销营业执照四种。

（1）委托人委托拍卖其没有所有权或依法不得处分的物品或财产权利的，应依法承担责任。拍卖人明知委托人对拍卖的物品或财产权利没有所有权或依法不得处分的，应承担连带责任。

（2）未经许可登记设立拍卖企业的，由工商行政管理部门予以取缔，没收违法所得，并可以处违法所得1倍以上5倍以下的罚款。

（3）拍卖人及其工作人员参与竞买或委托他人代为竞买的，由工商行政管理部门对拍卖人给予警告，可以处拍卖佣金1倍以上5倍以下的罚款；情节严重的，吊销营业执照。

（4）拍卖人在自己组织的拍卖活动中拍卖自己的物品或财产权利的，由工商行政管理部门没收拍卖所得。

（5）委托人参与竞买或委托他人代为竞买的，工商行政管理部门可以对委托人处拍卖成交价30％以下的罚款。

（6）竞买人之间、竞买人与拍卖人之间恶意串通，给他人造成损害的，拍卖无效，应依法承担赔偿责任。由工商行政管理部门对参与恶意串通的竞买人处最高应价10％以上30％以下的罚款；对参与恶意串通的拍卖人处最高应价10％以上50％以下的罚款。

（7）违反关于佣金比例的规定收取佣金的，拍卖人应将超收部分返还委托人、买受人，物价管理部门可以对拍卖人处拍卖佣金1倍以上5倍以下的罚款。

2. 行政处分

国家机关将应委托财产所在地的省级人民政府或设区的市人民政府指定的拍卖人拍卖的物品擅自处理的,对负有直接责任的主管人员和其他直接责任人员依法给予行政处分,给国家造成损失的,还应承担赔偿责任。

思考题

名词术语解释:

美术品　美术品经营活动　拍卖　艺术品拍卖　强制拍卖　任意拍卖　拍卖标的　优先购买权

简答题:

1. 艺术品的一级市场和二级市场分别指什么?
2. 美术品经营单位应履行的义务有哪些?
3. 拍卖法律关系有什么特征?
4. 文物拍卖与普通物品拍卖有什么不同?
5. 强制拍卖和任意拍卖的区别是什么?
6. 无效拍卖的条件主要有哪些?

论述题:

1. 为什么说拍卖是一种特殊行为?
2. 如何理解禁止参与竞买规则?

广告类法律法规

一、广告法概述

1. 广告概述

广告是为了某种特定的需要,通过一定形式的载体,公开而广泛地向公众传递信息的宣传手段。"广告"一词来源于拉丁文,意思是"我大喊大叫",有广而告之之意。世界最早的印刷广告物是现存于上海博物馆的我国北宋时期济南刘家针铺的广告铜版,西方最早的印刷广告则是1473年英国人威廉·坎克斯印刷的宣传宗教内容的广告。

随着资本主义大生产的出现,商品生产的高度发展,市场竞争异常激烈,加上科学技术的昌盛,广告可以利用各种先进媒体与技术传递经济信息、促进销售,已成为发达国家工商企业的重要推销手段。但在广告中也不断出现弄虚作假、欺骗消费者的现象,因此,各国制订了有关法令,建立了有关组织加以监督。世界上最早的广告法规是美国在1911年颁布的《印刷物广告法案》。

新中国成立之后,《北京日报》等253种报纸开始创刊、复刊,并陆续刊登广告,北京、上海、南京等83座广播电台也开设了广告节目,但由于思想认识不够,广告业发展缓慢。在"文化大革命"的十年动乱中,由于"左"的路线影响,所有的广告活动都被看成"资本主义的生意经"而被明令禁止,报刊广告和影视广播广告先后被取缔,我国的广告事业受到了前所未有的破坏。

2. 我国最早的广告法规——《广告管理暂行条例》(1982)

我国广告活动真正的发展时期,是从党的十一届三中全会以后开始的。1979 年 1 月 4 日,《天津日报》刊登了天津牙膏厂一个通栏广告,开创了我国商业广告的先河。同年 1 月 28 日上海电视台播出了我国第一条影视广告。1980 年 1 月 1 日,中央人民广播电台开始播出广告。从此,中国大陆的报刊、广播电台、电视台陆续都开办了商业广告业务。中国的广告法规建设也是从那个时候开始的,1979 年 11 月,中共中央宣传部发出《关于报刊、广播、电视台刊登播放外国商品广告的通知》,开始对广告活动进行约束。1982 年 2 月 2 日国务院发布了《广告管理暂行条例》,对广告经营管理的范围、职能等方面给予了界定,这是我国第一部全国性的广告法规。为了贯彻执行《广告管理暂行条例》,同年 6 月 5 日《广告管理暂行条例实施细则(内部试行)》发布施行,成为各级工商行政管理机关开展广告管理工作的基本依据,成为从事广告活动的单位和个人的行为规范,并为《广告管理条例》的诞生奠定了基础。

我国广告法规的建设开始起步,随后国家工商行政管理局与相关部门又相继发布了《关于企业广告费用开支问题的若干规定》(1983)、《关于文化、教育、卫生、社会广告管理的通知》(1984)、《关于报纸、书刊、电台、电视台 经营、刊播广告有关问题的通知》(1984)、《关于加强对各种奖券广告管理的通知》(1985)、《药品广告管理办法》(1985)、《关于加强赞助广告管理的若干规定》(1985)、《关于加强体育广告管理的暂行规定》(1986)、《食品广告管理办法(试行)》(1987)等单行法规。

3. 我国法规的快速发展——《广告管理条例》(1987)

随着我国经济体制改革的不断深化和社会主义商品经济的迅

速发展,《广告管理暂行条例》中的某些规定已不适应经济发展的需要,在总结经验的基础上,借鉴国外广告管理的经验,1987 年 10 月 26 日国务院正式发布了《广告管理条例》。为了贯彻执行《广告管理条例》,国家工商行政管理局于 1988 年 1 月 9 日发布了《〈广告管理条例〉施行细则》。《广告管理条例》的颁布与实施,标志着我国广告事业的管理进一步法制化、规范化,这对于打击非法广告,规范广告市场,推动我国广告事业的健康发展,更好地为发展社会主义商品经济服务具有重要意义。

此后,我国广告法规的建设进入了快速发展阶段,在这一段时间里先后出台了一系列规范性文件,如《关于进一步加强药品广告宣传管理的通知》(1987)、《关于做好农药广告管理工作的通知》(1987)、《关于出版物封面、插图和出版物广告管理的暂行规定》(1988)、《关于实行〈广告业务员证〉制度的规定》(1990)、《关于报社、期刊社和出版社刊登、经营广告的几项规定》(1990)等等,广告行业法规体系逐渐形成。

4. 我国广告法律领域第一部法律——《中华人民共和国广告法》(1994)

90 年代后,广告业进入一个新的发展阶段,由于《广告管理条例》已经颁布实施了较长时间,随着经济的发展和改革开放的深入,其中不少规定已经滞后。为了进一步完善广告法律体系,规范广告市场秩序,促进我国广告业健康发展,1994 年 10 月 27 日第八届全国人民代表大会常务委员会第十次会议通过了《中华人民共和国广告法》,1995 年 2 月 1 日施行,它是我国广告法律领域的基本法律,它的颁布具有巨大的现实意义和深远的历史意义,它为各单项广告法规的建立、健全、完善提供了依据,使广告行为更加规范化、法制化,把广告活动引向健康的轨道,并为政府加强对广告的管理提供了法律准绳。它的颁布实施,对促进广告业发展、规范广告经营行为发挥了十分重要的作用。

在此基础上,单项广告法规的立法工作取得了较大的进展,《化妆品广告管理办法》(1993)、《医疗广告管理办法》(1993)、《医疗器械广告审查办法》(1995)、《药品广告审查办法》(1995)、《兽药广告审查办法》(1995)、《农药广告审查办法》(1995)、《酒类广告管理办法》(1996)、《烟草广告管理暂行办法》(1996)、《房地产广告发布暂行规定》(1996)、《食品广告发布暂行规定》(1997)先后发布。

为了更好地推动我国广告业务对外开放服务,保证外商投资广告企业的质量,1994年11月3日国家工商行政管理局和对外贸易经济合作部联合发布了《关于设立外商投资广告企业的若干规定》,于1995年1月1日起施行,国家工商局广告监督司和外经贸部外资司又于1995年5月联合发布《关于外商投资广告企业设立分支机构有关问题的通知》,对外商投资广告企业的经营范围、设立条件、审批程序、设立分支机构等问题做了详细规定,有利于吸引外资进入广告业,并引进先进的经营和管理理念,促进广告业的发展。

为加强对广告经营者、广告发布者人事广告从事广告经营活动资质标准和内容的审查,加强广告服务收费和印刷品广告管理,规范广告经营范围和收费行为,国家工商行政管理局先后颁布了《广告经营者、发布者资质标准及经营范围用语规范》(1995)、《广告服务管理暂行办法》(1996)、《印刷品广告管理暂行办法》(1996)、《广告审查管理办法》(1997)等单行法规。

为了贯彻《行政处罚法》和《国务院关于贯彻实施〈中华人民共和国行政处罚法〉的通知精神》,经国家工商行政管理局局务会议讨论决定,对国家工商行政管理局已颁布的《广告经营资格检查办法》中超越《行政处罚法》规定处罚权限的内容集中进行了修改,新的《广告经营资格检查办法》国家工商行政管理局1997年11月3日公布。1998年12月3日国家工商行政管理局根据《行政处罚法》规定对《广告管理条例施行细则》中的有关处罚条款作了修改;

2000年12月1日为了与国际接轨,也为了配合"入世",对《广告管理条例施行细则》作了第二次修改,根据 WTO"国民待遇原则",将承办国内外广告业务的代理费统一为 15%。

这期间发布的广告类法规还有《广告语言文字管理暂行规定》(1998)、《印刷品广告管理办法》(2000)、《进一步加强对大众传播媒介广告宣传管理的通知》(2001)、国家药监局、国家工商局《关于加强处方药广告审查管理工作的通知》(2001)等。

5. WTO 之后的中国广告法治建设

我国加入 WTO 后,在广告服务的承诺主要有以下四个方面:从事广告业务的外国企业,可以在中国设立中外合资广告企业;在2002 年 1 月 1 日之后,允许外资控股;在 2004 年 1 月 1 日之后,允许外国企业在中国设立外商独资企业;外国企业在中国境内发布广告或中国企业到境外发布广告,必须通过在中国注册的具有经营外商广告权的广告公司代理。

但直到 2004 年 3 月 2 日我国才出台了《外商投资广告企业管理规定》,允许从事广告业务的外国企业,可以在中国设立中外合资广告企业;允许外资控股;外国企业在中国境内发布广告或中国企业到境外发布广告,必须通过在中国注册的具有经营外商广告权的广告公司代理。2005 年 12 月 10 日以后外国企业可以在中国设立外商独资企业。

这主要基于三方面的原因:一是我国的广告业起步较晚,与国外广告业相比仍属幼稚产业,需要适当的保护;二是广告业是以广告创意服务为主,对投资资本要求不高,引进外来资本意义不大;三是我国的广告媒体多为国家新闻媒体,出于安全性考虑,对外资参与经营持谨慎态度。虽然在时间上比承诺的时间表稍晚一些,但这些承诺已经履行,而且外商广告企业在进入中国市场后,按WTO 的要求,已基本上实行了国民待遇。

为配合《行政许可法》的实施,2004 年 11 月 30 日国家工商总局对《广告管理条例施行细则》进行了第三次修改,按照国务院行政审批清理结果、《行政许可法》要求及我国加入 WTO 的承诺,修订了相关条款。

为加强广告经营活动的监督管理,规范广告经营审批登记,2004 年 11 月 30 日《广告经营许可证管理办法》公布施行,规定《广告经营许可证》是广播电台、电视台、报刊出版单位,事业单位及法律、行政法规规定应进行广告经营审批登记的单位从事广告经营活动的合法凭证,并规定了申请《广告经营许可证》需具有的条件、广告经营范围的核定用语、广告经营资格检查以及申请、变更、注销广告经营许可证需提交的申请材料及程序、违反规定的处罚。这是国家工商行政管理总局首次以总局令的形式对广告经营许可证进行规范。

一大批规范性文件在此前后相继出台,如《关于规范医疗广告活动、加强医疗广告监管的通知》(2003)、《关于建立广告审查管理内部工作提示制度的通知》(2003)、《关于禁止以注册商标企业名称等形式变相发布处方药广告的通知》(2003)、《广播电视广告播放管理暂行办法》(2003)、《国家工商行政管理总局关于严禁在商业广告中使用国家机关名义的紧急通知》(2004)、《广电总局关于进一步加强广播电视广告内容管理的通知》(2004)、《关于严厉打击虚假违法广告的通知》(2005)、《关于做好保健食品广告审查工作的通知》(2005)、《印刷品广告管理办法》(2005 年 1 月 1 日修订)等。

二、广告法律关系和法律关系的主客体

1. 广告法律关系

广告法是指调整广告活动过程中所发生的各种社会关系的法律规范的总称。广告法的调整对象是广告活动过程中发生的各种社会关系。具体来讲,广告法调整的社会关系包括:广告企业设立过程中发生的社会关系,广告主与广告企业之间发生的关系,广告主、广告企业和广告发布者之间发生的社会关系,广告行政管理过程中发生的社会关系等。

2. 广告法律关系的主体

在广告法律关系中,法律关系的主体主要指广告主、广告经营者、广告发布者、广告监督管理机关、广告审查机关;法律关系的内容指广告法律关系主体依法具有的自己为或不为一定行为或要求他人为或不为一定行为的资格;法律关系的客体主要指广告行为。

广告,是指商品经营者或服务提供者承担费用,通过一定媒介和形式直接或间接地介绍自己所推销的商品或所提供的服务的商业广告。广告主,是指为推销商品或提供服务,自行或委托他人设计、制作、发布广告的法人、其他经济组织或个人。广告经营者,是指受委托提供广告设计、制作、代理服务的法人、其他经济组织或个人。广告发布者,是指为广告主或广告主委托的广告经营者发布广告的法人或其他经济组织。

3. 主管机关及职责

县级以上人民政府工商行政管理部门是广告监督管理机关,其主要职责主要有:宣传、贯彻并执行广告管理法规;根据需要拟定单项管理规章;对申请经营广告者进行审查、登记,并核发广告营业执照;依法检查和监督广告宣传和广告经营活动,查处违法广告;指导广告协会的工作。

三、广告准则

1. 禁载内容

广告内容应有利于人民的身心健康,促进商品和服务质量的提高,保护消费者的合法权益,遵守社会公德和职业道德,维护国家的尊严和利益。广告应真实、合法,不得含有虚假的内容,不得欺骗和误导消费者。

广告主、广告经营者、广告发布者从事广告活动，应遵守法律、行政法规，遵循公平、诚实信用的原则。广告客户申请刊播、设置、张贴的广告，其内容应在广告客户的经营范围或国家许可的范围内，广告不得有下列情形：

(1)使用中华人民共和国国旗、国徽、国歌；

(2)使用国家机关和国家机关工作人员的名义；

(3)使用国家级、最高级、最佳等用语；

(4)妨碍社会安定和危害人身、财产安全，损害社会公共利益；

(5)妨碍社会公共秩序和违背社会良好风尚；

(6)含有淫秽、迷信、恐怖、暴力、丑恶的内容；

(7)含有民族、种族、宗教、性别歧视的内容；

(8)妨碍环境和自然资源保护；

(9)法律、行政法规规定禁止的其他情形。

1992年8月1日国家工商行政管理总局发布了《关于对非法使用党和国家领导人的名义、形象、言论进行广告宣传的情况进行一次全面检查的紧急通知》，规定：禁止任何单位和个人通过各种广告媒介使用党和国家领导人的名义、形象、言论进行商业性的广告宣传。

2004年4月10日国家工商行政管理总局《关于严禁在商业广告中使用国家机关名义的紧急通知》规定：严禁任何单位和个人在商业广告中使用党和政府及其工作部门的名义，使用人大、政协、审判机关、检察机关、军队、武警以及使用其他国家机关的名义发布广告。

2. 广告准则

(1)广告不得损害未成年人和残疾人的身心健康。

(2)广告中对商品的性能、产地、用途、质量、价格、生产者、有效期限、允诺或对服务的内容、形式、质量、价格、允诺有表示的，应清楚、明白。

广告中表明推销商品、提供服务附带赠送礼品的,应标明赠送的品种和数量。如所谓"买一送一",广告应清楚地说明买什么,送什么,送多少;没有说明的,就是违法。

(3)广告使用数据、统计资料、调查结果、文摘、引用语,应真实准确,并表明出处。

(4)广告中涉及专利产品或专利方法的,应标明专利号和专利种类。

未取得专利权的,不得在广告中谎称取得专利权。禁止使用未授予专利权的专利申请和已经终止、撤销、无效的专利做广告。

(5)广告不得贬低其他生产经营者的商品或服务。

我国法律并不禁止对竞争对手的产品和服务进行客观、科学和公正的评价,但是一定要保证内容的客观性。还有一种情况,虽然在广告中没有贬低其他生产经营者的商品或服务,但是广告先对其他产品或服务大加表扬,然后再声称自己的商品或服务与前者一样好,甚至比它还要好,这种情况需要充分考虑比较的客观性、对前者美化的真实性,否则会构成不正当竞争。

(6)广告应具有可识别性,能够使消费者辨明其为广告。

大众传播媒介不得以新闻报道形式发布广告,收取费用;新闻记者不得借采访名义招揽广告。通过大众传播媒介发布的广告应有广告标记,与其他非广告信息相区别,不得使消费者产生误解。

3. 药品广告和医疗器械广告

国务院卫生行政部门和省级卫生行政部门为药品广告的审查机关。广告审查机关在同级广告监督管理机关的指导下,对药品广告进行审查。药品广告审查机关负有向广告监督管理机关提出对违法药品广告进行查处的责任。

(1)药品广告的审查。利用重点媒介发布的药品广告,新药、境外生产的药品的广告,需经国务院卫生行政部门审查,并取得药品审查批准文号后,方可发布。其他药品广告,需经广告主所在省级卫生行政部门审查,并取得药品审查批准文号后,方可发布。需在异地发布的药品广告,须持所在地卫生行政部门审查批准文件,经广告发布地的省级卫生行政部门换发广告发布地的药品广告审查批准文号后,方可发布。

药品广告审查批准文号的有效期为一年。有效期满后需继续发布的,应在期满前二个月向原审查机关重新提出申请。

(2)药品、医疗器械广告禁载内容。药品、医疗器械广告不得有下列内容:

A. 含有不科学的表示功效的断言或保证的;

B. 说明治愈率或有效率等诊疗效果的;

C. 与其他药品、医疗器械的功效和安全性比较的;

D. 利用医药科研单位、学术机构、医疗机构或专家、医生、患者的名义和形象作证明的;

E. 冠以祖传秘方或名医传授等内容的;

F. 法律、行政法规规定禁止的其他内容。

2003年1月15日国家工商行政管理总局、卫生部、国家中医药管理局《关于规范医疗广告活动、加强医疗广告监管的通知》中规定:禁止以解放军和武警部队名义、医疗机构内部科室名义发布医疗广告,并且与药品相关的内容,包括药品名称、制剂以及医疗机构自制的中药配方药品、中药汤剂等;涉及推销医疗器械的内容;从业医师的技术职称,包括"XX博士"、"XX专家"等非医学专业技术职称都不得出现在医院广告用语中。

(3)药品广告的审批和处方药。药品广告的内容必须以国务院卫生行政部门或省级卫生行政部门批准的说明书为准。国家规定的应在医生指导下使用的治疗性药品广告中,必须注明"按医生处方购买和使用"。

我国自2000年1月1日起已正式实行处方药与非处方药分类管理,这是我国药品监督管理模式的一项重大改革。处方药与非处方药的广告宣传是药品分类管理工作的重要内容。按照实施药品分类管理"积极稳妥、分步实施、注重实效、不断完善"的方针，根据目前我国实施药品分类管理工作的总体步骤和非处方药遴选工作的进展情况，为维护人民身体健康和用药安全有效，2001年1月20日国家药监局、国家工商局联合发布了《关于加强处方药广告审查管理工作的通知》，强调处方药广告"只能在医药专业媒介发布"。

（4）禁止发布的药品广告。下列药品属于禁止发布之列：麻醉药品和国际公约管制的精神药品；毒性药品和放射性药品，治疗肿瘤、艾滋病的药品；改善性功能障碍药品，计划生育用药，防疫制品等特殊药品；未经卫生行政部门批准生产的药品（含试生产的药品）；卫生行政部门已明令禁止销售、使用的药品；医疗单位配制的制剂。

4. 农药广告

国务院农业行政主管部门和省级农业行政主管部门在同级广告监督管理机关的指导下，对农药广告进行审查。

农药广告不得有下列内容：

（1）使用无毒、无害等表明安全性的绝对化断言的；

（2）含有不科学的表示功效的断言或保证的；

（3）含有违反农药安全使用规程的文字、语言或画面的；

（4）法律、行政法规规定禁止的其他内容。

5. 烟草广告

广告客户申请利用广播、电视、报刊以外的媒介为卷烟做广告，须经省级工商行政管理局或其授权的省辖市工商行政管理局批准。烟草经营者或其被委托人直接向商业、服务业的销售点和居民住所发送广告品，须经所在地县级以上广告监督管理机关批准。

禁止利用广播、电影、电视、报纸、期刊发布烟草广告或变相的

烟草广告,以下行为视同烟草广告或变相的烟草广告:

(1)冠以烟草商标名称的特约刊播栏目、文艺演出和体育赛事预告等形式的广告。

(2)上述形式的广告,虽不冠以烟草商标名称,但在画面、背景等处显示烟草产品或其商标,或不含有烟草产品或其商标,但属于烟草产品的创意广告。

(3)在介绍烟草企业的广告中,介绍烟草产品或其商标。

(4)关于烟草产品获得各种荣誉称号的祝贺广告。

(5)烟草产品商标同时用于其他产品的,刊播其他产品广告时,必须标明该产品的名称,否则,视同烟草广告。

禁止在各类等候室、影剧院、会议厅堂、体育比赛场馆等公共场所设置烟草广告。烟草广告中必须标明"吸烟有害健康"。

烟草广告中不得有下列情形:吸烟形象;未成年人形象;鼓励、怂恿吸烟的;表示吸烟有利人体健康、解除疲劳、缓解精神紧张的以及其他违反国家广告管理规定的。

6. 其他广告

食品、酒类、化妆品广告的内容必须符合卫生许可的事项,并不得使用医疗用语或易与药品混淆的用语。

(1)食品广告。申请发布食品广告,必须持有食品卫生监督机构出具的《食品广告证明》,应提交营业执照;卫生许可证;食品卫生监督机构或卫生行政部门认可的检验单位出具的产品检验合格证明;必须经省级以上卫生行政部门批准的食品还应附有批准证明。

禁止发布的食品广告包括食品卫生法禁止生产经营的食品、宣传疗效的食品和母乳代用品。所谓母乳代用品系指市场销售或通过其他途径提供的,部分或全部地作为母乳代用品的任何食品,包括婴儿配方食品,市场销售或以其他方式提供的经改制或不经改制适宜于部分或全部代替母乳的其他乳制品、食品和饮料,包括瓶饲辅助食品、饲瓶和奶嘴。

（2）酒类广告。酒类广告不得出现以下内容：

A. 鼓动、倡导、引诱人们饮酒或宣传无节制饮酒；

B. 饮酒的动作；

C. 未成年人的形象；

D. 表现驾驶车、船、飞机等具有潜在危险的活动；

E. 诸如可以"消除紧张和焦虑"、"增加体力"等不科学的明示或暗示；

F. 把个人、商业、社会、体育或其他方面的成功归因于饮酒的明示或暗示；

G. 关于酒类商品的各种评优、评奖、评名牌、推荐等评比结果；

H. 违背社会良好风尚和不科学、不真实的其他内容。

（3）化妆品广告。化妆品，是指以涂擦、喷洒或其他类似的办法，散布于人体表面任何部位，以达到清洁、消除不良气味、护肤、美容和修饰目的的日用化学工业产品。特殊用途化妆品，是指用于育发、染发、烫发、脱毛、健美、除臭、祛斑、防晒的化妆品。

化妆品广告禁止出现下列内容：

A. 化妆品名称、制法、成分、效用或性能有虚假夸大的；

B. 使用他人名义保证或以暗示方法使人误解其效用的；

C. 宣传医疗作用或使用医疗术语的；

D. 有贬低同类产品内容的；

E. 使用最新创造、最新发明、纯天然制品、无副作用等绝对化语言的；

F. 有涉及化妆品性能或功能、销量等方面的数据的；

G. 违反其他法律、法规规定的。

广告客户对可能引起不良反应的化妆品，应在广告中注明使用方法，注意事项。

四、广告活动

1. 广告合同

广告合同是指广告经营单位与广告客户就刊登、播放、设置、张贴广告签订的经济合同。

广告主、广告经营者、广告发布者之间在广告活动中应依法订立书面合同,明确各方的权利和义务。作为广告合同主体的广告经营单位和广告客户必须具备法定的资格条件,所签合同的内容必须真实、明白,不得签订法律禁止广告宣传的合同。

合同内容应包括:发布、代理广告的内容、费用、时间、版面;提交的证明文件;双方约定的违约责任。

2. 广告活动的基本规范

广告主、广告经营者、广告发布者不得在广告活动中进行任何形式的不正当竞争。

广告主自行或委托他人设计、制作、发布广告,所推销的商品或所提供的服务应符合广告主的经营范围。广告主委托设计、制作、发布广告,应委托具有合法经营资格的广告经营者、广告发布者。广告发布者向广告主、广告经营者提供的媒介覆盖率、收视率、发行量等资料应真实。

法律、行政法规规定禁止生产、销售的商品或提供的服务,以及禁止发布广告的商品或服务,不得设计、制作、发布广告。

3. 广告主发布广告应提供的证明文件

广告主自行或委托他人设计、制作、发布广告,应具有或提供真实、合法、有效的下列证明文件:

(1)营业执照以及其他生产、经营资格的证明文件;

(2)质量检验机构对广告中有关商品质量内容出具的证明文件;

(3)确认广告内容真实性的其他证明文件。

发布广告需要经有关行政主管部门审查的,还应提供有关批准文件。

广告经营者、广告发布者依据法律、行政法规查验有关证明文件,核实广告内容。对内容不实或证明文件不全的广告,广告经营者不得提供设计、制作、代理服务,广告发布者不得发布。

4. 对广告使用他人名义、形象的规定

广告主或广告经营者在广告中使用他人名义、形象的,应事先取得他人的书面同意;使用无民事行为能力人、限制民事行为能力人的名义、形象的,应事先取得其监护人的书面同意。

5. 经营登记

从事广告经营的,应具有必要的专业技术人员、制作设备,并依法办理公司或广告经营登记,方可从事广告活动。

可以按照下列程序办理广告经营者登记手续:

(1)设立经营广告业务的企业,向具有管辖权的工商行政管理局申请办理企业登记,发给营业执照;

(2)广播电台、电视台、报刊出版单位,事业单位以及其他法律、行政法规规定申请兼营广告业务应办理广告经营许可登记的单位,向省、自治区、直辖市、计划单列市或其授权的县级以上工商行政管理局申请登记,发给《广告经营许可证》;

(3)经营广告业务的个体工商户,向所在地工商行政管理局申请,经所在地工商行政管理局依法登记,发给营业执照。

6. 广告收费

广告收费应合理、公开,收费标准和收费办法应向物价和工商行政管理部门备案。广告经营者、广告发布者应公布其收费标准和收费办法。广告服务收费标准,除国家另有规定者外,由广告经营者、广告发布者自行制定,制定广告服务收费标准及收费办法并依法向政府价格主管部门和工商行政管理部门备案。

广告服务收费标准及收费办法应符合下列要求:

(1)广告服务收费标准,应根据提供广告服务的工作繁简和广告的覆盖面及收受率情况,以广告的服务成本为基础、加合理利润,参照当地广告市场同一期间、同一档次、同种服务项目的价格水平合理确定;

(2)广告服务收费应实行同一广告服务项目同质同价;

(3)严格执行国家有关禁止牟取暴利的规定。

7. 广告审查员制度

广告经营者、广告发布者应配备广告审查员,并建立相应的管理制度。广告审查员应由所在单位委派,参加工商行政管理机关统一组织的培训、考试并取得《广告审查员证》之后,方获得从事广告审查工作的资格。广告经营者、广告发布者设计、制作、代理、发布的广告,应经过本单位广告审查员书面同意。

广告审查的范围是广告设计定稿、广告创意稿及制作后的广告品、代理或待发布的广告样件。广告审查的书面意见,是广告档案的组成内容,应自广告最后一次发布之日起,保存两年。

8. 户外广告

户外广告包括:利用公共或自有场地的建筑物、空间设置的路牌霓虹灯、电子显示牌(屏)、灯箱、橱窗等广告;利用交通工具(包括各种水上漂浮物和空中飞行物)设置、绘制张贴的广告或以其他形式在户外设置、悬挂、张贴的广告。

县以上人民政府工商行政管理局是户外广告登记管理机关,户外广告内容应报登记机关备案。未经工商行政管理机关登记,任何单位不得发布户外广告。

有下列情形之一的,不得设置户外广告:

(1)利用交通安全设施、交通标志的;

(2)影响市政公共设施、交通安全设施、交通标志使用的;

(3)妨碍生产或人民生活,损害市容市貌的;

(4)国家机关、文物保护单位和名胜风景点的建筑控制地带;

(5)当地县级以上地方人民政府禁止设置户外广告的区域。

户外广告的设置规划和管理办法,由当地县级以上地方人民政府组织广告监督管理、城市建设、环境保护、公安等有关部门制定。

9. 涉外广告代理

国内企业在境外发布广告,外国企业(组织)、外籍人员在境内承揽和发布广告,应委托在中国注册的具有广告经营资格的企业代理。广告代理收费标准为广告费的 15%。

代理和发布广告,代理者和发布者均应负责审查广告内容,查验有关证明,并有权要求广告客户提交其他必要的证明文件。对于无合法证明、证明不全或内容不实的广告,不得代理、发布。

10. 外商投资广告企业

外商投资广告企业,是指依法经营广告业务的中外合营广告企业(包括中外合资经营企业、中外合作经营企业)以及外资广告企业。外商投资广告企业符合规定条件,经批准可以经营设计、制作、发布、代理国内外各类广告业务,并允许外商投资广告企业设立分支机构,允许外资拥有中外合营广告企业多数股权,但股权比例最高不超过 70%;从 2005 年 12 月 10 日起,允许设立外资广告企业。

五、广告的审查

广告审查是指在广告发布前,对广告的内容依照法律、行政法规的规定,进行审核的活动。

利用广播、电影、电视、报纸、期刊以及其他媒介发布药品、医疗器械、农药、兽药等商品的广告和法律、行政法规规定应进行审查的其他广告,必须在发布前依照有关法律、行政法规由有关行政主管部门(以下简称广告审查机关)对广告内容进行审查;未经审查,不得发布。

广告主申请广告审查,应依照法律、行政法规向广告审查机关提交有关证明文件。广告审查机关应依照法律、行政法规作出审查决定。

任何单位和个人不得伪造、变造或转让广告审查决定文件。

六、法律责任

（一）刑事法律责任

有下列行为之一，构成犯罪的，依法追究刑事责任：

1. 利用广告对商品或服务作虚假宣传的；

2. 发布的广告有禁载内容的；

3. 广告主提供虚假证明文件的；

4. 广告监督管理机关和广告审查机关的工作人员玩忽职守、滥用职权、徇私舞弊的。

（二）行政法律责任

1. 行政处罚

本节涉及的行政处罚有：罚款；没收非法所得；责令停业；吊销营业执照或经营许可证四种。

（1）利用广告对商品或服务作虚假宣传的，由广告监督管理机关责令广告主停止发布、并以等额广告费用在相应范围内公开更正消除影响，并处广告费用1倍以上5倍以下的罚款；对负有责任的广告经营者、广告发布者没收广告费用，并处广告费用1倍以上5倍以下的罚款；情节严重的，依法停止其广告业务。

广告经营者帮助广告主弄虚作假的，视其情节予以通报批评、没收非法所得、处以违法所得额3倍以下的罚款，但最高不超过3万元；没有违法所得的，处以1万元以下的罚款；情节严重的，可责令停业整顿，吊销营业执照或《广告经营许可证》；给用户和消费者造成损害的，负连带赔偿责任。

（2）发布广告有禁载内容的，由广告监督管理机关责令负有责任的广告主、广告经营者、广告发布者停止发布、公开更正，没收广告费用,并处广告费用 1 倍以上 5 倍以下的罚款;情节严重的,依法停止其广告业务。

(3)发布广告有以下行为之一的,由广告监督管理机关责令负有责任的广告主、广告经营者、广告发布者停止发布、公开更正,没收广告费用,可以并处广告费用 1 倍以上 5 倍以下罚款:

A. 广告说明与商品不符的;

B. 引用资料、数据不真实的;

C. 未取得专利权的谎称取得专利权或使用未授予专利权的专利申请和已经终止、撤销、无效的专利做广告的;

D. 广告中有贬低其他生产经营者的商品或服务的。

(4)大众传播媒介以新闻报道形式发布广告的或通过大众传播媒介发布的广告没有广告标记的,由广告监督管理机关责令广告发布者改正,处以 1000 元以上 1 万元以下的罚款。

(5)违反药品、医疗器械、农药、食品、酒类、化妆品广告规定发布广告,或为法律、行政法规规定禁止生产、销售的商品或提供的服务和禁止发布的商品以及服务设计、制作、发布广告的,由广告监督管理机关责令负有责任的广告主、广告经营者、广告发布者改正或停止发布,没收广告费用,可以并处广告费用 1 倍以上 5 倍以下的罚款;情节严重的,依法停止其广告业务。

(6)利用广播、电影、电视、报纸、期刊发布烟草广告,或在公共场所设置烟草广告的,由广告监督管理机关责令负有责任的广告主、广告经营者、广告发布者停止发布,没收广告费用,可以并处广告费用 1 倍以上 5 倍以下的罚款。

(7)未经广告审查机关审查批准,发布广告的,由广告监督管理机关责令负有责任的广告主、广告经营者、广告发布者停止发布,没收广告费用,并处广告费用 1 倍以上 5 倍以下的罚款。

(8)广告主提供虚假证明文件的,由广告监督管理机关处以 1 万元以上 10 万元以下的罚款。伪造、变造或转让广告审查决定文件的,由广告监督管理机关没收违法所得,并处 1 万元以上 10 万元以下的罚款。

(9)不按规定履行广告服务收费标准及收费办法备案手续的,处以 1 万元以下罚款;拒不改正的,停止其广告业务。

(10)非法设置、张贴广告的,没收非法所得,处 5000 元以下罚款,并限期拆除。逾期不拆除的,强制拆除,其费用由设置、张贴者承担。

2. 行政处分

(1)广告审查机关对违法的广告内容作出审查批准决定的,对直接负责的主管人员和其他直接责任人员,由其所在单位、上级机关、行政监察部门依法给予行政处分;

(2)广告监督管理机关和广告审查机关的工作人员玩忽职守、滥用职权、徇私舞弊的,给予行政处分。

(三)民事法律责任

1. 发布虚假广告,欺骗和误导消费者,使购买商品或接受服务的消费者的合法权益受到损害的,由广告主依法承担民事责任;广告经营者、广告发布者明知或应知广告虚假仍设计、制作、发布的,应依法承担连带责任。广告经营者、广告发布者不能提供广告主的真实名称、地址的,应承担全部民事责任。社会团体或其他组织,在虚假广告中向消费者推荐商品或服务,使消费者的合法权益受到损害的,应依法承担连带责任。

2. 广告主、广告经营者、广告发布者有下列侵权行为之一的,依法承担民事责任:

(1)在广告中损害未成年人或残疾人的身心健康的;

(2)假冒他人专利的;

(3)贬低其他生产经营者的商品或服务的;

(4)广告中未经同意使用他人名义、形象的;

(5)其他侵犯他人合法民事权益的。

思考题

名词术语解释：

广告　广告主　广告合同

简答题：

1. 广告必须遵守哪些准则？

2. 哪些情况不得设置户外广告？

案例分析：

2001，某杂志社与 A 公司的某代表处签订一份广告合同。合同约定由杂志社在该社杂志第 1 至 12 期上为 A 公司刊登广告 12 次，每次单价 2 万元，总计价款 24 万元，A 公司在广告刊出后 10 日内付款。合同订立后，A 公司向杂志社提供了广告样本，杂志社依约在杂志上刊登了全部广告。其中，于第 1 至 5 期发布的"欢迎贵宾旅客光临"广告内容含有"轮盘"画面；第 6 至 9 期、第 10 至 12 期发布的广告中分别含有"扑克牌"、"筹码"画面，广告语为"既不是摩纳哥，又不是拉斯维加斯"、"比摩纳哥更诱人，比拉斯维加斯更刺激"。在合同履行中，A 公司以文字有误为由对第 9 期的广告内容提出异议，经双方协商，杂志社在次年第 1 期杂志上为 A 公司再刊登一期，费用是 24000 元，同时免除原第 9 期的广告费。上述广告费总计 244000 元，A 公司已支付 20670 元，尚欠 223330 元未付。因此，杂志社起诉到法院，要求 A 公司支付剩余广告费。

问：杂志社的诉求能否得到法院支持？为什么？

知识产权保护类法律法规

　　知识产权是人们基于自己的智力活动创造的成果和经营管理活动中的经验、知识的结晶而依法享有的权利,它涉及文学、艺术、科技、工商领域的智力成果及相关权利。

　　知识产权有广义与狭义之分。广义的知识产权范围,目前已为两个主要的知识产权国际公约所认可。1967 年在斯德哥尔摩签订的《成立世界知识产权组织公约》将知识产权的范围界定为:著作权;邻接权;发明专利权;发现权;外观设计专利权;商标权;商号权;反不正当竞争权;以及一切在工业科学、文学或艺术领域由于智力活动产生的其他权利。世界贸易组织(WTO)文件中的《与贸易有关的知识产权协议》(简称 Trips)划定的知识产权范围包括:版权与邻接权;商标权;地理标记权;工业品外观设计权;专利权;集成电路布图设计权;未披露过的信息专有权(即商业秘密权)。狭义的知识产权,包括著作权、专利权、商标权三个主要组成部分。

　　知识产权法是指由国家制定或认可的,调整知识产权人在创造、使用或转让其作品、专利、商标等智力成果过程中所产生的各种社会关系的法律规范的总称。

　　中国的知识产权保护制度的筹备、酝酿,起始于 20 世纪 70 年代末期,是伴随着我国的改革开放而起步的。1982年出台的《中华人民共和国商标法》(以下简称《商标法》)是我国内地的第一部知识产权法律,标志着我国的知识产权保护制度开始建立。随着1984年《中华人民共和国专利法》(以下简称《专利法》)、1990年《中华人民共和国著作权法》(以下简称《著作权法》)的推行,标志着我国知识产权保护制度的初步形成。

为了适应经济发展和科技进步的要求,根据中国国民经济发展的客观需要,通过借鉴国际公约、条约规定和其他国家在知识产权保护立法方面的先进经验,中国不断建立健全了知识产权保护的立法体系。中国现有的知识产权保护法律体系主要由法律、行政法规和部门规章3个部分组成。其中,专门法律主要包括《商标法》、《专利法》、《著作权法》等;专门行政法规包括《商标法实施条例》、《专利法实施细则》、《著作权法实施条例》、《知识产权海关保护条例》、《计算机软件保护条例》、《集成电路布图设计保护条例》、《植物新品种保护条例》等;专门行政规章包括《驰名商标认定和保护规定》、《集体商标、证明商标注册和管理办法》、《专利实施强制许可办法》等。此外,中国的民法、刑法、对外贸易法以及最高人民法院和最高人民检察院发布的有关司法解释中也包括了知识产权保护的专门规定。为对知识产权实行切实有效的法律保护,2001年中国加入世界贸易组织前后,对保护知识产权的相关法律法规和司法解释进行了全面修改,在立法精神、权利内容、保护标准、法律救济手段等方面更加突出科技进步与创新的同时,做到了与世界贸易组织《与贸易有关的知识产权协议》以及其他知识产权保护国际规则相一致。修改后的《中华人民共和国商标法》及其实施条例扩大了可作为商标保护的客体范围,专门规定了对地理标识和驰名商标的保护,增加了关于优先权的规定,加强了对侵权行为的查处力度;修改后的《中华人民共和国专利法》及其实施细则将专利的保护客体扩大到药品、食品及通过化学手段获得的物质等,延长了专利的保护期限,完善了授予专利强制许可的条件,增加了对外观设计、实用新型专利的行政裁决的司法审查;修改后的《中华人民共和国著作权法》及其实施条例增加了受保护权利的种类,明确界定了表演者和制作者的权利,增加了关于财产保全和证据保全临时措施的规定,增加了关于法定赔偿额的规定,加重了对损害社会公共利益的侵权行为的行政处罚。

2005年3月1日,《著作权集体管理条例》颁布实施,明确了著作权管理组织可以帮助著作权人讨稿费、打击盗版和侵权。

同时,中国积极参加国际保护知识产权的主要公约和条约。自1980年加入世界知识产权组织后,中国相继加入《保护工业产权巴黎公约》、《专利合作条约》、《国际承认用于专利程序的微生物菌种保藏布达佩斯条约》、《工业品外观设计国际分类洛迦诺协定》、《商标国际注册马德里协定》、《商标注册用商品和服务国际分类尼斯协定》、《商标国际注册马德里协定有关议定书》、《与贸易有关的知识产权协议》、《保护文学和艺术作品伯尔尼公约》、《世界版权公约》和《保护录音制品制作者防止未经许可复制其录音制品公约》等10多个国际公约、条约、协定或议定书。

第一节　著作权法

一、知识产权的法律特征

1. 知识产权的客体属无形财产

知识产权所保护的客体是一种没有形体的精神财富。客体的非物质性是知识产权的本质属性和特征,也是该项权利与有形财产所有权相区别的最根本的标志。

2. 知识产权须经法律直接确认

知识产权没有形体,不占有空间,难以实际控制。因此,虽然法律规定知识产权是一种民事权利,并不意味着每个公民对自己头脑中的知识和聪明才智享有民事权利。法律仅承认该种民事权利的客体是智力成果,而非智力本身。因而,知识产权的承认与保护通常需要法律上的直接具体的规定。

3. 知识产权具有专有性

智力成果可以同时为多个主体所使用,因此大多数的知识产权具有法律授予的独占权,它的排他性使对同一项智力成果不能同时存在两个或两个以上的所有权人。

4. 知识产权具有地域性

地域性指依据一国法律所取得知识产权仅在该国范围内有效,在其他国家不发生效力。就此而言,知识产权有别于财产权。

5. 知识产权具有时间性

知识产权都有法定的保护期限,有效期限一旦届满,权利就自行终止或消灭,相关智力成果即成为整个社会的共同财富,任何人均可自由利用。

二、著作权的内容、主客体和归属

(一)著作权的概念和内容

著作权(在我国与版权是同一概念)是指作者及其他著作权人依法对文学、艺术、科学作品所享有的独占权利,包括著作人身权和著作财产权。

《著作权法》所称的作品,是指文学、艺术和科学领域内,具有独创性并能以某种有形形式复制的智力创造成果。作品要成为著作权客体,应具备以下条件:

1. 独创性,即作品必须是由作者通过独立构思和创作而产生。具有独创性的作品才受著作权法的保护。

2. 可复制性,是指可以通过印刷、复印、临摹、拓印、录音、录像、翻录、翻拍等方式将作品制作一份或多份,但无论采用什么复制方式以及复制多少作品,均不会改变作品的内容及思想。

3. 合法性,作品应以法律所允许的客观形式表现出来,公民从事文学、艺术和科学作品的创作,应符合法律规定,不违背社会公共利益。

作品不同于作品的载体,作品是一种智力创作成果,属无体物,反映为一种抽象的表达形式,是著作权的客体;作品的载体是载有某种作品的有形物体。除口述作品外,作品与载体是不可分离的。著作权法保护的是作品,而不是载有作品的有形物体。

(二)著作权的主体

著作权主体,或著作权人,是指依法对文学、艺术和科学作品享有著作权的人。著作权人包括:作者或其他享有著作权的公民、法人或非法人单位。在一定条件下,国家也可能成为著作权主体。

1. 著作权的原始主体

原始主体是作品的创作者,其享有著作人身权和著作财产权。一般情况下,著作权的原始主体为作者,但在特殊情况下,作者以外的自然人或组织也可能成为著作权的原始主体,如职务作品、委托作品中的雇主、出资人等。

(1)作者首先是自然人。《著作权法》第十一条规定,创作作品的公民是作者。一般而言,在作品上署名的便被认定为作者。作者通过创作活动,产生了著作权法规定的作品。著作权属于作者,体现了著作权归属的一般原则。

(2)法人、非法人单位在特定条件下也视为作者。尽管法人或非法人单位不能亲自创作作品,也不是作品的事实作者,但是当法人或非法人单位的成员在本单位主持下依照本单位的意志而创作出了作品,并由本单位承担责任时,法人或非法人单位可视为作者。

2. 著作权的继受主体——其他著作权人

继受主体是指通过受让、继承、受赠或法律规定的其他方式取得全部或一部分著作权的人。

（1）作者的继承人。著作权属公民享有的，公民死后，著作权中的财产权利由其继承人继承，包括作品的使用权、许可使用权和获得报酬权。

（2）受遗赠人。当国家、集体或法定继承人以外的其他公民接受作者遗赠取得著作权中的使用权和获酬权时，即成为著作权法律关系的主体。

（3）根据遗赠抚养协议享有著作权的人。公民或集体所有制组织根据遗赠抚养协议而成为死者著作权中的财产权利的受赠人时，也取得著作权人的资格。

（4）因合同而取得著作权。这里主要有两种情况：第一，依委托合同取得著作权。受委托创作的作品，其著作权的归属由委托人和受托人约定。如合同约定著作权由委托人享有，委托人即成为作者之外的"其他著作权人"。第二，著作权的转让。著作权人可以将其享有的著作权中的财产权利的全部或部分转让给他人，著作财产权的受让人也是著作权的主体。

（5）著作权的特殊主体——国家。国家可成为法律关系的特殊权利主体。国家作为著作权法律关系主体，一般有下列情况：第一，购买著作权。第二，接受赠送。第三，法人或非法人单位变更、终止后没有其权利义务的承受人的，其著作权中的财产权利由国家享有。《著作权法》第十九条第一款规定："著作权属于公民的，公民死亡后，其作品的使用权和获得报酬权在本法规定的保护期内，依照规定转移。"

（三）著作权的客体

1. 著作权的客体

在文学、艺术和自然科学、社会科学、工程技术等领域内创作的作品，均属《著作权法》保护范围，具体包括下述几类作品：

（1）文字作品。即指以文字、数字、符号等创作的作品。

（2）口述作品。即以口头语言创作、未以任何物质载体固定的作品，如即兴的演说、授课、法庭辩论等，还包括用口头方式表达的诸如致辞、即兴诗词、歌唱、编讲故事等。

（3）音乐、戏剧、曲艺、舞蹈作品。

（4）美术、摄影作品。

（5）电影、电视、录像作品。

（6）工程设计、产品设计图纸及其说明。

（7）地图、示意图等图形作品。

此外，计算机软件、民间文学艺术作品及法律、行政法规规定的其他作品也是著作权的客体。

2. 不受著作权法保护的作品

《著作权法》第四条第一款规定："依法禁止出版、传播的作品，不受本法保护。"这包括三种情况：

（1）违背一般法律原则的作品；

（2）违背社会公德和社会伦理的作品；

（3）故意妨害公共秩序的作品。

3. 不适用著作权法保护的作品

不适用著作权法保护的作品有以下三类：

（1）法律、法规、国家机关的决议、决定、命令和其他具有立法、行政、司法性质的文件及其官方正式译文；

（2）时事新闻；

（3）历法、数表、通用表格和公式。

此外，超过了著作权保护期限的作品，因进入了公有领域，故不受《著作权法》保护。

（四）特殊作品著作权的归属

1. 演绎作品著作权的归属

演绎作品是指改编、翻译、注释、整理已有作品而产生的作品。《著作权法》第十二条规定："改编、翻译、注释、整理已有作品而产生的作品,其著作权由改编、翻译、注释、整理人享有,但行使著作权时,不得侵犯原作品的著作权。"

确定演绎作品著作权归属应注意的问题:

(1)"不得侵犯原作品的著作权。"既包括在演绎作品中必须表明原作的名称和作者姓名,也包括在演绎时必须征得原著作权人的同意。

(2)原始作品被演绎的报酬权只能向演绎作品的使用者主张,而不能要求演绎作品的作者支付。

2. 合作作品著作权的归属

《著作权法》第十三条规定:"两人以上合作创作的作品,著作权由合作作者共同享有。没有参加创作的人,不能成为合作作者。""合作作品可以分割使用的,作者对各自创作的部分可以单独享有著作权,但行使著作权时不得侵犯合作作品整体的著作权。"即合作作品可能存在整体著作权与单立著作权的问题。整体著作权由合作作者共同享有,合作作品中可以分割使用的,可以分割的部分的作者对该部分单独享有著作权。但行使著作权时不得侵犯合作作品的整体著作权。

合作作品之共同享有包括按份共有和共同共有。著作权人按照各自创作的那一部分作品所应得的权利份额,分享权利和承担义务,即按份共有。著作权按份共有的每个共有人,有权将自己的财产份额转让,但在转让时,其他按份共有人在同等条件下有优先购买的权利。共同共有著作权,即共有的著作权人不划分各自对著作权所占有得份额,共同对合作作品享有权利和承担义务。共同共有的著作权人在分割财产权利时,一般是平均分配。

3. 编辑作品著作权的归属

编辑作品是对若干单独的作品或其他材料进行选择、编辑而形成的作品,如选集、期刊、报刊、百科全书等。

编辑作品著作权的归属及行使应遵守以下规则:

（1）编辑作品由编辑人享有著作权。编辑人可以是自然人,也可以是法人或非法人单位。由法人或非法人单位组织人员进行创作,提供资金或资料等创作条件,并承担责任的百科全书、辞书、教材、大型摄影画册等编辑作品,其整体著作权归法人或非法人单位所有。

（2）编辑人行使著作权时,不得侵犯原作品的著作权。即编辑人进行编辑创作时,如涉及的是著作权作品,必须经原作品著作权人的同意,并向其支付报酬。

（3）编辑作品中可以单独使用的作品的作者有权单独行使其著作权。因此,编辑作品作为一个整体,其著作权归编辑人享有,但其中可以独立存在、单独使用的作品,其著作权由该作品的作者享有。

4. 影视作品著作权的归属

《著作权法》第十五条规定:"电影、电视、录像作品的导演、编剧、作词、作曲、摄影等作者享有署名权,著作权的其他权利由制作电影、电视、录像作品的制片者享有。电影、电视、录像作品中剧本、音乐等可以单独使用的作品的作者有权单独行使著作权。"

依一般原理,影视作品的著作权属于作者,但是影视作品的作者众多,有导演、编剧、作词、作曲、摄影等,并且除去音乐、剧本或美术作品外,大多数作者的创作不可分割地融进同一表现形式中,因而这些作者无法单独行使著作权。我国著作权法规定法定分享转让制,既由导演、编剧、作词、作曲等作者将其著作权保留署名权,其他权利转归制片者享有。而在其中可有单独使用的作品时,又实行双层著作权的分配方式。

5. 职务作品著作权的归属

所谓职务作品,是指公民为完成法人或非法人单位工作任务所创作的作品。职务作品的作者与所在单位之间存在劳动法律关系,因此,职务作品与公民所担任的职务紧密地联系在一起,它是法人或非法人单位安排其雇员或工作人员履行职责和任务而创造的成果。

《著作权法》第十六条及《著作权法实施条例》第十四条对职务作品的权利归属作了明确规定,即:除依照《著作权法》第十六条第二款的规定外,职务作品的著作权由作者享有,但法人或非法人单位有权在其业务范围内优先使用。作品完成两年内,未经单位同意,作者不得许可第三人以与单位使用的相同方式使用该作品。如果在作品完成两年内,单位在其业务内不使用,作者可以要求单位同意其许可第三人使用,使用方式不受限制,单位如无正当理由不得拒绝。作品完成后两年内,经单位同意,作者可以许可他人以与本单位相同的方式使用该作品:其所获报酬,由作者与单位按约定的比例进行分配。作品完成两年的期限,自作者向单位交付作品之日起计算。

《著作权法》第十六条第二款所规定的情形包括:

(1)主要是利用法人或非法人单位的物质技术条件创作,并由法人或非法人单位承担责任的工程设计、产品设计图纸及其说明、计算机软件、地图等职务作品,作者享有署名权,著作权的其他权利归法人或非法人单位享有。

认定这类职务作品,应注意:从事创作的物质技术条件主要是由法人或非法人单位提供的。根据《著作权法实施条例》第十五条的规定,这里的物质技术条件,是指法人或非法人单位为创作专门提供的资金、设备或资料。而责任(包括各种风险和法律责任)由法人或非法人单位承担。

(2)法律、行政法规规定或合同约定著作权由法人或非法人单位享有的职务作品,作者有署名权,著作权的其他权利由法人或非法人单位享有,法人或非法人单位可以给予作者奖励。

6. 委托作品著作权的归属

委托作品,是指受托人(作者)依据委托人的委托,由受委托人按照委托人的意志和具体要求而创作的特定作品。《著作权法》第十七条规定,受委托创作的作品,著作权的归属由委托人和受托人通过合同约定。合同未明确约定或没有订立合同的,著作权属于受托人。

7. 美术作品著作权的归属

对于美术作品著作权的权利归属,《著作权法》第十八条规定:"美术等作品所有权的转移,不视为作品著作权的转移,但美术作品原件的展览权由原件所有人享有。"即指公开展出的权利归原件所有人享有,获得作品原件的人虽然不享有作品的全部著作权,但享有其中的展览权。

8. 匿名作品著作权的归属

匿名作品,或称作者身份不明的作品,是指作者隐去姓名,其中包括不具名或不写明其真实姓名的作品。我国著作权法对匿名作品同其他作品一样实行保护。《著作权法实施条例》第十六条规定:"作者身份不明的作品,由作品原件的合法持有人行使除署名权以外的著作权。作者身份确定后,由作者或继承人行使著作权。"

三、著作权的内容

(一)著作权内容概述

著作权是指法律赋予作者因创作文学、艺术和科学作品而享有的专有权利。著作权包括两方面的内容,即著作人身权和著作财产权。

(二)著作人身权

著作人身权具体包括发表权、署名权、修改权和保护作品完整权等四项权利。

1. 发表权

这是作者依法决定作品是否公之于众和以何种方式公之于众的权利,它是著作权中的首要权利。

2. 署名权

署名权是作者为表明其作者身份,在作品上署名的权利。它是确认创作人具体身份的重要法律依据。《著作权法》第十一条第四款规定,"如无相反证明,在作品上署名的公民、法人或非法人单位为作者。"

《著作权法》对一些作品的著作权归属作了特别规定,但它们的署名权仍属于作者。如著作权由法人或非法人单位享有的职务作品,其署名权仍归作者享有。作者的署名权具有永久性,其保护期不受限制;同时,署名权不得转让、继承,作者生前对署名权专有,死后署名权亦不得转让或继承。

需要指出的是,当作者的作品署名发表后,其他任何人以出版、广播、表演、翻译、改编等形式进行传播和使用时,必须注明原作品作者的名字。

3. 修改权

修改权即作者修改或授权他人修改其作品的权利。修改权包括作者有权自己修改作品和授权他人修改作品。一般说来,修改权为作者享有,只有经作者授权,他人才能修改作者的作品,未经授权而擅自修改作品,即构成对作者修改权的侵犯。

合作作品的修改权属于合作作者,除合作作者共同授权外,其中任何一人都无权修改合作作品。合作作品可以分割使用的,作者对各自创作的部分可以单独行使修改权,但不得侵犯合作作品整体的著作权。

4. 保护作品完整权

保护作品完整权即保护作品不被歪曲、篡改的权利。保护作品完整权是修改权的延伸或一种体现,但它在内容上比修改权更进了一步。这项权利旨在保护著作权人的名誉和声望以及其他参与人权利不受侵犯。它不仅禁止对作品进行修改或进行修改时歪曲、篡改作品,而且禁止他人在再创作和再现作品的活动,如以改编、注释、翻译、制片、表演等方式使用作品时,对作品做歪曲性的改变。

保护作品完整权的保护期不受限制。作者死后,保护作品完整权由作者的继承人或受遗赠人行使;无人继承又无人受遗赠的,则由著作权行政管理部门保护。

（三）著作财产权

根据《著作权法》的规定,著作财产权包括使用权和获得报酬权,即以复制、表演、播放、展览、发行电影、电视、录像或改编、翻译、注释、编辑等方式使用作品的权利;以及许可他人以上述方式使用作品,并由此获得报酬的权利。具体包括复制权、发行权、展览权、表演权、播放权、制片权、演绎权等7项权利。这是知识商品化的一种表现形式。

1. 复制权

复制权是指以印刷、复印、临摹、拓印、录音、录像、翻录、翻拍等方式将作品制成一份或多份的权利,它是著作权人享有最基本、最重要的财产权利。

2. 表演权

表演权是指演奏乐曲、上演剧本、朗诵诗词等直接或间接借助技术设备以声音、表情、动作等创造性地公开再现作品。表演权是指著作权人享有表演自己创作的作品的权利和许可他人表演其创作的作品的权利。

3. 播放权

播放权亦称广播权,是指通过无线电波、有线电视系统传播作品的权利。这一权利直接体现了著作权人对作品的传播所进行的控制,即著作权人有权禁止或许可他人将其作品通过播放形式进行传播。

4. 展览权

展览权是将作品原件或复制件公开陈列的权利。著作权人有权将作品自行展览,也可以授权他人展览并获取报酬。

5. 发行权

发行是指为满足公众的合理需求,通过出售、出租等方式向公众提供一定数量的作品复制件。发行权是著作权人自己发行或授权他人发行作品并因此获酬的权利。它是一项重要的财产权利。

6. 制片权

制片权亦称影视片摄制权,指著作权人享有将其作品摄制成电影、电视、录像等影视作品的权利。著作权人可以自行摄制,也可授权他人进行摄制。摄制电影、电视、录像作品,要求以拍摄电影或相类似的方式首次将作品固定在一定的载体上,即不仅要求以摄制电影或相类似的方式将作品在一定的物质载体上固定下来,而且,必须是首次采取上述方式将作品固定在一定载体上。摄制电影、电视录像所使用的作品,可以是原作,也可以是原作的演绎作品。《著作权法》第十五条对电影、电视、录像作品的著作权单独做出了规定,其中作品导演、编剧、作词、作曲、摄影等作者享有署名权,著作权的其他权利由制作电影、电视、录像的制片者享有。

7. 演绎权

演绎权指作者或其他著作权人享有的、以其作品为蓝本进行再创作的权利,它包括改编权、整理权、注释权和编辑权等。

(1)改编权。改编是指在原有作品的基础上,通过改变作品的表现形式或用途,创作出具有独创性能的新作品。改编人对改编已有作品而产生的新作品应享有著作权,但行使改编作品的著作权不得侵权原作著作权人的权利。

(2)翻译权。翻译是将作品从一种语言文字变换成另一种语言文字。译者对翻译作品享有著作权,但行使著作权时不得侵犯原作著作权人的权利。

(3)注释权。注释是指对文字作品的字、词、句进行注明解释,便于使用者充分理解和利用作品。注释人对其注释部分享有著作权。

(4)整理权。整理是指对内容零散、层次不清的已有文字作品或者材料进行条理化、系统化加工的权利。对于整理所形成的作品,整理人应享有著作权。

(5)编辑权。编辑是指根据特定要求选择若干作品或作品的片段汇集排成为一部作品。编辑权是著作权人的权利,著作权人可自行编辑作品,亦可授权他人编辑作品。编辑者对编辑所形成的作品,应享有著作权。

四、著作权的取得和保护期限

(一)著作权的取得

1. 自动取得制度

著作权自动取得,指著作权因作品创作完成、形成作品这一法律事实的存在而自然取得,不再需要履行任何手续。我国著作权法参照各国的通行做法,采用了"自动取得"原则。

2. 注册取得制度

注册取得,指以登记注册作为取得著作权的条件,作品只有登记注册后方能产生著作权。著作权注册取得的原则,又称为注册主义。从世界各国著作权法规定来看,大多数国家已采取自动取得原则,《伯尔尼公约》和《世界版权公约》也不以登记注册作为取得著作权的条件,但实施 1987 年新版权法之前的西班牙,以及受其影响较大的拉丁美洲和少数非洲国家,仍要求将作品提交著作权管理部门登记,否则不受著作权法保护。

3. 其他取得制度

其他取得制度包括:作品必须以有形物固定下来,才能获得著作权,如美国著作权法就有此规定;以著作权标记获得著作权,这为《世界版权公约》所确认。"版权标记"包括三个部分:在英文字母 C 外加一个圆圈,C 为英文 Copyright 的缩写,代表版权;版权所有者姓名;首次出版年份。

（二）著作权的保护期限

著作权的保护期限,是指著作权受法律保护的时间界限,即著作权的有效期限。在著作权的期限内,作品的著作权受法律保护;著作权期限届满,就丧失著作权,该作品便进入公共领域,不再受法律保护。

我国对著作人身权和著作财产权保护期分别加以规定。著作人身权中的署名权、修改权和保护作品完整权永久受到法律保护。发表权的保护期与著作权中的财产权利的保护期相同。作为作者的公民死亡,法人或非法人单位变更、终止后,其署名权、修改权、保护作品完整权仍受著作权法保护。

著作财产权的保护期是有限制的,根据著作权主体和作品性质不同,保护期限有所区别:

1. 作品的作者为公民,其著作财产权的保护期为作者有生之年加死亡后 50 年。作者死亡后,其保护期以作者死亡后次年的 1 月 1 日开始计算,第 50 年的 12 月 31 日保护期届满。

2. 法人、非法人单位的作品,著作权（署名权除外）由法人或非法人单位享有的职务作品,其发表、使用权和获得报酬权的保护期为 50 年,但作品自创作完成后 50 年内未发表的,著作权法不再予以保护。

3. 电影、电视、录像作品的发表权、使用权和获得报酬权以及摄影作品著作权的保护期为 50 年,截止于作品首次发表后第 50 年的 12 月 31 日,但作品自创作完成后 50 年内未发表的,其著作权不再受保护。

4. 合作作品发表权、使用权和获得报酬权的保护期为作者终生加死亡后 50 年,但 50 年的计算以合作作者中最后死亡的作者的死亡时间为起算点。

5. 作者身份不明的作品,其使用权和获得报酬权的保护期为

50年,截止于作品首次发表后第50年的12月31日。但作者身份一经确定,则适用著作权法的一般规定。

6. 图书出版单位的专有出版权。合同约定,图书出版者享有专有出版权的期限,不得超过10年,合同期满可以续签。

7. 录音、录像作品使用权和获得报酬权的保护期为50年,截止于该作品首次出版后第50年的12月31日。

8. 广播、电视节目使用权和获得报酬权的保护期为50年,截止于播放后第50年的12月31日。

五、邻接权

（一）邻接权的概念

邻接权,亦称作品传播者权,指作品的传播者在传播作品的过程中,对其付出的创造性劳动成果依法享有特定的专有权利的统称。

邻接权有狭义和广义之分。狭义邻接权通常包括表演者权、音像制作者权及广播电视组织权三类。广义的邻接权,是把一切传播作品的媒介所享有的专有权一律归入其中,其基本内容包括:"出版者对其出版的图书和报刊享有的权利,表演者对其表演享有的权利,录音录像制作者对其制作的录音录像制品享有的权利,广播电台、电视台对其制作的广播、电视节目享有的权利"。

（二）出版者权

出版者权,是指书刊出版者与著作权人通过合同的约定或经著作权人许可,在一定期限内对其出版的作品所享有的专有使用权。出版者权包括:

1. 专有出版权

专有出版权是指出版者经著作权人的授权,在合同有效期内和在合同约定的地区,享有并排除他人出版某一作品的权利,又叫独占出版权。

出版者对某部作品享有专有出版权即意味着:对于著作权人,

在其授权出版者出版其作品后,在合同许可期限和在合同约定的地区内,不得再次授权他人出版;对于出版该作品的出版者,在其享有出版权的期限内,只能自己出版,不能许可他人出版;其他人均不得复制发行该作品,不得侵犯出版者的专有出版权,专有出版权包括以同种文字出版作品的原版、修订版和缩编本,否则即构成对专有出版权的侵犯。

在各类出版者中,只有图书出版者对其所出版的作品拥有法定的专有出版权。报纸、期刊出版者能否对其出版的作品享有专有出版权取决于与作者的合同约定。

图书出版者只能在出版合同约定的期间内享有专有出版权;并且合同约定的期限不超过 10 年。合同期满后,当事人可以续订,但续订后的专有出版权仍然不能超过 10 年。

出版者所享有的专有出版权还受到版本的限制。按照《著作权法》的规定,对作品某一种文字版本的专有出版权只能限于该文字的原版、修订版和缩编本,著作权人许可其他出版者以其他版本形式出版该作品的,不构成侵犯专有出版权。

2. 出版者的义务

出版者应履行以下义务:

(1)图书出版者出版图书,应同著作权人订立书面的出版合同。

(2)按期、按质出版作品。

(3)图书出版者重印、再版作品时,应通知著作权人,并支付报酬。图书出版者拒绝重印、再版的,著作权人有权终止合同。

(4)向著作权人支付报酬。

(三)表演者权

1. 表演者的权利

表演者的权利包括:表明表演者身份;保护表演形象不受歪曲;许可他人从现场直播。表演者有权许可广播电视组织直播其演出,也有权收取一定的报酬;许可他人为营利目的录音录像,并获得报酬。

2. 表演者的义务

表演者的义务应履行以下义务：

(1)表演者使用他人未发表的作品时，应取得著作权人的许可，并支付报酬。

(2)表演者使用他人已发表的作品进行营业性演出，可以不经著作权人许可，但是应按照规定支付报酬；如果著作权人声明不许使用的，不得使用。属于法定免费表演的，表演者无需向著作权人支付报酬。

(3)表演者使用通过改编、翻译、注释、整理已有作品而产生的作品进行营业性演出，应按照规定向改编、翻译、注释、整理作品的著作权人和原作品的著作权人支付报酬。

(4)表演者为制作录音录像和广播、电视节目进行表演而使用他人作品的，应由录音录像制作者、广播电台、电视台取得著作权人许可，并按照规定支付报酬。

(四)录音录像制作者权

1. 录音、录像制作者的权利

录音、录像制作者的权利，是指录音录像制作者享有许可他人复制发行其录音录像制品并获得报酬的权利。录音录像制作者权的保护期限为 50 年，截止于该作品首次出版后的第 50 年的 12 月 31 日。

2. 录音、录像制作者的义务

录音、录像制作者应履行以下义务：

(1)录音制作者使用他人未发表的作品制作录音制品，应取得著作权人的许可，并支付报酬；使用他人已发表的作品制作录音制品，可以不经著作权人许可，但应按照规定支付报酬；著作权人声明不许使用的不得使用。

(2)录像制作者使用他人作品，无论是未发表的，还是已发的，都应取得著作权人的许可，并支付报酬。

（3）音像制作者使用改编、注释、翻译、整理已有作品而产生的作品，应向改编、注释、翻译、整理作品的著作权人和原作品的著作权人支付报酬。

（4）被许可复制发行音像制品的出版者，应按规定向著作者支付报酬。

（5）音像制作者行使权利，不得损害所使用的作品著作权人的权利。

（6）音像制作者在制作发行音像制品时，除应尊重作者的权利外，还应尊重表演者的权利，即应同表演者订立合同，并支付报酬。被许可复制发生的音像制品的制作者也应按照规定向表演者支付报酬。

（五）广播电视组织权

1. 广播电视组织的权利

广播电视组织享有以下权利：

（1）播放节目的权利。广播电台、电视台对其编制的广播电视节目或依法取得的音像节目，有权通过无线电波向公众播放，任何组织和个人都不得干涉；未经广播电视组织许可，他人不得播放其录制的节目。

（2）许可他人播放并获得报酬的权利。广播电视组织对播放其制作的节目享有排他的控制权，其他广播电视组织未经其许可，不得进行营利性的播放，如需播放，必须征得其同意，并支付报酬。

（3）许可他人复制并获得报酬的权利。即有权许可他人复制发行其制作的节目。此外，广播电视组织还享有播放已出版的录音制品的权利。广播电视组织的权利保护期为50年，截止于该节目首次播放后第50年的12月31日。

2. 广播电视组织的义务

广播电视组织应履行以下义务：

（1）广播电台、电视台使用他人未发表的作品制作广播电视节目，应取得著作权人的许可，并按规定向著作权人支付报酬。

（2）广播电台、电视台使用他人已发表的作品制作广播电视节目，可以不经著作权人许可，但应按规定支付报酬，著作权人声明不许使用的除外。

（3）广播电台、电视台使用改编、注释、翻译整理已有作品而产生的作品制作广播、电视节目，应向改编、注释、翻译、整理作品的著作权人和原作品的著作权人支付报酬。

（4）广播电台、电视台制作广播、电视节目，有同表演者订立合同并支付报酬的义务。电视台播放他人的电影、电视和录像，应取得电影、电视制片人和录像制作者的许可，并向其支付报酬。

六、著作权的利用和限制

（一）著作权的利用

1. 著作权的转让

著作权转让，是指著作权人将其作品使用权的一部或全部在法定有效期内转移给他人的行为。其特点包括：

（1）转让的对象仅限于著作财产权；

（2）著作权转让与作品载体所有权无关；

（3）著作权转让导致著作权主体的变更；

（4）著作权人可以对转让标的作多种选择。

著作权人可将使用权中的不同权能，如翻译权、出版权、改编权、注释权等分别转让给不同的受让主体，也可以将不同艺术形式的改编权让渡给多个不同的人，甚至还可将出让的权利按地区分配和按年限划分。因此，著作权转让的标的在著作权人手中可以形成许多个不同的排列组合，只要不在同一时间、同一地域将完全相同的权利转让给不同的人，就不会与著作权法相抵触。

2. 著作权的许可使用

（1）著作权的许可使用的概念。著作权的许可使用是指著作权人将自己的作品以一定的方式、在一定的地域和期限内许可他人使用的行为。著作权的许可使用具有如下几个特征：

A. 著作权许可使用并不改变著作权的归属；

B. 被许可人的权利受制于合同的约定；

C. 除专有许可外，被许可人对第三人侵犯自己权益的行为一般不能以自己的名义向侵权人提起诉讼。

（2）著作权专有许可使用和一般许可使用：

A. 著作权专有许可使用。著作权专有许可使用是指著作权人授权他人在一定的地域和期限内以特定的方式独占使用作品。著作权人发出专有许可证后，任何人（包括著作权人）都无权以许可证所列举的方式使用作品。在著作权专有使用许可的条件下，被许可人是否有权将自己取得的专有使用权再向第三人发放专有使用许可证或一般使用许可证，即是否享有从属许可权，应以合同的约定为准。如果许可作用合同没有明示的约定，则被许可人只能自己行使权利，不能再许可第三人行使。

B. 著作权的一般许可使用。著作权的一般许可使用是指著作权人授权使用者在一定期限和范围内以特定的方式非独占地使用作品。著作权人可以在相同的地域和期限内，以相同的方式许可多人使用同一作品，著作权人自己也可在上述范围内使用作品。

3. 著作权许可使用合同

根据作品使用的不同形式，著作权许可使用合同包括：出版权许可使用合同；表演权许可使用合同；编辑权、改变权、翻译权许可使用合同以及各种邻接权许可使用合同。合同的主要条款有：许可使用作品的方式；许可使用的权利是专有使用权还是非专有使用权；许可使用的范围、期限；付酬标准、办法和违约责任。

（二）著作权的限制

1. 著作权的合理使用制度

著作权的合理使用制度，是指在特定的条件下，法律允许他人自由使用享有著作权的作品而不必征得著作权人的同意，也不必向著作权人支付报酬的制度。根据我国《著作权法》的规定，合理使用必须同时具备以下三个要件：

（1）使用的作品已经发表；

（2）使用的目的仅限于为个人学习、研究或欣赏，或为了教学、科学研究、宗教或慈善事业以及公共文化利益的需要；

（3）使用他人作品时，不得侵犯著作权人的其他权利、并且必须注明作者姓名、作品名称。

2. 著作权合理使用的情形

（1）个人使用；

（2）引用；

（3）新闻报道使用；

（4）对政论性文章的转载转播；

（5）对公共场所开演讲的转载、转播；

（6）教学使用；

（7）公务使用；

（8）图书馆陈列或保存版本；

（9）免费表演；

（10）室外陈列作品的使用；

（11）对汉文作品的翻译；

（12）盲文出版。

以上合理使用行为，同样适用于对出版者、表演者、录音录像制作者、广播电台、电视台的权利的限制。

3. 著作权的法定许可使用

法定许可使用，是指依据著作权法的规定，使用者在利用他人已经发表的作品时,可以不经著作权人的许可,但应向其支付报酬,并尊重著作权人的其他权利的制度。

法定许可有下列 4 种情形:

(1)作品在刊登后,除著作权人声明不得转载、摘编的以外,其他报刊可以转载,或作为文摘资料刊登,但应按规定向著作权人支付报酬。

(2)表演者使用他人已经发表的作品进行营业性演出,可以不经著作权人许可,但应按规定支付报酬;著作权人声明不许使用的不得使用。

(3)广播电台、电视台使用他人已发表的作品制作广播电视节目,可以不经著作权人许可,但著作权人声明不得使用的不许使用。除著作权法规定可以不支付报酬的以外,应向著作权人支付报酬。

(4)录音制作者使用他人已经发表的作品制作录音制品,可以不经著作权人许可,但应按规定支付报酬;著作权人声明不许使用的不得使用。

此外,表演者为制作录音录像和广播、电视节目进行表演而使用他人已发表作品的,也属于法定许可使用。

七、著作权的保护

(一)侵犯著作权行为

所谓侵犯著作权(包括邻接权)的行为,是指未经作者或其他著作权人同意,又无法律上的根据,擅自利用著作权作品或以其他非法手段行使著作权人专有权利的行为。

侵犯著作权的行为主要有以下 15 种:

(1)未经著作权人许可,发表其作品的行为;

(2)未经合作作者许可,将与他人合作创作的作品当作自己单独创作的作品发表的行为;

（3）没有参加创作，为谋取个人名利，在他人作品上署名的行为；

（4）歪曲、篡改他人作品的行为；

（5）未经著作权人许可，以表演、播放、展览、发行、摄制、电影、电视、录像或改编、翻译、编辑等方式使用作品的行为；

（6）使用他人作品，未按规定支付报酬的行为；

（7）剽窃、抄袭他人作品的行为；

（8）未经著作权人许可，以营利为目的的复制发行其作品的行为；

（9）制作、出售假冒他人署名的美术作品的行为；

（10）未经表演者许可，现场直播其表演的行为；

（11）未经表演者许可，对其表演制作录音、录像出版的行为；

（12）出版他人享有专有出版权的图书的行为；

（13）未经录音录像制作者许可，复制发行其制作的录音录像制品的行为；

（14）未经广播电台、电视台许可，转播、复制发行其制作的广播、电视节目的行为；

（15）其他侵犯著作权以及与著作权有关权利的行为。

（二）侵犯著作权的法律责任

1. 刑事法律责任

《刑法》明确规定侵犯著作权的行为应承担刑事责任，即根据情节不同，对犯罪行为人处以有期徒刑或拘役，并处或单处罚金。

2. 行政法律责任

以下侵权行为可处以一定的行政处罚：

（1）剽窃、抄袭他人作品的行为；

（2）未经著作权人许可，以营利为目的，自制发行其作品的行为；

（3）出版他人享有专有出版权的图书的行为；

（4）未经表演者许可，对其表演进行录音、录像的行为；

（5）未经广播电台、电视台许可，复制发行其制作的广播电视节目的行为；

（6）制作、出售假冒他人署名的美术作品的行为。

对著作权侵权行为给予行政处罚的机关只能是著作权行政管理部门。

行政处罚的方式主要有：警告、罚款、没收非法所得、责令停止制作和发行侵权复制品、停止营业等。上述处罚方式，即可单独适用，也可以合并适用。

3. 民事法律责任

民事责任方式主要有停止侵害、消除影响、公开赔礼道歉和赔偿损失。

八、计算机软件的概念和保护条件

（一）计算机软件的概念

计算机软件，是指计算机程序以及解释和指导使用程序的文档的总和。计算机程序包括源程序和目标程序。同一程序的源文本和目标文本应视为同一作品。源程序是指用高级语言或汇编语言编写的程序，目标程序是指源程序经编译或解释加工以后可以由计算机直接执行的程序。所谓文档，是指用自然语言或形式化语言所编写的文字资料和图表，用来描述程序的内容、组成、设计、功能规格、开发情况、测试结果及使用方法。

（二）计算机软件的保护条件

计算机软件作为一种知识产品，其要获得法律保护，必须具备以下条件：

1. 原创性，即软件应该是开发者独立设计、独立编制的编码组合；

2. 可感知性，受保护的软件须固定在某种有形物体上，通过客观手段表达出来并为人们所知悉；

3. 可再现性，即把软件转载在有形物体上的可能性。

九、计算机软件著作权的归属、内容和保护期限

（一）计算机软件著作权的归属

计算机软件著作权归属软件开发者。因此，确定计算机著作权归属的一般原则是"谁开发谁享有著作权"。软件开发者指实际组织进行开发工作、提供工作条件完成软件开发，并对软件承担责任的法人或非法人单位，以及依靠自己具有的条件完成软件开发，并对软件承担责任的公民。

我国法律除规定了上述一般原则外，还规定了软件著作权归属的几种特殊情况：

1. 合作开发

合作开发者对软件著作权的享有和行使以事前的书面协议为根据，如无书面协议，其著作权由各合作开发者共同享有。合作开发的软件可以分割使用的，开发者对各自开发的部分可以单独享有著作权，但行使著作权时不得扩展到合作开发的软件整体的著作权。

2. 委托开发

受他人委托开发的软件，其著作权的归属由委托者与受托者签订书面协议约定，如无书面协议或在协议中未明确约定的，其著作权属于受委托者。

3. 指令开发

为完成上级单位或政府部门下达的任务而开发的软件，著作权的归属由项目任务书或合同规定；如项目任务书或合同中未作明确规定，软件著作权属于接受任务的单位。

4. 职务开发

公民在单位任职期间所开发的软件，如是执行本职工作的结

果,即针对本职工作中明确事实上的开发目标所开发的,或是从事本职工作活动所预见的结果或自然的结果则该软件的著作权属于该单位。

5. 非职务开发

公民所开发的软件如不是执行本职工作的结果,并与开发者在单位中从事的工作内容无直接联系,且又未使用单位的物质技术条件,则该软件的著作权属于开发者自己。

(二)计算机软件著作权的内容和保护期限

1. 计算机软件著作权的内容

计算机软件著作权包括以下内容:

(1)发表权,即决定软件是否公之于众的权利。

(2)开发者身份权,即表明开发者身份的权利以及在其软件上署名的权利。软件著作权人可以表明其开发者的身份,也可以不表明其身份;可以在软件上署名,也可以不在软件上署名。

(3)使用权,即在不损害社会公共利益前提下,以复制、展示、发行、修改、翻译、注释等方式使用其软件的权利。

(4)使用许可权和获得报酬权,即许可他人以某种使用方式使用其软件的权利和由此获得报酬的权利。

(5)转让权,开发者转让计算机程序的使用权和使用许可权的权利。

2. 计算机软件著作权的保护期限

软件著作权的财产权的保护期为 25 年,保护期满前,软件著作权人可以向软件登记管理机构申请续展 25 年,但保护期最长不超过 50 年。软件开发者的身份权的保护期不受限制。

十、计算机软件著作权的侵权行为及其法律责任

(一)侵权行为

下列行为属于侵犯计算机软件著作权的行为:

(1)未经著作权人同意而发表其软件作品的行为；

(2)将他人开发的软件当作自己的作品发表的行为；

(3)未经合作者同意,将合作开发的软件当作自己单独完成的作品发表的行为；

(4)在他人开发的软件上署名或涂改他人开发的软件后署名的行为；

(5)未经软件著作权人或合法受让者的同意而修改、翻译、注释其软件作品的行为；

(6)未经软件著作权人或其合法受让者的同意而复制或部分复制其软件作品的行为；

(7)未经软件著作权人或其合法受让者的同意向任何第三方办理其软件的许可使用或转让事宜行为。

(二)法律责任

行为人有上述行为的,应承担下列法律责任：

1. 刑事责任

软件登记管理机构工作人员违反有关规定,情节严重,构成犯罪的,由司法机关追究刑事责任。

2. 行政责任

由国家软件著作权行政部门给予没收非法所得、罚款等处罚。

3. 民事责任

行为人应承担的民事责任包括责令停止侵害、消除影响、公开赔礼道歉和赔偿损失。

计算机软件著作权许可合同或转让合同当事人不履行合同义务或履行合同义务不符合约定条件的,应承担违约责任。软件持有者不知道或没有合理的依据知道该软件是侵权作品的,其侵权责任由该软件的提供者承担。

十一、著作权作品登记规程

（一）作品自愿登记制度

作品自愿登记，是指作品不论是否登记，作者或其他著作权人依法取得的著作权不受影响。

（二）登记机构及其职权

各省、自治区直辖市版权局负责本辖区的作者或其他著作权人的作品登记工作。国家版权局负责外国以及台湾、香港和澳门地区的作者或其他著作权人的作品登记工作。

（三）登记程序

作品登记申请者应是作者、其他享有著作权的公民、法人或非法人单位和专有权所有人及其代理人。

登记管辖的规定：作者或其他享有著作权的公民的所属辖区，原则上以其身份证上住址所在地的所属辖区为准，合作作者及有多个著作权人情况的，以受托登记者所在地所属辖区为准。

作者或其他著作权人申请作品登记应出示身份证明，提供表明作品权利归属的证明，填写作品登记表，并交纳登记费。其他著作权人申请作品登记还应出示表明著作权人身份的证明。专有权所有人应出示证明其享有专有权的合同。

登记作品经作品登记机关核查后，由作品登记机关发给作品登记证。作品登记证由登记机关制作。登记机关的核查期限为一个月，该期限自登记机关收到申请人提交的所有申请登记的材料之日起计算。作品登记表和作品登记证应载有作品登记号。

十二、侵害著作权行为查处规程和著作权合同登记管理规程

（一）侵害著作权行为查处规程

1. 处罚机构及职权

国家版权局和地方人民政府的著作权行政管理部门负责对侵

犯著作权的行为进行行政处罚。国家版权局负责处理下列侵权行为：在全国有重大影响的侵权行为；涉外侵权行为；认为应由国家版权局查处的侵权行为。

著作权行政管理部门负责处罚发生在本地区的侵权行为。两个以上地方著作权行政管理部门都有管辖权的，由先立案的管辖。著作权行政管理部门因管辖发生争议的，由争议双方协商解决；协商解决不了的，报请国家版权局指定管辖。

国家版权局可以处理已由地方著作权行政管理部门立案的侵权行为案件；也可以指定地方著作权行政管理部门处理应由国家版权局处理的侵权行为。

2. 处罚与受理

(1)申请与受理。申请查处侵权行为，应提交书面申请书。申请书应包括申请人和侵权人的自然状况，具体的处理事实和理由，证据和证据来源，证人姓名和住所。申请人委托代理人的，应出具书面委托书。著作权行政管理应在收到申请书之日起 15 日内决定是否受理，并通知申诉人。著作权行政管理部门可以应被侵权人或利害关系人的申请决定受理侵权案件，也可以自行决定立案处理。

(2)查处程序。著作权行政管理部门处理侵权行为的承办人员与侵权案件有利害关系的，应自行回避。没有回避的，当事人可以申请其回避。受理案件后，著作权行政管理部门应对申请人提供的证据进行调查。著作权行政管理部门在处理案件中，可以委托其他著作权行政管理部门代为调查，受委托的著作权政管理部门应积极予以协助。著作权行政管理部门应在受理侵权案件 2 个月内做出处罚决定。逾期不能做出决定的，经批准可延至 3 个月。3 个月内仍不能做出处罚的，经上级主管部门负责人批准，可再适当延期。著作权行政管理部门应在做出处罚决定后 15 日内将处罚决定书送达侵权案件的当事人。当事人对行政处罚决定不服的,可在收到行政处罚决定书 3 个月内向人民法院起诉。期满不起诉不履行的,著作权行政管理部门可以申请人民法院强制执行。国家版权局做出的行政处罚决定书,可指定地方著作权行政管理部门执行。执行没收、罚款等处罚决定的,应向被处罚者开具统一收据。

(二)著作权合同登记管理规程

1. 外国图书出版合同登记

(1)强制登记制度。图书出版单位出版外国图书(包括翻译、重印出版),应与外国作品的著作权人签订出版合同,并将合同报著作权行政管理部门进行登记。

(2)登记机构。各省、自治区、直辖市版权局负责对本地区的(包括中央级出版社)出版外国作品合同进行登记。

(3)登记程序。图书出版单位应在合同签字之日起 7 日内将出版合同正本送地方版权局登记。地方版权局登记后在合同上加盖合同登记章退回国内出版单位。

(4)处罚规则。对未按规定进行登记的图书出版单位,地方版权局应给予警告,通报批评和罚款等行政处理。对未进行合同登记造成侵权的,国家版权局将根据《中华人民共和国著作权法》及其实施条例,从重给予行政处罚。

2. 境外音像制品出版合同登记

(1)登记制度。音像出版单位出版境外(包括外国和港澳台地区)的各种音像制品(配合出版图书而出版境外音像制品除外),应将出版合同报国家版权局登记。

(2)订立合同。音像出版单位出版境外音像制品,应取得境外作品著作权人或音像制品制作者的授权,并签订合同,合同应包括双方当事人名称、地址、出版的音像制品名称;著作权人和有关权利人名称姓名;导演和主要表演者姓名;发行数量、出版范围和合同有效期限等。合同签订后应将合同报国家版权局进行登记。由境外音像制品权利人授权或转让其他人后再授权音像出版单位出版的,还应出示原授权或转让合同。

(3)登记程序。音像出版单位向国家版权局申请登记时,应呈送合同正本和副本各一份。音像出版单位应在音像制品上注明合同登记号。

(4)处罚规则。对不进行合同登记而出版境外音像制品的音像出版单位,国家版权局将视情况给予警告、罚款等行政处理,并建议音像行政管理等部门给予行政处理。因履行未登记的合同而造成侵权的,国家版权局从重给予行政处罚。对构成犯罪的,移交司法机关处理。

(5)复制制度。音像出版单位在委托音像复制单位复制出版境外音像制品时,除与音像复制单位签订委托合同外,还应向音像复制单位出示经过登记的出版合同。音像出版单位与境外音像出版单位合作出版音像制品,应签订合作出版合同。

十三、计算机软件的登记管理

(一)主管机关

中国软件登记中心具体承担计算软件著作权的登记工作。

(二)登记办法

申请软件著作权的原则是,一项软件著作权的登记申请只限于一个独立发表的、能够独立运行的软件。合作开发的软件进行著作权登记时,可以由各著作权人协商确定一个著作权人作为代表办理;各著作权人协商不一致时,每个人都有权在不损害其他著作权人利益的前提下申请登记,登记时应列出其他著作权人。中国软件登记中心对符合登记条件的申请,应立案受理,并书面通知申请者;同时,应自受理日起 120 日内审查所受理的申请,经审查符合法定条件的,准予登记,发给相应的登记证书,予以公布;不符合登记条件的,予以驳回。

第二节 商标权法

一、商标权的概念和内容

1. 商标权的概念

商标权是商标所有人依法对其注册商标所享有的专有权利。《商标法》第三条规定："经商标局核准注册的商标为注册商标,商标注册人享有商标专用权,受法律保护。"

2. 商标权的内容

商标权内容,是指商标权人享有的权利和应履行的义务,包括注册商标的专有使用权、禁止权、转让权、许可使用权和续展权等。

二、商标注册申请和审批

(一)商标注册的申请人

企业、事业单位和个体工商业者,对其生产、制造、加工、拣选或经销的商品或提供的服务项目,需要取得商标专用权的,应向商标局申请商品商标注册。《商标法实施细则》第二条明确解释了商标注册申请人的范围:"商标注册申请人,必须是依法成立的企业、事业单位、社会团体、个体工商户、个人合伙以及符合《商标法》第九条规定的外国人或外国企业。"

(二)商标注册申请的代理

我国国内商标注册,实行商标代理与当事人直接办理的双轨制,当事人可自愿委托国家工商行政管理局认可的商标代理组织代理,也可自己直接办理。外国人申请商标注册,可在中国委托有条件的从事涉外代理业务的中国商标代理组织代理。

(三)商标的注册条件

1. 商标的构成要素

商标的构成要素,如文字、图形或其组合,必须具有显著性,便于区别。

2. 禁用条款

以下几种文字、图形禁止用作商标：

(1)同中华人民共和国的国家名称、国旗、国徽、军旗、勋章相同或近似的文字、图形；

(2)同外国的国家名称、国旗、国徽、军旗相同或近似的文字、图形；

(3)同政府间国际组织的旗帜、徽记、名称相同或近似的文字、图形；

(4)同"红十字"、"红新月"的标志、名称相同或近似的文字、图形；

(5)本商品的通用名称和图形；

(6)直接表示商品的质量、主要原料、功能、用途、重量、数量及其他特点的文字和图形；

(7)带有民族歧视性的文字、图形；

(8)夸大宣传并带有欺骗的文字、图形；

(9)有害于社会主义道德风尚或有其他不良影响的文字、图形；

(10)县级以上行政区划的地名或公众知晓的外国地名。上述地名不得作为商标使用，但是地名有其他含义的除外，已经注册的使用地名的商标继续有效。

3. 在同种或类似商品上申请注册的商标，不得使用与他人注册商标或初步审定的商标相同或近似的文字、图形或其组合。

4. 注册商标被撤销或期满不再续展的，自撤销或注销之日起1年内，与该商标相同或近似的商标不能被核准。

(四)商标注册的申请

1. 商标注册申请的原则

(1)先申请原则，准予最先申请的人取得商标专用权，驳回其他申请；

（2）一申请一商标原则，允许在一份申请书中可以申请注册用于不同类别的商品上的同一商标；

（3）自愿注册原则，商标使用人在一般情况下可自行决定其使用的商标是否申请注册。

2. 商标注册申请文件

申请商标注册，应向商标局提交下列文件：

（1）商标注册申请书；

（2）商标图样十份及黑白墨稿一份；

（3）申请人申请药或烟草制品商标注册的，还应附送卫生行政部门发给的证明文件或国家烟草主管机关批准生产的证明文件，申请国家规定必须使用注册商标的其他商品的注册商标，应附送有关部门的批准证明文件；

（4）如果委托商标代理机构办理商标注册申请，则应提交按商标局统一制定的书面填写的商标代理人委托书。

（五）注册商标申请的审批

1. 内容审查

经审查，对于符合规定的商标，商标局予以初步审定并予以公告。如果商标局认为申请注册的商标违反标准，则发给《商标驳回通知书》。商标局如果认为商标注册申请书内容可以修正，则发给《审查意见书》，限其在收到通知之日起 15 天内予以修正；未作修正、超过期限修正或修正后仍不符合商标法有关规定的，驳回申请，发给申请人《驳回通知书》。申请人对商标局驳回申请、不予公告的决定不服的，可以在收到通知 15 天内申请复审，由商标评审委员会做出终局决定。

2. 商标注册的异议

《商标法》第十九条规定："对初步审定的商标，自公告之日起 3 个月内，任何人均可以提出异议。无异议或经裁定异议不能成立的，始予核准注册，发给商标证，并予公告；经裁定异议成立的，不予核准注册。"

3. 商标的核准注册

对初步审定并公告的商标,公告期满无异议或异议不成立,当事人又不提请复审或复审理由不成立的,由商标局核准注册,发给注册证并予以公告。如果经裁定异议成立,则不予核准注册。

(六)注册商标的争议

1. 注册商标争议的概念

注册商标的争议,是指先注册的商标所有人就他人后注册的与其在同一种商品或类似商品注册的商标相同或近似的商标提出的争议。除商标注册的撤销程序所规定的情形外,对已经注册的商标有争议的,可以自该商标经核准注册之日起1年内,向商标评审委员会申请裁定。

2. 注册商标争议的条件

(1)申请争议的人必须是注册商标所有人;

(2)申请人的注册商标的核准注册日必须先于被争议人之注册商标的核准注册日;

(3)申请争议的时间为自被争议的商标核准注册之日起1年内,超过此时间提出的争议不予受理;

(4)被争议商标的构成要素必须与争议商标的构成要素相同或近似,而且两者被核定使用的商品为同一种商品或类似商品;

(5)争议所依据的事实和理由,不属于注册商标撤销的事由,也不得与核准注册前已经提出异议并经裁定的事实和理由相同。

3. 注册商标争议的裁定

商标注册人对于他人已注册的商标提出争议的,应在该商标刊登注册公告之日起1年内,将《商标争议裁定申请书》一式两份寄送商标评审委员会申请裁定。商标评审委员会收到注册商标争议裁定申请后,应首先进行形式审查,决定是否受理。商标评审委员会决定受理注册商标争议裁定申请后,应通知被争议商标注册人,并随通知转去《商标争议裁定申请书》1份,限期做出书面答辩。逾期不答辩或拒绝答辩的,不影响评审工作,商标评审委员会仍然依法予以裁定。

商标评审委员会对注册商标争议实质审查的主要内容,是在同一种商品或类似商品上注册的商标是否相同或近似的问题。对于构成在同一种或类似商品上相同或近似的商标,商标评审委员会终局裁定撤销被争议的注册商标,移交商标局办理撤销手续及公告。如果商标评审委员会经过审查,确认有争议的商标在同一种商品或类似商品上与注册在先的商标并不相同或近似,则终局裁定维持该注册商标专用权,并通知双方当事人。

（七）注册商标的撤销

1. 注册商标撤销的概念

注册商标的撤销是指商标不具备注册条件但取得注册时,商标局可以依职权或由商标评审委员会根据第三人的请求撤销商标的制度。《商标法》第二十七条第一款规定:"已经注册的商标,违反本法第八条规定的,或是以欺骗手段或其他不正当手段取得注册的,由商标局撤销该注册商标;其他单位或个人可以请求商标评审委员会裁定撤销该注册商标。"

2. 注册商标撤销的事由

（1）构成商标的文字、图形或其组合违反了商标禁用条款;

（2）注册申请人采用欺骗手段或其他不正当手段取得商标注册,主要包括以下方面:

A. 虚构、隐瞒事实真相或伪造申请书件及有关文件进行注册的;

B. 违反诚实信用原则,以复制、模仿、翻译等方式,将他人已为公众所熟知的商标进行注册的;

C. 未经授权,代理人以其名义将被代理人的商标进行注册的;

D. 侵犯他人合法的在先权利进行注册的;

E. 以其他不当手段取得注册的。

三、注册商标的保护和续展

1. 注册商标的保护期限和保护范围

我国《商标法》对国内外注册商标人的专用权的有效期限作了统一规定,注册商标的有效期为 10 年,自核准注册之日起算。

《商标法》以注册商标的专用权为保护对象。关于商标专用权的保护范围,《商标法》第三十七条规定:"注册商标的专用权,以核准注册的商标和核定使用的商品为限。"

2. 注册商标的续展

注册商标的续展,是指注册商标所有人在商标注册有效期届满后的一定时间内,依法办理一定手续,延长其注册商标有效期的制度。商标所有人可通过商标的续展,延长注册商标专用权的保护期限,也可以通过不续展的方式自动放弃某些价值不大的商标专用权。《商标法》第二十四条规定:"注册商标有效期满,需要继续使用的,应在期满前 6 个月内申请续展注册;在此期间未能提出申请的,可以给予 6 个月的宽展期。宽展期满仍未能提出申请的,注销其注册商标。"

四、注册商标的转让和使用许可

(一)注册商标的转让

1. 注册商标转让的概念

商标转让可以是有偿的,也可以是无偿的。商标所有人以合同的方式将商标专用权转归他人所有,称为商标权的转让。

2. 注册商标转让的原则

转让注册商标的,转让人和受让人应共同向商标局提出申请。受让人应保证使用该注册商标的商品质量。

（二）注册商标的使用许可

1. 注册商标的使用许可的概念

注册商标的使用许可，是指注册商标所有人通过订立许可使用合同的方式，许可他人在规定的范围内使用其注册商标，被许可人支付使用费用的行为。

2. 注册商标使用许可的形式

注册商标使用许可主要有两种形式：普通使用许可；独占使用许可。普通使用许可，是指许可人可以允许不同的人同时使用某一注册商标的使用许可。独占使用许可，是指许可人在同一时间里只能允许某一个被许可人在规定的地区和指定的商品上独占地、排他地使用其注册商标。在合同约定的范围内，许可人不能再允许第三人使用其注册商标，许可人自己也不能使用。

3. 注册商标使用许可合同

（1）注册商标使用许可合同的订立。许可使用合同应包含以下具体内容：

A. 合同双方当事人的名称、地址、法定代表人的姓名；

B. 许可使用的商品的种类和名称、注册证号码；

C. 合同的性质，是独占许可合同，或是一般许可合同；

D. 许可使用注册商标的商品范围、地域范围和期限；

E. 许可使用商品的质量标准；

F. 保证商品质量的有关条款，如许可人向被许可人提供商品样品和技术指导，并监督被许可人使用其注册商标的商品质量；被许可人保证使用该注册商标的商品质量；

G. 许可人保证注册商标效力的条款；

H. 许可使用费的计算方法和支付方式；

I. 违约责任；

J. 解决合同纠纷方式的约定；

K. 需要约定的其他事项。

（2）订立使用许可合同时应注意的问题。订立使用许可合同时应注意以下问题：

A. 被许可人必须是依法成立的企业、事业单位、社会团体、个体工商户、个人合伙以及符合规定的外国人或外国企业；

B. 被许可使用的商标，必须与核准注册的商标相一致，不得改变注册商标的构成要素；

C. 被许可使用的商品，必须是注册商标核定使用的商品中的部分或全部，不得超出这一范围；

D. 许可使用商标的期限，不能超过注册商标的有效期限；

E. 未经过许可人的授权，被许可人不得擅自转让、注销或变更已许可他人使用的注册商标，也不得将商标许可第三人使用。

（3）商标许可人的义务。注册商标使用许可合同是双务合同，合同双方各自负有相应的义务。

商标许可人的义务，主要是保证注册商标在许可使用合同存续期间内的有效性，具体包括：保持注册商标的有效性；维护被许可人合法的使用权，当第三人侵犯注册商标专用权时，许可人应及时采取有效措施予以制止；监督被许可人使用该注册商标的商品质量。如果许可人不能保持其注册商标的有效性，则会造成被许可人的损失，许可人应负赔偿责任。

（4）被许可人的义务。保证使用许可人注册商标的商品质量，维护商标信誉，并在其商品或包装上注明产地和被许可人的名称；未经过许可人的书面授权，不得将商标使用权移转给第三人；如被许可使用的商标被他人侵权，被许可人应协助许可人查明事实；按合同的约定支付商标许可使用费。

4. 商标使用许可合同的备案程序

商标使用许可合同应报商标局备案，其具体程序是：许可人和被许可人订立合同之日起 3 个月内，填写 3 份商标使用许可合同的备案表，并附有商标注册证复印件，除双方当事人保存两份正本外,由许可人将其中一份合同连同备案表报商标局备案,另外两份交双方当事人所在地工商行政管理机关存查。商标局对上报合同进行审查。符合规定的,予以备案,并刊登在《商标公告》上;对不符合规定的合同,退回许可人,由其重新修正后再重新报商标局备案。如果违反这个规定,由许可人或被许可人所在地工商行政管理机关责令其限期改正,拒不改正的,处以 1 万元以下的罚款,直至报请商标局撤销该注册商标。

五、商标侵权行为的种类和法律责任

(一)商标侵权行为的种类

(1)未经注册商标所有人许可,在同一种商品或类似商品上使用与其注册商标相同或近似的商标。具体包括四种情况:

A. 在同一种商品上使用与他人注册商标相同的商标;

B. 在同一种商品上使用与他人注册商标近似的商标;

C. 在类似商品上使用与他人的注册商标相同商标;

D. 在类似商品上使用与他人的注册商标近似的商标。

未经许可实施此种行为,无论属故意或过失,均构成对他人注册商标专用权的侵犯。

(2)销售明知是假冒注册商标的商品。销售者主观上明知或应知销售的是假冒注册商标的商品,即构成此类侵权行为。

(3)伪造、擅自制造他人注册商标标识或销售伪造、擅自制造的注册商标标识。这类侵权行为的表现形式主要有四种:

A. 伪造他人注册商标标识;

B. 未经商标权人委托或授权而制造其注册商标标识;

C. 超越商标权人授予的权限任意制造其注册商标标识;

D. 销售属于伪造、擅自制造的注册商标标识。

(4)给他人注册商标专用权造成其他损害的行为:

A. 经销明知或应知是侵犯他人注册商标专用权的商品的;

B. 在同一种商品上,将与他人注册商标相同或近似的文字、图形作为商品名称或商品装潢使用,并足以造成误认的;

C. 故意为侵犯他人注册商标专用权行为提供仓储、运输、邮寄、隐匿等便利条件的。此种侵权行为以故意实施为必要条件。

(二)商标侵权行为的法律责任

1. 侵犯注册商标专用权的刑事责任

(1)假冒他人注册商标罪,行为人假冒他人注册商标,情节严重,构成犯罪的,依法追究刑事责任;

(2)销售假冒注册商标的商品罪,如果行为人销售明知是假冒注册商标的商品,销售金额数额较大,构成犯罪的,依法追究刑事责任;

(3)伪造、擅自制造他人注册商标标识罪,如果行为人伪造、擅自制造他人注册商标标识,情节严重,构成犯罪的,依法追究刑事责任;

(4)销售伪造、擅自制造的注册商标标识罪,如果行为人销售伪造、擅自制造的注册商标标识,情节严重,构成犯罪的,依法追究刑事责任。

如果单位犯以上罪行,对单位判处罚金,对其直接负责的主管人员和其他直接责任人员,依照相应的规定处罚。

2. 侵犯注册商标专用权的行政责任

商标侵权行为的行政责任,是指行为人对其商标侵权行为所必须承担的,由工商行政管理机关依商标法做出的强制性处罚。对侵犯注册商标专用权的,工商行政管理机关可以采取下列措施:

(1)责令立即停止销售。

(2)收缴并销毁侵权商标标识。

(3)消除现存商品上的侵权商标。

(4)收缴直接专门用于商标侵权的模具、印版和其他作案工具。

(5)采取前四项措施不足以制止侵权的,或侵权商标与商品难于分离的,工商行政管理机关有权责令并监督销毁侵权物品。

(6)罚款,对于尚未构成犯罪的侵犯注册商标专用权的行为,工商行政管理机关可以根据情节处以非法经营额 50％以下或侵权所获利润 5 倍以下的罚款;对侵犯注册商标专用权的单位的直接责任人员,工商行政管理机关可根据情节处以 1 万元以下罚款。

(7)责令赔偿损失,工商行政管理机关可以应侵权人的请求责令侵权人赔偿损失,其赔偿数额为侵权人在侵权期间因侵权所获得的利润或被侵权人在被侵权期间因被侵权所受到的损失。

3.侵犯注册商标专用权的民事责任

商标侵权的民事责任主要有两种:即停止侵权和赔偿损失。

第三节　专利权法

一、专利权及其主客体

（一）专利权的概念

专利权,是指申请人就其发明创造向国家专利行政部门提出专利申请,经依法审查合格后,被授予的在一定期限内对该发明创造享有的专有权利。

（二）专利权的主体

专利权主体是专利权人。专利权人分为两种:一种是作为我国全民所有制单位或集体所有制单位或我国公民个人的"专利权人";另一种是中国境内的外商独资企业、中外合资、中外合作企业或这些企业中个人的"专利权人",以及作为境外外国企业或个人的"专利权人"。

（三）专利权的客体

1.发明

发明是专利法的主要保护对象。根据《专利法实施细则》第二条规定,发明是指对产品、方法或其改进所提出的技术方案。一项发明要取得专利权,必须符合《专利法》规定的条件,即:作为具体的技术方案,该发明应属于可以授予专利权的范围;必须具有新颖性、创造性和实用性;该发明不得违反法律和社会公共利益。

2. 实用新型

实用新型俗称"小发明",它是对产品的形状、构造或其组合所提出的新的技术方案。它具有以下特征:

(1)实用新型产品必须具有实用性,能够在工业上应用,其一旦付诸实施,能取得某种技术的、经济的或社会的效果;

(2)实用新型必须是针对具有一定的形状、构造或其结合的产品,且仅限于具有立体造型、构造并能移动的固体产品。因此,无确定形状的产品如气态产品、液态产品以及粉末状、糊状、颗粒状的固态产品等应排除在外。

3. 实用新型与发明的不同之处在于:

(1)实用新型的创造性一般要低于发明。发明是具有突出实质性特点和显著的进步,实用新型应具有实质性特点和进步;

(2)实用新型只限于对产品的形状、构造或其结合所做出的发明,方法不属于实用新型的范围;

(3)《专利法》虽然规定了实用新型应具备的条件,但又规定对实用新型专利只进行形式审查而不进行实质审查,只要经形式审查合格即可授予实用新型专利权,至于其是否符合专利条件,一般是在专利侵权诉讼中解决;

(4)实用新型的专利保护期限要短于发明。

4. 外观设计

外观设计是指对产品的形状、图案、色彩或它们的结合所做出的富有美感的并适于工业上应用的新设计。外观设计具有以下特征:

(1)承载外观设计的产品必须具有相对的独立性;

（2）外观设计必须是与独立的、具体的产品合为一体的新设计；

（3）外观设计必须能够适于工业上应用；

（4）外观设计必须富有美感；

（5）外观设计可是立体的，也可是平面的。

二、获得专利权的实质要件

（一）发明、实用新型获得专利权的实质要件

一项发明或实用新型获得专利权的实质要件即新颖性、创造性和实用性。

1. 新颖性

新颖性是指在申请日以前没有同样的发明或实用新型在国内外出版物上公开发表过，在国内公开使用过或以其他方式为公众所知，也没有同样的发明或实用新型由他人向国家专利行政部门提出过申请，并且记载在申请日以后公布的专利申请文件中。但申请专利的发明或实用新型在申请日以前6个月内，有下列情况之一的，不丧失新颖性：

（1）在中国政府主办或承认的国际展览会上首次展出的；

（2）在规定的学术会议或技术会议上首次发表的；

（3）他人未经申请人同意而泄露其内容的。

2. 创造性

创造性，是指同申请日以前已有的技术相比，该发明有突出的实质性特点和显著的进步，该实用新型有实质性特点和进步。

衡量发明创造性有两个不可或缺的因素：即突出的实质性特点和显著进步。突出的实质性特点是指发明与现有技术相比在本质上有突出的区别，具有明显不同的技术特征；显著的进步是指发明与最接近的现有技术相比具有长足的进步。

实用新型的创造性标准与发明不同，除了其创造性要求低于发明外，专利法规定对实用新型专利申请不进行实质审查，所以对

实用新型创造性的评定,只有在对实用新型专利权提出无效宣告请求时才可能涉及。

3. 实用性

(1)实用性是指发明或实用新型能够制造或使用,并且能够产生积极的效果。也就是说,一项发明或实用新型要获得专利权,必须能够在工业实践中反复再现地应用,且能产生积极的效果。申请专利的发明或实用新型是一种产品的,该产品必须能够在产业上制造;申请专利的发明是一种方法的,该方法就必须能够在产业上使用。"申请专利的发明或实用新型能够产生积极的效果",是指发明与现有技术相比,可以得到新的、更高的效益。

(2)以下几种情况不具有实用性:

A. 申请专利的发明或实用新型不具有再现性。再现性,是指申请专利发明或实用新型所属技术领域的技术人员,能够根据专利申请文件所公开的技术内容,重复实施专利申请中所采用的技术方案;

B. 申请专利的技术方案违背自然规律;

C. 利用独一无二的自然条件完成的技术方案;

D. 申请专利的发明或实用新型缺乏技术手段;

E. 申请专利的技术方案不能产生积极效果,即实施这样的技术方案可能造成环境污染、能源或资源的严重浪费、损害人体健康等,不具有实用性。

(二)外观设计获得专利权的实质要件

外观设计获得专利权的实质要件为:新颖性和美观性。新颖性是指申请专利的外观设计与其申请日以前已经在国内外出版物上公开发表的外观设计不相同和不相近似;与其申请日前已在国内公开使用过的外观设计不相同或不相近似。美观性指外观设计被使用在产品上时能使人产生一种美感。

（三）不授予专利权的对象

《专利法》不适用的对象包括：

（1）科学发现、科学原理；

（2）智力活动的规则和方法；

（3）疾病的诊断和治疗方法；

（4）动物和植物品种，包括天然生长和人工培养的动、植物品种；

（5）用原子核变换方法获得的物质。

另外，对违反国家法律、社会公德或妨害公共利益的发明创造，不授予专利权。

三、专利申请权

（一）专利申请权

专利申请权，是指公民、法人或其他组织依据法律规定或合同约定享有的、就发明创造向国家专利行政部门提出专利申请的权利。

1. 专利申请权的确定

一项发明创造的专利申请权归谁所有，分为以下两种情形：

（1）由法律直接规定。《专利法》第六条规定："职务发明创造的专利申请权属于该单位，非职务发明创造的专利申请权属于完成该发明创造的发明人或设计人。"

职务发明创造，是指发明人或设计人为执行本单位的任务或主要是利用本单位的物质技术条件所完成的发明创造。执行本单位任务所完成的职务发明创造是指：

A. 在本职工作中做出的发明创造；

B. 履行本单位交付的本职工作之外的任务而做出的发明创造；

C. 退职、退休或调动工作一年内所做出的与其在原单位承担的本职工作或原单位交付的任务有关的发明创造。本单位物质条件,是指本单位的资金、设备、零部件、原材料或不对外公开的技术资料等。

非职务发明创造,是指发明人或设计人利用自己时间、资金、设备等物质技术条件完成的发明创造。

(2)依合同约定的情形。利用本单位的物质技术条件所完成的发明创造,单位与发明人或设计人订有合同,对申请专利的权利和专利权的归属做出约定的,从其约定。

两个以上单位或个人合作完成的发明创造、一个单位或个人接受其他单位或个人委托所完成的发明创造,当事人双方可以就专利申请权的归属在合同中约定。如果当事人双方在合同中没有约定或约定不明确,专利申请权属于完成或共同完成的单位或个人。

2. 专利申请权的转让

专利申请权可以转让。专利申请权转让的结果为专利申请人丧失专利申请权,而受让人获得相应的专利申请权。专利申请权的转让既可发生在专利申请人提出专利申请以前,也可发生在提出专利申请后、授予专利权以前。

转让专利申请权的,当事人应订立书面合同。受让人就此向国务院专利行政部门提出专利申请的,除了提交法律规定的专利申请文件外,还应提交双方签名或盖章并经公证机关公证的专利申请权转让合同。另外,专利申请权转让应向国务院专利行政部门登记,由国务院专利行政部门予以公告。专利申请权的转让自登记之日起生效。

转让专利申请权应注意:若专利申请人为两个或两个以上的人,专利申请权的转让必须经全体权利人同意;如转让人为中国单位或个人,受让人为外国人,专利申请权的转让还应经国务院有关主管部门批准。

(二)专利申请的基本原则

1. 单一性原则

单一性原则又称"一申请一发明"原则,是指一份专利申请文件只能就一项发明创造提出专利申请。

值得注意的是,虽然专利申请的单一性原则不允许在一份专利申请中就两项或两项以上的发明创造提出专利申请,但是却允许就"属于一个总的构思"或"有联系的"、"有关的"或"相互依赖的"技术方案提出专利申请。就外观设计而言,允许在一份申请中就"用于同一类别并且成套出售或使用的产品的"两件以上的外观设计提出专利申请。所谓同一类别的产品,是指产品属于分类表中同一个类;成套出售或使用,是指各产品的设计或构思相同,并且习惯上是同时出售,同时使用。

《专利法实施细则》第三十五条对专利申请的"单一性"作了进一步的规定,即"依照《专利法》第三十一条第一款的规定,可以作为一件专利申请提出的属于一个总的发明构思的两项以上的发明或实用新型,应在技术上相互关联,包含一个或多个相同或相应的特定技术特征。其中特定技术特征是指每一项发明或实用新型作为整体考虑,对现有技术做出贡献的技术特征。"

下列各项可以在一件发明专利申请中作为属于一个总的发明构思的多项发明:

(1)不能包括在一项权利要求内的两项以上产品或方法的同类独立权利要求;

(2)产品和专用于制造该产品的方法的独立权利要求;

(3)产品和该产品用途的独立权利要求;

(4)产品、专用于制造该产品的方法和该产品的用途的独立权利要求;

(5)产品和专用于制造该产品的方法和为实施该方法而专门设计的设备的独立权利要求;

（6）方法和为实施该方法而专门设计的设备的独立权利要求。

2. 书面原则

《专利法实施细则》第三条规定："《专利法》和本细则规定的各种手续,应以书面形式办理。"此处的书面形式即书面原则,这一原则是指在专利申请的过程中,专利申请人及其代理人在办理各种手续时都应采用书面形式。

3. 先申请原则

先申请原则,是指两个或两个以上的人分别就同样的发明创造申请专利的,专利权授予最先提出专利申请的人。

（三）专利申请人

1. 专利申请人的概念

专利申请人,是指对某项发明创造依法律规定或合同约定享有专利申请权的公民、法人或其他组织。

外国人要在我国申请专利,必须符合下列条件：

（1）在中国有经常居所或营业场所；

（2）在中国没有居所或营业场所的,应依照其所属国同中国签订的协议或共同参加的国际条约,或依照互惠原则,按我国《专利法》规定办理申请手续。

2. 专利申请人的权利

专利申请人依法提出的专利申请被国家专利行政部门受理后,即享有下列权利：

（1）有权依据其申请要求优先权；

（2）就其后由他人以同样的发明创造向国家专利行政部门提出的专利申请而言,该申请人取得了在先申请人的地位；

（3）申请专利的发明将得到临时保护,《专利法》第十三条规定："发明专利申请公布后,申请人可以要求实施其发明的单位或个人支付适当的费用",该申请若没有被授予专利权,这种临时保护也就不复存在；

（4）在专利申请被批准为专利、被驳回、被撤回或被视为撤回以前，专利申请人可以转让其专利申请权；

（5）在专利申请的审查过程中，专利申请人还享有撤回权、修改权、修改请求权、实质审查请求权以及放弃权等项权利。

（四）专利申请文件

1. 发明或实用新型专利申请文件

发明或实用新型专利申请人应向国家专利行政部门提交以下申请文件：

（1）请求书。它包括发明或实用新型的名称，发明人或设计人的姓名，申请人的姓名或名称、地址、国籍等。请求书应使用由专利行政部门规定的表格，并且只能用中文填写。

（2）说明书。说明书的内容包括发明或实用新型的名称和所属的技术领域，与发明或实用新型相关的背景技术，发明或实用新型所要解决的技术问题或发明的目的、技术方案及其实施例，与已有技术相比所具有的有益效果或进步和附图等。发明或实用新型专利申请人借助说明书对发明或实用新型的技术内容进行具体说明。因此，说明书要按照规定的要求填写，应对发明或实用新型的技术方案做出清楚、完整的说明，以所属技术领域的技术人员能够实现为准。

（3）说明书摘要。摘要是对说明书公开内容的简明文摘，它仅是一种技术情报，不具有法律效力。其内容不属于发明或实用新型原始公开的内容，不能作为以后修改说明书或权利要求书的根据，也不能用来解释专利权的保护范围。

（4）权利要求书。权利要求书记载发明或实用新型所必需的技术特征，清楚并简要地表述请求专利保护的范围。权利要求书中的权利要求可以分为"独立权利要求"和"从属权利要求"。前者是从整体上反映发明或实用新型的技术方案，记载为达到发明或实用新型的发明目的的必要技术特征；后者是用以要求保护的附加技术特征,对引用的权利要求作进一步的限定。权利要求书是用以确定专利保护范围的书面文件。所以它是判断他人是否侵犯专利权的根据,直接具有法律效力。

2. 外观设计专利申请文件

申请人就外观设计向国务院专利行政部门提出专利申请的,应提交请求书以及该外观设计的图片或照片等文件,并且写明使用该外观设计的产品及其所属的类别,必要时还应写明对外观设计的简要说明。

就立体外观设计产品而言,应提交正投影六面视图和立体图或照片;就平面观设计产品而言,应提交该产品的两面视图。

(五)专利申请日

1. 专利申请日的概念

专利申请日,也称关键日,它是国务院专利行政部门或由其指定的专利申请受理代办处收到完整专利申请文件的日期。

确定专利申请日时应注意以下问题:

(1)如果专利申请文件是通过邮局邮寄的,则以寄出的邮戳日为申请日;

(2)专利申请人享有优先权的,以优先权日为申请日。

2. 优先权制度

专利申请人就其发明创造第一次提出专利申请后,在法定期限内又就相同主题的发明创造提出专利申请的,法律规定其在后申请以第一次申请的日期作为其申请日。专利申请人依法享有的这种权力就是优先权。优先权最早是由巴黎公约所确立的,称为外国优先权,其后又将其适用于国内,产生了国内优先权制度,故优先权可分为外国优先权和本国优先权。

(1)本国优先权。申请人自发明或实用新型在中国第一次提出专利申请之日起 12 个月内,又向国务院专利行政部门就相同主题提出专利申请的,可以享有优先权,这种在国内的申请优先权即本国优先权。

在先申请和要求优先权的在后申请应符合下列规定：

A. 在先申请只能是发明或实用新型专利申请，且不属于分案申请；

B. 在先申请没有要求过外国优先权或本国优先权；

C. 对于在先申请，专利局尚未发出授予专利的通知；

D. 要求优先权的后一申请是在先申请的申请日起 12 个月内提出的。

申请人要求本国优先权的，应在向专利行政部门提出专利申请的同时提出要求优先权的声明。未按时提出声明的，视为未要求优先权。

（2）外国优先权。外国优先权，是指申请人就其发明创造第一次在某国提出专利申请后，在法定期限内，就相同主题的发明创造向另一国提出专利申请的，依照有关国家法律的规定而享有的优先权。申请人自发明或实用新型在外国第一次提出专利申请之日起 12 个月内，或自外观设计第一次提出专利申请之日起 6 个月内，又在中国就相同主题提出专利申请的，依照该外国同中国签订的协议或共同参加的国际条约，或依照相互承认优先权的原则，可以享有优先权。

在一国享有优先权的发明与另一国首次申请的最终结果无关，只要该发明首次申请在有关国家中获得了确定的申请日，就可作为要求外国优先权的基础。申请人要求外国优先权的，应在向中国专利行政部门提交专利申请的时候提出书面声明。此外，《专利法》还要求申请人在提出专利申请之日起的 3 个月内提交第一次专利申请文件的副本。该副本应由受理该申请的外国专利局制作并予以证明。

如果要求外国优先权的申请人在中国没有经常居所或营业场所，必要时，国务院专利行政部门可以要求其提供下列文件：

（1）国籍证明；

（2）申请人是企业或其他组织的，其营业场所或总部所在地的证明文件；

（3）外国人、外国企业及其他组织的所属国承认中国公民和单位可以按照该国国民的同等条件，在该国享有专利权、优先权和其他与专利有关的权利的证明。

申请人要求优先权后，可以撤回优先权要求。申请要求多项优先权的，可以撤回全部优先权要求，也可以撤回其中的一项或几项优先权要求。

（六）专利申请的审查与批准

1. 发明专利申请的审批

（1）初步审查。初步审查是指国家专利行政部门受理发明专利申请后，对其是否符合《专利法》及其实施细则规定的形式要求以及是否存在明显的实质性缺陷进行审查。

形式审查主要审查申请人提交的申请文件是否齐备，是否使用了规定的格式，文件撰写是否符合规定的形式等。实质性缺陷的审查，主要是审查专利申请的内容是否明显不符合专利法的有关规定。这一部分虽然涉及专利申请的实质内容，但并不对其新颖性、创造性和实用性进行评价。

（2）早期公开。国务院专利行政部门收到发明专利申请后，经初步审查认为符合要求的，自申请日起满18个月，即行公布。专利行政部门可以根据申请人的请求早日公布其申请。

（3）实质审查。实质审查是国务院专利行政部门对发明专利申请是否符合授予专利权的实质性条件即发明的新颖性、创造性和实用性等依法进行的审查。

对发明专利申请进行实质审查的主要内容有：

A. 申请专利的发明是否违反国家法律、社会公德或妨害公共利益；

B. 申请专利的发明是否符合发明的定义；

C. 申请文件是否符合单一性原则；

D. 要求优先权的,优先权是否成立；

E. 申请专利的发明是否具有新颖性、创造性和实用性；

F. 申请人是否具备合格的资格,是否为最先申请人；

G. 说明书、权利要求书是否符合法律规定；

H. 如果申请人对申请文件进行了修改,是否超过了原说明书和权利要求书记载的范围。

申请不符合有关规定的,国务院专利行政部门通知申请人在指定的期限内陈述意见或对其申请进行修改。申请人在接到通知后,无正当理由逾期不答复的,该申请被视为撤回。

发明专利申请经申请人陈述意见或进行修改后,国务院专利行政部门仍然认为不符合规定的,则将做出驳回该发明专利申请的决定。

发明专利经实质审查没有发现驳回理由的,由国务院专利行政部门做出授予专利权的决定,发给发明专利证书,同时予以登记和公告。发明专利权自公告之日起生效。

应注意,实质审查程序通常是由专利申请人提出实质审查请求时启动的。自申请日起 3 年内,专利申请人可随时提出实质审查请求,无正当理由逾期不提出请求的,其申请被视作撤回。国家专利行政部门认为必要的,也可自行对发明专利申请进行实质审查。

2. 实用新型或外观设计专利申请的审批

(1)实用新型或外观设计专利申请的审查。《专利法》规定对实用新型和外观设计专利申请只进行初步审查,并不经过实质审查阶段。

对实用新型专利申请的初步审查包括:申请的发明是否明显违背单一性原则;实用新型专利申请的主题是否为对产品的形状、

构造及其结合所提出的并适于应用的新的技术方案;实用新型的内容是否明显违反国家法律、社会公德或妨害社会公共利益;申请专利的实用新型是否明显属于《专利法》第二十五条规定的不授予专利权的对象;申请人是外国人的,是否明显没有资格提出专利申请以及是否没有委托国家指定的涉外代理机构代办申请的。

专利行政部门应将审查意见通知申请人,要求其在指定的期限内陈述意见或补正;申请人期满未答复的,其申请被视为撤回。申请人陈述意见或补正后,仍然不符合有关规定的,应予以驳回。

对外观设计专利申请的初步审查包括:是否明显属于《专利法》第五条规定不能授予专利权的对象,即是否明显违反国家法律、社会公德或妨害社会公共利益;申请的外观设计是否明显违背单一性原则;是否为对产品的形状、图案、色彩或其结合所做出的富有美感并适于工业上应用的新设计;申请文件是否齐备,这些文件是否符合《专利法》以及《专利法实施细则》有关规定的要求;申请人是外国人的,是否明显没有资格提出专利申请以及是否没委托国家指定的涉外代理机构代办申请等。

实用新型或外观设计专利申请经初步审查没有发现驳回理由的,由国务院专利行政部门做出授予实用新型专利权或外观设计专利权的决定,发给相应的专利证书,同时予以登记和公告。实用新型专利权和外观设计专利权自公告之日起生效。

(2)实用新型或外观设计专利申请的复审。发明、实用新型和外观设计专利的申请人对国务院专利行政部门驳回其申请的决定不服的,可以自收到驳回通知之日起3个月内,向专利复审委员会提出复审请求。专利复审委员会复审后,做出决定,并通知申请人。专利申请人对专利复委员会做出的复审决定不服的,可以自收到通知之日起3个月内向人民法院起诉。

四、专利权的内容

（一）专利权人的权利

1. 独占实施权

独占实施权包括两方面：

（1）专利权人自己实施其专利的权利，即专利权人对其专利产品依法享有的进行制造、使用、销售、允许销售的专有权利，或专利权人对其专利方法依法享有的专有使用权以及对依照该专利方法直接获得的产品的专有使用权和销售权。

（2）专利权人禁止他人实施其专利的特权，除《专利法》另有规定的以外，发明和实用新型专利权人有权禁止任何单位或个人未经其许可实施其专利，即为生产经营目的制造、使用、销售、允许销售、进口其专利产品，或使用其专利方法以及使用、销售、允许销售、进口依照该专利方法直接获得的产品；外观设计专利权人有权禁止任何单位或个人未经其许可实施其专利，即为生产经营目的制造、销售、进口其外观设计专利产品。

2. 转让权

是指专利权人将其获得的专利所有权转让给他人的权利。转让专利权的，当事人应订立书面合同，并向国务院专利行政部门登记，由国务院专利行政部门予以公告。专利权的转让自登记之日起生效。中国单位或个人向外国人转让专利权的，必须经国务院有关主管部门批准。

3. 许可实施权

即专利权人通过实施许可合同的方式，许可他人实施其专利并收取专利使用费的权利。

4. 标记权

即专利权人有权自行决定是否在其专利产品或该产品的包装上标明专利标记和专利号。

5. 请求保护权

请求保护权是专利权人认为其专利权受到侵犯时，有权向人民法院起诉或请求专利管理部门处理以保护其专利权的权利。保护专利权是专利制度的核心，他人未经专利权人许可而实施其专利，侵犯专利权并引起纠纷的，专利权人可以直接向人民法院起诉，也可以请求管理专利工作的部门处理。

6. 放弃权

专利权人可以在专利权保护期限届满前的任何时候，以书面形式声明或以不缴纳年费的方式自动放弃其专利权。专利权人以书面声明放弃其专利权的，专利权在期限届满前终止。专利权人提出放弃专利权声明后，一经国务院专利行政部门登记和公告，其专利权即可终止。

放弃专利权时需要注意以下两点：

（1）在专利权由两个以上单位或个人共有时，必须经全体专利权人同意才能放弃；

（2）专利权人在已经与他人签订了专利实施许可合同许可他人实施其专利的情况下，放弃专利权时应事先得到被许可人的同意，并且还要根据合同的约定，赔偿被许可人由此造成的损失，否则专利权人不得随意放弃专利权。

7. 质押权

专利权人享有将其专利权中的财产权进行质押的权利。

（二）专利权人的义务

专利权人应履行的义务包括按规定缴纳专利年费的义务和不得滥用专利权的义务。

专利年费又叫专利维持费，专利权人应自被授予专利权的当年开始交纳年费。不得滥用专利权是指专利权人应在法律所允许的范围内选择其利用专利权的方式并适度行使自己的权利，不得损害他人的知识产权和其他合法权益。

五、专利权的保护期限、终止和无效宣告

（一）专利权保护期限

根据 1992 年 12 月 31 日以前的专利申请获得的专利权，发明专利权的保护期限为 15 年；实用新型专利和外观设计专利权的保护期限为 5 年，期满前专利权人可申请续展 3 年。根据 1993 年 1 月 1 日以后的专利申请所获得的专利权，发明专利权的保护期限 20 年；实用新型专利权和外观设计专利权的保护期限 10 年。

保护期限均自申请日起计算。此处所指的"申请日"，不包括优先权日。对于享有优先权的专利申请，其专利权的保护期限不是自优先权日起计算，而是自专利申请人向专利行政部门提交专利申请之日起计算。

（二）专利权的终止

专利权终止，是指专利权因某种法律事实的发生而导致其效力消灭的情形。专利权的终止有两种情形：

1．因保护期限届满而终止。即专利因其保护期限届满而终止其效力；

2．专利权在保护期限届满前终止：

（1）在专利权保护期限届满前，专利权人以书面形式向国务院专利行政部门声明放弃专利权；

（2）在专利权的保护期限内，专利权人没有按照法律的规定交纳年费。《专利法》规定，没有按照法律规定交纳年费的，专利权在期限届满前终止。

专利权在期限届满前终止的，由国务院专利行政部门在专利登记簿和专利公报上登记和公告。专利权终止日应为上一年度期满日。

（三）专利权的无效宣告

专利权无效宣告，是指自国务院专利行政部门公告授予专利

权之日起,任何单位或个人认为该专利的授予不符合规定条件的,可以向专利复审委员会提出宣告该专利无效的请求。专利复审委员会应对这种请求进行审查,做出维持专利权或宣告专利权无效的决定。

1. 专利权无效宣告的理由

根据《专利法》及《实施细则》的规定,请求宣告专利权无效的理由有如下几种:

(1)授予专利权的发明创造违反国家法律、社会公德或妨害公共利益。

(2)授予专利的发明或实用新型不具备新颖性、创造性和实用性的规定;授予专利的外观设计不具备《专利法》第二十三条关于新颖性的规定。

(3)授予专利权的发明或实用新型的专利说明书没有做出清楚完整的说明,致使所属技术领域的普通技术人员不能实施或权利要求书得不到说明书的支持。

(4)发明或实用新型专利申请文件的修改超出了原说明书和权利要求书记载的范围,外观设计专利申请文件的修改超出了原图片或照片表示的范围。

(5)授予专利权的发明或实用新型属于《专利法》第二十五条规定的不授予专利权的对象。

(6)授予专利权的发明创造不符合《专利法实施细则》第二条对发明、实用新型或外观设计所作的定义性规定。

(7)授予专利权的发明创造属于同样的发明创造重复授权。

(8)申请人主体不合格。

2. 专利权无效宣告的程序

(1)宣告专利权无效的请求时间及准则。自国家专利行政部门公告授予专利权之日起就可以提出宣告专利权无效的请求。实际上自授予专利权之日起之后的整个有效期内的任何时间,还包括专利权人放弃专利权之后或专利权有效期终了之后都可以提出宣告专利权无效请求。

根据《专利法实施细则》的规定,请求宣告专利权无效应向专利复审委员会提交无效宣告请求书,说明理由和提供必要的证明材料,所有提交的文件都必须一式两份,并且交纳请求的费用。

(2)请求宣告专利权无效的当事人。请求宣告专利权无效的当事人即请求人和被请求人。对于请求人,《专利法》规定得比较广泛,即任何单位或个人都可以提无效宣告请求。被请求人是专利权人,严格说来应是专利登记簿上的专利权人,因为专利权可以转让,应以登记簿上最后的专利权人作为被请求人。

(3)宣告专利权无效案件的审理。专利复审委员会收到宣告专利权无效的请求书(包括请求的理由、范围和证据)之后,便进入审查阶段,审理过程包括形式审查、合议审理和做出决定三个阶段。

形式审查主要是对提出无效宣告请求的有效性进行审查。经过审查,对于符合条件的无效宣告请求应予受理并发出受理通知书;无效宣告请求书需要补正或陈述意见的,请求人应限期补正或陈述意见,逾期不补正或陈述意见之后仍然不符合要求的,专利复审委员会将不予受理并发出不予受理的通知书。

合议审理是在形式审查合格的基础上,专利复审委员会指定成立合议组对案件进行审理,合议组可根据案件实际情况,或进行书面审理,或以书面审理和口头审理相结合的形式进行。

经过审理,专利复审委员会做出决定,其结果有三种情况:无效宣告请求理由成立,宣告专利权无效;无效宣告请求理由部分成立,维持专利权部分有效,宣告专利权部分无效;驳回无效宣告请求,维持专利权继续有效。上述决定都要通知请求人和专利权人。对专利复审委员会的决定不服的,可以自收到通知之日起3个月内向人民法院起诉。人民法院应通知无效宣告程序的对方当事人作为第三人参加诉讼。当事人逾期不起诉的,专利复审委员会对无效宣告请求的审查决定自做出之日起即发生法律效力。宣告专利权无效的决定,由国务院专利行政部门登记和公告。

3. 专利权无效宣告产生法律效力后,会发生下述法律后果:

(1)专利复审委员会或人民法院做出宣告专利全部无效或部分无效的决定或判决生效后,被宣告无效的专利权的全部或部分视为自始即不存在。

(2)专利复审委员会做出维持专利权的决定而当事人服从或逾期不起诉或当事人在法定期间内起诉并经人民法院做出判决而产生法律效力后,任何人不得以同样的理由再对该项专利权提出无效宣告请求。

(3)专利复审委员会或人民法院做出的宣告专利权全部无效或部分无效的决定或判决发生法律效力后,不仅对双方当事人具有法律约束力,而且对任何第三人和一般公众都具有约束力,具体表现为:

A. 自此以后,任何第三人都可以自由使用该项被宣告专利权无效的发明创造。

B. 就该项被宣告无效专利权所订立的实施许可合同也随之终止,被许可人便可以停止支付使用费。但是在此之前已经支付的使用费不必退还,如果因此给被许可人造成损失的,专利权人应赔偿被许可人的损失。

六、专利权的限制

专利权的限制是指《专利法》规定的,允许第三人在某些特殊情况下可以不经专利权人许可而实施其专利,且其实施行为并不构成侵权的一种法律制度。

（一）强制许可

强制许可也称非自愿许可,是指国务院专利行政部门根据具

体情况,不经专利权人同意,通过行政程序授权他人实施发明或实用新型专利的一种法律制度。强制许可分为以下三种类型:

(1)合理条件强制许可。《专利法》第四十八条规定:"具备实施条件的单位以合理的条件请求发明或实用新型专利权人许可实施其专利,而未能在合理长的时间内获得这种许可时,国务院专利行政部门根据该单位的申请,可以给予实施该发明专利或实用新型专利的强制许可。"该法条规定的就是合理条件的强制许可。适用这种强制许可应具备以下条件:

A. 申请实施强制许可的人只能是单位,不能是个人;

B. 申请实施强制许可的时间必须在自授予专利权之日起满3年后;

C. 申请实施强制许可的对象只能是发明专利或实用新型专利,不能是外观设计专利;

D. 申请人在向国务院专利行政部门提出实施这种强制许可申请时,必须提供相关的证据以证明其具备实施的条件并且已以合理条件在合理长的时间内未能与专利权人达成实施许可协议。

(2)国家强制许可。国家强制许可也叫公共利益强制许可,在国家出现紧急状态或非常情况时,或为了公共利益的目的,国务院专利行政部门可以给予实施发明专利或实用新型专利的强制许可。如2006年1月1日施行的《涉及公共健康问题的专利实施强制许可办法》明确规定,当传染病在我国的出现、流行导致公共健康危机的,或者我国为了预防或者控制传染病的出现、流行以及治疗传染病的,国务院有关主管部门可以请求国家知识产权局授予实施该专利强制许可。

(3)依存专利强制许可。一项取得专利权的发明或实用新型(后一专利)比以前已经取得专利权的发明或实用新型(前一专利)具有显著经济意义的重大技术进步,而其实施又有赖于前一专利实施的,国务院专利行政部门根据后一专利的专利权人的申请,可以给予实施前一发明或实用新型的强制许可。前一专利权人有权在合理的条件下,取得使用后一专利中的发明或实用新型的强制许可。

申请人向国务院专利行政部门提出实施发明或实用新型专利的强制许可时,应提出未能以合理条件与专利权人签订实施许可合同的证明。只有在申请人与专利权人进行了正常谈判,以合理的条件却没有获得正常的实施许可的情况下,申请人才能向国务院专利行政部门提出强制许可的请求。

国务院专利行政部门做出的给予实施强制许可的决定,应及时通知专利权人,并予以登记和公告。给予实施强制许可的决定,应根据强制许可的理由规定实施的范围和时间。强制许可的理由消除并不再发生时,国务院专利行政部门应根据专利权人的请求,经审查后做出终止实施强制许可的决定。

取得实施强制许可的单位或个人所获得的实施权,是普通实施权,不享有独占的实施权;而且只能由强制许可实施人自己实施,不得再许可任何第三人实施。取得实施强制许可的单位或个人应向专利人支付合理的使用费。

(二)不视为侵犯专利权的行为

下列情形不被视为侵犯专利权:

1. 先用权人的实施

《专利法》规定,在专利申请日以前已经制造相同产品或已经作好制造、使用的必要准备,并且仅在原有范围内继续制造、使用的,不视为侵权。

先用权的成立条件是:

(1)实施行为人在他人取得专利权的专利申请日以前已经制造相同产品、使用相同方法或已经作好制造、使用的必要准备;

(2)实施行为人所实施的发明创造,或是行为人自行研究开发或设计出来的,或是通过合法的受让方式取得的;

文化产业政策与法规

（3）在他人就相同的发明创造取得专利权后，实施行为人只能在原有范围内制造或使用。

2. 专利权的用尽

专利权人自己制造、进口或许可他人制造、进口的专利产品或依照专利方法直接获得的产品售出后，任何人使用、许诺销售或销售该产品的，不再需要得到专利权人的许可或授权，不构成侵权。这意味着，专利权人只对专利产品的首次销售享有专有权，对已被首次销售的专利产品不具有再销售或使用的控制权或支配权。

3. 为科学研究和实验目的的使用

专为科学研究和实验目的而使用专利产品或专利方法的，不构成专利侵权。

4. 临时过境

临时通过我国领域、领水或领空的外国的海陆空运输工具为其自身需要而使用在我国享有专利权的机械装置和零部件的，无须得到我国专利权人许可，不构成侵权。

（三）国家计划许可

对国家利益或公共利益具有重大意义的国有企事业单位的发明专利，国务院有关主管部门和省级人民政府经国务院批准，可以决定在批准的范围内推广应用，允许指定的单位实施，由实施单位按照国家规定向专利权人支付使用费。对于中国集体所有制单位和个人的发明专利，参照前述规定办理。

对于外国专利权人的专利，不适用国家计划许可。

七、专利的实施许可

专利的实施许可，是指专利人通过专利实施许可合同授权其他单位或个人实施其取得专利权的发明创造。实施许可权是专利权人享有的一项重要权利。专利权人被称为让与人或许可方，对方被称为受让人或被许可方。专利实施许可合同，亦即专利许可证贸易合同,是许可方和被许可方就实施专利的方式、期限、地域范围等有关事项达成的协议。

（一）专利实施许可合同的主要内容

专利实施许可合同的主要条款一般包括以下几方面：

1. 专利技术的内容和专利的实施方式；

2. 实施许可合同的种类；

3. 实施许可合同的有效期限和地域范围；

4. 技术指导和技术服务条款；

5. 专利权瑕疵担保和保证条款；

6. 专利许可使用费用及其支付方式；

7. 违约责任以及违约金或赔偿损失额的计算方法。

除了上述内容外,还可以就当事人双方认为必要的其他事项进行约定。例如：不可抗力条款；专利技术改进成果的归属；争议的解决办法；关键名词和术语的解释。

（二）专利实施许可合同的种类

1. 普通实施许可合同

按照普通实施许可合同,合同的被许可方根据许可方的授权在合同约定的时间和地域范围内,按合同约定的使用方式实施该专利,同时专利权人保留了自己在同一地域和时间实施该专利以及许可第三人实施该专利的权利。

2. 独家实施许可合同

依照这类合同,被许可方在约定的时间和地域范围内以合同约定的使用方式享有对专利的排他性实施权。在合同约定的时间和地域范围内,专利权人不得再许可任何第三人以此相同的方式实施该项专利,但专利权人可自行实施。

3. 独占实施许可合同

这种合同是指专利权人许可被许可方在合同约定的时间和地域范围内,以合同约定的使用方式对专利进行独占性实施,从而排斥包括专利权人在内的一切人实施该项专利。

4.相互交换实施许可合同

相互交换实施许可合同是指许可方与被许可方就相互允许使用彼此的专利而订立的协议,也称交叉实施许可合同。

5.分实施许可合同

分实施许可合同是相对于基本的实施许可合同而言的,在专利实施许可合同中,如果许可方允许被许可方就同一专利再与第三人订立许可合同,由第三人在合同约定的期限和地域范围内实施该项专利,则被许可人与第三人签订的后一种实施许可合同就是分实施许可合同。分实施许可合同只能从属于基本的实施许可合同,不得有任何超越行为。

八、专利侵权行为及其责任

专利侵权行为,也称侵犯专利权的行为,是指在专利权的有效期限内,任何他人在未经专利权人许可,也没有其他法定事由的情况下,擅自以营利为目的实施专利的行为。

(一)专利侵权行为主要有以下几种类型:

1.制造专利产品的行为;

2.故意使用发明或实用新型专利产品的行为;

3.许诺销售、销售专利产品的行为;

4.使用专利方法以及使用、许诺销售、销售依照专利方法直接获得的产品的行为;

5.进口专利产品或进口依照专利方法直接得到产品的行为;

6.假冒他人专利的行为;

7.冒充专利的行为。

(二)专利侵权行为的判定

判断侵权与否的依据就是专利权的保护范围,即发明创造专利权的法律效力范围。就发明或实用新型而言,其效力范围就是专利权所保护的技术特征,主要以权利要求书的内容为准,同时可以参照附图及说明书的内容;就外观设计专利权而言,其效力范围就是专利权所保护的新设计,主要以表示在图片或照片中的该外观设计专利产品为准。

1. 相同侵权的判定

被指控侵权的产品或方法包含了专利独立权利要求中的全部必要技术特征,则可判为相同侵权。

2. 等同侵权的判定

当被控侵权的产品或方法中的某一个或几个技术特征,与专利保护范围内的相应技术特征有所不同时,需要进行是否等同侵权的判定,即判断被控侵权的产品或方法与专利技术中的有关技术特征之间是否等价或等同。其主要侵权形式有以下几种:

(1)等价替换。即以基本相同的方式或手段(等价手段)替换属于专利保护的部分必要技术特征,完成相同的功能,产生实质上相同的效果,构成侵权。

(2)省略权利要求中的个别技术特征。被指控侵权的产品或方法中缺少权利要求书中记载的某个技术特征时,就要进一步分析该被省略的技术特征,在权利要求中是否为必要技术特征。如果省略的是必要技术特征,则不构成侵权;省略的是非必要技术特征,则构成侵权。

(3)增加权利要求中的技术特征。第三者为了逃避侵权责任,在原专利技术的基础上增加一个或几个无足轻重的技术特征。根据专利法的规定,只要被控侵权的产品或方法中包含了全部原专利权利要求中的技术特征,就构成了侵权。

3. 外观设计专利侵权判定

《专利法》规定,外观设计专利保护范围是以表示在图片或照片中的该产品的造型、图案、色彩或其结合。判定外观设计专利侵权应以其保护范围为准。

由于实用新型专利权是未经实质审查就授权的,因此在判定实用新型专利侵权时,必须注意下面两个问题:

(1)同一发明创造被重复授权。由于对实用新型专利申请不进行实质审查,因此有可能发生多个专利权人拥有一项申请内容相同的专利权的情况,即所谓重复授权。《专利法》规定:"两个以上的申请人分别就同样的发明创造申请专利的,专利权授予最先申请的人"。因此,当多个拥有相同内容专利权人之间发生侵权纠纷时,应首先根据"先申请原则",通过无效宣告程序,由专利复审委员会解决重复授权问题,然后再恢复侵权诉讼。

(2)权利要求的保护范围过宽。由于实用新型的授权没有经过实质审查,有可能被授权的权利要求书要求的保护范围过宽。在这种情况下,被控侵权方应通过无效宣告程序,请求专利复审委员会重新划定专利的保护范围。

(三)侵权行为人的法律责任

根据《专利法》及其有关法律的规定,侵权行为人应承担的法律责任包括刑事法律责任、行政法律责任与民事法律责任。

1. 刑事法律责任

假冒他人专利,情节严重的,应对直接责任人员追究刑事责任。

2. 行政法律责任

对专利侵权行为,管理专利工作的部门有权责令侵权行为人停止侵权行为、责令改正、罚款等,管理专利工作的部门应当事人的请求,还可以就侵犯专利权的赔偿数额进行调解。

3. 民事法律责任

(1)停止侵权。停止侵权,是指专利侵权行为人应根据管理专利工作的部门的处理决定或人民法院的裁判,立即停止正在实施的专利侵权行为。

(2)赔偿损失。侵犯专利权的赔偿数额,按照专利权人因被侵权所受到的损失或侵权人获得的利益确定;被侵权人所受到的损失或侵权人获得的利益难以确定的,可参照该专利许可使用费的倍数合理确定。

(3)消除影响。在侵权行为人实施侵权行为给专利产品在市场上的商誉造成损害时,侵权行为人应采用适当方式承担消除影响的法律责任,承认自己的侵权行为,以达到消除对专利产品造成的不良影响。

思考题

名词术语解释:

知识产权 著作权 演绎作品 职务作品 委托作品 出版者权 邻接权 商标权 专利权 专利申请权 著作权转让 著作权专有许可使用 著作权一般许可使用 侵犯著作权行为 著作权的合理使用制度 计算机软件 专利权无效宣告 专利申请的单一性原则 专利的实施许可

简答题:

1.知识产权的法律特征是什么?

2.作品要成为著作权客体应具备什么条件?

3.不受著作权法保护的作品和不适用著作权法保护的作品有哪些情况?

4.著作人身权具体包括哪些权利?

5.如何理解出版者对某部作品享有专有出版权?

6.著作权的许可使用具有什么特征?

7.著作权合理使用的情形有哪些?

8.计算机软件要获得法律保护必须具备什么条件?

9.商标注册申请有哪些原则?

10.一项发明要取得专利权必须符合哪些条件?

11.实用新型具有什么特征?它与发明有哪些不同之处?

12.《专利法》不适用的对象有哪些?

案例分析:

1992年3月,某作家将其小说的电影、电视剧改编权、拍摄权转让给某录音录像公司。双方又于1994年12月续签了有效期至1998年3月的转让合同。根据合同,录音录像公司是小说改编权及拍摄权的唯一合法享有者。为拍摄该作品,公司已完成了前期的准备工作,投入了相当的人力、物力。1995 年,该公司得知某电影学院未经权利人许可,擅自将该小说改编、摄制成电影,并组团携该影片参加国际学生电影节,观众系参加电影节的各国学生及教师,也有当地公民。放映该片时,电影节组委会对外公开出售少量门票。

电影学院诉称:被告改编拍摄的电影片是学生毕业作业。电影学院文学系学生王某为完成改编课程作业,将小说改编成电影剧本。电影学院对在校学生上交的改编作业进行审核后,选定将王某改编的剧本用于学生毕业作品的拍摄,用于评定学生学习成果。被告拍摄该片的行为,属对该作家已发表作品的合理使用,直接目的是制作学生毕业作业,没有侵犯原告的作品专有使用权。该片是全长仅为 30 分钟的短片,除被告在小剧场放映一次用作观摩教学外,在学生电影节上也只放映了一次。被告拍摄该片主观上无恶意。

1. 电影学院摄制该部电影的行为是否属于合理使用他人作品?为什么?

2. 电影学院将电影送往国际学生电影节放映的行为是否属于合理行为?为什么?

文物保护类法律法规

一、文物保护的历史与现状

（一）国际社会和其他国家的文物保护法规概述

1. 美国是文物立法较早的国家

古代对文物的搜集和保存，大都是从对文化艺术珍品的收藏开始的。在欧洲，从古希腊、古罗马时代到中世纪，皇室、贵族和教会收藏各种古代艺术珍品和宗教遗物之风甚盛。14～16世纪新兴的资产阶级开始出现在人类社会发展的历史舞台，文化珍品的收藏也开始从皇室、贵族和教会扩大到社会上的市民阶层，但是他们为了攫取珍宝，采取非科学的手段，对一些著名古遗址肆意挖掘，造成了不可弥补的损失。而对于古代文物的保护，是从19世纪中叶才开始的，不过当时也只是对古代建筑的保护。20世纪以来，对古代遗址和文物的保护才真正全面地展开。美国是文物立法较早的国家，1906年就颁布了《文物法》，宣布一切未经许可的发掘均为非法。1953年美国又公布了《历史遗址法》，明确规定了对各类史前和历史遗址的保护，此后又先后颁布了《国家历史保护法》、《国家环境政策法》、《考古与历史保护法》、《教研资源保护法》等等，要求国家、地方和个人共同保护文物和遗迹，使文物保护成为社会公众的义务,规定了对地下文物遗产的评估、调查、发掘和保护是一切基建工程的先决条件,并且制定了严厉的刑事和民事处罚条例。

2. 国际社会的文物保护法规

国际社会也对文物保护给予了充分重视。1956 年联合国教科文组织通过了《关于考古发掘的国际原则的建议》,加强了对地下文物的保护。1964 年 6 月联合国教科文组织又发起了历时 6 个月的保护文物古迹的国际性运动,同年从事历史文物建筑工作的建筑师和技术员国际会议第二次会议在威尼斯召开,通过了保护历史文物建筑的《威尼斯宪章》。1970 年通过了《关于禁止和防止非法进出口文化财产和非法转让其所有权方法的公约》,标志着文物管理的国际化。1972 年 11 月联合国教科文组织第十七次会议通过了《保护世界自然和文化遗产公约》,提出整个国际社会有责任通过集体性援助来参与保护具有重要价值的文化与自然遗产。1978 年 11 月 28 日在巴黎的第二十届会议上又通过了《关于保护可移动文化财产的建议》。1981 年 5 月 21 日国际古迹遗址理事会与国际历史园林委员会在佛罗伦萨通过了旨在保护历史园林的国际公约——《佛罗伦萨宪章》。这些文物公约的制定,促进了文物保护国际化的进程。

为了加强与国际社会文物保护的联系,我国先后参加了《保护世界文化和自然遗产公约》《关于禁止和防止非法进出口文化遗产和非法转让其所有权公约》《国际统一司法协会关于被盗或非法出口文物的公约》《武装冲突情况下保护文化财产公约》等文物保护国际公约。

(二)我国的文物收藏和保护法规概述

1. 我国古代的古物收藏

中国对古物的收藏和保护历来十分重视,汉代就有"发冢者诛"的规定,《大明律》中也有规定:"若于官私地内掘得埋藏之物者……若有古器、钟鼎、符印等异常之物，限三十日送官，违者杖八十，其物入官。"说明在明代已明确规定地下文物归国家所有了。不过真正的文物保护则始于 20 世纪，1930 年国民政府公布了《古物保存法》，并成立中国古物保管委员会，这是中国历史上第一个文物保护法规和第一个国家设立的专门保护管理文物的机构。但是因为没有形成一个长期有效的管理实体，而且各地并未设置与之相应的文物管理专门机构，长期以来，保存在全国各地的文物，并没有得到很好的管理。

2. 新中国成立以后的文物保护

新中国成立以后，颁布了一系列保护文物的法令和法规，如 50 年代初颁布的《禁止珍贵文物图书出口暂行办法》《古文化遗址及古墓葬调查发掘暂行办法》《关于保护古文化建筑的指示》《文化部、中华全国供销合作总社关于加强保护文物工作的联合通知》等，同时在中国社科院成立考古研究所，在全国各地建立了文物保护管理的专门机构。20 世纪 60 年代初国务院颁布了《文物出口鉴定标准的几点意见》(1960)、《文物保护管理暂行条例》(1961)、《文化部关于博物馆、图书馆可以根据本身业务需要直接收购文物、图书的通知》(1962)、《文物保护单位保护管理暂行办法》(1963)、《古遗址古墓葬调查发掘暂行管理办法》(1964)等法规和规范性文件。虽然这些法规带有一定的历史局限性，不够全面缜密，但它基本上确立了我国在相当一段时期内文物保护法规的基本思路和框架，对文物保护影响深远。

1973 年 5 月 16 日国家文物局发布了《关于进一步加强保护古窑址的通知》。同年 8 月 1 日国家文物局又发布《关于进一步加强考古发掘工作的管理的通知》，对古代窑址和考古发掘工作加强保护和管理。

1974 年 12 月 16 日国务院批转了外贸部、商业部、国家文物局《关于加强文物商业管理和贯彻执行文物保护政策的意见》的通知,要求文物商业市场归口经营,统一收购、统一价格、加强管理,这个文件下达以后,加强了文物商业市场的管理,对于贯彻执行文物保护政策,打击文物走私、投机倒把活动,防止珍贵文物外流都起了积极的作用。

"文革"后,国家文物局先后颁布了《对外国人、华侨、港澳同胞携带、邮寄文物出口鉴定、管理办法》《博物馆一级藏品鉴选标准(试行)》《拓印古代石刻的暂行规定》《文物商店工作条例(试行)》《海关总署、国家文物局关于发布加强文物出口监管公告的通知》《国家文物局关于博物馆涉外工作的通知》等一系列法规文件,加强了对文物出口、收藏、买卖的监管。

1982年11月全国人民代表大会常务委员会公布了《中华人民共和国文物保护法》,确立了文物保护的基本原则,使我国的文物保护管理工作走上了法制化管理的轨道。1987年后,国家先后出台了《关于进一步加强文物工作的通知》《关于打击盗掘和走私文物活动的通知》《关于办理盗窃、盗掘、非法经营和走私文物的案件具体应用法律的若干问题的解释》《中华人民共和国水下文物保护管理条例》,对于打击盗窃馆藏文物、盗掘古文化遗址和墓葬以及走私文物的犯罪活动起到了重要作用。

为适应新形势的需要,1996年国家先后颁布了《文物拍卖管理办法》《关于依法没收、追缴文物的移交办法》《文物事业单位财务管理办法》《国家重点文物保护专项补助经费使用管理办法》等法规草案。随着社会经济的迅速发展,在文物保护管理中,出现了一些新的情况和问题,文物保护法需要进行调整修订。2002年10月28日修订后的《中华人民共和国文物保护法》(以下简称《文物保护法》)颁布实施,2003年7月1日又颁行了《中华人民共和国文物保护法实施条例》,标志着我国文物法治建设和文物保护工作进入了一个新的发展阶段。

在博物馆管理方面,文化部先后颁布实施了《博物馆安全保卫工作规定》(1985)、《博物馆藏品管理办法》(1986)、《文物藏品定级标准》(1987)、《文物保护工程管理办法》(2003)等法规。为了加强博物馆藏品的保护管理,充分发挥藏品的作用,促进博物馆事业发展,2005年12月22日文化部发布了《博物馆管理办法》,自2006年1月1日起施行。这些法规规范了博物馆管理工作,加强了对博物馆藏品的利用和安全保卫管理。

二、文物的概念、性质和文物法保护的范围

（一）文物的概念和特征

1. 文物的概念和基本特征

文物是人类在社会历史发展进程中遗留下来的、由人类创造或与人类活动有关的一切有价值的物质遗存的总称。

文物是指具体的物质遗存,它首先必须是由人类创造的或与人类活动有关的;其次必须是已成为历史的过去,不可能再重新创造的。

2. 文物的年代下限

关于文物的年代下限,源于美国1930年的关税条例。条例规定,凡1830年以前制作的艺术品可以免税。以后在国际上,很多国家把1830年定为文物的年代下限。1966年美国通过了新的关税条例,又规定"自免税进口报单提出之日起,凡100年以前制作的文物"概予免税进口。100年以前也成为国际上通行的对文物时代下限的界定。但各国情况不同,也有的国家根据自己的具体情况另作规定,如希腊就把1450年作为文物的年代下限,而埃及则把文物的下限定在1883年。

在中国,曾把文物下限定在清末,但在1983年颁布的《文物保护法》已把文物的下限延伸到当代。《文物保护法》第二条第二款规定"与重大历史事件、革命运动或著名人物有关的以及具有重要纪念意义、教育意义或史料价值的近代现代重要史迹、实物、代表性建筑"亦属于文物的范畴,如1958年5月1日落成的人民英雄纪念碑在1961年就被国务院定为第一批全国重点文物保护单位。

（二）文物的分类与分级

1. 文物分类

《文物保护法》把文物简单区分为两大类:不可移动文物和可移动文物。

所谓不可移动文物,一般是指其本体与群体、与周围环境联系在一起,体量较大,不能或不宜整体移动的文物史迹,它主要包括古文化遗址、古墓葬、古建筑、石窟寺、石刻、壁画以及纪念性建筑、重要历史事件纪念地等等。这里所谓的"不可移动"并非绝对不可移动,有些文物史迹因为特殊情况必须迁移者,经批准后可以迁移,如长江三峡库区内的白帝城、屈原祠因有被水淹没的危险,所以整体搬迁至新址,再依原样复原;也有一些原属于建筑群组成部分的单体建筑、牌坊、石刻、碑碣等,因分散或因有失盗和破坏的危险,为方便保护而迁移。1984年,安徽潜口采用原拆原建的方法,将散落在附近的10座典型明代建筑,包括亭、桥、牌坊和民宅等集中到一起保护,集中一处,形成了独具风格的明代山庄。古宅拆迁工程虽然浩大,但拆迁前做了周密的准备工作,绘图、编号、拍照,完全照原物复原,一根柱子、一扇门的位置、朝向都标得清清楚楚。1993年,潜口民宅博物馆被国家文物局评为"全国优秀博物馆"。

值得一提的是,除非情况迫不得已,不可移动文物不应随意搬迁,不仅是因为搬迁过程中可能会对这些文物史迹造成不可弥补的损害,更重要的是,作为个体,其本体一旦离开其原生环境,或与群体的关系改变了,其历史价值及社会价值将会受到一定的影响。

可移动文物是指体量小,重量轻,根据需要可以移动的文物,主要是指收藏文物和流散文物。

2. 文物分级

根据文物的历史、艺术、科学价值,可以把不可移动文物,如古文化遗址、古墓葬、古建筑、石窟寺、石刻、壁画、近现代重要史迹和代表性建筑等,分别确定为全国重点文物保护单位、省级文物保护单位、市县级文物保护单位;把可移动文物,如历史上各时代的重要实物、艺术品、文献、手稿、图书资料、代表性实物等,分为珍贵文物和一般文物;珍贵文物分为一级文物、二级文物、三级文物,具有特别重要历史、艺术、科学价值的代表性文物为一级文物;具有重要历史、艺术、科学价值的为二级文物;具有比较重要历史、艺术、科学价值的为三级文物;具有一定历史、艺术、科学价值的为一般文物。

（三）文物法规保护的范围

在中华人民共和国境内,下列文物受国家保护:

（1）具有历史、艺术、科学价值的古文化遗址、古墓葬、古建筑、石窟寺和石刻、壁画;

（2）与重大历史事件、革命运动或著名人物有关的以及具有重要纪念意义、教育意义或史料价值的近代现代重要史迹、实物、代表性建筑;

（3）历史上各时代珍贵的艺术品、工艺美术品;

（4）历史上各时代重要的文献资料以及具有历史、艺术、科学价值的手稿和图书资料等;

（5）反映历史上各时代、各民族社会制度、社会生产、社会生活的代表性实物。

具有科学价值的古脊椎动物化石和古人类化石同文物一样受国家保护。

三、文物所有权和文物管理

（一）文物的国家所有权

我国文物国家所有。《中华人民共和国文物保护法》第五条明确规定:"中华人民共和国境内地下、内水和领海中遗存的一切文物,属于国家所有。"这些"地下、内水和领海中遗存的一切文物"包括古文化遗址、古墓葬、石窟寺以及国家指定的纪念建筑物、古建筑、石刻、壁画、近现代代表性建筑等不可移动文物,也包括国家机关、部队、国有企业、事业组织等单位保管、收藏的文物和出土文物等可移动文物。

1. 不可移动文物

古文化遗址、古墓葬、石窟寺等不可移动文物属于国家所有。国家指定保护的纪念建筑物、古建筑、石刻、壁画、近现代代表性建筑等不可移动文物,除国家另有规定的以外,属于国家所有。

国有不可移动文物的所有权不因其所依附的土地所有权或使用权的改变而改变。国有不可移动文物由一个保管、收藏单位转移至另一个保管、收藏单位,其国家所有权不会改变。而有些国有不可移动文物由国有独资企业保管,经过改制后,成为国有控股企业组织,从企事业资产所有权来说,它已不全是国家所有,但其保管的国有不可移动文物的所有权却没有改变。国有独资企业改为国有控股企业时,不得将其保管的国有不可移动文物作为企业资产入股,不得改变国有不可移动文物的所有权。

2. 可移动文物的所有权

《中华人民共和国文物保护法》第五条第二款规定:"下列可移动文物,属于国家所有:

(1)中国境内出土的文物,国家另有规定的除外;

(2)国有文物收藏单位及其他国家机关、部队和国有企业、事业组织等收藏、保管的文物;

(3)国家征集、购买的文物;

(4)公民、法人和其他组织捐赠给国家的文物;

(5)法律规定属于国家所有的其他文物。"

属于国家所有的可移动文物的所有权不因其保管、收藏单位的终止或变更而改变,这是一条重要原则。它是国家所有的可移动文物所有权不受侵犯的法律保障,保管、收藏单位虽然改变了,但可移动文物的国家所有权并没有改变,这样可以有效防止因保管、收藏单位变化而导致文物流失。

3. 国有文物所有权的特殊保护

近年来,在各地经济和社会发展中,不断出现国有文物保护单位被地方处置、改变、破坏和拆除的现象。一些地方政府往往视其辖区内的国家遗产为地方资源,把自己视为当然所有者和合法代表,因而理所当然地拥有对国家文化遗产的占有、使用、收益和处分的权利,因此有些地方在未经国家授权或未经法定程序批准的情况下,以所有者"身份"擅自处置世界遗产和各级文物保护单位,并造成了不可挽回的损失和破坏,如浙江定海古民居被拆毁事件、湖北樊城千年古城墙一夜之间惨遭摧毁,等等。从法理上讲,遗产的处分权源于其所有权。《中华人民共和国文物保护法》第五条明确规定:"国有文物所有权受法律保护,不容侵犯。"国有文物是全民所有的共同财产,只有代表全国人民意志和利益的国家才是国有遗产所有权的唯一主体,并拥有占有、使用、收益和处分的权利,任何地方政府、单位和个人均不得侵犯。

(二)集体所有权和私人所有权

国家指定保护的纪念建筑物、古建筑、石刻、壁画、近现代代表性建筑等不可移动文物,除国家另有规定的以外,属于国家所有。国家所有以外的文物所有权可以归集体和私人所有,如新中国成立前地主资本家的房舍、古民居、宗族祠堂、鼓楼等公共建筑物以及集体组织依法购买的传世文物和近现代艺术品,归集体所有,而有些继承的地主资本家的房舍、私人所有的古民居、名人故居及个人从合法渠道购买或在拍卖活动中竞购或继承的传世文物和近现代艺术品,归个人所有。

《中华人民共和国文物保护法》第六条规定:"属于集体所有和私人所有的纪念建筑物、古建筑和祖传文物以及依法取得的其他文物,其所有权受法律保护。"

集体所有的文物,其所有权的主体是法定的群众集体组织,在允许的范围内有权独立自主地行使占有、使用、收益和处分的权利,但在行使权利时,不是集体组织的每个成员,而只能是集体组织的法人代表,而法人代表在行使权利时,必须遵守国家文物法律、法规的规定,接受文物行政部门的指导、监督和管理。

私人所有文物所有权的主体是公民个人。凡一切公民,无论是否成年,是否具有行为能力,均具有公民个人的文物所有权主体资格。文物所有人对其所有的文物享有占有、使用、收益和处分的权利,并依法受到法律的保护,但在行使其权利时,不得违反国家文物法律、法规的规定。

四、文物保护单位和历史文化名城保护和管理

近年来,在各地经济和社会发展中,不断出现文物保护单位被地方处置、改变、破坏和拆除的现象,如在世界遗产"峨眉山——乐山大佛"内修建"东方佛都"主题公园、世界文化遗产"三孔"遭水洗而严重破坏事件,等等。英国文物建筑学会指出,20世纪70年代以后的旧区改造所破坏的具有文物性质的建筑竟比第二次世界大战中被炮火摧毁的还要多,我国文物保护界也有类似说法,即中国改革开放20年来以建设的名义对旧城的破坏超过了以往100年。文物保护单位和历史文化名城保护和管理任重而道远。

(一)国有文物保护单位和历史文化名城的公布和核定

国家文物局在省级、市、县级文物保护单位中,选择具有重大历史、艺术、科学价值的确定为全国重点文物保护单位,或直接确定为全国重点文物保护单位的,报国务院核定公布。省级文物保护单位,由省级人民政府核定公布,并报国务院备案。市级和县级文物保护单位,分别由设区的市、自治州和县级人民政府核定公布,并报省人民政府备案。尚未核定公布为文物保护单位的不可

移动文物,由县级人民政府文物行政部门予以登记并公布。

保存文物特别丰富并且具有重大历史价值或革命纪念意义的城市,由国务院核定公布为历史文化名城。保存文物特别丰富并且具有重大历史价值或革命纪念意义的城镇、街道、村庄,由省级人民政府核定公布为历史文化街区、村镇,并报国务院备案。

（二）"四有"工作

所谓"四有"工作,即划定文物保护范围、做出标志说明、建立记录档案、设立保管机构。

1. 划定文物保护范围

文物保护范围是指为保护文保单位的安全及其周围的环境风貌不受破坏,在文物保护单位之外划出一定的保护区域。保护范围的大小以文物保护单位价值的高低、文物保护单位形成的历史、类别、规模、位置、环境等情况而定,并以对文物保护单位的保护有利、对生产建设有利为出发点,因地制宜划出重点保护区和一般保护区。

重点保护区（亦称安全保护区）是指以保护文物自身安全而划定的保护区域。一般保护区（亦称影响保护区）是介于保护区与非保护区之间的缓冲区域。在重点文物保护区内的古遗址范围内,不可深耕、取土、挖井,也不能在上面建任何建筑;在古代建筑的重点保护范围内,严禁存放易燃品和爆炸物、放射性物质及有毒和腐蚀性物品。一般保护区内禁止开山采石、毁林开荒、砍伐古树名木及一切危及文物和周围环境的活动。

划定文物保护区的具体工作分别由文物保护单位所在省级人民政府和市、县级人民政府划定必要的保护范围,并依法上报审批。保护范围一经批准、公布即具有法律效力,任何单位和个人都必须遵守。

2. 作出标志说明

文物保护单位必须树立保护标志。标志标明的内容包括:级别、名称、颁发机关和日期、立标单位。其中全国重点文物保护单位由省级人民政府树立标志，省级和县级文物保护单位由县级人民政府树立标志。文物保护标志应树立于较为醒目的地方，如要道口、出入口等处，以不影响参观和拍照为准。树立方式可以因地制宜，以牢固和不易破坏为原则。

3. 建立记录档案

文物保护单位的建档工作主要包括文字记录、照片资料、绘图资料、拓片资料等，条件许可的情况下，还需要录像、制作模型、拍电影或电视片等。它一般可分为主卷（科学资料）、副卷（行政管理文件）和参考卷（其他相关资料）三部分。

文物保护单位的建档工作，一般由所在地的省、县文化（文物）局和文物管理机构负责，全国重点文物保护单位的保护范围和记录档案，由省级人民政府文物行政部门负责，并报国家文物局备案。县级以上地方人民政府文物行政部门应根据不同文物的保护需要，制定文物保护单位和未核定为文物保护单位的不可移动文物的具体保护措施，并公告施行。

4. 设置保管机构

文物保护单位，一般由所在地县级以上文化（文物）局和文物机构负责管理，其主要任务，是负责该文物保护单位进行调查、保护、管理、维修、宣传陈列、科学研究等。

（三）文物保护单位保护制度

1. 纳入城乡建设规划

各级人民政府制定城乡建设规划，应根据文物保护的需要，事先由城乡建设规划部门会同文物行政部门商定对本行政区域内各级文物保护单位的保护措施，并纳入规划。

文物保护单位的保护范围内不得进行其他建设工程或爆破、钻探、挖掘等作业。但是，因特殊情况需要在保护范围内进行其他建设工程或爆破、钻探、挖掘等作业的，必须保证文物保护单位的安全,并经核定公布该文物保护单位的人民政府批准,在批准前应征得上一级人民政府文物行政部门同意;在全国重点文物保护单位的保护范围内进行其他建设工程或爆破、钻探、挖掘等作业的,必须经省级人民政府批准,在批准前应征得国家文物局同意。

2. 设立建设控制地带

根据保护文物的实际需要,经省级人民政府批准,可以在文物保护单位的周围划出一定的建设控制地带,并予以公布。在文物保护单位的建设控制地带内进行建设工程,不得破坏文物保护单位的历史风貌;工程设计方案应根据文物保护单位的级别,经相应的文物行政部门同意后,报城乡建设规划部门批准。

在文物保护单位的保护范围和建设控制地带内,不得建设污染文物保护单位及其环境的设施,不得进行可能影响文物保护单位安全及其环境的活动。对已有的污染文物保护单位及其环境的设施,应限期治理。

3. 原址保护和迁移

建设工程选址,应尽可能避开不可移动文物;因特殊情况不能避开的,对文物保护单位应尽可能实施原址保护。实施原址保护的,建设单位应事先确定保护措施,根据文物保护单位的级别报相应的文物行政部门批准,并将保护措施列入可行性研究报告或设计任务书。无法实施原址保护,必须迁移异地保护或拆除的,应报省级人民政府批准;迁移或拆除省级文物保护单位的,批准前须征得国家文物局同意。全国重点文物保护单位不得拆除,需要迁移的,须由省级人民政府报国务院批准。拆除的国有不可移动文物中具有收藏价值的壁画、雕塑、建筑构件等,由文物行政部门指定的文物收藏单位收藏。原址保护、迁移、拆除所需费用,由建设单位列入建设工程预算。

国有不可移动文物由使用人负责修缮、保养;非国有不可移动文物由所有人负责修缮、保养。非国有不可移动文物有损毁危险,所有人不具备修缮能力的,当地人民政府应给予帮助;所有人具备修缮能力而拒不依法履行修缮义务的,县级以上人民政府可以给予抢救修缮,所需费用由所有人负担。对文物保护单位进行修缮,应根据文物保护单位的级别报相应的文物行政部门批准;对未核定为文物保护单位的不可移动文物进行修缮,应报登记的县级人民政府文物行政部门批准。文物保护单位的修缮、迁移、重建,由取得文物保护工程资质证书的单位承担。

4. 不改变文物原状原则

使用不可移动文物,必须遵守不改变文物原状的原则,负责保护建筑物及其附属文物的安全,不得损毁、改建、添建或拆除不可移动文物。对不可移动文物进行修缮、保养、迁移,也必须遵守不改变文物原状的原则。

不可移动文物已经全部毁坏的,应实施遗址保护,不得在原址重建。但是,因特殊情况需要在原址重建的,由省级人民政府文物行政部门征得国家文物局同意后,报省级人民政府批准;全国重点文物保护单位需要在原址重建的,由省级人民政府报国务院批准。

5. 不改变文物用途原则

2003年1月19日的一场大火,某文物保护单位的古建筑群中的重要宫庙之一几乎烧毁殆尽。当地文管部门"因经费紧张",擅自将该宫使用权转让给一家私立武术学校,并且违章建房,搭设照明线路及灯具不规范,导致电灯烤燃他物而引发火灾事故。该事故对国家财产造成了不可挽回的损失。

《文物保护法》第二十三条明文规定:"核定为文物保护单位的属于国家所有的纪念建筑物或古建筑,除可以建立博物馆、保管所或辟为参观游览场所外,如果必须作其他用途的,应经核定公布该文物保护单位的人民政府文物行政部门征得上一级文物行政部门同意后,报核定公布该文物保护单位的人民政府批准;全国重点文物保护单位作其他用途的,应由省、自治区、直辖市人民政府报国务院批准。""对危害文物保护单位安全、破坏文物保护单位历史风貌的建筑物、构筑物,当地人民政府应及时调查处理,必要时,对该建筑物、构筑物予以拆迁。"而该文物保护部门在未报批的情况下,擅自将宫庙使用权转让,成立武术学校,任意改变文物用途,并在保护范围内违章建房,最终导致国有文物保护单位受到无法弥补的损失。

近年来,一些地方为创收,擅自改变博物馆、纪念馆等国有文物保护单位和世界遗产地的管理体制,把博物馆、纪念馆等国有文物保护单位和世界遗产地交给旅游企业去经营并组建公司进行管理,把博物馆、纪念馆等国有文保单位和世界遗产地的门票事业性收入作为旅游企业的利润收入用于本企业投资或其他用途,把文物古迹和世界遗产地等转移、抵押,把博物馆、纪念馆等国有文物保护单位和世界遗产地当作企业去经营、去管理,严重混淆了发展文化事业和文化产业的界限,随意提高门票,把门票当作赢利手段,把博物馆、纪念馆和世界遗产地当作"摇钱树",把广大中青年学生和少年儿童团体参观不予免费而拒之门外,这就从根本上改变了博物馆、纪念馆和世界遗产地的社会公益性事业的性质,不利于中国先进文化的建设和发展。《文物保护法》第二十四条规定:"国有不可移动文物不得转让、抵押或改变用途。建立博物馆、保管所或辟为参观游览场所的国有文物保护单位,不得作为企业资产经营。非国有不可移动文物转让、抵押或改变用途的,应根据其级别报相应的文物行政部门备案;由当地人民政府出资帮助修缮的,应报相应的文物行政部门批准。"

五、考古调查与发掘

(一)考古发掘的申请与审批

考古发掘,是指考古工作者对埋藏在地下的各种遗址和遗物进行发掘研究,以阐明古代的社会经济状况和物质文化面貌,进行揭示社会历史发展的一项工作。

一切考古发掘工作,必须履行报批手续;从事考古发掘的单位,应经国家文物局批准。地下埋藏的文物,任何单位或个人都不得私自发掘。

(二)考古调查与发掘管理

1. 考古调查

考古调查是为了解地面、地下的古代文化遗存而进行的查阅文献、实地踏勘、采集标本并做出文字、绘图、摄影记录,提出勘探或考古发掘计划等工作。考古调查是文物行政管理部门的重要工作之一,即是考古发掘的准备工作,也是文物保护、管理、研究的基础工作。考古调查的形式因调查目的和要求的不同而不同,大体可以分为文物普查、日常性调查、专题调查、重点调查、配合基本建设工程的调查、区域性调查和复查等形式。

2. 考古发掘的分类

根据考古发掘的性质不同,可以把考古发掘分为主动发掘和被动发掘两类;根据其任务和目的的差异,主要有以下四种:为配合基本建设工程的发掘、抢救性发掘、为科学研究的发掘、为教学实习的发掘。

(1)为科学研究的发掘。从事考古发掘的单位,为了科学研究进行考古发掘,应提出发掘计划,报国家文物局批准;对全国重点文物保护单位的考古发掘计划,应经国家文物局审核后报国务院批准。国家文物局在批准或审核前,应征求社会科学研究机构及其他科研机构和有关专家的意见。必须在每年的第一季度向国家文物局提出当年的考古发掘申请和发掘计划,由国家文物局作出批准决定后,才可以开始发掘。

(2)为教学实习的发掘。这一类发掘相对较少,主要是针对开设考古学及人类学专业的高等院校和科研单位的学生毕业实习进行的,也是一种主动发掘。

（3）配合基本建设工程的发掘。配合基本建设工程是目前我国考古工作中最主要的发掘方式，近些年来，国家文物局审批的考古发掘项目中，有2/3左右是配合基本建设工程而进行的。

20世纪50年代以来，特别是改革开放以来，随着我国经济的发展，基础建设项目在全国各地大量进行，为了避免古遗址和古墓葬在工程建设中遭到破坏，在进行工程建设前，应首先由文物部门先进行考古调查、勘探。《文物保护法》第二十九条规定："进行大型基本建设工程，建设单位应事先报请省、自治区、直辖市人民政府文物行政部门组织从事考古发掘的单位在工程范围内有可能埋藏文物的地方进行考古调查、勘探。考古调查、勘探中发现文物的，由省、自治区、直辖市人民政府文物行政部门根据文物保护的要求会同建设单位共同商定保护措施；遇有重要发现的，由省、自治区、直辖市人民政府文物行政部门及时报国务院文物行政部门处理。"第三十条规定："需要配合建设工程进行的考古发掘工作，应由省、自治区、直辖市文物行政部门在勘探工作的基础上提出发掘计划，报国务院文物行政部门批准。国务院文物行政部门在批准前，应征求社会科学研究机构及其他科研机构和有关专家的意见。"

由于配合基本建设工程的发掘偶然性较大，并且发掘时间受到建设工程工期的限制，发掘计划不可能像主动发掘那样统一在每年第一季度申报，相对灵活性较大，发掘单位可以在发掘开始前30日内向国家文物局申报，在批准后开始发掘。

在考古发掘过程中，建设单位应予以协助。2003年7月1日施行的《中华人民共和国文物保护法实施条例》第二十三条第二款规定："建设单位对配合建设工程进行的考古调查、勘探、发掘，应予以协助，不得妨碍考古调查、勘探、发掘。"在整个发掘工作结束之前，建设单位不得施工。保护考古工地的工作秩序和遗迹遗物的安全，不仅是文物部门和发掘单位的责任，也是建设单位的责任；并且考古工作按计划或提前结束，对建设工程工期的影响也会比较小。

（4）抢救性考古发掘。抢救性考古发掘实际上是一种紧急保护措施，它是在建设工期紧迫或是古文化遗址或古墓葬已经暴露，有被盗掘或自然破坏危险的情况下，对其进行的应急发掘。因为时间紧迫，发掘计划可以边发掘边申请，也可以发掘后补办审批手续。《文物保护法》第三十条第二款规定："确因建设工期紧迫或有自然破坏危险，对古文化遗址、古墓葬急需进行抢救发掘的，由省、自治区、直辖市人民政府文物行政部门组织发掘，并同时补办审批手续。"

抢救性发掘的范围，古遗址以塌陷、暴露或短期内有破坏危险的部分为限，古墓葬以塌陷并已暴露的单室墓为限，在没有做好发掘整片遗址和墓地的准备以前，尽可能减少对它的影响。

3. 考古调查与发掘的经费

考古调查与发掘的经费因调查与发掘工作的性质和要求不同，其来源也就不同。为科学研究的调查发掘和为教学实习的调查发掘所需经费由从事考古发掘的单位负责，或申请科研、教学实习专项补助经费；而为配合基本建设工程的调查发掘和抢救性考古发掘的经费，由建设单位负责。《文物保护法》第三十一条规定："凡因进行基本建设和生产建设需要的考古调查、勘探、发掘，所需费用由建设单位列入建设工程预算。"这也是国际通行的做法。

4. 考古发掘管理

无论是哪种形式的考古发掘工作，在考古发掘过程中，考古发掘单位都应严格按计划实施，在具体工作中应注意以下几点：

（1）在进行田野发掘时，考古发掘人员应严格按照中华人民共和国文化部于 1984 年颁发的《田野考古工作规程》（试行）进行；

（2）发掘工作结束后，应及时对发掘现场作妥善处理，需保留发掘现场的要提出保护意见，并采取保护措施；

（3）做好出土文物、标本、资料的整理工作，及时编写发掘报告；

（4）做好出土文物的移交工作。

5. 对外国人在华进行考古调查发掘的规定

目前我国原则上尚不允许外国人在华进行考古调查发掘。《文物保护法》第三十三条规定："非经国家文物局报国务院特别许可，任何外国人或外国团体不得在中华人民共和国境内进行考古调查、勘探、发掘。"

但是外国人或外国团体可以采取同中国合作的方式进行考古调查、发掘工作。1991 年 1 月颁布施行的《中华人民共和国考古涉外工作管理办法》第三条规定："任何外国组织、国际组织在中国境内进行考古调查、勘探、发掘，都应采取与中国合作的形式。"

双方合作发掘需遵守以下原则：

（1）合作双方共同实施考古调查、勘探、发掘项目，并组成联合考古队，由中方专家主持全面工作。

（2）合作双方应在中国境内共同整理考古调查、勘探、发掘所获取的资料并编写报告。报告由合作双方共同署名，中方有权优先发表。

（3）合作考古调查、勘探、发掘活动所获取的文物、自然标本以及考古记录的原始资料，均归中国所有，并确保其安全。

（三）考古发掘出土文物的管理

1. 出土文物的保管与收藏

考古调查、勘探、发掘工作结束后，应将发掘结果和工作总结报告国家文物局和省文化（文物）局。考古发掘的文物，也应登记造册，妥善保管，按照国家有关规定移交给由省文化（文物）局或国家文物局指定的国有博物馆、图书馆或其他国有收藏文物的单位收藏。经省文化（文物）局或国家文物局批准，从事考古发掘的单位可以保留少量出土文物作为科研标本。

考古发掘的文物，属于国家所有，任何单位或个人不得侵占。

2. 出土文物的调用

在保证文物安全的前提下，根据进行科学研究和充分发挥文物作用的需要，省文化（文物）局经本级人民政府批准，可以调用本行政区域内的出土文物；国家文物局经国务院批准，可以调用全国的重要出土文物。

调用文物主要有三种情况：

（1）为保证文物安全。有些地方博物馆安全设施不够完善，或缺乏保存有些易损文物的科技条件，为保证出土文物不受损失，将其调拨到设施守备的博物馆去就显得十分必要。

（2）为科学研究的需要。因为一个地方或一个单位的科研力量毕竟有限，对于有些重要的出土文物或特殊的出土文物，单靠一个单位的专业力量是有困难的，需要由各级文物行政部门组织有关方面的专家共同进行，为方便研究，有时需要调用出土文物。

（3）调用出土文物举办陈列展览，普及文物知识，进行文化交流，是充分发挥文物作用的重要方面。

六、文物经营管理和文物出入境管理

（一）民间文物收藏与文物经营管理

1. 集体和私人拥有文物的合法来源

民间收藏的文物，是指可移动文物，是古代流传下来的文物，不包括 1949 年以来的出土文物。出土文物属国家所有，不属于民间收藏的范围。

民间收藏的文物来源有多种情况：

（1）依法继承或接受赠与；

（2）从文物商店购买；

（3）从经营文物拍卖的拍卖企业购买；

（4）公民个人合法所有的文物相互交换或依法转让；

（5）国家规定的其他合法方式。

这里需要特别提醒的是,继承、赠与、交换、转让的文物必须是公民个人合法所有的文物,不属于公民个人所有的文物,或非法取得、占有的文物,不受法律保护。

2. 禁止买卖的文物

文物收藏单位以外的公民、法人和其他组织收藏的文物可以依法流通。但公民、法人和其他组织不得买卖下列文物:

(1)国有文物,但是国家允许的除外;

(2)非国有馆藏珍贵文物;

(3)国有不可移动文物中的壁画、雕塑、建筑构件等,但是依法拆除的国有不可移动文物中的壁画、雕塑、建筑构件等不属于应由文物收藏单位收藏的除外;

(4)来源不符合规定的文物。

3. 民间文物的管理和利用

国家鼓励文物收藏单位以外的公民、法人和其他组织将其收藏的文物捐赠给国有文物收藏单位或出借给文物收藏单位展览和研究。国有文物收藏单位应尊重并按照捐赠人的意愿,对捐赠的文物妥善收藏、保管和展示。

国家禁止出境的文物,不得转让、出租、质押给外国人。

4. 文物经营活动

(1)文物经营活动的主体。文物经营活动的主体主要是文物商店和经营文物拍卖的拍卖企业。除经批准的文物商店、经营文物拍卖的拍卖企业外,其他单位或个人不得从事文物的商业经营活动。

文物商店应由国家文物局或省文化(文物)局批准设立,依法进行管理。文物商店是国有文物购销单位,它可以通过商业手段收购流散在社会上或民间收藏的传世文物和近现代文物,在不违反国家政策和有关法律法规的前提下,向社会出售,是一种直接购销活动;而拍卖企业是委托经营,它只是中介机构。加之文物商店从事文物收购多年，货源充足，如果文物商店从事文物拍卖经营活动，不仅违反了自己的交易规则，而且在货源和交易中都将处于明显的优势，从而形成对拍卖企业的不公平竞争，并有珍贵文物流失的危险。所以《文物保护法》第五十三条第二款规定："文物商店不得从事文物拍卖经营活动，不得设立经营文物拍卖的拍卖企业。"

依法设立的拍卖企业经营文物拍卖的，应取得国家文物局颁发的文物拍卖许可证。经营文物拍卖的拍卖企业不得从事文物购销经营活动，不得设立文物商店。

为了维护文物市场的有序经营和健康发展，文物行政部门的工作人员不得举办或参与举办文物商店或经营文物拍卖的拍卖企业，文物收藏单位也不得举办或参与举办文物商店或经营文物拍卖的拍卖企业。这与实行政企分开、加强廉政建设的要求是一致的。

为了防止我国的珍贵文物流失，《文物保护法》第五十五条规定："禁止设立中外合资、中外合作和外商独资的文物商店或经营文物拍卖的拍卖企业。"在世界贸易组织的例外条款中，文物是需要特别保护的特殊文化财产，不属于市场准入的项目，可以不在开放之列。

（2）文物的销售和拍卖。文物商店销售的文物，在销售前应经省文化（文物）局审核；对允许销售的，省文化（文物）局应作出标识。

拍卖企业拍卖的文物，在拍卖前应经省文化（文物）局审核，并报国家文物局备案；省文化（文物）局不能确定是否可以拍卖的，应报国家文物局审核。

文物商店购买、销售文物，拍卖企业拍卖文物，应按照国家有关规定作出记录，并报原审核的文物行政部门备案。拍卖文物时，委托人、买受人要求对其身份保密的，文物行政部门应为其保密；法律、行政法规另有规定的除外。

为了防止珍贵文物流失海外,《文物保护法》第五十八条规定:"文物行政部门在审核拟拍卖的文物时,可以指定国有文物收藏单位优先购买其中的珍贵文物。购买价格由文物收藏单位的代表与文物的委托人协商确定。"这种优先购买权一般通过定向拍卖方式取得。2002年在"中贸圣佳秋季拍卖会"上,北宋米芾《研山铭》手卷就是采用国家文物局指定国家级博物馆竞买的"定向拍卖"方式,以2999万元购得。2003年7月由故宫博物院行使"优先购买权"以2200万元人民币购得晋索靖书《出师颂》。近年来已有包括张先的《十咏图》、朱熹的《春雨帖》、郑板桥的手书《五经》、阎立本的《孔子弟子像》以及一大批佛经、墓志拓片等珍贵文物,通过定向拍卖的方式走进故宫博物院、首都博物馆、国家图书馆等国有文物收藏单位。

(二)文物出入境管理

1. 文物出境管理

国有文物、非国有文物中的珍贵文物和国家规定禁止出境的其他文物,不得出境;但是出境展览或因特殊需要经国务院批准出境的除外。文物出境展览,应报国家文物局批准;一级文物超过国务院规定数量的(一级文物展品超过120件套,或一级文物展品超过展品总数的20%),应报国务院批准。

一级文物中的孤品和易损品,禁止出境展览,如纸质文物和易损的漆木质文物。未曾在国内正式展出的文物,不得出境展览。文物出境展览期间,出现可能危及展览文物安全情形的,原审批机关可以决定中止或撤销展览。

出境展览的文物出境,由文物进出境审核机构审核、登记。海关凭国家文物局或国务院的批准文件放行。出境展览的文物复进境,由原文物进出境审核机构审核查验。

文物出境,应经国家文物局指定的文物进出境审核机构审核。经审核允许出境的文物,由国家文物局发给文物出境许可证,从国家文物局指定的口岸出境。任何单位或个人运送、邮寄、携带文物出境,应向海关申报;海关凭文物出境许可证放行。文物出境展览的期限不得超过1年,因特殊需要,经原审批机关批准可以延期;但是,延期最长不得超过1年。

2. 文物入境管理

文物临时进境,应向海关申报,并报文物进出境审核机构审核、登记。临时进境的文物复出境,必须经原审核、登记的文物进出境审核机构审核查验;经审核查验无误的,由国家文物局发给文物出境许可证,海关凭文物出境许可证放行。

七、馆藏法规

国家设立的文物收藏单位,如博物馆、图书馆、纪念馆等单位负责收藏保管国有可移动文物,其中博物馆是最主要的文物收藏单位,所谓博物馆,是指收藏、保护、研究、展示人类活动和自然环境的见证物,经过文物行政部门审核、相关行政部门批准许可取得法人资格,向公众开放的非营利性社会服务机构。

其他国家机关、部队和国有企业、事业组织等收藏、保管的可移动文物,也属于国家所有。国有文物收藏单位对藏品负有科学管理、科学保护、整理研究、公开展出和提供使用的责任。

(一)博物馆的设立、年检与终止

1. 博物馆的设立

申请设立博物馆,应当具备下列条件:

(1)具有固定的馆址,设置专用的展厅(室)、库房和文物保护技术场所,展厅(室)面积与展览规模相适应,展览环境适宜对公众开放;

(2)具有必要的办馆资金和保障博物馆运行的经费;

(3)具有与办馆宗旨相符合、一定数量和成系统的藏品及必要的研究资料;

（4）具有与办馆宗旨相符合的专业技术和管理人员；

（5）具有符合国家规定的安全和消防设施；

（6）能够独立承担民事责任。

省级文物行政部门负责本行政区域内博物馆设立的审核工作。省级文物行政部门应当自收到博物馆设立申请材料之日起30个工作日内出具审核意见。审核同意的，应报国务院文物行政部门备案。经审核同意设立博物馆的，申请人应持审核意见及其他申报材料，向相关行政部门申请取得博物馆法人资格。博物馆应当自取得法人资格之日起6个月内向社会开放。

博物馆名称一般不得冠以"中国"、"中华"、"国家"等字样；特殊情况确需冠以"中国"等字样的，应由中央机构编制委员会办公室会同国务院文物行政部门审核同意。非国有博物馆的名称不得冠以"中国"等字样。

2. 年检制度

博物馆应于每年3月31日前向所在地市（县）级文物行政部门报送上一年度的工作报告，接受年度检查。工作报告内容应当包括有关法律和其他规定的执行情况，藏品、展览、人员和机构的变动情况以及社会教育、安全、财务管理等情况。市（县）级文物行政部门应于每年4月30日前，将上一年度本行政区域内博物馆年度检查的初步意见报送省级文物行政部门。省级文物行政部门应当于每年5月31日前，将上一年度本行政区域内博物馆的年度检查情况进行审核，并汇总报国务院文物行政部门备案。

3. 博物馆的变更与终止

博物馆的名称、馆址、藏品、基本陈列以及非国有博物馆的章程等重要事项发生变更前，应报省级文物行政部门审核；博物馆法定代表人发生变更的，应自变更之日起10日内报省级文物行政部门备案。

博物馆终止前，应向省级文物行政部门提出终止申请及藏品处置方案，接受主管文物行政部门指导，完成博物馆资产清算工作。省级文物行政部门自收到博物馆终止申请和藏品处置方案之日起30个工作日内出具审核意见。藏品处置方案等符合法定要求的，准予终止；藏品处置方案等不符合法定要求的，责令其改正后准予终止。相关行政部门根据省级文物行政部门的审核意见，给予办理博物馆法人资格注销登记手续。

国有博物馆终止的，其藏品由所在地省级文物行政部门指定的国有博物馆接收。非国有博物馆终止的，其藏品属于法律规定可以依法流通的，允许其以法律规定的方式流通；依法不能流通的藏品，应当转让给其他博物馆；接受捐赠的藏品，应当交由其他博物馆收藏，并告知捐赠人。

（二）馆藏文物藏品的来源

文物藏品是国家宝贵的科学、文化财富，是博物馆业务活动的物质基础，博物馆应根据本馆的性质和任务搜集藏品。

《文物保护法》第三十七条规定了文物藏品的合法来源："文物收藏单位可以通过下列方式取得文物：购买；接受捐赠；依法交换；法律、行政法规规定的其他方式。"

此外，"国有文物收藏单位还可以通过文物行政部门指定保管或调拨方式取得文物。"

1. 文物行政部门指定保管或调拨文物

文物行政部门指定保管或调拨文物，是国有文物收藏单位取得文物最主要的方式，是文物藏品的主要来源。

（1）文物行政部门指定保管的文物。指定保管的文物主要包括三类：出土文物、拣选文物和罚没文物。

出土文物是国有文物收藏单位文物藏品的重要来源之一。《文物保护法》第三十四条规定："考古发掘的文物，应登记造册，妥善保管，按照国家有关规定移交给由省、自治区、直辖市人民政府文物行政部门或国务院文物行政部门指定的国有博物馆、图书馆或其他国有收藏文物的单位收藏。"

银行、冶炼厂、造纸厂以及废旧物资回收单位,应与当地文物行政部门共同负责拣选掺杂在金银器和废旧物资中的文物。拣选文物除供银行研究所必需的历史货币可以由人民银行留用外,应移交当地文物行政部门。移交拣选文物,应给予合理补偿。

近二十年来,盗窃、盗掘和走私文物的犯罪活动极为严重,公安部门、工商行政管理部门和海关等执法部门,在打击查处文物违法犯罪活动中,依法没收、追缴了一批文物,根据《文物保护法》第七十九条规定:"人民法院、人民检察院、公安机关、海关和工商行政管理部门依法没收的文物应登记造册,妥善保管,结案后无偿移交文物行政部门,由文物行政部门指定的国有文物收藏单位收藏。"1999年4月5日公布的《依法没收、追缴文物的移交办法》也规定:"接收的移交文物由国务院文物行政部门或省级文物行政管理部门根据文物保护、研究和利用等需要,指定具备条件的国有博物馆收藏保管。"

(2)文物行政部门指定拨交的文物。一些国有博物馆在建立之初,其最早的收藏大多是通过调拨的文物充实的,这些调拨的文物就成为博物馆的第一批藏品。如上海博物馆筹建时的第一批藏品就是由上海市军管会拨交的2853件出土文物和流散文物。

文物行政部门指定拨交的文物,其来源有多种情况:

一是党政部门保管的文物拨交国有文物收藏单位收藏。由中央文化部、公安部等党政机关、部队、社会团体先后拨交故宫博物院收藏的文物就达到165061件,是新入藏文物的最大宗。

二是接受捐赠后拨交的文物。许多文物收藏家在不同时期将收藏的藏品捐献给党和国家领导人,或政府部门、文物行政部门,然后再拨交国有文物收藏单位收藏。

三是购买后拨交的文物。解放初,国家曾花50多万港币从香港买回著名的书法珍品《伯远帖》和《中秋帖》,拨交故宫博物院收藏。2002 年国家文物局以 2999 万元购到的米芾名迹《研山铭》，也拨交故宫博物院。现藏敦煌研究院的《张君义勋告》，是 20 世纪 60 年代中国文化部从香港购回，拨交敦煌文物研究所（敦煌研究院前身）收藏的。

四是文物收藏单位之间拨交的文物。如故宫博物院曾将包括部分宋元版书在内的 14 万册宫廷藏书拨交国家图书馆及一些省市和大学图书馆收藏，50 年代北京故宫博物院曾将原储藏于故宫宝蕴楼及其他殿的 80 多件清宫奇珍工艺品拨交湖北省博物馆收藏。著名的《清明上河图》被溥仪携出宫后，在通化被截获，存放于东北博物馆，后拨交北京故宫博物院。

五是海外回归文物拨交国有文物收藏单位收藏。

2. 征集和购买

征集和购买，是文物收藏单位丰富馆藏的主要渠道之一。许多单位为了增加、丰富馆藏，加强征集工作，均设立了征集机构，向民间征集文物。

购买的途径主要有三种：一是从合法的文物购销经营单位购买；二是从具有拍卖文物资格的拍卖企业竞买文物；三是从境外合法市场购买文物。故宫博物院在新中国成立后的 50 年间，先后购进文物 53951 件，其中包括 1998 年故宫博物院花 1800 万元从瀚海拍卖公司拍到宋代张先的《十咏图》。2000 年，圆明园海宴堂前喷水池中的 12 生肖兽头中的牛首、虎首、猴首铜像在香港拍卖，保利集团公司斥 3300 万港元买下，收藏于保利博物馆。2003 年上海博物馆以 450 万美元的价格从美国购回法帖珍品《淳化阁帖》。

3. 捐赠

据不完全统计，从 1939 年开始，至 2005 年 2 月，已有 682 人次，将 33400 件个人藏品无偿捐给了故宫。仅故宫博物院前院长马衡先生的后人在其去世后，遵先生遗嘱一次就捐给故宫博物院金石拓本 12000 余件、图书 14000 余卷，还不包括他生前捐献的甲骨、碑帖等400多件文物。著名书画鉴藏家张伯驹先生将其以重金购藏的西晋陆机《平复帖》、隋代展子虔《游春图》等书画珍品无偿捐献国家，成为故宫博物院中的顶级藏品之一。

4. 交换

文物收藏单位根据国家文物法规，开展馆际之间的文物藏品的交换，是调节余缺、丰富藏品的办法之一。

(三)馆藏文物保管制度

1. 馆藏文物的建档

博物馆通过依法征集、购买、交换、接受捐赠和调拨等方式取得的藏品，应在30日内登记入藏品总账。征集文物、标本时，必须注意搜集原始资料，认真做好科学记录，及时办理入馆手续，逐件填写入馆凭证或清册，组织有关人员认真进行鉴定，确定真伪、年代、是否入藏并分类、定名、定级。各种凭证每年装订成册，集中保存。

为了使馆藏文物管理科学化、标准化、制度化，博物馆、图书馆和其他文物收藏单位对收藏的文物，必须区分文物等级，分类登账，编制目录，设置藏品档案，编制藏品分类目录和一级藏品目录，报省文化(文物)局和国家文物局备案。馆藏一级文物和其他易损易坏的珍贵文物，应设立专库或专柜并由专人负责保管。根据馆藏文物的保护需要，按照国家有关规定建立、健全管理制度，未经批准，任何单位或个人不得调取馆藏文物。

县级以上地方人民政府文物行政部门应分别建立本行政区域内的馆藏文物档案；国家文物局应建立国家一级文物藏品档案和其主管的国有文物收藏单位馆藏文物档案。

2. 馆藏文物的修复、复制和拍摄

(1)馆藏文物的修复。藏品修复时，不得任意改变其形状、色彩、纹饰、铭文等。修复前、后要做好照相、测绘记录，修复前应由有关专家和技术人员制定修复方案；修复中要做好配方、用料、工艺流程等记录;修复工作完成后,这些资料均应归入藏品档案,并在编目卡片上注明。

一级藏品的修复方案由主管副馆长或馆长审核同意后报上一级主管文物行政管理部门批准。其他藏品的修复方案,国家博物馆和省级博物馆由藏品保管部门负责人批准或由藏品保管部门负责人会同科技修复部门负责人审批,其他博物馆由主管副馆长或馆长批准。

凡采用新的藏品保护、修复技术,应先经过实验,通过主管文物行政管理部门组织有关技术人员和专家评审鉴定后推广运用。未经过实验和评审鉴定证明可确保藏品安全的新技术,博物馆不得随意采用。

(2)馆藏文物的复制。文物复制是指依照文物的体量、形制、纹饰、质地等,基本采用原制作工艺复制与原文物相同的制品的活动。

文物复制是一种特殊商品的生产,它的生产应由文物行政管理部门统一管理,以文物部门为主进行,同时实行定点生产,定点销售。未经批准,任何单位、个人不得进行文物复制,不得擅自将文物复制、拍摄所需要的各种文物资料、技术资料、复制样品、模具等提供给其他单位和个人,更不准以任何理由和方式外流出境。

文物的复制与临摹,都必须在保证文物绝对安全和不损伤其原有价值的前提下进行,都必须采取必要的安全措施。《文物保护法》第四十六条规定:"修复馆藏文物,不得改变馆藏文物的原状;复制、拍摄、拓印馆藏文物和不可移动文物的单体文物的修复、复制、拍摄、拓印,不得对文物造成损害。"

所有文物的复制品均应一律按照国家规定,在隐蔽部位除标明文物的年代、出土地点,时间外,还须标明复制单位、编号等。任何单位和个人不得利用文物复制品进行再复制。

(3)馆藏文物的拍摄。2001年6月7日国家文物局制定并颁布了《文物拍摄管理暂行办法》,对文物拍摄作出了详细规定。因制作出版物、音像制品以及其他各种需要而拍摄文物的活动必须履行报批手续,文物收藏、研究单位为研究和保管工作需要所进行的拍摄活动,普通观众在对社会开放的文物单位所进行的纪念拍照活动,无需报批。

全国重点文物保护单位和馆藏一级文物的拍摄,由国家文物局审批,在审批同意后向拍摄申请单位颁发《文物拍摄许可证》,许可证仅适用于报请国家文物局审批的项目。省级及县、自治县、市级文物保护单位和馆藏二级以下(含二级)文物的拍摄,由文物所在省文化(文物)局审批。各级文物保护单位管理机构和文物收藏单位,必须在接到国家文物局或省文化(文物)局同意拍摄文物的批件或《文物拍摄许可证》后,方可接待拍摄。

故事性影视片、商业性广告片的拍摄仅限于对公众开放的文物保护单位的外景,一般不得拍摄文物保护单位内景及馆藏文物。

经批准拍摄文物保护单位内景或馆藏文物时,不得移动室内陈设物品及各类文物的位置,不得在室内置景,不得利用室内电源,不得使用强光灯,摄制人员不得接触文物。特殊的珍贵文物及书画、壁画、丝织品、漆器等易损易坏文物一般不得拍摄,可由文物收藏单位提供有关资料。特殊情况确需拍摄的,必须报经国家文物局审批。

考古发掘现场原则上不得拍摄。国内新闻单位因新闻采访需要拍摄正在进行工作的考古发掘现场,应得到主持发掘单位的同意,制作专题类、直播类节目应报请国家文物局审批。境外机构和团体需要拍摄正在进行的考古发掘现场,需征求主持发掘单位的意见,经发掘地所在的省文化(文物)局同意,报国家文物局批准后方可进行。

3. 馆藏文物的流动管理

国有文物收藏单位收藏的文物藏品禁止买卖,《文物保护法》

第四十四条规定:"禁止国有文物收藏单位将馆藏文物赠与、出租或出售给其他单位、个人。"但可以将馆藏文物通过调拨、借用和交换的方式进行流动。

(1)馆藏文物的调拨。国家文物局可以调拨全国的国有馆藏文物。省文化(文物)局可以调拨本行政区域内其主管的国有文物收藏单位馆藏文物;调拨国有馆藏一级文物,应报国家文物局备案。

(2)馆藏文物的借用。文物收藏单位应充分发挥馆藏文物的作用,通过举办展览、科学研究等活动,加强对中华民族优秀的历史文化和革命传统的宣传教育。国有文物收藏单位或其他单位因举办展览、科学研究等需借用馆藏文物的,应报主管的文物行政部门备案或批准;借用馆藏一级文物,应经国家文物局批准。文物收藏单位之间借用文物的最长期限不得超过3年。

文物行政部门和国有文物收藏单位的工作人员不得借用国有文物,不得非法侵占国有文物。文物收藏单位之间借用馆藏文物,借用人应对借用的馆藏文物采取必要的保护措施,确保文物安全。借用的馆藏文物的灭失、损坏风险,除当事人另有约定外,由借用该馆藏文物的文物收藏单位承担。

(3)馆藏文物的交换。已经建立馆藏文物档案的国有文物收藏单位,经省文化(文物)局批准,并报国家文物局备案,馆藏文物可以在国有文物收藏单位之间交换;交换馆藏一级文物的,必须经国家文物局批准。为了防止国有馆藏文物在交换、借用中流失,未建立馆藏文物档案的国有文物收藏单位,不得对其馆藏文物借用、交换。

(4)馆藏文物的流动管理。依法调拨、交换、借用国有馆藏文物,取得文物的文物收藏单位可以对提供文物的文物收藏单位给予合理补偿。国有文物收藏单位调拨、交换、出借文物所得的补偿费用,必须用于改善文物的收藏条件和收集新的文物,不得挪作他用;任何单位或个人不得侵占。

调拨、交换、借用的文物必须严格保管,不得丢失、损毁。

(四)馆藏文物的安全管理制度

馆藏文物的安全管理制度主要包括:馆藏文物出入馆规定、馆藏文物出入库规定、馆藏文物提用规定、保管人员及有关人员出入库规定、馆藏文物库房管理规定等等。

博物馆、图书馆和其他收藏文物的单位应按照规定配备防火、防盗、防自然损坏的设施,确保馆藏文物的安全;文物收藏单位的藏品必须有固定、专用的库房,专人管理;文物藏品库房建筑及保管设备要安全、坚固、适用、经济;库房除要满足一般意义上的建筑安全和消防安全外,还要根据文物保护的需要具备防火、防盗、防潮、防虫、防尘、防震等设备和措施;藏品必须按照科学的方法分类上架,对贵重文物,还必须设立专柜或专库,重点收藏;库房要有必要的保密制度和措施,并建立库房日志,对进出库房的人员和手续也必须有明确的规定,未经批准,非库房管理人员不得入内,文物库房不接待参观;文物提用手续和出入库手续必须符合有关规定,文物收藏单位根据不同情况下,不同级别的文物规定相应的提用文物手续,并且在出入库时对藏品的数量和现状进行认真核对,以避免被调换或在外被损坏而无法追究责任;管理文物藏品总登记账的人员不得兼管藏品库房。

馆藏一级文物损毁的,应报国家文物局核查处理。其他馆藏文物损毁的,应报省文化(文物)局核查处理;省文化(文物)局应将核查处理结果报国家文物局备案。馆藏文物被盗、被抢或丢失的,文物收藏单位应立即向公安机关报案,并同时向主管的文物行政部门报告;主管的文物行政主管部门应在接到报告后 24 小时内,将有关情况报告国家文物局。

文物收藏单位的法人对馆藏文物的安全负责。国有文物收藏单位的法人离任时,应按照馆藏文物档案办理馆藏文物移交手续。

（五）博物馆开放管理

博物馆对公众开放，应当遵守以下规定：

1. 公告服务项目和开放时间；变更服务项目和开放时间的，应当提前 7 日公告。

2. 开放时间应当与公众的工作、学习及休闲时间相协调；法定节假日和学校寒暑假期间，应当适当延长开放时间。

3. 无正当理由，国有博物馆全年开放时间不少于 10 个月，非国有博物馆全年开放时间不少于 8 个月。

博物馆应当逐步建立减免费开放制度，并向社会公告。国有博物馆对未成年人集体参观实行免费制度，对老年人、残疾人、现役军人等特殊社会群体参观实行减免费制度。

八、法律责任

2002 年版《文物保护法》处理违法行为、打击文物犯罪的力度进一步加大了，对违反《文物保护法》的行为所要承担的责任也有了更为详细的规定，根据违法情节和性质不同，承担相应的法律责任。

（一）刑事法律责任

在文物保护管理中，自然人侵犯了法律所调整的文物保护的社会关系，严重危害文物管理秩序，侵害了国有、集体和个人所有文物及其合法权益的犯罪行为，要承担相应的刑事法律责任。对于刑事责任的处罚，适用《中华人民共和国刑法》的有关规定。

在文物案例中，对违法者应依法追究刑事责任的行为主要有以下几种：

1. 盗掘古文化遗址、墓葬罪

这是最为常见的一种文物犯罪行为，古已有之，历代对盗墓者打击均很重，"发冢者诛"，但因为巨大的经济利益驱使，文物的盗掘走私屡禁不止。目前我国对盗掘古墓葬罪的打击力度还是较大的,《中华人民共和国刑法》第三百二十八条规定:"盗掘具有历史、艺术、科学价值的古文化遗址、古墓葬的,处三年以上十年以下有期徒刑,并处罚金;情节较轻的,处三年以下有期徒刑、拘役或管制,并处罚金;有下列情形之一的,处十年以上有期徒刑、无期徒刑或死刑,并处罚金或没收财产:

(1)盗掘确定为全国重点文物保护单位和省级文物保护单位的古文化遗址、古墓葬的;

(2)盗掘古文化遗址、古墓葬集团的首要分子;

(3)多次盗掘古文化遗址、古墓葬的;

(4)盗掘古文化遗址、古墓葬,并盗窃珍贵文物或造成珍贵文物严重破坏的。"

在司法实践中,对盗窃珍贵文物,或造成珍贵文物严重破坏和无法追回者,量刑很重。如盗窃国家一级甲等珍贵文物秦高级军吏俑头案主犯(已追回)、被称为"盗掘古文化遗址罪第一案"的山东济南四门塔阿閦佛头案主犯均被判处死刑。

2. 故意损毁名胜古迹罪、故意损毁文物罪、过失损毁文物罪

《中华人民共和国刑法》(以下简称《刑法》)第三百二十四条规定:"故意损毁国家保护的珍贵文物或被确定为全国重点文物保护单位、省级文物保护单位的文物的,处三年以下有期徒刑或拘役,并处或单处罚金;情节严重的,处三年以上十年以下有期徒刑,并处罚金。故意损毁国家保护的名胜古迹,情节严重的,处五年以下有期徒刑或拘役,并处或单处罚金。过失损毁国家保护的珍贵文物或被确定为全国重点文物保护单位、省级文物保护单位的文物,造成严重后果的,处三年以下有期徒刑或拘役。"

3. 非法出售、私赠文物藏品罪

《刑法》第三百二十七条规定:"违反文物保护法规,国有博物馆、图书馆等单位将国家保护的文物藏品出售或私自送给非国有单位或个人的,对单位判处罚金,并对其直接负责的主管人员和其

他直接责任人员,处三年以下有期徒刑或拘役。"

4. 非法向外国人出售、赠送珍贵文物罪

《刑法》第三百二十五条规定:"违反文物保护法规,将收藏的国家禁止出口的珍贵文物私自出售或私自赠送给外国人的,处五年以下有期徒刑或拘役,可以并处罚金。单位犯前款罪的,对单位判处罚金,并对其直接负责的主管人员和其他直接责任人员,依照前款的规定处罚。"

5. 倒卖文物罪

《刑法》第三百二十六条规定:"以牟利为目的,倒卖国家禁止经营的文物,情节严重的,处五年以下有期徒刑或拘役,并处罚金;情节特别严重的,处五年以上十年以下有期徒刑,并处罚金。单位犯前款罪的,对单位判处罚金,并对其直接负责的主管人员和其他直接责任人员,依照前款的规定处罚。"

上述五项在《刑法》中被称为"妨害文物管理罪",是文物保护管理中危害最大的一类犯罪。

6. 走私文物罪

是指违反海关法规、逃避海关监管,非法携带、运输、邮寄、国家禁止出口的文物出入国(边)境的行为。

《刑法》第一百五十一条规定:"走私国家禁止出口的文物的,处五年以上有期徒刑,并处罚金;情节较轻的,处五年以下有期徒刑,并处罚金。情节特别严重的,处无期徒刑或死刑,并处没收财产。"

2000 年 10 月 8 日起施行的《最高人民法院关于审理走私刑事案件具体应用法律若干问题的解释》对走私文物罪有更为具体的规定:所谓"情节较轻",是指走私国家禁止出口的三级文物 2 件以下的,处五年以下有期徒刑,并处罚金;走私国家禁止出口的二级文物 2 件以下或三级文物 3 件以上 8 件以下的或走私国家禁止出口的文物达到规定的数量标准,并具有造成该文物严重毁损或无法追回等恶劣情节的,处五年以上有期徒刑,并处罚金。所谓"情节特别严重",是指:走私国家禁止出口的一级文物1件以上或二级文物3件以上或三级文物9件以上的;走私国家禁止出口的文物达到规定的数量标准,并造成该文物严重毁损或无法追回的;走私国家禁止出口的文物达到规定的数量标准,并是犯罪集团的首要分子或使用特种车进行走私等严重情节的,处无期徒刑或死刑,并处没收财产。这种量化的具体规定,使得对走私文物罪处罚的可操作性更强。

7. 盗窃文物罪和侵犯财产罪

侵犯财产罪包括哄抢、私分或非法侵占国有文物等行为。《刑法》第二百六十四条规定:"盗窃珍贵文物,情节严重的,处无期徒刑或死刑,并处没收财产。"对于哄抢、私分或非法侵占国有文物的犯罪行为适用《刑法》第二百六十八、二百七十、二百七十一条之规定。

8. 应追究刑事责任的其他妨害文物管理行为

在《刑法》"渎职罪"第四百一十九条规定:"国家机关工作人员严重不负责任,造成珍贵文物损毁或流失,后果严重的,处三年以下有期徒刑或拘役。"《文物保护法》中也有类似的表述,具体有以下行为:

(1)文物行政部门的工作人员违反规定,滥用审批权限、不履行职责或发现违法行为不予查处,造成严重后果的;

(2)文物行政部门和国有文物收藏单位的工作人员借用或非法侵占国有文物的;

(3)文物行政部门的工作人员举办或参与举办文物商店或经营文物拍卖的拍卖企业的;

(4)因不负责任造成文物保护单位、珍贵文物损毁或流失的;

(5)贪污、挪用文物保护经费的;

(6)公安机关、工商行政管理部门、海关、城乡建设规划部门和其他国家机关,违反规定滥用职权、玩忽职守、徇私舞弊,造成国家保护的珍贵文物损毁或流失的。

(二)行政法律责任

1. 行政处罚

本章涉及的行政处罚种类包括:警告;罚款;没收非法所得、没收非法财物;责令停业;吊销许可证、吊销营业执照等五种行政处罚。

(1)有下列违法行为之一的,由县级以上人民政府文物主管部门责令改正,造成严重后果的,处5万元以上50万元以下的罚款;情节严重的,由原发证机关吊销资质证书:

A. 擅自在文物保护单位的保护范围内进行建设工程或爆破、钻探、挖掘等作业的;

B. 在文物保护单位的建设控制地带内进行建设工程,其工程设计方案未经文物行政部门同意、报城乡建设规划部门批准,对文物保护单位的历史风貌造成破坏的;

C. 擅自迁移、拆除不可移动文物的;

D. 擅自修缮不可移动文物,明显改变文物原状的;

E. 擅自在原址重建已全部毁坏的不可移动文物,造成文物破坏的;

F. 施工单位未取得文物保护工程资质证书,擅自从事文物修缮、迁移、重建的。

刻划、涂污或损坏文物尚不严重的,或损毁文物保护单位标志的,由公安机关或文物所在单位给予警告,可以并处罚款。

(2)有下列行为之一的,由县级以上人民政府文物主管部门责令改正,没收违法所得,违法所得一万元以上的,并处违法所得2倍以上5倍以下的罚款;违法所得不足1万元的,并处5000元以上2万元以下的罚款:

A. 转让或抵押国有不可移动文物,或将国有不可移动文物作为企业资产经营的；

B. 将非国有不可移动文物转让或抵押给外国人的；

C. 擅自改变国有文物保护单位的用途的；

D. 买卖国家禁止买卖的文物或将禁止出境的文物转让、出租、质押给外国人的。

（3）有下列行为之一的，由县级以上人民政府文物主管部门责令改正，可以并处 2 万元以下的罚款，有违法所得的，没收违法所得：

A. 文物收藏单位未按照国家有关规定配备防火、防盗、防自然损坏的设施的。

B. 国有文物收藏单位法人离任时未按照馆藏文物档案移交馆藏文物，或所移交的馆藏文物与馆藏文物档案不符的。

C. 将国有馆藏文物赠与、出租或出售给其他单位、个人的。

D. 借用国有馆藏文物，没有报主管的文物行政部门备案或批准的；借用或交换馆藏一级文物的，没有经国家文物局批准的；未建立馆藏文物档案的国有文物收藏单位借用或交换馆藏文物的；因保管不善丢失、损毁调拨、交换、借用文物的。

E. 挪用或侵占依法调拨、交换、出借文物所得补偿费用的。

（4）发现文物隐匿不报或拒不上交的以及未按照规定移交拣选文物的，由县级以上人民政府文物主管部门会同公安机关追缴文物；情节严重的，处 5000 元以上 5 万元以下的罚款。

（5）下列行为由县级以上人民政府文物主管部门责令改正：

A. 改变国有未核定为文物保护单位的不可移动文物的用途，未按规定报告的；

B. 转让、抵押非国有不可移动文物或改变其用途，未按规定备案的；

C. 国有不可移动文物的使用人拒不依法履行修缮义务的；

D. 考古发掘单位未经批准擅自进行考古发掘，或不如实报告

考古发掘结果的;

E. 文物收藏单位未按照国家有关规定建立馆藏文物档案、管理制度,或未将馆藏文物档案、管理制度备案的;

F. 未经批准擅自调取馆藏文物的;

G. 馆藏文物损毁未报文物行政部门核查处理,或馆藏文物被盗、被抢或丢失,文物收藏单位未及时向公安机关或文物行政部门报告的;

H. 文物商店销售文物或拍卖企业拍卖文物,未按照国家有关规定作出记录或未将所作记录报文物行政部门备案的。

(6)对于未经许可,擅自设立文物商店、经营文物拍卖的拍卖企业,或擅自从事文物的商业经营活动的,由工商行政管理部门依法予以制止,没收违法所得、非法经营的文物,违法经营额 5 万元以上的,并处违法经营额 2 倍以上 5 倍以下的罚款;违法经营额不足 5 万元的,并处 2 万元以上 10 万元以下的罚款。

(7)有下列情形之一的,由工商行政管理部门没收违法所得、非法经营的文物,违法经营额 5 万元以上的,并处违法经营额 1 倍以上 3 倍以下的罚款;违法经营额不足 5 万元的,并处 5000 元以上 5 万元以下的罚款;情节严重的,由原发证机关吊销许可证书:

A. 文物商店从事文物拍卖经营活动的;

B. 经营文物拍卖的拍卖企业从事文物购销经营活动的;

C. 文物商店销售的文物、拍卖企业拍卖的文物,未经审核的;

D. 文物收藏单位从事文物的商业经营活动的。

(8)构成违反治安管理行为的,由公安机关依法给予治安管理处罚。构成走私行为,尚不构成犯罪的,由海关依照有关法律、行政法规的规定给予处罚。

在文物保护单位的保护范围内或建设控制地带内建设污染文物保护单位及其环境的设施的,或对已有的污染文物保护单位及其环境的设施未在规定的期限内完成治理的,由环境保护行政部门依照有关法律、法规的规定给予处罚。

2. 行政处分

本节涉及的行政处分主要有以下四种情况：

（1）文物行政部门、文物收藏单位、文物商店、经营文物拍卖的拍卖企业的工作人员，有下列行为之一的，依法给予行政处分，情节严重的，依法开除公职或吊销其从业资格：

A. 文物行政部门的工作人员违反规定，滥用审批权限、不履行职责或发现违法行为不予查处，造成严重后果的；

B. 文物行政部门和国有文物收藏单位的工作人员借用或非法侵占国有文物的；

C. 文物行政部门的工作人员举办或参与举办文物商店或经营文物拍卖企业的；

D. 因不负责任造成文物保护单位、珍贵文物损毁或流失的；

E. 贪污、挪用文物保护经费的。

被开除公职或被吊销从业资格的人员，自被开除公职或被吊销从业资格之日起 10 年内不得担任文物管理人员或从事文物经营活动。

（2）公安机关、工商行政管理部门、海关、城乡建设规划部门和其他国家机关，违反规定滥用职权、玩忽职守、徇私舞弊，造成国家保护的珍贵文物损毁或流失的，对负有责任的主管人员和其他直接责任人员依法给予行政处分。

（3）历史文化名城的布局、环境、历史风貌等遭到严重破坏的，由国务院撤销其历史文化名城称号；历史文化城镇、街道、村庄的布局、环境、历史风貌等遭到严重破坏的，由省级人民政府撤销其历史文化街区、村镇称号；对负有责任的主管人员和其他直接责任人员依法给予行政处分。

（4）有违反《文物保护法》行为的，负有责任的主管人员和其他直接责任人员是国家工作人员的，依法给予行政处分。

（三）民事法律责任

在文物保护法律关系中，对于民事责任的条款并不多，只是在《文物保护法》第六十五条中规定："造成文物灭失、损毁的，依法承担民事责任。"

思考题

名词术语解释：

文物　不可移动文物　考古发掘　文物保护范围　博物馆　文物复制

简答题：

1. 文物保护的"四有"工作是指什么？

2. 受国家保护的文物主要有哪几类？

3. 国有馆藏文物主要有哪些来源？

4. 中外合作考古发掘需遵守哪些原则？

5. 哪些文物禁止买卖？

中华人民共和国文物保护法

（1982 年 11 月 19 日第五届全国人民代表大会常务委员会第二十五次会议通过　根据 1991 年 6 月 29 日第七届全国人民代表大会常务委员会第二十次会议《关于修改〈中华人民共和国文物保护法〉第三十条、第三十一条的决定》第一次修正　2002 年 10 月 28 日第九届全国人民代表大会常务委员会第三十次会议第一次修订　根据 2007 年 12 月 29 日第十届全国人民代表大会常务委员会第三十一次会议《关于修改〈中华人民共和国文物保护法〉的决定》第二次修正　根据 2013 年 6 月 29 日第十二届全国人民代表大会常务委员会第三次会议《关于修改〈中华人民共和国文物保护法〉等十二部法律的决定》第三次修正　根据 2015 年 4 月 24 日第十二届全国人民代表大会常务委员会第十四次会议《关于修改〈中华人民共和国文物保护法〉的决定》第四次修正　根据 2017 年 11 月 4 日第十二届全国人民代表大会常务委员会第三十次会议《关于修改〈中华人民共和国会计法〉等十一部法律的决定》第五次修正　2024 年 11 月 8 日第十四届全国人民代表大会常务委员会第十二次会议第二次修订）

目　录

第一章　总　则

第一条　为了加强对文物的保护,传承中华民族优秀历史文化遗产,促进科学研究工作,进行爱国主义和革命传统教育,增强历史自觉、坚定文化自信,建设社会主义精神文明和物质文明,根据宪法,制定本法。

第二条　文物受国家保护。本法所称文物,是指人类创造的或者与人类活动有关的,具有历史、艺术、科学价值的下列物质遗存:

(一)古文化遗址、古墓葬、古建筑、石窟寺和古石刻、古壁画;

(二)与重大历史事件、革命运动或者著名人物有关的以及具有重要纪念意义、教育意义或者史料价值的近代现代重要史迹、实物、代表性建筑;

(三)历史上各时代珍贵的艺术品、工艺美术品;

(四)历史上各时代重要的文献资料、手稿和图书资料等;

(五)反映历史上各时代、各民族社会制度、社会生产、社会生活的代表性实物。

文物认定的主体、标准和程序，由国务院规定并公布。

具有科学价值的古脊椎动物化石和古人类化石同文物一样受国家保护。

第三条 文物分为不可移动文物和可移动文物。

古文化遗址、古墓葬、古建筑、石窟寺、古石刻、古壁画、近代现代重要史迹和代表性建筑等不可移动文物，分为文物保护单位和未核定公布为文物保护单位的不可移动文物(以下称未定级不可移动文物)；文物保护单位分为全国重点文物保护单位，省级文物保护单位，设区的市级、县级文物保护单位。

历史上各时代重要实物、艺术品、工艺美术品、文献资料、手稿、图书资料、代表性实物等可移动文物，分为珍贵文物和一般文物；珍贵文物分为一级文物、二级文物、三级文物。

第四条 文物工作坚持中国共产党的领导，坚持以社会主义核心价值观为引领，贯彻保护为主、抢救第一、合理利用、加强管理的方针。

第五条 中华人民共和国境内地下、内水和领海中遗存的一切文物，以及中国管辖的其他海域内遗存的起源于中国的和起源国不明的文物，属于国家所有。

古文化遗址、古墓葬、石窟寺属于国家所有。国家指定保护的纪念建筑物、古建筑、古石刻、古壁画、近代现代代表性建筑等不可移动文物，除国家另有规定的以外，属于国家所有。

国有不可移动文物的所有权不因其所依附的土地的所有权或者使用权的改变而改变。

第六条 下列可移动文物，属于国家所有：

(一)中国境内地下、内水和领海以及中国管辖的其他海域内出土、出水的文物，国家另有规定的除外；

(二)国有文物收藏单位以及其他国家机关、部队和国有企业、事业单位等收藏、保管的文物；

（三）国家征集、购买或者依法没收的文物；

（四）公民、组织捐赠给国家的文物；

（五）法律规定属于国家所有的其他文物。

国有可移动文物的所有权不因其收藏、保管单位的终止或者变更而改变。

第七条 国有文物所有权受法律保护，不容侵犯。

属于集体所有和私人所有的纪念建筑物、古建筑和祖传文物以及依法取得的其他文物，其所有权受法律保护。文物的所有者必须遵守国家有关文物保护的法律、法规的规定。

第八条 一切机关、组织和个人都有依法保护文物的义务。

第九条 国务院文物行政部门主管全国文物保护工作。

地方各级人民政府负责本行政区域内的文物保护工作。县级以上地方人民政府文物行政部门对本行政区域内的文物保护实施监督管理。

县级以上人民政府有关部门在各自的职责范围内，负责有关的文物保护工作。

第十条 国家发展文物保护事业，贯彻落实保护第一、加强管理、挖掘价值、有效利用、让文物活起来的工作要求。

第十一条 文物是不可再生的文化资源。各级人民政府应当重视文物保护，正确处理经济建设、社会发展与文物保护的关系，确保文物安全。

基本建设、旅游发展必须把文物保护放在第一位，严格落实文物保护与安全管理规定，防止建设性破坏和过度商业化。

第十二条 对与中国共产党各个历史时期重大事件、重要会议、重要人物和伟大建党精神等有关的文物，各级人民政府应当采取措施加强保护。

第十三条 县级以上人民政府应当将文物保护事业纳入本级

国民经济和社会发展规划,所需经费列入本级预算,确保文物保护事业发展与国民经济和社会发展水平相适应。

国有博物馆、纪念馆、文物保护单位等的事业性收入,纳入预算管理,用于文物保护事业,任何单位或者个人不得侵占、挪用。

国家鼓励通过捐赠等方式设立文物保护社会基金,专门用于文物保护,任何单位或者个人不得侵占、挪用。

第十四条 县级以上人民政府及其文物行政部门应当加强文物普查和专项调查,全面掌握文物资源及保护情况。

县级以上人民政府文物行政部门加强对国有文物资源资产的动态管理,按照国家有关规定,及时报送国有文物资源资产管理情况的报告。

第十五条 国家支持和规范文物价值挖掘阐释,促进中华文明起源与发展研究,传承中华优秀传统文化,弘扬革命文化,发展社会主义先进文化,铸牢中华民族共同体意识,提升中华文化影响力。

第十六条 国家加强文物保护的宣传教育,创新传播方式,增强全民文物保护的意识,营造自觉传承中华民族优秀历史文化遗产的社会氛围。

新闻媒体应当开展文物保护法律法规和文物保护知识的宣传报道,并依法对危害文物安全、破坏文物的行为进行舆论监督。

博物馆、纪念馆、文物保管所、考古遗址公园等有关单位应当结合参观游览内容有针对性地开展文物保护宣传教育活动。

第十七条 国家鼓励开展文物保护的科学研究,推广先进适用的文物保护技术,提高文物保护的科学技术水平。

国家加强文物保护信息化建设,鼓励开展文物保护数字化工作,推进文物资源数字化采集和展示利用。

国家加大考古、修缮、修复等文物保护专业人才培养力度,健全人才培养、使用、评价和激励机制。

第十八条　国家鼓励开展文物利用研究,在确保文物安全的前提下,坚持社会效益优先,有效利用文物资源,提供多样化多层次的文化产品与服务。

第十九条　国家健全社会参与机制,调动社会力量参与文化遗产保护的积极性,鼓励引导社会力量投入文化遗产保护。

第二十条　国家支持开展考古、修缮、修复、展览、科学研究、执法、司法等文物保护国际交流与合作,促进人类文明交流互鉴。

第二十一条　县级以上人民政府文物行政部门或者有关部门应当公开投诉、举报方式等信息,及时受理并处理涉及文物保护的投诉、举报。

第二十二条　有下列事迹之一的单位或者个人,按照国家有关规定给予表彰、奖励:

(一)认真执行文物保护法律、法规,保护文物成绩显著的;

(二)为保护文物与违法犯罪行为作坚决斗争的;

(三)将收藏的重要文物捐献给国家或者向文物保护事业捐赠的;

(四)发现文物及时上报或者上交,使文物得到保护的;

(五)在考古发掘、文物价值挖掘阐释等工作中做出重大贡献的;

(六)在文物保护科学技术方面有重要发明创造或者其他重要贡献的;

(七)在文物面临破坏危险时,抢救文物有功的;

(八)长期从事文物工作,做出显著成绩的;

(九)组织、参与文物保护志愿服务,做出显著成绩的;

(十)在文物保护国际交流与合作中做出重大贡献的。

第二章　不可移动文物

第二十三条　在文物普查、专项调查或者其他相关工作中发现的不可移动文物,应当及时核定公布为文物保护单位或者登记公布为未定级不可移动文物。公民、组织可以提出核定公布文物保护单位或者登记公布未定级不可移动文物的建议。

国务院文物行政部门在省级和设区的市级、县级文物保护单位中,选择具有重大历史、艺术、科学价值的确定为全国重点文物保护单位,或者直接确定为全国重点文物保护单位,报国务院核定公布。

省级文物保护单位,由省、自治区、直辖市人民政府核定公布,并报国务院备案。

设区的市级和县级文物保护单位,分别由设区的市、自治州人民政府和县级人民政府核定公布,并报省、自治区、直辖市人民政府备案。

未定级不可移动文物,由县级人民政府文物行政部门登记,报本级人民政府和上一级人民政府文物行政部门备案,并向社会公布。

第二十四条　在旧城区改建、土地成片开发中,县级以上人民政府应当事先组织进行相关区域内不可移动文物调查,及时开展核定、登记、公布工作,并依法采取保护措施。未经调查,任何单位不得开工建设,防止建设性破坏。

第二十五条　保存文物特别丰富并且具有重大历史价值或者革命纪念意义的城市,由国务院核定公布为历史文化名城。

保存文物特别丰富并且具有重大历史价值或者革命纪念意义的城镇、街道、村庄,由省、自治区、直辖市人民政府核定公布为历史文化街区、村镇,并报国务院备案。

历史文化名城和历史文化街区、村镇所在地县级以上地方人民政府应当组织编制专门的历史文化名城和历史文化街区、村镇保护规划,并纳入有关规划。

历史文化名城和历史文化街区、村镇的保护办法,由国务院制定。

第二十六条 各级文物保护单位,分别由省、自治区、直辖市人民政府和设区的市级、县级人民政府划定公布必要的保护范围,作出标志说明,建立记录档案,并区别情况分别设置专门机构或者专人负责管理。全国重点文物保护单位的保护范围和记录档案,由省、自治区、直辖市人民政府文物行政部门报国务院文物行政部门备案。

未定级不可移动文物,由县级人民政府文物行政部门作出标志说明,建立记录档案,明确管理责任人。

县级以上地方人民政府文物行政部门应当根据不同文物的保护需要,制定文物保护单位和未定级不可移动文物的具体保护措施,向本级人民政府报告,并公告施行。

文物行政部门应当指导、鼓励基层群众性自治组织、志愿者等参与不可移动文物保护工作。

第二十七条 各级人民政府制定有关规划,应当根据文物保护的需要,事先由有关部门会同文物行政部门商定本行政区域内不可移动文物的保护措施,并纳入规划。

县级以上地方人民政府文物行政部门根据文物保护需要,组织编制本行政区域内不可移动文物的保护规划,经本级人民政府批准后公布实施,并报上一级人民政府文物行政部门备案;全国重点文物保护单位的保护规划由省、自治区、直辖市人民政府批准后公布实施,并报国务院文物行政部门备案。

第二十八条 在文物保护单位的保护范围内不得进行文物保护工程以外的其他建设工程或者爆破、钻探、挖掘等作业;因特殊情况需要进行的,必须保证文物保护单位的安全。

因特殊情况需要在省级或者设区的市级、县级文物保护单位的保护范围内进行前款规定的建设工程或者作业的,必须经核定公布该文物保护单位的人民政府批准,在批准前应当征得上一级人民政府文物行政部门同意;在全国重点文物保护单位的保护范围内进行前款规定的建设工程或者作业的,必须经省、自治区、直辖市人民政府批准,在批准前应当征得国务院文物行政部门同意。

第二十九条 根据保护文物的实际需要,经省、自治区、直辖市人民政府批准,可以在文物保护单位的周围划出一定的建设控制地带,并予以公布。

在文物保护单位的建设控制地带内进行建设工程,不得破坏文物保护单位的历史风貌;工程设计方案应当根据文物保护单位的级别和建设工程对文物保护单位历史风貌的影响程度,经国家规定的文物行政部门同意后,依法取得建设工程规划许可。

第三十条 在文物保护单位的保护范围和建设控制地带内,不得建设污染文物保护单位及其环境的设施,不得进行可能影响文物保护单位安全及其环境的活动。对已有的污染文物保护单位及其环境的设施,依照生态环境有关法律法规的规定处理。

第三十一条 建设工程选址,应当尽可能避开不可移动文物;因特殊情况不能避开的,应当尽可能实施原址保护。

实施原址保护的,建设单位应当事先确定原址保护措施,根据文物保护单位的级别报相应的文物行政部门批准;未定级不可移动文物的原址保护措施,报县级人民政府文物行政部门批准;未经批准的,不得开工建设。

无法实施原址保护,省级或者设区的市级、县级文物保护单位需要迁移异地保护或者拆除的,应当报省、自治区、直辖市人民政府批准;迁移或者拆除省级文物保护单位的,批准前必须征得国务院文物行政部门同意。全国重点文物保护单位不得拆除;需要迁移的,必须由省、自治区、直辖市人民政府报国务院批准。未定级不可移动文物需要迁移异地保护或者拆除的,应当报省、自治区、直辖市人民政府文物行政部门批准。

依照前款规定拆除国有不可移动文物,由文物行政部门监督实施,对具有收藏价值的壁画、雕塑、建筑构件等,由文物行政部门指定的文物收藏单位收藏。

本条规定的原址保护、迁移、拆除所需费用,由建设单位列入建设工程预算。

第三十二条　国有不可移动文物由使用人负责修缮、保养;非国有不可移动文物由所有人或者使用人负责修缮、保养,县级以上人民政府可以予以补助。

不可移动文物有损毁危险,所有人或者使用人不具备修缮能力的,县级以上人民政府应当给予帮助;所有人或者使用人具备修缮能力但拒不依法履行修缮义务的,县级以上人民政府可以给予抢救修缮,所需费用由所有人或者使用人承担。

对文物保护单位进行修缮,应当根据文物保护单位的级别报相应的文物行政部门批准;对未定级不可移动文物进行修缮,应当报县级人民政府文物行政部门批准。

文物保护单位的修缮、迁移、重建,由取得文物保护工程资质证书的单位承担。

对不可移动文物进行修缮、保养、迁移,必须遵守不改变文物原状和最小干预的原则,确保文物的真实性和完整性。

县级以上人民政府文物行政部门应当加强对不可移动文物保护的监督检查,及时发现问题隐患,防范安全风险,并督促指导不可移动文物所有人或者使用人履行保护职责。

第三十三条　不可移动文物已经全部毁坏的,应当严格实施遗址保护,不得在原址重建。因文物保护等特殊情况需要在原址重建的,由省、自治区、直辖市人民政府文物行政部门报省、自治区、直辖市人民政府批准;全国重点文物保护单位需要在原址重建的,由省、自治区、直辖市人民政府征得国务院文物行政部门同意后报国务院批准。

第三十四条 国有文物保护单位中的纪念建筑物或者古建筑,除可以建立博物馆、文物保管所或者辟为参观游览场所外,改作其他用途的,设区的市级、县级文物保护单位应当经核定公布该文物保护单位的人民政府文物行政部门征得上一级人民政府文物行政部门同意后,报核定公布该文物保护单位的人民政府批准;省级文物保护单位应当经核定公布该文物保护单位的省、自治区、直辖市人民政府文物行政部门审核同意后,报省、自治区、直辖市人民政府批准;全国重点文物保护单位应当由省、自治区、直辖市人民政府报国务院批准。国有未定级不可移动文物改作其他用途的,应当报告县级人民政府文物行政部门。

第三十五条 国有不可移动文物不得转让、抵押,国家另有规定的,依照其规定。建立博物馆、文物保管所或者辟为参观游览场所的国有不可移动文物,不得改作企业资产经营;其管理机构不得改由企业管理。

依托历史文化街区、村镇进行旅游等开发建设活动的,应当严格落实相关保护规划和保护措施,控制大规模搬迁,防止过度开发,加强整体保护和活态传承。

第三十六条 非国有不可移动文物不得转让、抵押给外国人、外国组织或者国际组织。

非国有不可移动文物转让、抵押或者改变用途的,应当报相应的文物行政部门备案。

第三十七条 县级以上人民政府及其有关部门应当采取措施,在确保文物安全的前提下,因地制宜推动不可移动文物有效利用。

文物保护单位应当尽可能向社会开放。文物保护单位向社会开放,应当合理确定开放时间和游客承载量,并向社会公布,积极为游客提供必要的便利。

为保护不可移动文物建立的博物馆、纪念馆、文物保管所、考古遗址公园等单位,应当加强对不可移动文物价值的挖掘阐释,开展有针对性的宣传讲解。

第三十八条 使用不可移动文物,必须遵守不改变文物原状和最小干预的原则,负责保护文物本体及其附属文物的安全,不得损毁、改建、添建或者拆除不可移动文物。

对危害不可移动文物安全、破坏不可移动文物历史风貌的建筑物、构筑物,当地人民政府应当及时调查处理;必要时,对该建筑物、构筑物依法予以拆除、迁移。

第三十九条 不可移动文物的所有人或者使用人应当加强用火、用电、用气等的消防安全管理,根据不可移动文物的特点,采取有针对性的消防安全措施,提高火灾预防和应急处置能力,确保文物安全。

第四十条 省、自治区、直辖市人民政府可以将地下埋藏、水下遗存的文物分布较为集中,需要整体保护的区域划定为地下文物埋藏区、水下文物保护区,制定具体保护措施,并公告施行。

地下文物埋藏区、水下文物保护区涉及两个以上省、自治区、直辖市的,或者涉及中国领海以外由中国管辖的其他海域的,由国务院文物行政部门划定并制定具体保护措施,报国务院核定公布。

第三章 考古发掘

第四十一条 一切考古发掘工作,必须履行报批手续;从事考古发掘的单位,应当取得国务院文物行政部门颁发的考古发掘资质证书。

地下埋藏和水下遗存的文物,任何单位或者个人都不得私自发掘。

第四十二条 从事考古发掘的单位，为了科学研究进行考古发掘，应当提出发掘计划，报国务院文物行政部门批准；对全国重点文物保护单位的考古发掘计划，应当经国务院文物行政部门审核后报国务院批准。国务院文物行政部门在批准或者审核前，应当征求社会科学研究机构及其他科研机构和有关专家的意见。

第四十三条 在可能存在地下文物的区域，县级以上地方人民政府进行土地出让或者划拨前，应当由省、自治区、直辖市人民政府文物行政部门组织从事考古发掘的单位进行考古调查、勘探。可能存在地下文物的区域，由省、自治区、直辖市人民政府文物行政部门及时划定并动态调整。

进行大型基本建设工程，或者在文物保护单位的保护范围、建设控制地带内进行建设工程，未依照前款规定进行考古调查、勘探的，建设单位应当事先报请省、自治区、直辖市人民政府文物行政部门组织从事考古发掘的单位在工程范围内有可能埋藏文物的地方进行考古调查、勘探。

考古调查、勘探中发现文物的，由省、自治区、直辖市人民政府文物行政部门根据文物保护的要求与建设单位共同商定保护措施；遇有重要发现的，由省、自治区、直辖市人民政府文物行政部门及时报国务院文物行政部门处理。由此导致停工或者工期延长，造成建设单位损失的，由县级以上地方人民政府文物行政部门会同有关部门听取建设单位意见后，提出处理意见，报本级人民政府批准。

第四十四条 需要配合进行考古发掘工作的，省、自治区、直辖市人民政府文物行政部门应当在勘探工作的基础上提出发掘计划，报国务院文物行政部门批准。国务院文物行政部门在批准前，应当征求社会科学研究机构及其他科研机构和有关专家的意见。

确因建设工期紧迫或者有自然破坏危险，对古文化遗址、古墓葬急需进行抢救发掘的,由省、自治区、直辖市人民政府文物行政部门组织发掘,并同时补办审批手续。

第四十五条　凡因进行基本建设和生产建设需要的考古调查、勘探、发掘,所需费用由建设单位列入建设工程预算。

县级以上人民政府可以通过适当方式对考古调查、勘探、发掘工作给予支持。

第四十六条　在建设工程、农业生产等活动中,任何单位或者个人发现文物或者疑似文物的,应当保护现场,立即报告当地文物行政部门;文物行政部门应当在接到报告后二十四小时内赶赴现场,并在七日内提出处理意见。文物行政部门应当采取措施保护现场,必要时可以通知公安机关或者海上执法机关协助;发现重要文物的,应当立即上报国务院文物行政部门,国务院文物行政部门应当在接到报告后十五日内提出处理意见。

依照前款规定发现的文物属于国家所有,任何单位或者个人不得哄抢、私分、藏匿。

第四十七条　未经国务院文物行政部门报国务院特别许可,任何外国人、外国组织或者国际组织不得在中国境内进行考古调查、勘探、发掘。

第四十八条　考古调查、勘探、发掘的结果,应当如实报告国务院文物行政部门和省、自治区、直辖市人民政府文物行政部门。

考古发掘的文物,应当登记造册,妥善保管,按照国家有关规定及时移交给由省、自治区、直辖市人民政府文物行政部门或者国务院文物行政部门指定的国有博物馆、图书馆或者其他国有收藏文物的单位收藏。经省、自治区、直辖市人民政府文物行政部门批准,从事考古发掘的单位可以保留少量出土、出水文物作为科研标本。

考古发掘的文物和考古发掘资料,任何单位或者个人不得侵占。

第四十九条　根据保证文物安全、进行科学研究和充分发挥文物作用的需要，省、自治区、直辖市人民政府文物行政部门经本级人民政府批准，可以调用本行政区域内的出土、出水文物；国务院文物行政部门经国务院批准，可以调用全国的重要出土、出水文物。

第四章　馆藏文物

第五十条　国家鼓励和支持文物收藏单位收藏、保护可移动文物，开展文物展览展示、宣传教育和科学研究等活动。

有关部门应当在设立条件、社会服务要求、财税扶持政策等方面，公平对待国有文物收藏单位和非国有文物收藏单位。

第五十一条　博物馆、图书馆和其他文物收藏单位对其收藏的文物(以下称馆藏文物)，必须按照国家有关文物定级标准区分文物等级，设置档案，建立严格的管理制度，并报主管的文物行政部门备案。

县级以上地方人民政府文物行政部门应当建立本行政区域内的馆藏文物档案；国务院文物行政部门应当建立全国馆藏一级文物档案和其主管的国有文物收藏单位馆藏文物档案。

第五十二条　文物收藏单位可以通过下列方式取得文物：

(一)购买；

(二)接受捐赠；

(三)依法交换；

(四)法律、行政法规规定的其他方式。

国有文物收藏单位还可以通过文物行政部门指定收藏或者调拨方式取得文物。

文物收藏单位应当依法履行合理注意义务，对拟征集、购买文物来源的合法性进行了解、识别。

第五十三条　文物收藏单位应当根据馆藏文物的保护需要，按照国家有关规定建立、健全管理制度，并报主管的文物行政部门备案。未经批准，任何单位或者个人不得调取馆藏文物。

文物收藏单位的法定代表人或者主要负责人对馆藏文物的安全负责。文物收藏单位的法定代表人或者主要负责人离任时，应当按照馆藏文物档案办理馆藏文物移交手续。

第五十四条　国务院文物行政部门可以调拨全国的国有馆藏文物。省、自治区、直辖市人民政府文物行政部门可以调拨本行政区域内其主管的国有文物收藏单位馆藏文物；调拨国有馆藏一级文物，应当报国务院文物行政部门备案。

国有文物收藏单位可以申请调拨国有馆藏文物。

第五十五条　文物收藏单位应当改善服务条件，提高服务水平，充分发挥馆藏文物的作用，通过举办展览、科学研究、文化创意等活动，加强对中华民族优秀的历史文化和革命传统的宣传教育；通过借用、交换、在线展览等方式，提高馆藏文物利用效率。

文物收藏单位应当为学校、科研机构开展有关教育教学、科学研究等活动提供支持和帮助。

博物馆应当按照国家有关规定向公众开放，合理确定开放时间和接待人数并向社会公布，采用多种形式提供科学、准确、生动的文字说明和讲解服务。

第五十六条　国有文物收藏单位之间因举办展览、科学研究等需借用馆藏文物的，应当报主管的文物行政部门备案；借用馆藏一级文物的，应当同时报国务院文物行政部门备案。

非国有文物收藏单位和其他单位举办展览需借用国有馆藏文物的，应当报主管的文物行政部门批准；借用国有馆藏一级文物的，应当经国务院文物行政部门批准。

文物收藏单位之间借用文物的，应当签订借用协议，协议约定的期限不得超过三年。

第五十七条　已经依照本法规定建立馆藏文物档案、管理制度的国有文物收藏单位之间可以交换馆藏文物；交换馆藏文物的，应当经省、自治区、直辖市人民政府文物行政部门批准，并报国务院文物行政部门备案。

第五十八条　未依照本法规定建立馆藏文物档案、管理制度的国有文物收藏单位，不得依照本法第五十五条至第五十七条的规定借用、交换其馆藏文物。

第五十九条　依法调拨、交换、借用馆藏文物，取得文物的文物收藏单位可以对提供文物的文物收藏单位给予合理补偿。

文物收藏单位调拨、交换、出借文物所得的补偿费用，必须用于改善文物的收藏条件和收集新的文物，不得挪作他用；任何单位或者个人不得侵占。

调拨、交换、借用的文物必须严格保管，不得丢失、损毁。

第六十条　禁止国有文物收藏单位将馆藏文物赠与、出租、出售或者抵押、质押给其他单位、个人。

第六十一条　国有文物收藏单位不再收藏的文物退出馆藏的办法，由国务院文物行政部门制定并公布。

第六十二条　修复馆藏文物，不得改变馆藏文物的原状；复制、拍摄、拓印馆藏文物，不得对馆藏文物造成损害。修复、复制、拓印馆藏二级文物和馆藏三级文物的，应当报省、自治区、直辖市人民政府文物行政部门批准；修复、复制、拓印馆藏一级文物的，应当报国务院文物行政部门批准。

不可移动文物的单体文物的修复、复制、拍摄、拓印，适用前款规定。

第六十三条　博物馆、图书馆和其他收藏文物的单位应当按照国家有关规定配备防火、防盗、防自然损坏的设施，并采取相应措施，确保收藏文物的安全。

第六十四条　馆藏一级文物损毁的，应当报国务院文物行政部门核查处理。其他馆藏文物损毁的,应当报省、自治区、直辖市人民政府文物行政部门核查处理;省、自治区、直辖市人民政府文物行政部门应当将核查处理结果报国务院文物行政部门备案。

馆藏文物被盗、被抢或者丢失的,文物收藏单位应当立即向公安机关报案,并同时向主管的文物行政部门报告。

第六十五条 文物行政部门和国有文物收藏单位的工作人员不得借用国有文物,不得非法侵占国有文物。

第五章 民间收藏文物

第六十六条 国家鼓励公民、组织合法收藏,加强对民间收藏活动的指导、管理和服务。

第六十七条 文物收藏单位以外的公民、组织可以收藏通过下列方式取得的文物:

(一)依法继承或者接受赠与;

(二)从文物销售单位购买;

(三)通过经营文物拍卖的拍卖企业(以下称文物拍卖企业)购买;

(四)公民个人合法所有的文物相互交换或者依法转让;

(五)国家规定的其他合法方式。

文物收藏单位以外的公民、组织收藏的前款文物可以依法流通。

第六十八条 禁止买卖下列文物:

(一)国有文物,但是国家允许的除外;

(二)国有不可移动文物中的壁画、雕塑、建筑构件等,但是依法拆除的国有不可移动文物中的壁画、雕塑、建筑构件等不属于本法第三十一条第四款规定的应由文物收藏单位收藏的除外;

(三)非国有馆藏珍贵文物;

（四）国务院有关部门通报或者公告的被盗文物以及其他来源不符合本法第六十七条规定的文物；

（五）外国政府、相关国际组织按照有关国际公约通报或者公告的流失文物。

第六十九条 国家鼓励文物收藏单位以外的公民、组织将其收藏的文物捐赠给文物收藏单位或者出借给文物收藏单位展览和研究。

文物收藏单位应当尊重并按照捐赠人的意愿，对受赠的文物妥善收藏、保管和展示。

国家禁止出境的文物，不得转让、出租、抵押、质押给境外组织或者个人。

第七十条 文物销售单位应当取得省、自治区、直辖市人民政府文物行政部门颁发的文物销售许可证。

文物销售单位不得从事文物拍卖经营活动，不得设立文物拍卖企业。

第七十一条 依法设立的拍卖企业经营文物拍卖的，应当取得省、自治区、直辖市人民政府文物行政部门颁发的文物拍卖许可证。

文物拍卖企业不得从事文物销售经营活动，不得设立文物销售单位。

第七十二条 文物行政部门的工作人员不得举办或者参与举办文物销售单位或者文物拍卖企业。

文物收藏单位及其工作人员不得举办或者参与举办文物销售单位或者文物拍卖企业。

禁止设立外商投资的文物销售单位或者文物拍卖企业。

除文物销售单位、文物拍卖企业外，其他单位或者个人不得从事文物商业经营活动。

第七十三条 文物销售单位不得销售、文物拍卖企业不得拍卖本法第六十八条规定的文物。

文物拍卖企业拍卖的文物,在拍卖前应当经省、自治区、直辖市人民政府文物行政部门依照前款规定进行审核,并报国务院文物行政部门备案。

文物销售单位销售文物、文物拍卖企业拍卖文物,应当如实表述文物的相关信息,不得进行虚假宣传。

第七十四条 省、自治区、直辖市人民政府文物行政部门应当建立文物购销、拍卖信息与信用管理系统,推动文物流通领域诚信建设。文物销售单位购买、销售文物,文物拍卖企业拍卖文物,应当按照国家有关规定作出记录,并于销售、拍卖文物后三十日内报省、自治区、直辖市人民政府文物行政部门备案。

拍卖文物时,委托人、买受人要求对其身份保密的,文物行政部门应当为其保密;法律、行政法规另有规定的除外。

第七十五条 文物行政部门在审核拟拍卖的文物时,可以指定国有文物收藏单位优先购买其中的珍贵文物。购买价格由国有文物收藏单位的代表与文物的委托人协商确定。

第七十六条 银行、冶炼厂、造纸厂以及废旧物资回收单位,应当与当地文物行政部门共同负责拣选掺杂在金银器和废旧物资中的文物。拣选文物除供银行研究所必需的历史货币可以由中国人民银行留用外,应当移交当地文物行政部门。移交拣选文物,应当给予合理补偿。

第六章　文物出境进境

第七十七条 国有文物、非国有文物中的珍贵文物和国家禁止出境的其他文物,不得出境;依照本法规定出境展览,或者因特殊需要经国务院批准出境的除外。

国家禁止出境的文物的具体范围,由国务院文物行政部门规定并公布。

第七十八条　文物出境,应当经国务院文物行政部门指定的文物进出境审核机构审核。经审核允许出境的文物,由国务院文物行政部门颁发文物出境许可证,从国务院文物行政部门指定的口岸出境。

任何单位或者个人运送、邮寄、携带文物出境,应当向海关申报;海关凭文物出境许可证放行。

第七十九条　文物出境展览,应当报国务院文物行政部门批准;一级文物超过国务院规定数量的,应当报国务院批准。

一级文物中的孤品和易损品,禁止出境展览。

出境展览的文物出境,由文物进出境审核机构审核、登记。海关凭国务院文物行政部门或者国务院的批准文件放行。出境展览的文物复进境,由原审核、登记的文物进出境审核机构审核查验。

第八十条　文物临时进境,应当向海关申报,并报文物进出境审核机构审核、登记。文物进出境审核机构发现临时进境的文物属于本法第六十八条规定的文物的,应当向国务院文物行政部门报告并通报海关。

临时进境的文物复出境,必须经原审核、登记的文物进出境审核机构审核查验;经审核查验无误的,由国务院文物行政部门颁发文物出境许可证,海关凭文物出境许可证放行。

第八十一条　国家加强文物追索返还领域的国际合作。国务院文物行政部门依法会同有关部门对因被盗、非法出境等流失境外的文物开展追索;对非法流入中国境内的外国文物,根据有关条约、协定、协议或者对等原则与相关国家开展返还合作。

国家对于因被盗、非法出境等流失境外的文物,保留收回的权利,且该权利不受时效限制。

第七章　法律责任

第八十二条　违反本法规定,地方各级人民政府和县级以上人民政府有关部门及其工作人员,以及其他依法履行公职的人员,滥用职权、玩忽职守、徇私舞弊的,对负有责任的领导人员和直接责任人员依法给予处分。

第八十三条　有下列行为之一的,由县级以上人民政府文物行政部门责令改正,给予警告;造成文物损坏或者其他严重后果的,对单位处五十万元以上五百万元以下的罚款,对个人处五万元以上五十万元以下的罚款,责令承担相关文物修缮和复原费用,由原发证机关降低资质等级;情节严重的,对单位可以处五百万元以上一千万元以下的罚款,由原发证机关吊销资质证书:

(一)擅自在文物保护单位的保护范围内进行文物保护工程以外的其他建设工程或者爆破、钻探、挖掘等作业;

(二)工程设计方案未经文物行政部门同意,擅自在文物保护单位的建设控制地带内进行建设工程;

(三)未制定不可移动文物原址保护措施,或者不可移动文物原址保护措施未经文物行政部门批准,擅自开工建设;

(四)擅自迁移、拆除不可移动文物;

(五)擅自修缮不可移动文物,明显改变文物原状;

(六)擅自在原址重建已经全部毁坏的不可移动文物;

(七)未取得文物保护工程资质证书,擅自从事文物修缮、迁移、重建;

(八)进行大型基本建设工程,或者在文物保护单位的保护范围、建设控制地带内进行建设工程,未依法进行考古调查、勘探。

损毁依照本法规定设立的不可移动文物保护标志的,由县级以上人民政府文物行政部门给予警告,可以并处五百元以下的罚款。

第八十四条 在文物保护单位的保护范围或者建设控制地带内建设污染文物保护单位及其环境的设施的,由生态环境主管部门依法给予处罚。

第八十五条 违反本法规定,有下列行为之一的,由县级以上人民政府文物行政部门责令改正,给予警告或者通报批评,没收违法所得;违法所得五千元以上的,并处违法所得二倍以上十倍以下的罚款;没有违法所得或者违法所得不足五千元的,并处一万元以上五万元以下的罚款:

(一)转让或者抵押国有不可移动文物;

(二)将建立博物馆、文物保管所或者辟为参观游览场所的国有不可移动文物改作企业资产经营,或者将其管理机构改由企业管理;

(三)将非国有不可移动文物转让或者抵押给外国人、外国组织或者国际组织;

(四)擅自改变国有文物保护单位中的纪念建筑物或者古建筑的用途。

第八十六条 历史文化名城的布局、环境、历史风貌等遭到严重破坏的,由国务院撤销其历史文化名城称号;历史文化街区、村镇的布局、环境、历史风貌等遭到严重破坏的,由省、自治区、直辖市人民政府撤销其历史文化街区、村镇称号;对负有责任的领导人员和直接责任人员依法给予处分。

第八十七条 有下列行为之一的,由县级以上人民政府文物行政部门责令改正,给予警告或者通报批评,没收违法所得;违法所得五千元以上的,并处违法所得二倍以上十倍以下的罚款;没有违法所得或者违法所得不足五千元的,可以并处五万元以下的罚款:

(一)文物收藏单位未按照国家有关规定配备防火、防盗、防自然损坏的设施；

（二）文物收藏单位法定代表人或者主要负责人离任时未按照馆藏文物档案移交馆藏文物，或者所移交的馆藏文物与馆藏文物档案不符；

（三）国有文物收藏单位将馆藏文物赠与、出租、出售或者抵押、质押给其他单位、个人；

（四）违反本法规定借用、交换馆藏文物；

（五）挪用或者侵占依法调拨、交换、出借文物所得的补偿费用。

第八十八条　买卖国家禁止买卖的文物或者将国家禁止出境的文物转让、出租、抵押、质押给境外组织或者个人的，由县级以上人民政府文物行政部门责令改正，没收违法所得、非法经营的文物；违法经营额五千元以上的，并处违法经营额二倍以上十倍以下的罚款；没有违法经营额或者违法经营额不足五千元的，并处一万元以上五万元以下的罚款。

文物销售单位、文物拍卖企业有前款规定的违法行为的，由县级以上人民政府文物行政部门没收违法所得、非法经营的文物；违法经营额三万元以上的，并处违法经营额二倍以上十倍以下的罚款；没有违法经营额或者违法经营额不足三万元的，并处五万元以上二十五万元以下的罚款；情节严重的，由原发证机关吊销许可证书。

第八十九条　未经许可擅自从事文物商业经营活动的，由县级以上人民政府文物行政部门责令改正，给予警告或者通报批评，没收违法所得、非法经营的文物；违法经营额三万元以上的，并处违法经营额二倍以上十倍以下的罚款；没有违法经营额或者违法经营额不足三万元的，并处五万元以上二十五万元以下的罚款。

第九十条　有下列情形之一的，由县级以上人民政府文物行政部门责令改正，给予警告或者通报批评，没收违法所得、非法经营的文物；违法经营额三万元以上的，并处违法经营额二倍以上十倍以下的罚款;没有违法经营额或者违法经营额不足三万元的,并处五万元以上二十五万元以下的罚款;情节严重的,由原发证机关吊销许可证书:

(一)文物销售单位从事文物拍卖经营活动;

(二)文物拍卖企业从事文物销售经营活动;

(三)文物拍卖企业拍卖的文物,未经审核;

(四)文物收藏单位从事文物商业经营活动;

(五)文物销售单位、文物拍卖企业知假售假、知假拍假或者进行虚假宣传。

第九十一条　有下列行为之一的,由县级以上人民政府文物行政部门会同公安机关、海上执法机关追缴文物,给予警告;情节严重的,对单位处十万元以上三百万元以下的罚款,对个人处五千元以上五万元以下的罚款:

(一)发现文物隐匿不报或者拒不上交;

(二)未按照规定移交拣选文物。

第九十二条　文物进出境未依照本法规定申报的,由海关或者海上执法机关依法给予处罚。

第九十三条　有下列行为之一的,由县级以上人民政府文物行政部门责令改正;情节严重的,对单位处十万元以上三百万元以下的罚款,限制业务活动或者由原发证机关吊销许可证书,对个人处五千元以上五万元以下的罚款:

(一)改变国有未定级不可移动文物的用途,未依照本法规定报告;

(二)转让、抵押非国有不可移动文物或者改变其用途,未依照本法规定备案;

(三)国有不可移动文物的使用人具备修缮能力但拒不依法履行修缮义务;

(四)从事考古发掘的单位未经批准擅自进行考古发掘,或者不如实报告考古调查、勘探、发掘结果，或者未按照规定移交考古发掘的文物；

（五）文物收藏单位未按照国家有关规定建立馆藏文物档案、管理制度，或者未将馆藏文物档案、管理制度备案；

（六）未经批准擅自调取馆藏文物；

（七）未经批准擅自修复、复制、拓印文物；

（八）馆藏文物损毁未报文物行政部门核查处理，或者馆藏文物被盗、被抢或者丢失，文物收藏单位未及时向公安机关或者文物行政部门报告；

（九）文物销售单位销售文物或者文物拍卖企业拍卖文物，未按照国家有关规定作出记录或者未将所作记录报文物行政部门备案。

第九十四条　文物行政部门、文物收藏单位、文物销售单位、文物拍卖企业的工作人员，有下列行为之一的，依法给予处分；情节严重的，依法开除公职或者吊销其从业资格证书：

（一）文物行政部门和国有文物收藏单位的工作人员借用或者非法侵占国有文物；

（二）文物行政部门、文物收藏单位的工作人员举办或者参与举办文物销售单位或者文物拍卖企业；

（三）因不负责任造成文物保护单位、珍贵文物损毁或者流失；

（四）贪污、挪用文物保护经费。

前款被开除公职或者被吊销从业资格证书的人员，自被开除公职或者被吊销从业资格证书之日起十年内不得担任文物管理人员或者从事文物经营活动。

第九十五条　单位违反本法规定受到行政处罚，情节严重的，对单位直接负责的主管人员和其他直接责任人员处五千元以上五万元以下的罚款。

第九十六条　违反本法规定，损害他人民事权益的，依法承担民事责任;构成违反治安管理行为的,由公安机关依法给予治安管理处罚;构成犯罪的,依法追究刑事责任。

第九十七条　县级以上人民政府文物行政部门依法实施监督检查,可以采取下列措施:

(一)进入现场进行检查;

(二)查阅、复制有关文件资料,询问有关人员,对可能被转移、销毁或者篡改的文件资料予以封存;

(三)查封、扣押涉嫌违法活动的场所、设施或者财物;

(四)责令行为人停止侵害文物的行为。

第九十八条　监察委员会、人民法院、人民检察院、公安机关、海关、市场监督管理部门和海上执法机关依法没收的文物应当登记造册,妥善保管,结案后无偿移交文物行政部门,由文物行政部门指定的国有文物收藏单位收藏。

第九十九条　因违反本法规定造成文物严重损害或者存在严重损害风险,致使社会公共利益受到侵害的,人民检察院可以依照有关诉讼法的规定提起公益诉讼

第八章　附　则

第一百条　文物保护有关行政许可的条件、期限等,本法未作规定的,适用《中华人民共和国行政许可法》和有关法律、行政法规的规定。

第一百零一条　本法自 2025 年 3 月 1 日起施行。

中华人民共和国著作权法

（1990 年 9 月 7 日第七届全国人民代表大会常务委员会第十五次会议通过　根据 2001 年 10 月 27 日第九届全国人民代表大会常务委员会第二十四次会议《关于修改〈中华人民共和国著作权法〉的决定》第一次修正　根据 2010 年 2 月 26 日第十一届全国人民代表大会常务委员会第十三次会议《关于修改〈中华人民共和国著作权法〉的决定》第二次修正　根据 2020 年 11 月 11 日第十三届全国人民代表大会常务委员会第二十三次会议《关于修改〈中华人民共和国著作权法〉的决定》第三次修正）

目　录

第一章　总　则

第一条　为保护文学、艺术和科学作品作者的著作权，以及与著作权有关的权益，鼓励有益于社会主义精神文明、物质文明建设的作品的创作和传播，促进社会主义文化和科学事业的发展与繁荣，根据宪法制定本法。

第二条　中国公民、法人或者非法人组织的作品，不论是否发表，依照本法享有著作权。

外国人、无国籍人的作品根据其作者所属国或者经常居住地国同中国签订的协议或者共同参加的国际条约享有的著作权，受本法保护。

外国人、无国籍人的作品首先在中国境内出版的，依照本法享有著作权。

未与中国签订协议或者共同参加国际条约的国家的作者以及无国籍人的作品首次在中国参加的国际条约的成员国出版的，或者在成员国和非成员国同时出版的，受本法保护。

第三条　本法所称的作品，是指文学、艺术和科学领域内具有独创性并能以一定形式表现的智力成果，包括：

（一）文字作品；

（二）口述作品；

（三）音乐、戏剧、曲艺、舞蹈、杂技艺术作品；

（四）美术、建筑作品；

（五）摄影作品；

（六）视听作品；

（七）工程设计图、产品设计图、地图、示意图等图形作品和模型作品；

（八）计算机软件；

（九）符合作品特征的其他智力成果。

第四条　著作权人和与著作权有关的权利人行使权利，不得违反宪法和法律，不得损害公共利益。国家对作品的出版、传播依法进行监督管理。

第五条　本法不适用于：

（一）法律、法规，国家机关的决议、决定、命令和其他具有立法、行政、司法性质的文件，及其官方正式译文；

（二）单纯事实消息；

（三）历法、通用数表、通用表格和公式。

第六条　民间文学艺术作品的著作权保护办法由国务院另行规定。

第七条　国家著作权主管部门负责全国的著作权管理工作；县级以上地方主管著作权的部门负责本行政区域的著作权管理工作。

第八条　著作权人和与著作权有关的权利人可以授权著作权集体管理组织行使著作权或者与著作权有关的权利。依法设立的著作权集体管理组织是非营利法人，被授权后可以以自己的名义为著作权人和与著作权有关的权利人主张权利，并可以作为当事人进行涉及著作权或者与著作权有关的权利的诉讼、仲裁、调解活动。

著作权集体管理组织根据授权向使用者收取使用费。使用费的收取标准由著作权集体管理组织和使用者代表协商确定,协商不成的,可以向国家著作权主管部门申请裁决,对裁决不服的,可以向人民法院提起诉讼;当事人也可以直接向人民法院提起诉讼。

著作权集体管理组织应当将使用费的收取和转付、管理费的提取和使用、使用费的未分配部分等总体情况定期向社会公布,并应当建立权利信息查询系统,供权利人和使用者查询。国家著作权主管部门应当依法对著作权集体管理组织进行监督、管理。

著作权集体管理组织的设立方式、权利义务、使用费的收取和分配,以及对其监督和管理等由国务院另行规定。

第二章　著作权

第一节　著作权人及其权利

第九条　著作权人包括:

(一)作者;

(二)其他依照本法享有著作权的自然人、法人或者非法人组织。

第十条　著作权包括下列人身权和财产权:

(一)发表权,即决定作品是否公之于众的权利;

(二)署名权,即表明作者身份,在作品上署名的权利;

(三)修改权,即修改或者授权他人修改作品的权利;

(四)保护作品完整权,即保护作品不受歪曲、篡改的权利;

(五)复制权,即以印刷、复印、拓印、录音、录像、翻录、翻拍、数字化等方式将作品制作一份或者多份的权利;

(六)发行权,即以出售或者赠与方式向公众提供作品的原件或者复制件的权利;

(七)出租权,即有偿许可他人临时使用视听作品、计算机软

件的原件或者复制件的权利,计算机软件不是出租的主要标的的除外;

(八)展览权,即公开陈列美术作品、摄影作品的原件或者复制件的权利;

(九)表演权,即公开表演作品,以及用各种手段公开播送作品的表演的权利;

(十)放映权,即通过放映机、幻灯机等技术设备公开再现美术、摄影、视听作品等的权利;

(十一)广播权,即以有线或者无线方式公开传播或者转播作品,以及通过扩音器或者其他传送符号、声音、图像的类似工具向公众传播广播的作品的权利,但不包括本款第十二项规定的权利;

(十二)信息网络传播权,即以有线或者无线方式向公众提供,使公众可以在其选定的时间和地点获得作品的权利;

(十三)摄制权,即以摄制视听作品的方法将作品固定在载体上的权利;

(十四)改编权,即改变作品,创作出具有独创性的新作品的权利;

(十五)翻译权,即将作品从一种语言文字转换成另一种语言文字的权利;

(十六)汇编权,即将作品或者作品的片段通过选择或者编排,汇集成新作品的权利;

(十七)应当由著作权人享有的其他权利。

著作权人可以许可他人行使前款第五项至第十七项规定的权利,并依照约定或者本法有关规定获得报酬。

著作权人可以全部或者部分转让本条第一款第五项至第十七项规定的权利,并依照约定或者本法有关规定获得报酬。

第二节　著作权归属

第十一条　著作权属于作者,本法另有规定的除外。

创作作品的自然人是作者。

由法人或者非法人组织主持,代表法人或者非法人组织意志创作,并由法人或者非法人组织承担责任的作品,法人或者非法人组织视为作者。

第十二条　在作品上署名的自然人、法人或者非法人组织为作者,且该作品上存在相应权利,但有相反证明的除外。

作者等著作权人可以向国家著作权主管部门认定的登记机构办理作品登记。

与著作权有关的权利参照适用前两款规定。

第十三条　改编、翻译、注释、整理已有作品而产生的作品,其著作权由改编、翻译、注释、整理人享有,但行使著作权时不得侵犯原作品的著作权。

第十四条　两人以上合作创作的作品,著作权由合作作者共同享有。没有参加创作的人,不能成为合作作者。

合作作品的著作权由合作作者通过协商一致行使;不能协商一致,又无正当理由的,任何一方不得阻止他方行使除转让、许可他人专有使用、出质以外的其他权利,但是所得收益应当合理分配给所有合作作者。

合作作品可以分割使用的,作者对各自创作的部分可以单独享有著作权,但行使著作权时不得侵犯合作作品整体的著作权。

第十五条　汇编若干作品、作品的片段或者不构成作品的数据或者其他材料,对其内容的选择或者编排体现独创性的作品,为汇编作品,其著作权由汇编人享有,但行使著作权时,不得侵犯原作品的著作权。

第十六条　使用改编、翻译、注释、整理、汇编已有作品而产生的作品进行出版、演出和制作录音录像制品，应当取得该作品的著作权人和原作品的著作权人许可，并支付报酬。

第十七条　视听作品中的电影作品、电视剧作品的著作权由制作者享有，但编剧、导演、摄影、作词、作曲等作者享有署名权，并有权按照与制作者签订的合同获得报酬。

前款规定以外的视听作品的著作权归属由当事人约定；没有约定或者约定不明确的，由制作者享有，但作者享有署名权和获得报酬的权利。

视听作品中的剧本、音乐等可以单独使用的作品的作者有权单独行使其著作权。

第十八条　自然人为完成法人或者非法人组织工作任务所创作的作品是职务作品，除本条第二款的规定以外，著作权由作者享有，但法人或者非法人组织有权在其业务范围内优先使用。作品完成两年内，未经单位同意，作者不得许可第三人以与单位使用的相同方式使用该作品。

有下列情形之一的职务作品，作者享有署名权，著作权的其他权利由法人或者非法人组织享有，法人或者非法人组织可以给予作者奖励：

（一）主要是利用法人或者非法人组织的物质技术条件创作，并由法人或者非法人组织承担责任的工程设计图、产品设计图、地图、示意图、计算机软件等职务作品；

（二）报社、期刊社、通讯社、广播电台、电视台的工作人员创作的职务作品；

（三）法律、行政法规规定或者合同约定著作权由法人或者非法人组织享有的职务作品。

第十九条　受委托创作的作品，著作权的归属由委托人和受托人通过合同约定。合同未作明确约定或者没有订立合同的，著作权属于受托人。

第二十条　作品原件所有权的转移,不改变作品著作权的归属,但美术、摄影作品原件的展览权由原件所有人享有。

作者将未发表的美术、摄影作品的原件所有权转让给他人,受让人展览该原件不构成对作者发表权的侵犯。

第二十一条　著作权属于自然人的,自然人死亡后,其本法第十条第一款第五项至第十七项规定的权利在本法规定的保护期内,依法转移。

著作权属于法人或者非法人组织的,法人或者非法人组织变更、终止后,其本法第十条第一款第五项至第十七项规定的权利在本法规定的保护期内,由承受其权利义务的法人或者非法人组织享有;没有承受其权利义务的法人或者非法人组织的,由国家享有。

第三节　权利的保护期

第二十二条　作者的署名权、修改权、保护作品完整权的保护期不受限制。

第二十三条　自然人的作品,其发表权、本法第十条第一款第五项至第十七项规定的权利的保护期为作者终生及其死亡后五十年,截止于作者死亡后第五十年的 12 月 31 日;如果是合作作品,截止于最后死亡的作者死亡后第五十年的 12 月 31 日。

法人或者非法人组织的作品、著作权(署名权除外)由法人或者非法人组织享有的职务作品,其发表权的保护期为五十年,截止于作品创作完成后第五十年的 12 月 31 日;本法第十条第一款第五项至第十七项规定的权利的保护期为五十年,截止于作品首次发表后第五十年的 12 月 31 日,但作品自创作完成后五十年内未发表的,本法不再保护。

视听作品,其发表权的保护期为五十年,截止于作品创作完成后第五十年的 12 月 31 日;本法第十条第一款第五项至第十七项规定的权利的保护期为五十年,截止于作品首次发表后第五十年的 12 月 31 日，但作品自创作完成后五十年内未发表的，本法不再保护。

第四节　权利的限制

第二十四条　在下列情况下使用作品，可以不经著作权人许可，不向其支付报酬，但应当指明作者姓名或者名称、作品名称，并且不得影响该作品的正常使用，也不得不合理地损害著作权人的合法权益：

（一）为个人学习、研究或者欣赏，使用他人已经发表的作品；

（二）为介绍、评论某一作品或者说明某一问题，在作品中适当引用他人已经发表的作品；

（三）为报道新闻，在报纸、期刊、广播电台、电视台等媒体中不可避免地再现或者引用已经发表的作品；

（四）报纸、期刊、广播电台、电视台等媒体刊登或者播放其他报纸、期刊、广播电台、电视台等媒体已经发表的关于政治、经济、宗教问题的时事性文章，但著作权人声明不许刊登、播放的除外；

（五）报纸、期刊、广播电台、电视台等媒体刊登或者播放在公众集会上发表的讲话，但作者声明不许刊登、播放的除外；

（六）为学校课堂教学或者科学研究，翻译、改编、汇编、播放或者少量复制已经发表的作品，供教学或者科研人员使用，但不得出版发行；

（七）国家机关为执行公务在合理范围内使用已经发表的作品；

（八）图书馆、档案馆、纪念馆、博物馆、美术馆、文化馆等为陈列或者保存版本的需要，复制本馆收藏的作品；

（九）免费表演已经发表的作品，该表演未向公众收取费用，也未向表演者支付报酬，且不以营利为目的；

（十）对设置或者陈列在公共场所的艺术作品进行临摹、绘画、摄影、录像；

（十一）将中国公民、法人或者非法人组织已经发表的以国家通用语言文字创作的作品翻译成少数民族语言文字作品在国内出版发行；

（十二）以阅读障碍者能够感知的无障碍方式向其提供已经发表的作品；

（十三）法律、行政法规规定的其他情形。

前款规定适用于对与著作权有关的权利的限制。

第二十五条 为实施义务教育和国家教育规划而编写出版教科书，可以不经著作权人许可，在教科书中汇编已经发表的作品片段或者短小的文字作品、音乐作品或者单幅的美术作品、摄影作品、图形作品，但应当按照规定向著作权人支付报酬，指明作者姓名或者名称、作品名称，并且不得侵犯著作权人依照本法享有的其他权利。

前款规定适用于对与著作权有关的权利的限制。

第三章 著作权许可使用和转让合同

第二十六条 使用他人作品应当同著作权人订立许可使用合同，本法规定可以不经许可的除外。

许可使用合同包括下列主要内容：

（一）许可使用的权利种类；

（二）许可使用的权利是专有使用权或者非专有使用权；

（三）许可使用的地域范围、期间；

（四）付酬标准和办法；

（五）违约责任；

（六）双方认为需要约定的其他内容。

第二十七条 转让本法第十条第一款第五项至第十七项规定的权利，应当订立书面合同。

权利转让合同包括下列主要内容：

（一）作品的名称；

（二）转让的权利种类、地域范围；

（三）转让价金；

（四）交付转让价金的日期和方式；

（五）违约责任；

（六）双方认为需要约定的其他内容。

第二十八条　以著作权中的财产权出质的，由出质人和质权人依法办理出质登记。

第二十九条　许可使用合同和转让合同中著作权人未明确许可、转让的权利，未经著作权人同意，另一方当事人不得行使。

第三十条　使用作品的付酬标准可以由当事人约定，也可以按照国家著作权主管部门会同有关部门制定的付酬标准支付报酬。当事人约定不明确的，按照国家著作权主管部门会同有关部门制定的付酬标准支付报酬。

第三十一条　出版者、表演者、录音录像制作者、广播电台、电视台等依照本法有关规定使用他人作品的，不得侵犯作者的署名权、修改权、保护作品完整权和获得报酬的权利。

第四章　与著作权有关的权利

第一节　图书、报刊的出版

第三十二条　图书出版者出版图书应当和著作权人订立出版合同，并支付报酬。

第三十三条　图书出版者对著作权人交付出版的作品，按照合同约定享有的专有出版权受法律保护，他人不得出版该作品。

第三十四条　著作权人应当按照合同约定期限交付作品。图书出版者应当按照合同约定的出版质量、期限出版图书。

图书出版者不按照合同约定期限出版,应当依照本法第六十一条的规定承担民事责任。

图书出版者重印、再版作品的,应当通知著作权人,并支付报酬。图书脱销后,图书出版者拒绝重印、再版的,著作权人有权终止合同。

第三十五条 著作权人向报社、期刊社投稿的,自稿件发出之日起十五日内未收到报社通知决定刊登的,或者自稿件发出之日起三十日内未收到期刊社通知决定刊登的,可以将同一作品向其他报社、期刊社投稿。双方另有约定的除外。

作品刊登后,除著作权人声明不得转载、摘编的外,其他报刊可以转载或者作为文摘、资料刊登,但应当按照规定向著作权人支付报酬。

第三十六条 图书出版者经作者许可,可以对作品修改、删节。

报社、期刊社可以对作品作文字性修改、删节。对内容的修改,应当经作者许可。

第三十七条 出版者有权许可或者禁止他人使用其出版的图书、期刊的版式设计。

前款规定的权利的保护期为十年,截止于使用该版式设计的图书、期刊首次出版后第十年的 12 月 31 日。

第二节 表 演

第三十八条 使用他人作品演出,表演者应当取得著作权人许可,并支付报酬。演出组织者组织演出,由该组织者取得著作权人许可,并支付报酬。

第三十九条 表演者对其表演享有下列权利:

(一)表明表演者身份;

(二)保护表演形象不受歪曲;

（三）许可他人从现场直播和公开传送其现场表演，并获得报酬；

（四）许可他人录音录像，并获得报酬；

（五）许可他人复制、发行、出租录有其表演的录音录像制品，并获得报酬；

（六）许可他人通过信息网络向公众传播其表演，并获得报酬。

被许可人以前款第三项至第六项规定的方式使用作品，还应当取得著作权人许可，并支付报酬。

第四十条 演员为完成本演出单位的演出任务进行的表演为职务表演，演员享有表明身份和保护表演形象不受歪曲的权利，其他权利归属由当事人约定。当事人没有约定或者约定不明确的，职务表演的权利由演出单位享有。

职务表演的权利由演员享有的，演出单位可以在其业务范围内免费使用该表演。

第四十一条 本法第三十九条第一款第一项、第二项规定的权利的保护期不受限制。

本法第三十九条第一款第三项至第六项规定的权利的保护期为五十年，截止于该表演发生后第五十年的 12 月 31 日。

第三节　录音录像

第四十二条 录音录像制作者使用他人作品制作录音录像制品，应当取得著作权人许可，并支付报酬。

录音制作者使用他人已经合法录制为录音制品的音乐作品制作录音制品，可以不经著作权人许可，但应当按照规定支付报酬；著作权人声明不许使用的不得使用。

第四十三条 录音录像制作者制作录音录像制品，应当同表演者订立合同，并支付报酬。

第四十四条 录音录像制作者对其制作的录音录像制品，享有许可他人复制、发行、出租、通过信息网络向公众传播并获得报酬的权利；权利的保护期为五十年，截止于该制品首次制作完成后第五十年的 12 月 31 日。

被许可人复制、发行、通过信息网络向公众传播录音录像制品，应当同时取得著作权人、表演者许可，并支付报酬；被许可人出租录音录像制品，还应当取得表演者许可，并支付报酬。

第四十五条 将录音制品用于有线或者无线公开传播，或者通过传送声音的技术设备向公众公开播送的，应当向录音制作者支付报酬。

第四节　广播电台、电视台播放

第四十六条 广播电台、电视台播放他人未发表的作品，应当取得著作权人许可，并支付报酬。

广播电台、电视台播放他人已发表的作品，可以不经著作权人许可，但应当按照规定支付报酬。

第四十七条 广播电台、电视台有权禁止未经其许可的下列行为：

（一）将其播放的广播、电视以有线或者无线方式转播；

（二）将其播放的广播、电视录制以及复制；

（三）将其播放的广播、电视通过信息网络向公众传播。

广播电台、电视台行使前款规定的权利，不得影响、限制或者侵害他人行使著作权或者与著作权有关的权利。

本条第一款规定的权利的保护期为五十年，截止于该广播、电视首次播放后第五十年的 12 月 31 日。

第四十八条 电视台播放他人的视听作品、录像制品，应当取得视听作品著作权人或者录像制作者许可，并支付报酬；播放他人的录像制品，还应当取得著作权人许可，并支付报酬。

第五章　著作权和与著作权有关的权利的保护

第四十九条　为保护著作权和与著作权有关的权利,权利人可以采取技术措施。

未经权利人许可,任何组织或者个人不得故意避开或者破坏技术措施,不得以避开或者破坏技术措施为目的制造、进口或者向公众提供有关装置或者部件,不得故意为他人避开或者破坏技术措施提供技术服务。但是,法律、行政法规规定可以避开的情形除外。

本法所称的技术措施,是指用于防止、限制未经权利人许可浏览、欣赏作品、表演、录音录像制品或者通过信息网络向公众提供作品、表演、录音录像制品的有效技术、装置或者部件。

第五十条　下列情形可以避开技术措施,但不得向他人提供避开技术措施的技术、装置或者部件,不得侵犯权利人依法享有的其他权利:

(一)为学校课堂教学或者科学研究,提供少量已经发表的作品,供教学或者科研人员使用,而该作品无法通过正常途径获取;

(二)不以营利为目的,以阅读障碍者能够感知的无障碍方式向其提供已经发表的作品,而该作品无法通过正常途径获取;

(三)国家机关依照行政、监察、司法程序执行公务;

(四)对计算机及其系统或者网络的安全性能进行测试;

(五)进行加密研究或者计算机软件反向工程研究。

前款规定适用于对与著作权有关的权利的限制。

第五十一条　未经权利人许可,不得进行下列行为:

(一)故意删除或者改变作品、版式设计、表演、录音录像制品或者广播、电视上的权利管理信息,但由于技术上的原因无法避免的除外;

457

（二）知道或者应当知道作品、版式设计、表演、录音录像制品或者广播、电视上的权利管理信息未经许可被删除或者改变，仍然向公众提供。

第五十二条 有下列侵权行为的，应当根据情况，承担停止侵害、消除影响、赔礼道歉、赔偿损失等民事责任：

（一）未经著作权人许可，发表其作品的；

（二）未经合作作者许可，将与他人合作创作的作品当作自己单独创作的作品发表的；

（三）没有参加创作，为谋取个人名利，在他人作品上署名的；

（四）歪曲、篡改他人作品的；

（五）剽窃他人作品的；

（六）未经著作权人许可，以展览、摄制视听作品的方法使用作品，或者以改编、翻译、注释等方式使用作品的，本法另有规定的除外；

（七）使用他人作品，应当支付报酬而未支付的；

（八）未经视听作品、计算机软件、录音录像制品的著作权人、表演者或者录音录像制作者许可，出租其作品或者录音录像制品的原件或者复制件的，本法另有规定的除外；

（九）未经出版者许可，使用其出版的图书、期刊的版式设计的；

（十）未经表演者许可，从现场直播或者公开传送其现场表演，或者录制其表演的；

（十一）其他侵犯著作权以及与著作权有关的权利的行为。

第五十三条 有下列侵权行为的，应当根据情况，承担本法第五十二条规定的民事责任；侵权行为同时损害公共利益的，由主管著作权的部门责令停止侵权行为，予以警告，没收违法所得，没收、无害化销毁处理侵权复制品以及主要用于制作侵权复制品的材料、工具、设备等，违法经营额五万元以上的，可以并处违法经营额一倍以上五倍以下的罚款；没有违法经营额、违法经营额难以计算

或者不足五万元的,可以并处二十五万元以下的罚款;构成犯罪的,依法追究刑事责任:

（一）未经著作权人许可,复制、发行、表演、放映、广播、汇编、通过信息网络向公众传播其作品的,本法另有规定的除外;

（二）出版他人享有专有出版权的图书的;

（三）未经表演者许可,复制、发行录有其表演的录音录像制品,或者通过信息网络向公众传播其表演的,本法另有规定的除外;

（四）未经录音录像制作者许可,复制、发行、通过信息网络向公众传播其制作的录音录像制品的,本法另有规定的除外;

（五）未经许可,播放、复制或者通过信息网络向公众传播广播、电视的,本法另有规定的除外;

（六）未经著作权人或者与著作权有关的权利人许可,故意避开或者破坏技术措施的,故意制造、进口或者向他人提供主要用于避开、破坏技术措施的装置或者部件的,或者故意为他人避开或者破坏技术措施提供技术服务的,法律、行政法规另有规定的除外;

（七）未经著作权人或者与著作权有关的权利人许可,故意删除或者改变作品、版式设计、表演、录音录像制品或者广播、电视上的权利管理信息的,知道或者应当知道作品、版式设计、表演、录音录像制品或者广播、电视上的权利管理信息未经许可被删除或者改变,仍然向公众提供的,法律、行政法规另有规定的除外;

（八）制作、出售假冒他人署名的作品的。

第五十四条 侵犯著作权或者与著作权有关的权利的,侵权人应当按照权利人因此受到的实际损失或者侵权人的违法所得给予赔偿;权利人的实际损失或者侵权人的违法所得难以计算的,可以参照该权利使用费给予赔偿。对故意侵犯著作权或者与著作权有关的权利,情节严重的,可以在按照上述方法确定数额的一倍以上五倍以下给予赔偿。

权利人的实际损失、侵权人的违法所得、权利使用费难以计算的,由人民法院根据侵权行为的情节,判决给予五百元以上五百万元以下的赔偿。

赔偿数额还应当包括权利人为制止侵权行为所支付的合理开支。

人民法院为确定赔偿数额,在权利人已经尽了必要举证责任,而与侵权行为相关的账簿、资料等主要由侵权人掌握的,可以责令侵权人提供与侵权行为相关的账簿、资料等;侵权人不提供,或者提供虚假的账簿、资料等的,人民法院可以参考权利人的主张和提供的证据确定赔偿数额。

人民法院审理著作权纠纷案件,应权利人请求,对侵权复制品,除特殊情况外,责令销毁;对主要用于制造侵权复制品的材料、工具、设备等,责令销毁,且不予补偿;或者在特殊情况下,责令禁止前述材料、工具、设备等进入商业渠道,且不予补偿。

第五十五条 主管著作权的部门对涉嫌侵犯著作权和与著作权有关的权利的行为进行查处时,可以询问有关当事人,调查与涉嫌违法行为有关的情况;对当事人涉嫌违法行为的场所和物品实施现场检查;查阅、复制与涉嫌违法行为有关的合同、发票、账簿以及其他有关资料;对于涉嫌违法行为的场所和物品,可以查封或者扣押。

主管著作权的部门依法行使前款规定的职权时,当事人应当予以协助、配合,不得拒绝、阻挠。

第五十六条 著作权人或者与著作权有关的权利人有证据证明他人正在实施或者即将实施侵犯其权利、妨碍其实现权利的行为,如不及时制止将会使其合法权益受到难以弥补的损害的,可以在起诉前依法向人民法院申请采取财产保全、责令作出一定行为或者禁止作出一定行为等措施。

第五十七条 为制止侵权行为,在证据可能灭失或者以后难以取得的情况下,著作权人或者与著作权有关的权利人可以在起诉前依法向人民法院申请保全证据。

第五十八条 人民法院审理案件,对于侵犯著作权或者与著作权有关的权利的,可以没收违法所得、侵权复制品以及进行违法活动的财物。

第五十九条 复制品的出版者、制作者不能证明其出版、制作有合法授权的,复制品的发行者或者视听作品、计算机软件、录音录像制品的复制品的出租者不能证明其发行、出租的复制品有合法来源的,应当承担法律责任。

在诉讼程序中,被诉侵权人主张其不承担侵权责任的,应当提供证据证明已经取得权利人的许可,或者具有本法规定的不经权利人许可而可以使用的情形。

第六十条 著作权纠纷可以调解,也可以根据当事人达成的书面仲裁协议或者著作权合同中的仲裁条款,向仲裁机构申请仲裁。

当事人没有书面仲裁协议,也没有在著作权合同中订立仲裁条款的,可以直接向人民法院起诉。

第六十一条 当事人因不履行合同义务或者履行合同义务不符合约定而承担民事责任,以及当事人行使诉讼权利、申请保全等,适用有关法律的规定。

第六章 附 则

第六十二条 本法所称的著作权即版权。

第六十三条 本法第二条所称的出版,指作品的复制、发行。

第六十四条 计算机软件、信息网络传播权的保护办法由国务院另行规定。

第六十五条 摄影作品,其发表权、本法第十条第一款第五项至第十七项规定的权利的保护期在 2021 年 6 月 1 日前已经届满,但依据本法第二十三条第一款的规定仍在保护期内的,不再保护。

第六十六条 本法规定的著作权人和出版者、表演者、录音录像制作者、广播电台、电视台的权利,在本法施行之日尚未超过本法规定的保护期的,依照本法予以保护。

本法施行前发生的侵权或者违约行为,依照侵权或者违约行为发生时的有关规定处理。

第六十七条 本法自 1991 年 6 月 1 日起施行。

参考文献

1. 江蓝生,谢绳武. 2001～2002 年:中国文化产业发展报告[M]. 北京:社会科学文献出版社,2002

2. 江蓝生,谢绳武. 2003 年:中国文化产业发展报告[M]. 北京:社会科学文献出版社,2003

3. 张晓明,胡惠林,章建刚. 2004 年:中国文化产业发展报告——文化蓝皮书[M]. 北京:社会科学文献出版社,2004

4. 胡惠林. 文化政策学[M]. 上海:上海文艺出版社,2003

5. 胡惠林. 文化产业发展与国家文化安全[M]. 广东:广东人民出版社,2005

6. 刘吉发、岳红记、陈怀平. 文化产业学[M]. 北京:经济管理出版社,2005

7. 张学兵. 软件与网络侵权[M]. 北京:中国经济出版社,2004

8. 李德成. 广告业前沿问题法律策略与案例[M]. 北京:中国方正出版社,2005

9. 周庆山. 信息法[M]. 北京:中国人民大学出版社,2003

10. 黄先蓉. 出版物市场管理概论[M]. 武汉:武汉大学出版社,2005

11. 韩玉灵. 旅游法教程[M]. 北京:旅游教育出版社,2000

12. 国家旅游局人事劳动教育司. 政策与法规——旅行社经理岗位培训用书[M]. 北京:中国旅游出版社,2004

13. 黄升民、丁俊杰. 国际化背景下的中国媒介产业化透视[M]. 北京:企业管理出版社,1999

14. 郑成思. 版权公约、版权保护与版权贸易[M]. 北京:中国人民出版社,1992

15. 郑成思. 版权国际惯例[M]. 贵阳:贵州人民出版社,1994

16. 王玉洁、王勉青、王海峰. WTO法律规则与中国知识产权保护[M]. 上海:上海财经大学出版社,2000

17. 黄勤南. 新编知识产权法教程[M]. 北京:法律出版社,2003

18. 王景琦. 知识产权[M]. 北京:中国社会科学出版社,1999

19. 杜文娟. 知识产权保护制度[M]. 北京:北京工业大学出版社,2003

20. 郑成思. 知识产权应用法学与基本理论[M]. 北京:人民出版社,2005

21. 韩赤风. 知识产权法[M]. 北京:清华大学出版社,2005

22. 最高人民法院公报案例评析·民事卷——知识产权[M]. 北京:中国民主法制出版社,2004

23. 李晓东. 文物保护法概论[M]. 北京:学苑出版社,2002

24. 吴诗池. 文物学概论[M]. 上海:上海文艺出版社,2002

25. 中国文物报社. 中华人民共和国文物保护法——以案说法[M]. 北京:文物出版社,2003

26. 杨丽娅. 文化法学[M]. 济南:济南出版社,2001

27. 刘颖南. 文化市场与艺术研究[M]. 北京:文化艺术出版社,1994

后记

　　2002 年 11 月，党的十六大政治报告中明确提出"积极发展文化事业和文化产业"的基本任务，并对发展文化产业提出明确要求，"文化产业"第一次正式进入了党和国家政策性、法规性文件，文化产业作为一种新型产业在中国呈现出一片蓬勃发展的趋势。

　　发展文化产业必须完善文化产业发展的对策体系，其中包括文化产业法律体系。以前，我国的文化法治建设十分薄弱，很不完善，无法可依、有法不依的现象大量存在，国家对文化事业的管理主要依靠政策措施和行政手段，缺乏用法律手段引导和保障文化产业的发展。为了更加系统地实现社会主义市场经济体制的改革目标，20 世纪 90 年代开始国家就建立了一系列的行政法规和规章构筑起来的文化产业政策系统，在 21 世纪之初，我国又根据 WTO 的相关原则对许多相关法律规范进行了修订和补充，使之更加合理和完善。

　　在对文化产业政策的理解和遵守上，在对文化产业法律的执行和保障上，需要更为专业的相关人才。为了培养熟悉文化产业法律体系的人才，很多有文化产业专业的高校都开设有相关课程。本书是中国海洋大学 2004 年教材建设基金项目，主要是作为文化产业专业的教材使用，相关理论问题的探讨也因此被忽略了。

本书第十一章由闵锐武老师执笔编写，其余部分全部由陈杰老师执笔编写，并由陈杰老师最后统一审校定稿。本书在编写过程中参考的相关书目均列在参考文献，此外本书还参考了其他有关文章、论文和兄弟院校的有关教材，恕不一一列举，在此谨向有关作者致谢。

本书在编写过程中得到了中国海洋大学文学院及城市文化系的大力支持，院系领导给予了很大的关心和帮助；在"全国首届高校文化管理类学科与专业建设联席会议"上，从有关领导和专家的发言中获益匪浅，同时也得到了兄弟院校专家的不吝赐教；青岛市委党校刘文俭教授、青岛科技大学传播系王才路教授也提出了宝贵意见，在此我们一并致以衷心的感谢。

由于作者水平有限，不当之处在所难免，希望广大读者批评指正，以利于我们日后继续改进和修订。

编　者

2005 年 12 月 30 日

文化产业政策与法规